权威·前沿·原创

皮书系列为
"十二五"国家重点图书出版规划项目

药品流通蓝皮书

BLUE BOOK OF
PHARMACEUTICAL DISTRIBUTION INDUSTRY

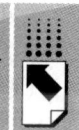

中国药品流通行业发展报告（2015）

ANNUAL REPORT ON CHINA'S PHARMACEUTICAL
DISTRIBUTION INDUSTRY (2015)

中国医药商业协会
中国社会科学院经济研究所公共政策研究中心
主　　编／佘鲁林　温再兴
执行主编／朱恒鹏　唐民皓　付明仲

社会科学文献出版社
SOCIAL SCIENCES ACADEMIC PRESS (CHINA)

图书在版编目(CIP)数据

中国药品流通行业发展报告.2015/佘鲁林,温再兴主编.
—北京:社会科学文献出版社,2015.8(2016.2重印)
(药品流通蓝皮书)
ISBN 978-7-5097-7726-8

Ⅰ.①中… Ⅱ.①佘… ②温… Ⅲ.①药品-商品流通-经济发展-研究报告-中国-2015　Ⅳ.①F724.73

中国版本图书馆 CIP 数据核字(2015)第 147192 号

药品流通蓝皮书
中国药品流通行业发展报告(2015)

主　　编/佘鲁林　温再兴
执行主编/朱恒鹏　唐民皓　付明仲

出 版 人/谢寿光
项目统筹/邓泳红　吴　敏
责任编辑/吴　敏

出　　版/社会科学文献出版社·皮书出版分社(010)59367127
　　　　　地址:北京市北三环中路甲29号院华龙大厦　邮编:100029
　　　　　网址:www.ssap.com.cn
发　　行/市场营销中心(010)59367081　59367018
印　　装/北京季蜂印刷有限公司
规　　格/开本:787mm×1092mm　1/16
　　　　　印张:25.25　字数:425千字
版　　次/2015年8月第1版　2016年2月第2次印刷
书　　号/ISBN 978-7-5097-7726-8
定　　价/158.00元

皮书序列号/B-2014-398

本书如有印装质量问题,请与读者服务中心(010-59367028)联系

版权所有 翻印必究

药品流通蓝皮书编委会

主　　编　佘鲁林　温再兴

执行主编　朱恒鹏　唐民皓　付明仲

顾　　问　石　岠　任德权　张文周　王龙兴　冯国安
　　　　　　赵博文

编　　委（按姓氏笔画排列）
于景辉　于　锐　万玲玲　习　燕　王卫平
王玉辉　王　铀　孔宪俊　叶　桦　付　钢
边建苹　曲文浩　任武贤　刘卫战　刘兆年
刘国恩　刘忠良　刘然传　闫凯境　阮鸿献
杨　博　李文明　李本明　李东久　李永忠
李志刚　李　杰　李洪刚　李　耀　何怡铭
余金琦　沈世英　张思建　陆银娣　陈济生
陈燕平　武　滨　英　军　周建军　周福成
郑早明　赵彦娟　赵新华　郝　玲　柯云峰
姜巨舫　姚晓菲　贺晓波　袁　泉　夏　春
倪　军　徐国祥　徐起鼎　殷　敏　高　毅
高戴维　曹丽娜　曹淑敏　龚　伟　梁玉堂
谢子龙　翟日强　魏玉林

编辑组　王　林　鲁　颖　牛亚辉　范　晔　于　杰
　　　　　孟　鑫　高丛珊　蔡雪妮　程锦锥

摘 要

本书为"药品流通蓝皮书"的年度报告，在《中国药品流通行业发展报告（2014）》的基础上，分几大篇章围绕药品流通行业的有关问题进行重点分析和研究。总报告对新型药品流通模式的发展及影响进行了研究，包括医药电商的发展及影响、供应链金融对医药电商的影响、医药分开对药品供应模式及药品流通环节的影响、大数据的快速发展与医药流通的关系、医药电商对传统医药流通企业竞争格局的影响等内容。与上年度报告强调传统医改对药品流通行业的影响不同，本年度报告主要对新型药品流通模式可能带来的颠覆性影响进行了研究。

除了总报告外，行业篇、专题调研篇、区域篇、中国药品零售篇、发展篇、案例篇及附录分别对药品流通行业的有关问题进行了研究。行业篇对当前药品流通行业的运行状况进行了分析，并对当前的药品监管政策、医药电商政策、医保用药情况、慢病药品院外供应体系对药品流通行业的影响进行了探讨。专题调研篇重点对医药物流现代化发展水平和温度敏感性药品物流成本的测试进行了研究，并对6部委下发文件执行情况进行了总结。本书将全国药品流通行业发展较快的省市（包括北京市、上海市、江苏省和四川省）单独作为区域篇，对区域药品流通行业运行发展状况进行了分析。中国药品零售篇对中国整体药品零售市场的发展情况、特点及趋势进行了分析，并对益丰大药房、国大药房和漱玉平民大药房的经营特色及经营之道进行了阐述。发展篇则对当前药品流通的新型发展模式及特征进行了研究分析，包括对医药流通行业上市公司运行情况的分析，医药流通的利益分配模式及供应链平台、医药互联网及社会物流在药品流通行业和健康产业中的发展与运用等内容。该篇还特别对九州通医药电子商务发展的实践及成果进行了分析。本报告在案例篇对上海医药集团、广州医药公司、华东医药、浙江英特集团等比较成功的医药公司进行了详细的介绍和分析。本报告附录的主要内

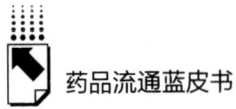

容为药品流通行业相关统计数据。

综观全书,可以看出本书资料翔实、内容充分,与现实状况及前沿发展结合密切。

关键词: 新型药品流通　医药电商　互联网医疗　药品供应链

Abstract

This book is the annual blue book of pharmaceutical distribution industry. Based on the *Annual Report on China's Pharmaceutical Distribution Industry* (2014), this book distributes to several big chapters to focus on the analyzing and researching with the relevant issues of pharmaceutical circulation industry. The general report studies the development of the new mode of pharmaceutical distribution and its effects. It also includes the development and influences of pharmaceutical online retailers, the influences of supply chain finance and medication retail partially separates from hospital. The general report also analysis the relationship between the development of big data and pharmaceutical distribution and the influences of the e-commerce of pharmaceutical on the competitive landscape of traditional medicine distribution. Compare with Report (2014), this general report is more focused on the disruptive innovation brought by new pharmaceutical distribution mode, instead of focusing on the effects of traditional health care reform.

Besides the general report, this book also distinguishes into Industry Chapter, the Special Investigation of China Association of Pharmaceutical Commerce (CAPC), District Chapter, Chinese Pharmacy Chapter, Development Chapter, Case Report Chapter and the Appendix Chapter. All the chapters study the issues related with the pharmaceutical distribution. The Industry Chapter studies the operation of current pharmaceutical circulation industry statistically and also analyzes the effects of drug regulatory and e-commerce policy. The Special Investigation carried out by CAPC mainly focused the development level of medical logistics modernization and the cost test for the temperature sensitive drug logistics. The District Chapter reports the development of drug circulation industry in the top provinces, such as Beijing, Jiangsu and Sichuan. Chinese Pharmacy Chapter first analyzes the development of China's overall drug retail market, also the characteristics and trends of drug retail market. Then this chapter makes the analysis of the status quo, challenges and opportunities of Chinese monomer drugstores. Finally this chapter analyzes the operation characteristics and management of Yifeng Pharmacy, Guoda Drugstore, Shu Yu Ping Min Drugstore. The Development Chapter gives the analysis of the new development mode and characteristics of current drug circulation industry, which can be divided into these contents as follows. First this chapter analysis the operation status of listed companies in the pharmaceutical industry, the interest distribution mode of medical circulation, and the development and application of supply chain platform, medical internet and social logistics in the pharmaceutical industry and health industry. This chapter also reports the practice and achievements of the e-commerce in the pharmaceutical business of JoinTown Pharmaceutical Group. The Case Report Chapter includes the case study of Shanghai Pharmaceuticals Holding Co., Ltd., GuangZhou Pharmaceutical Corporation, HuaDong Medicine and Zhejiang Int'l Group Co., Ltd.. Finally is the Appendix Chapter, it includes Statistic and Tables on Pharmaceutical Market.

So we can see that the information and content contained in this book is very rich, the reports of this book are closely related with the modern reality.

Keywords: New Pharmaceutical Distribution; E-commerce of Drug; The Internet Medical; The Supply Chain of Medicine

目 录

B Ⅰ 总报告

B.1 新型药品流通模式的发展及影响 …… 肖汉山　杨烨辉　王　林 / 001
 一　医药电商将重塑医院和药店两个终端的流通业态………… / 002
 二　供应链金融重新分配各方利益……………………………… / 007
 三　"医药分开"形势下的药房托管将增强流通企业
   对下游的掌控……………………………………………… / 010
 四　大数据缩短了医药流通产业链企业之间的距离…………… / 012
 五　医药电商的崛起将改变传统医药流通企业的竞争格局…… / 013
 六　投资标的………………………………………………………… / 021

B Ⅱ 行业篇

B.2 2014年药品流通行业运行统计分析报告
   ………………………… 中华人民共和国商务部市场秩序司 / 022
B.3 2014年中国药品、医疗器械监管领域法律法规和重大
  政策措施调整及出台情况 ……………… 唐民皓　陈　佶　叶　桦 / 036
B.4 2013年城镇基本医疗保险参保住院患者药品利用情况
   ………………………………………… 熊先军　张　杰　李静湖 / 046
B.5 壮士断腕　院外涅槃
  ——建立"中国慢病药品院外供应体系"……………… 房志武 / 059
B.6 药品电子商务政策、平台及其影响 ……………………… 高丛珊 / 072

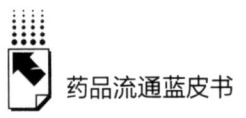

BⅢ 专题调研篇

B.7 积极贯彻落实商务部等6部门下发《关于落实2014年度医改重点任务提升药品流通服务水平和效率工作的通知》
　　……………………………………………… 中国医药商业协会 / 082

B.8 药品流通行业医药物流现代化发展水平调查报告
　　……………………………………… 中国医药商业协会课题组 / 087

B.9 温度敏感性药品物流成本测试及研究报告
　　………………… 中国医药商业协会、北京物资学院联合课题组 / 106

BⅣ 区域篇

B.10 2014年北京市药品流通行业发展综述 ……… 北京医药行业协会 / 147
B.11 上海药品流通市场在医改推动下实现快速稳健发展 ……… 曹伟荣 / 157
B.12 2014年江苏省药品流通行业发展分析 ………………… 陆文清 / 164
B.13 2014年四川省医药流通行业运行分析 …… 四川省医药商业协会 / 174

BⅤ 中国药品零售篇

B.14 2014年中国药品零售市场分析 ……………… 中国医药商业协会 / 189

B.15 创新升级业态结构　实现跨越式发展
　　——国大药房成为医药健康零售业的领航者
　　………………………………………… 国药控股国大药房有限公司 / 221

B.16 区域聚焦　稳健扩张
　　——益丰大药房特色经营模式
　　………………………………………… 益丰大药房连锁股份有限公司 / 227

B.17 与时俱进　创新发展
　　——漱玉平民大药房发展之路
　　………………………………………… 济南漱玉平民大药房有限公司 / 233

B Ⅵ 发展篇

B.18 2014年医药流通行业上市公司运行情况分析 …………… 李文明 / 239
B.19 医药流通的利益分配 ………………… 肖汉山 杨烨辉 王 林 / 249
B.20 国药控股赛飞供应链云服务平台的建设与发展
　　　　……………………………… 国药控股股份有限公司赛飞项目组 / 261
B.21 九州通医药电子商务发展的实践及成果
　　　　………………………………………… 九州通医药集团有限公司 / 279
B.22 社会物流在医药流通领域的参与现状与
　　　对医药物流质量影响因素分析 …………………………… 陶 琛 / 283
B.23 移动互联趋势下的智慧健康生态圈 ……………………… 付 钢 / 297

B Ⅶ 案例篇

B.24 凝心服务 聚力创新
　　　——上海医药集团股份有限公司商业发展的特色路径
　　　……………………………………………… 上海医药集团股份有限公司 / 304
B.25 服务转型是医药商业发展的必由之路
　　　——广州医药有限公司立志做医药供应链最佳服务商
　　　…………………………………………………… 广州医药有限公司 / 312
B.26 服务大众健康 发展智慧经济
　　　——华东医药投身大健康产业 ……… 华东医药股份有限公司 / 321
B.27 内涵式增长与外延式发展的成功之路
　　　——浙江英特集团股份有限公司
　　　……………………………………………… 浙江英特药业有限责任公司 / 327

B Ⅷ 附录

B.28 药品流通行业相关统计数据 ……………… 中国医药商业协会 / 335

皮书数据库阅读 使用指南

CONTENTS

B I General Report

B.1 The Development and Influence of the New Mode of Pharmaceutical
Distribution/Circulation   *Xiao Hanshan, Yang Yehui and Wang Lin* / 001

    1. Pharmaceutical Online Retailers will Reshape the Two Terminal
       Circulation of Hospitals and Pharmacies   / 002

    2. Supply Chain Finance will Redistribute the Interest of All Parties   / 007

    3. Pharmacy Trusteeship will Expand the Control of Circulation
       Enterprises on the Downstream under the Situation of Medication
       Retail Separating from Hospital   / 010

    4. Big Data Shortens the Distance between the Pharmaceutical
       Circulation Industry Chain Enterprises   / 012

    5. The Rise of Pharmaceutical Online Retailers will Change
       the CompetitiveLandscape of Traditional Medicine Distribution.   / 013

    6. Investment Targets   / 021

B II Industry Reports

B.2 Statistical Analysis Report of Pharmaceutical Circulation Industry in 2014
                Ministry of Commerce of the People's Republic of China Department
                                      of Market Supervision / 022

CONTENTS

B.3 The Adjustment and Introduction of Regulatory Laws, Regulations and Major Policies of China Drugs and Medical Equipments in 2014
    Tang Minhao, Chen Ji and Ye Hua / 036

B.4 Drug Utilization of Insured Hospitalized Patients with the Basic Medical Insurance of Cities and Towns
    Xiong Xianjun, Zhang Jie and Li Jinghu / 046

B.5 Ton output Capacity,Out-side-hospital Nirvana: Establish Outside Hospital Supply System of China Chronic Disease Drugs
    Fang Zhiwu / 059

B.6 The Policy , Platform and Effects of Drug E-commerce
    Gao Congshan / 072

B III Special Investigation Reports

B.7 Actively Implement "Notice about the Implementation of 2014 Key Tasks of Medical Reform Focus on Improving the Circulation Service Level and Efficiency of the Work" Issued by the Ministry of Commerce and Other 6 Departments
    Research Group of China Pharmaceutical Business Association / 082

B.8 The Investigation Report on the Modernization of Pharmaceutical Logistics in Pharmaceutical Circulation Industry
    Research Group of China Pharmaceutical Business Association / 087

B.9 The Cost Test for the Temperature Sensitive Drug Logistics and Research Report
    The joint Research Group of China Pharmaceutical Business Association and Beijing Wuzi University / 106

B IV District Reports

B.10 The Review on the Development of Pharmaceutical Circulation Industry of Beijing in 2014
    Beijing Medical Association / 147

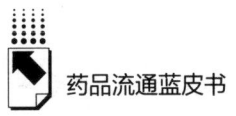

B.11 Shanghai Pharmaceutical Circulation Market has Achieved Rapid
and Robust Development Driven by Health Care Reform

Cao Weirong / 157

B.12 The Development Analysis of Pharmaceutical Circulation
Industry in Jiangsu Province in 2014　　　　*Lu Wenqing* / 164

B.13 The Operation Analysis of the Pharmaceutical Circulation
Industry of Sichuan Province in 2014

Sichuan Pharmaceutical Business Association / 174

BⅤ Chinese Drug Retail Reports

B.14 The Analysis of China's Overall Drug Retail Market in 2014

China Association of Pharmaceutical Commerce / 189

B.15 Innovate and Upgrade Business Structure to Achieve Leap-type
Development:National Pharmacy has been the Leader
of Pharmaceutical Retail Industry in Health

National Pharmacy Holdings Limited company / 221

B.16 Regional Focusing and Robust Expansion: The Characteristic
Operation Mode of Yifeng Pharmacy

Yifeng Pharmacy chain Limited by Share Ltd / 227

B.17 Innovation Development with the Times:The Development Road
of ShuyuPingminPharmacy　　*Ji'nanShuyuPingmin pharmacy Co. Ltd.* / 233

BⅥ The Development Reports

B.18 The Operation Analysis of the Listed Corporation
in Pharmaceutical Circulation Industry in 2014　　　*Li Wenming* / 239

CONTENTS

B.19 The Interest Distribution Mode of Pharmaceutical Circulation

Xiao Hanshan, Yang Yehui and Wang Lin / 249

B.20 The Construction and Development of the Supply Chain cloud Service Platform for the National Medicine Holding SAVE

The SAVE Project Group of National Pharmaceutical Cmi Holdings Ltd. / 261

B.21 The Practice and Achievements of the E-commerce in the Pharmaceutical Business of JoinTown Pharmaceutical Group

JoinTown Pharmaceutical Group Co. Ltd. / 279

B.22 The Participation of Social Logistics in the Field of Pharmaceutical Circulation and the Analysis of the Factors Affecting the Quality of Medical Logistics *Tao Chen* / 283

B.23 Smart Health Ecosystem with the Trend of Mobile Internet

Fu Gang / 297

B Ⅶ Cases

B.24 Focusing Service and Innovation:The Characteristic Development Mode of Shanghai Pharmaceutical Group Limited by Share Ltd. Commercial *Shanghai Pharmaceutical Group Limited by Share Ltd. Commercial* / 304

B.25 Service Transition is the Only Way for Pharmaceutical Business Development:Guangzhou Medicines Co. Determines to become the Best Service Providers of Medicine Supply Chain

Guangzhou Pharmaceutical Co.Ltd. / 312

B.26 Serve the Public Health and Develop Wisdom Economy: East China Pharmaceutical Devotes to the Big Health Industry

East China Pharmaceutical Limited by Share Ltd. / 321

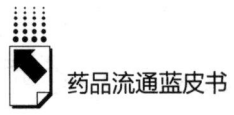
药品流通蓝皮书

B.27 The Successful Way of Connotation Growth and Extension
 Development　　　　　　*Zhejiang Intel group Limited by Share Ltd.* / 327

BⅧ　Appendix

B.28 Statistics and Tables on Pharmaceutical Market
　　　　　　　　　　　　China Association of Pharmaceutical Commerce / 335

总报告

General Report

B.1
新型药品流通模式的发展及影响

肖汉山 杨烨辉 王 林*

摘　要： 随着新医改的推进，近年来出现了许多新型药品流通模式。如随着互联网药品销售政策的逐渐放宽、取得互联网药品交易服务资格证书的企业不断增加，中国医药电商的市场规模不断扩大。医药电商与供应链金融相结合提供的交易平台，有利于提高整个药品流通行业的效率，对整个药品流通行业的产业链利益进行重新分配，并最终改变传统药品流通行业的竞争格局。药房托管及大数据的出现，改变了药品流通企业与上下游企业之间的关系，并缩短了医药流通产业链之间的距离。

关键词： 医药电商　药房托管　医药流通产业链

---

* 肖汉山，华泰证券研究所医药组研究员；杨烨辉，华泰证券研究所医药组首席研究员；王林，中国社会科学院经济研究所博士后。

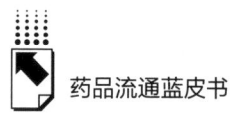

一 医药电商将重塑医院和药店两个终端的流通业态

(一)互联网药品销售的发展情况

我国互联网药品销售相关政策逐步放开,非处方药从禁止网售到允许在线销售,同样,处方药未来也必定经历相似的路径,网售处方药成为业内共识。在保障药品质量和医保报销的情况下,网上销售处方药可以降低药品流通成本、提高流通效率,完全符合卫计委提倡的发展第三方物流的精神,将会对我国药品流通业态造成不小的影响。

表1 互联网药品销售相关政策

年份	政策	内容
2000	《药品电子商务试点监督管理办法》	允许部分地区网上销售非处方药
2001	《互联网药品信息服务管理暂行规定》	允许网上进行药品信息服务
2005	《互联网药品交易服务审批暂行规定》	互联网可销售非处方药
2013	《关于加强互联网药品销售管理的通知》	使用GSP认证配送体系进行配送
2014	《互联网食品药品经营监督管理办法》	首次提出放开处方药在电商渠道的销售,允许医药电商选择第三方物流配送

资料来源:华泰证券研究所。

《互联网药品交易服务资格证书》分为A、B、C三种:A证允许提供第三方交易服务平台,不得向个人提供药品销售服务;B证允许与其他企业进行药品交易;C证允许向个人消费者提供非处方药品。截至2014年底,共有15家企业获得医药电商A证。

表2 获得A证的医药电商一览

序号	获证企业	相关方
1	北京京东叁佰陆拾度电子商务有限公司	京东
2	长沙市凯纳网络技术有限公司	深圳凯顿投资管理有限公司
3	纽海电子商务(上海)有限公司	1号店
4	成都市易纪元科技有限公司	药品终端网
5	广州八百方信息技术有限公司	八百方
6	北京汉宁恒丰医药科技股份有限公司	汉宁医药网

续表

序号	获证企业	相关方
7	河北慧眼医药科技有限公司	阿里巴巴
8	重庆药品交易所股份有限公司	重庆药品交易所
9	江西金利达电子商务有限公司	金利达药品交易网
10	上海伊邦医药信息科技有限公司	药房网
11	民生医药配送中心有限公司	民生医药
12	合肥快易捷医药电子商务有限公司	中国平安
13	北京先锋环宇电子商务有限责任公司	医药梦网
14	海南卫虹医药电子商务有限公司	海虹控股
15	中国通用医药电子商务有限公司	通用技术集团

资料来源：华泰证券研究所。

据中国电子商务研究中心的数据，目前医药电商规模为68亿元，占整个药品零售市场的2%左右，未来这一比重还将继续增加，市场潜力巨大。

虽然未来处方药实现网售是必然趋势，但目前获得C证的医药电商网售产品仍以医疗器械、计生用品、非处方药和药妆等为主。各医药电商之间市场份额相差不大，未来需要引入新的商业模式来提高产品和服务的差异度从而拉开市场差距。

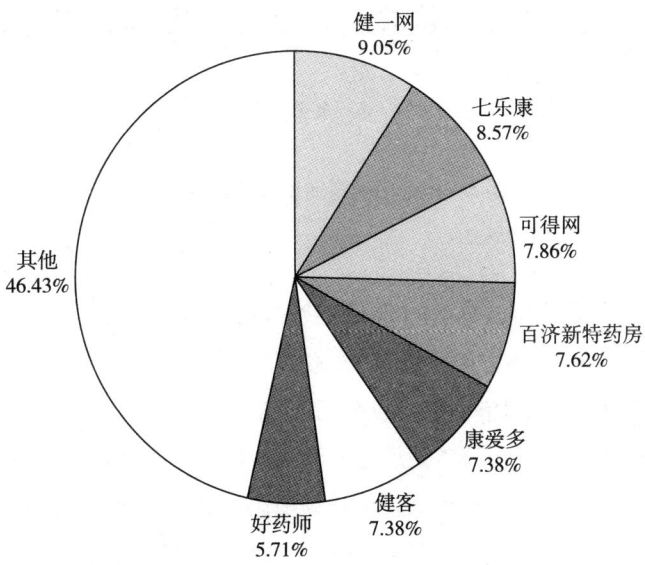

图1 我国C证医药电商市场份额

资料来源：中国电子商务研究中心，华泰证券研究所。

（二）医药电商能够使药品流通渠道扁平化，缩短流通环节和资金周转期

A证电商天生的优化物流属性使得"电子商务平台+供应链管理"的模式对传统的药品分销商造成了冲击。物流数据的互联互通、运输过程的GPS定位信息通过电子商务平台使得货主和客户随时可以查询药品信息；记录在电商系统的药企每月销售额度信息使得银行低利率贷款的效率更高，银行无需再进行烦琐的审核即可为药企批复贷款。分销上下游精细化的管理较传统的分销提供了更多的增值服务，不仅货主可以随时追踪药品信息，还能缩短货款回收时间，大大加快资金周转速度。传统分销商不仅无法实现药品即时查询，还导致药企或批发商回款周期在数月甚至半年以上。因此，在这样的冲击下，传统分销商面临的选择即：要么转型，要么被兼并。

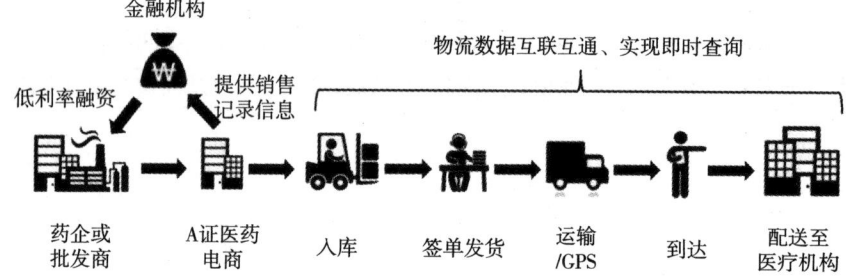

图2 A证医药电商供应链管理模式

资料来源：华泰证券研究所。

受医改、药品降价及电商的冲击，我国药品零售终端在整个药品市场中的占比持续下滑，2013年占比已跌至23.3%。

1. O2O是实体药店转型电商必经的一站

C证医药电商对传统药店渠道造成巨大的冲击，使消费者分流，尤其是单体药店受到的影响较大。为此，传统连锁药店只有一个选择，即转型电商，实现线上+线下模式（O2O）。虽然线上能便捷地提供购物服务，但是对于药品、保健品、医疗器械所需的专业服务无法在线上提供，将线上流量引导到线下接受专业服务是连锁实体药店在转型过程中必经的一站。转型O2O模式，不仅

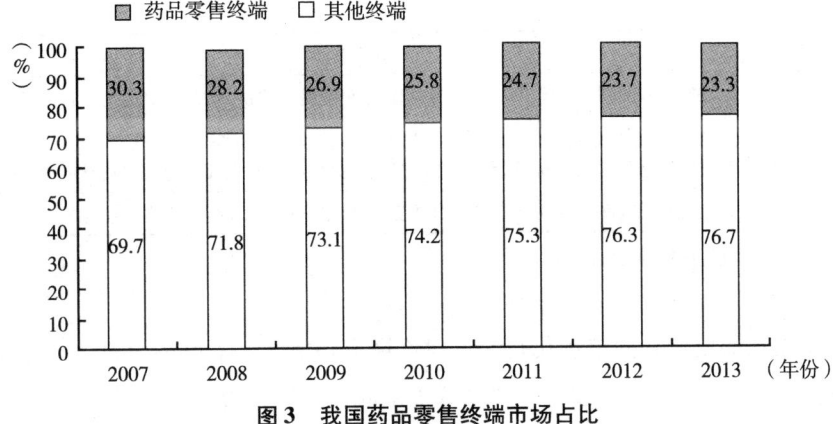

图3 我国药品零售终端市场占比

资料来源：华泰证券研究所。

需要经营理念的转变，更需要培养电商线上团队。通过促销活动、优惠券、积分等将用户吸引到线上，在享受线上带来的优惠和便利性的同时，通过活动预告和药事服务宣传等形式，将线上用户吸引到线下享受专业的服务，将线上线下用户粘连管理，实现线上购买、线下体验。

2. 招标降价和市场化是必然趋势，行业集中度进一步提高

经过多年的摸索，药品价格逐渐从政府定价或政府主导的模式向市场化的方向转变。政府定价机制将逐步淡化，药品价格谈判机制这样市场化的行为开始变得清晰。

表3 我国历年药价改革进程

时间	政策变动
1996年	《药品价格管理暂行办法》提出,药品定价将采取分类定价的方式
2000年	《药品政府定价办法》指出,纳入基本医疗保险报销目录的药品及少数生产经营具有垄断性的药品实行政府定价或政府指导价
2012年	《2012年国家发改委关于报送药品出厂价格有关问题的通知》发布,药品成本调查正式启动
2014年5月	《国家发展改革委关于改进低价药品价格管理有关问题的通知》发布,首次取消了政府制定的低价药最高零售价

续表

时间	政策变动
2014年11月	《推进药品价格改革方案(征求意见稿)》明确提出,"从2015年1月1日起,取消原政府指定的最高零售限价或出厂价格"
2015年3月	国务院总理李克强在两会政府工作报告中提出取消绝大部分药品的政府定价
2015年3月	《建立药品价格谈判机制试点工作方案》发布,将成立国家药品价格谈判指导委员会

资料来源：新浪网,华泰证券研究所。

虽然药品定价趋向市场化行为,但价格重心整体是下移的。自2009年药品采购由地方统一招投标以来,"唯低价是取"的模式遭受业界诟病,一些企业为了中标不惜低成本投标,而高质量药却在招标环节遭到淘汰。虽然近期招标标准中质量权重有所增加,但以湖南和安徽为代表的地方招标政策反映出挤压药价水分的趋势仍然存在。

安徽省从4月1日起所有公立医院实行药品零加成,医院药品收入大大减少,而以地市为单位的二次议价则起到了补偿医院药品加成收入的作用,医保支付价和药品采购价之间的价格差将是医院获得补偿的机会,因此,医院有较强的动机压低采购价。湖南议价模式引起业内强烈反响,但由于我国药品流通渠道冗杂,工业企业缺乏价格谈判能力,各药企间的竞争使湖南模式成为趋近市场化定价的代表。

表4 安徽、湖南招标政策摘要

安徽	湖南
省级部门负责有限品种遴选和一次杀价:非安徽基本用药目录的产品(2014年招标药品以外的品种),按照2012年县级招标中标价格和限价,以中标价为限价。采购联合体不受中标厂家限制,也可对照质量类型层次属性,遴选其他厂家的同质量属性的同种药品	根据投标企业数量分为竞价和议价药品(3家以下) 议价组先由专家制定议定价格后再由企业确认,如不确认,企业提交申述,而后专家给出第二轮建议价格,如企业不确认则视为弃标
遴选目录中药品没有医保支付价或采购价格超过医保支付参考价的,按实际采购价格销售 以市为单位进行"16+1"的地市级二次议价采购	专家给出的第一轮建议价格相比上一轮中标价格降价幅度较大,导致议价品种平均降幅10%~15%,成交率不超过50%

资料来源：华泰证券研究所。

3. 药价继续下降，流通行业集中度进一步提高

2015年3月11日，出台的《建立药品价格谈判机制试点工作方案（征求意见稿）》指出，成交价格明显低于省级中标价格的，省级中标价格按试点城市成交价进行调整。随着各省招标进程的推进，"左右联动"机制的显效，较大范围的药品降价将是必然的趋势。在药企与医院价格博弈的过程中，很多药企缺乏谈判话语权，这将直接迫使二、三级中小型分销商的利润空间被大幅压缩，只有规模较大的分销商才能从中取得规模优势，小型分销商存在被并购的可能，药品流通环节被压缩，市场集中度将进一步提高。

二 供应链金融重新分配各方利益

（一）供应链金融模式

供应链又称"价值链""供需链"，集成了资金流、信息流、物流，其实质在于价值和信息的传递。所谓供应链融资，是指对产业供应链中的单个企业或上下游多个企业提供全面的金融服务，以促进供应链核心企业及上下游配套企业"产—供—销"链条的衔接、稳固和顺畅，并通过金融资本与实业经济的协作，构筑银行、企业和商品（劳务）供应链互利共存、持续发展的产业生态。

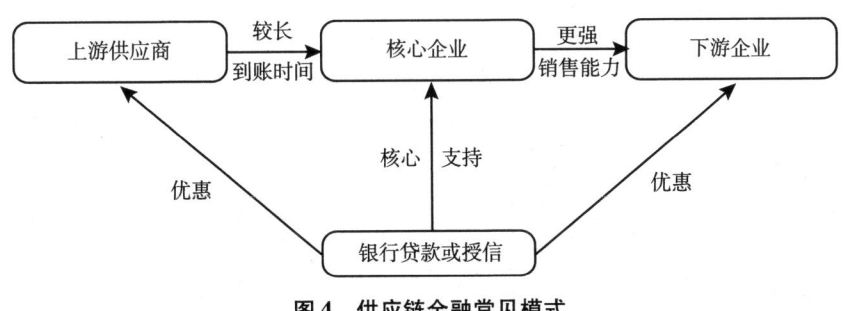

图4 供应链金融常见模式

资料来源：华泰证券研究所。

在传统的贸易融资模式下，银行给企业贷款往往需要进行大量的企业信用评估，信息不对称及银行贷款通常背后所隐藏的抵押性质使得中小企业处于天然的弱势地位，未能实现信贷资源更合理的配置。供应链金融是解决这个问题的一种新思路。供应链金融改变了银行对单一企业考察资质的习惯,而将考察范围拓展至整个供应链。银行只需要在供应链中找寻一家核心企业,并以此为基点向供应链提供金融支持。一方面银行将资金有效注入处于相对弱势地位的上下游配套中小企业,解决中小企业融资难和供应链失衡问题;另一方面银行将信用融入上下游企业,增强其商业信用,促进中小企业与核心企业建立长期的战略协同关系,提升整个供应链的竞争力。

(二)医药电商等新流通平台崛起,实现了流通产业链信息流更优、更快速地整合

供应链金融与传统银行授信的差别在于,在供应链金融下,银行以核心企业为突破口,可以掌握整个产业链的企业信用情况,大大缓解了信息不对称问题,改变了以往低效率、高成本的针对单一大企业的信用评估方式。在这里,信息的交汇点是关键,银行要通过核心企业了解上下游交易情况,进而评估和掌握上下游产业链中企业的信用情况,以更合理地分配信贷资源。

医药电商等新平台的出现实现了信息流更优、更快速地整合。在医药流通行业整个供应链中,医药电商作为重要的中间机构,有效地实现了上下游物流、资金流和信息流的疏通和整合,特别是作为信息交汇的环节,掌握了上下游企业的基本情况、信用状况等优质资源,上下游企业真实的交易信息等可在电商平台得到快速地反映和整合。

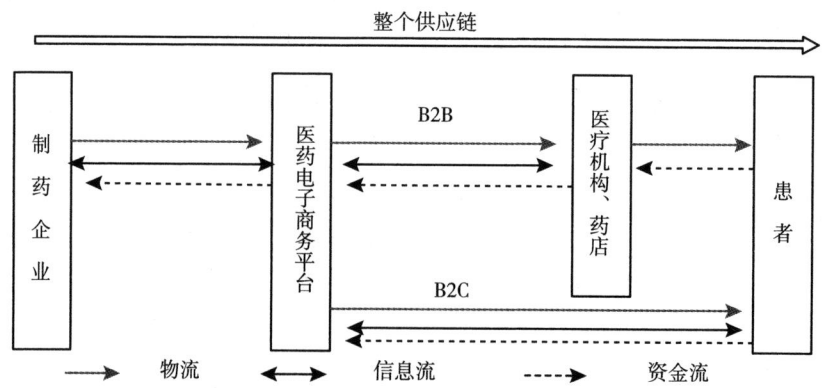

图5 医药电商实现了对物流、资金流、信息流的有效整合

资料来源:华泰证券研究所。

（三）新流通平台实现了整个产业链利益的重新分配

供应链金融模式中，银行通过对整个供应链及其与核心企业之间交易的信用风险评估，更好地为供应链上下游企业提供融资服务，实现了整个产业链利益的重新分配。

一个典型的案例是浙江珍诚医药旗下"医药在线"与中国工商银行联合研发的医药产业电子供应链融资技术平台"E路融"。"医药在线"为B2B药品交易平台，平台参与了企业每一笔业务从洽谈到成功配送的全过程，掌握了上下游企业交易行为和数据，银行可以通过与"医药在线"互联互通的信息系统，对相关数据和行为进行分析，推定信用评级，为相关企业提供信贷资源，将利益分配到除核心企业之外的其他企业。

对于需要融资的企业而言，无须经过抵押和烦琐的银行授信程序，仅通过建立与电子商务平台"医药在线"的业务合作，以票据、业务合同及资信审核加上"医药在线"的电子商务数据流和行为作为数据支撑，就可通过互联网向合作银行进行自助式跨区域的融资操作。"E路融"帮助了众多存在融资难问题的中小药企实现了信贷资源的全供应链分配。

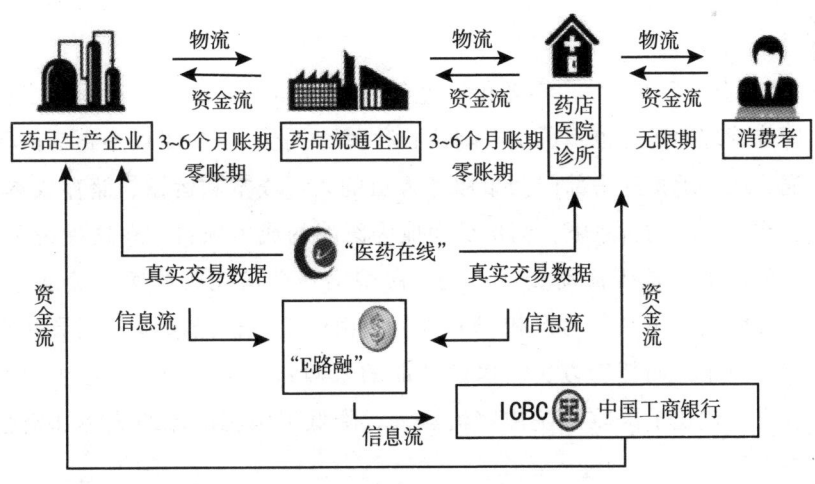

图6 "E路融"模式示意

资料来源：互联网，华泰证券研究所。

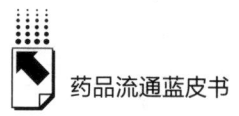

三 "医药分开"形势下的药房托管将增强流通企业对下游的掌控

(一)"新医改"推动"医药分开"

我国传统的医院经营模式实质上是一种"以药补医"的制度,医院终端售药享受药品15%的价格加成。在这种制度下,医院营收和利润总额直接与药品收入挂钩,医生为了获取更高的收入倾向于开价格更高的药品,从而造成了"看病难、看病贵"的窘境。

"十二五"期间,我国的医改将逐步破除"以药补医"的制度,把"医药分开"作为公立医院改革的重中之重,2014年公立医院试点改革将覆盖50%以上的县(市),到2015年将全面推开,药品零差价率已在部分省属公立医院推行。在促使"医药分开"的同时,通过提高医疗服务价格等方式对医生和医院进行补偿,促进医疗回归其服务本质。

(二)"医药分开"使药品成为医院的成本项目,药房托管成为趋势

"医药分开"以后,"零差价"政策使得药品不再是医院利润的主要来源,医院管理的药房也不再是医院核心利润的中心。药房不仅不再为医院创造利润,还得承担药房部门药事服务人员的人工成本和运输、储存成本等。因此,在新医改的背景下,药房反而成为医院的成本项目。在这种情况下,为了降低成本和减少流动资金占用,医院会将药房托管给医药流通企业。在药房托管模式下,药房产权仍归医院,由医院提供药事服务人员并管理医院用药目录,而托管方负责医院药品的采购和库存管理。流通企业通过药房托管,优化了医院的院内物流流程,降低了医院的流通成本和资金占用成本。

(三)药房托管将增强流通企业对下游的掌控

药房托管重构了医药流通企业下游供应链资源分布,事实上是将医院药房

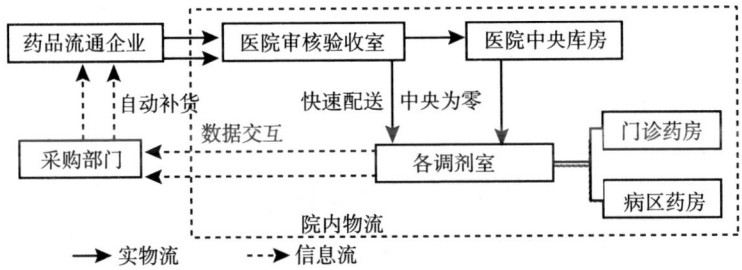

图7 流通企业通过药房托管参与院内物流优化流程

资料来源：华泰证券研究所。

这一重要环节纳入流通企业控制范围，在强化流通企业信息、物流、资金整合能力的同时，拉近了流通企业与下游终端的距离，增强了流通企业对下游终端的掌控。

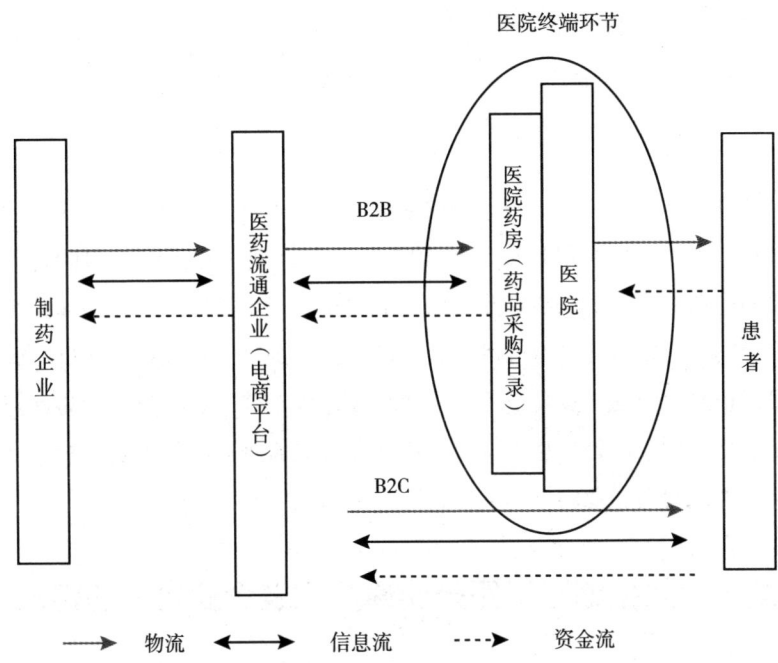

图8 药房托管前医药流通下游产业链

资料来源：华泰证券研究所。

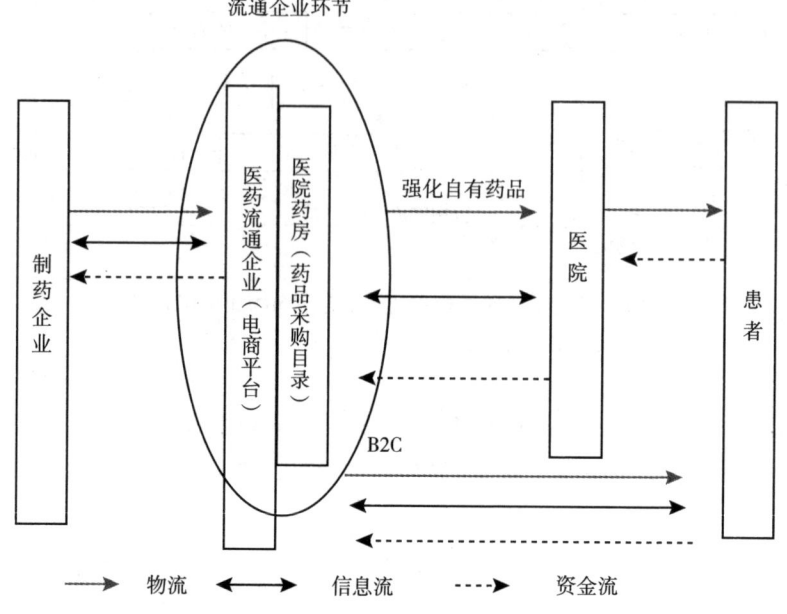

图 9　药房托管后医药流通下游产业链

资料来源：华泰证券研究所。

药房托管使得医药流通企业能够掌握医药渠道终端，而如今在我国的整个药品零售市场中，医院渠道要占到 80% 的份额。通过对医院药房的托管，由医药流通企业集中负责采购药品，医药流通企业对下游医院终端的掌控力度大幅提升，同时可以强化自有药品在医院的扩张，提升公司业绩。通过掌握药品采购目录信息，流通企业可以更深层次地了解终端药品需求格局，为其药品战略提供信息支持。此外，从上游产业链来看，流通企业的集中采购权也大大提升了其对上游制药企业的议价能力，降低了采购成本。

四　大数据缩短了医药流通产业链企业之间的距离

目前对于大数据尚没有统一的定义，其基本特征是体量大（一般在 10TB 以上）、类型多样（文本、图片、视频等多种）。通常来讲，大数据分析是指通过长期的、海量的数据分析构建单个社会群体的生活轨迹及习惯，进而对其消费习惯和生活环境进行模拟和预测,为数据分析方提供所希望得到的结果。大数据概念是在数据和信息大爆炸的背景下产生的,随着互联网、物联网和云计算等技术的兴起和普及,数据的增长速度快于以往任何一个时期。同时,移动互联网和移动智能终端的迅速发展,也带来了移动网络数据的迅猛增长,根据思科的预计,2011年开始,全球移动数据流量增长率保持在50%以上,到2016年全球数据流量将是2011年的近20倍。

大数据对医药流通行业乃至整个医药行业的影响都是深远的。就整个医药行业来讲,大数据可以囊括研发数据(临床试验个体数据、药品研发数据)、流通数据(药品交易数据、企业资质评估)、终端市场(每个产品在各个终端——医院、社区、药店的销售)、医疗行为(诊疗行为、处方习惯、医生对疾病和药品的固有认知等)、患者档案(疾病分布、就诊行为、用药习惯、慢病健康及大健康数据)。而通过对整个产业链大数据的分析和把握,我们可以更深层次地了解行业供需状况,找到存在的市场空白。

对于流通产业链而言,对药品流通和交易的数据分析是至关重要的。通过大数据分析药品的流向及销售量能帮助流通企业落实产品战略,找到新的赢利增长点。而在医药电商兴起的背景下,电商平台上的交易数据以及由此建立的企业、消费者档案是流通企业制定发展战略的出发点。通过大数据分析和管理,流通企业能够掌握上下游企业的资质和信用状况,同时了解到终端消费者的健康状况和需求,进而设计更好的解决方案、提供有效的产品服务。总的来说,大数据使得医药流通产业链上下游企业信息更加通畅,在一定程度上缩短了产业链企业之间的距离。

五 医药电商的崛起将改变传统医药流通企业的竞争格局

(一)医药电商的行业概况

1. 借互联网发展之机,规模扩张迅速

医药电商的快速发展,是以互联网时代大背景为基础的。近年来我国互联网发展迅速,普及率节节攀升。中国互联网络信息中心的统计结果显示,截至2014年12月,我国的网民规模已经达到6.49亿人,全年新增网民3117万人。同时,手机网民规模达到5.57亿人,占总网民的比例升至85.8%。

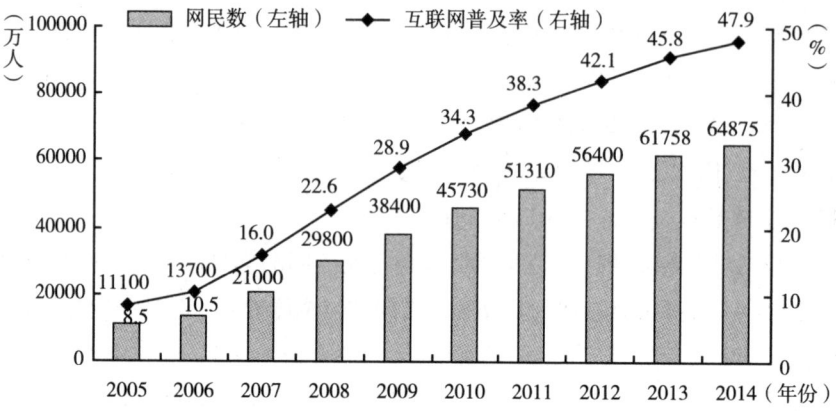

图 10 我国互联网普及率节节攀升

资料来源:华泰证券研究所。

互联网的飞速发展也带来了我国网购规模的迅速扩大。艾瑞咨询的数据显示,2014年我国网络购物市场交易总额达到2.8万亿元,同比增长48.7%,网购市场交易额占社会消费品零售总额的比例达到10.7%。同期,我国医药互联网销售额也呈现爆发式增长态势。数据显示,2013年我国网上药店销售规模为46亿元,较2012年增长了约2倍,2014年则增至68亿元。

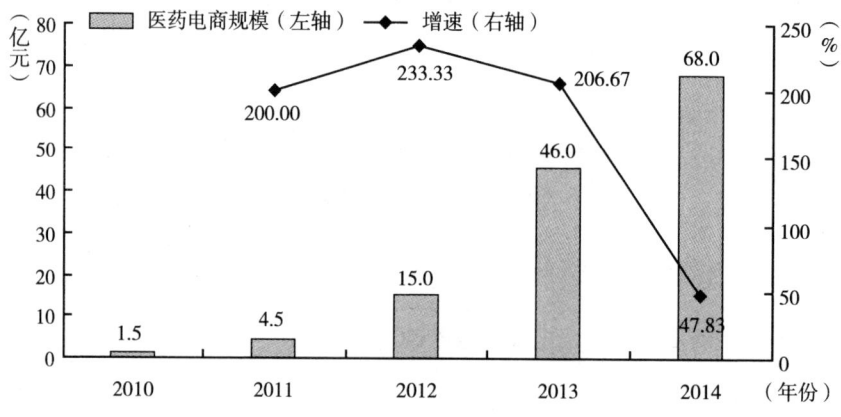

图 11 中国医药电商规模及增速

资料来源:中国电子商务研究中心,华泰证券研究所。

药品所具有的标准化和条码指示性特点,是适合电子商务的良好选择,这也是医药电商能够快速发展的一个重要原因。从2005年第一家医药B2C药房网上线开始,网上药店的数量便迅速增长,截至2015年4月,SFDA数据库显示,全国获得《互联网药品交易服务资格证书》的企业达到288家。

2. 处于发展初期,提升空间巨大

虽然我国医药电商的市场交易规模以及网上药店的数量增长迅速,但从整体上看仍处于发展初期。与发达国家如美国等相比还有较大差距,美国在20世纪90年代后期就出现了以互联网为交易平台的网上药店,到2005年网上药店总数达1400家,销售额为439亿美元,约占美国药品零售额的19%,在各种药品销售渠道中排名仅次于连锁药店。中国电子商务研究中心监测数据显示,2013年美国通过网络零售的药品销售额高达743亿美元左右,约占药品零售市场的30%,而同期中国医药电商零售额占整个药品零售额的比重仅为1.7%,可见,还有很大的提升空间。

(二)医药电商重构医药流通产业链

1. 传统产业链流通环节冗长,成本占比高

传统的医药流通采用逐级代理的模式,中间要经过多个流通环节。经销权买断的品种的流通环节最长可达6~7个。这种长链条、多环节的流通模式往往效率低且灵活性不足,同时层层加价,导致了流通环节的成本在最终药品价格中占到了很大的比例,一般而言这个比例超过50%。与此同时,流通环节交易的冗余繁杂导致信息传递的不通畅和不透明,最终使得药品消费者处于弱势地位,承担了较多的药品成本价格加成。

2. 医药电商简化流通渠道,降低流通成本

医药电商包含了互联网"扁平化"的特性,这个特性对整个流通行业乃至医药产业链都产生了巨大的影响,将电子商务引入医药流通环节之后,将形成新的医药行业供应链体系。无论是B2B模式还是B2C模式都替代了逐级多层次的医药代理流通模式,缩短了整个产业链的长度,使得交易渠道变得单一,大大降低流通成本,从而极大地减轻了消费者的医药费用负担。而医药电商强大的整合信息能力,无疑使得整个产业链信息传导速度更快、更及时,提高了流通企业乃至整个医药产业链的运作效率。

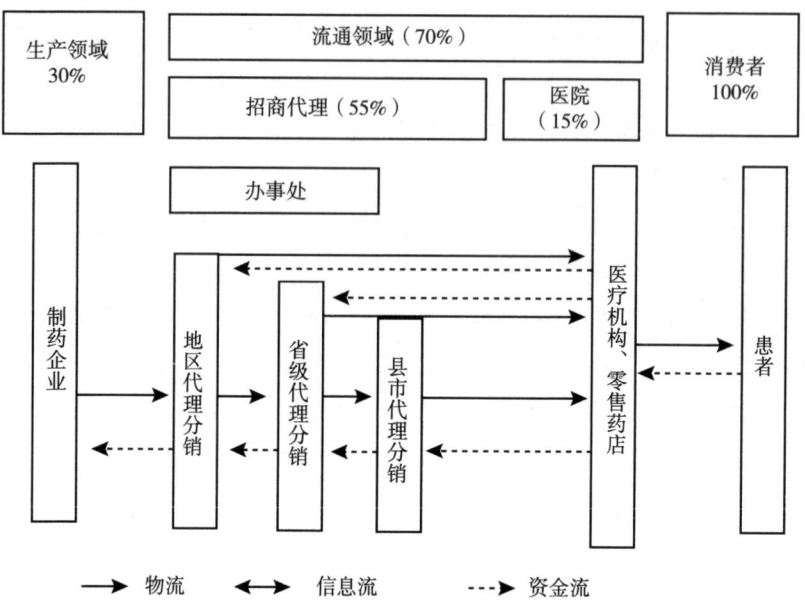

图 12 传统医药流通产业链冗长繁杂

资料来源：华泰证券研究所。

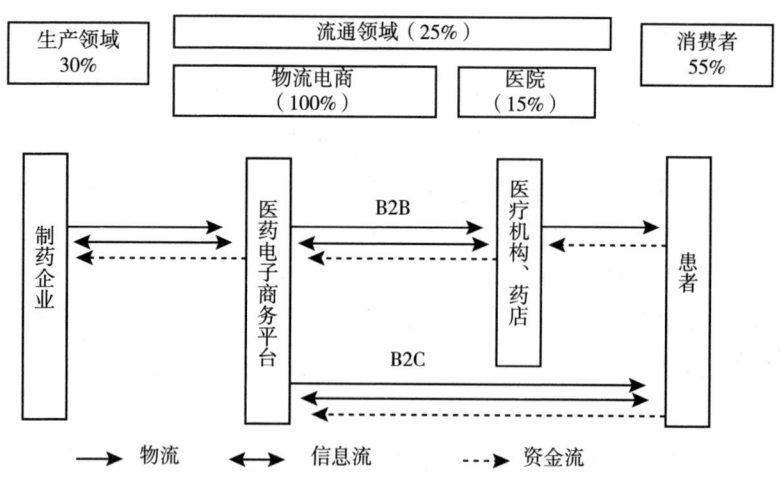

图 13 医药电商重构产业链流程

资料来源：华泰证券研究所。

（三）医药电商模式分析

1. 自营式 B2C、平台式 B2C 和 B2B 三大模式

目前，医药电商主要有两种运营模式——B2B 模式和 B2C 模式。细分来讲，B2C 模式又可以分为自营式 B2C 模式和平台式 B2C 模式。由于药品的特殊性，一般不允许企业直接销售药品给消费者，B2C 业务过去一直受到比较大的限制，医药电商也以批发业务 B2B 模式为主。近几年，随着政策不断放开，医药电商 B2C 模式从 OTC 药物、大健康药品等品类开始突破，并实现了非常迅速的发展。各大药企纷纷建立自营式 B2C 平台，直接向消费者销售获得许可的药物，而传统电商巨头天猫、京东等也相继联手医药企业形成第三方平台式 B2C。

表5 国内医药电商模式

类型	特点	代表网站或企业
自营式 B2C（医药 B2C 官网）	医药连锁企业自建官网，实现与消费者之间的电子交易	健一网、七乐康、好药师网
平台式 B2C（第三方平台模式）	第三方电商以中立身份为买卖双方提供虚拟交易平台服务	天猫医药馆（95095）、京东医药馆
B2B（第二方批发交易模式）	原料供应商与药厂之间、药厂与医药批发商之间、医药批发商与零售商之间的电子采购与交易	九州通、珍诚在线

资料来源：华泰证券研究所。

2013 年，我国医药 B2C 行业共成交 3203 万笔交易，交易总额共计 42.6 亿元。其中，平台式 B2C 交易规模达到 25.8 亿元，占比为 60.56%；自营式医药 B2C 网站的交易规模为 16.8 亿元。分品类来看，平台式 B2C 交易主要集中在医疗器械、隐形眼镜、OTC 药品、计生用品、保健品等品类；自营式 B2C 则主要是药品、食品保健品等，更倾向于回归药学服务本质。大部分企业在设有自营式 B2C 官网平台的同时也会选择借助平台式 B2C，在天猫、京东等商城设有旗舰店，平台和自营的界限不会划分得很清晰。

（1）平台式 B2C：平台优势突出，高平台费用压缩了商家的利润空间。天猫医药馆依托天猫商城、淘宝网，有着巨大的流量资源支撑，只要保证一定的流量转化率，在流量基数很大的情况下会形成可观的交易规模。2013 年天

猫医药馆销售规模约为20亿元，占比达到77.52%。而作为阿里大健康战略的"排头兵"，天猫医药馆有望保持强劲的发展势头，继续占据行业领头地位。而另一个电商巨头京东也逐步布局医药、大健康。2014年"营养保健、医药"被京东升级为经营大类，受重视程度进一步提升，借助同样出色的平台资源，京东的平台式B2C市场份额也有望得以提升。

低毛利率药品难以在平台式B2C上运营。天猫、京东是天然的比价平台，企业首先需承担平台费用，同时平台式企业竞争激烈的格局也使得其往往展开价格战，力图在比价中获取排名优势，因此平台式B2C上的企业利润率通常会很低。以企业入驻天猫医药馆为例，首次入驻天猫需要承担30万元的保证金占用成本，而在平台上完成一笔交易需向天猫支付4%的提成，通过支付宝结算还需另外支付1%的费用。加上每单物流成本为5%~6%，人工费用约5%，营销费用为7%~10%，总的成本率达到17%~26%。如果产品毛利率过低，企业势必会入不敷出，所以低毛利的产品难以在平台式B2C上运营，在此平台主要是计生类等毛利较高的产品。数据显示，2014年下半年（7~12月），天猫医药馆医疗器械的销售占比在60%~70%，药品销售占比在20%~30%波动，成人用品和保健食品的销售占比则相对平稳。

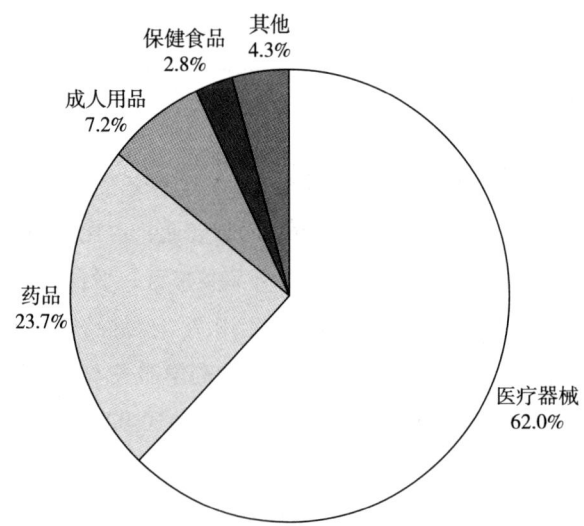

图14 天猫医药馆类别销售分布（2014年12月数据）

资料来源：中国医药网，华泰证券研究所。

（2）自营式B2C：品牌信誉提升客户黏性。自营B2C具有品牌、信誉度、质量保障等优势。自营B2C与平台式B2C相比，在流量资源、人群关注度方面处于绝对劣势，但在质量、信誉等方面享有优势，在保持和提升客户黏性度方面相较于平台式B2C更胜一筹。随着网络购物的发展与成熟，用户的消费观念正在发生改变，对医疗产品的诉求不只局限于价格，对品牌信誉、咨询服务、售后保障等消费体验方面也越来越注重，这给自营式B2C模式提供了发展契机。

表6 医药电商自营式B2C模式与平台式B2C模式比较

模式比较	平台式B2C	自营式B2C
商品SKU	"海量"的商品数量	SKU有限，必定是各个品类的精选或是单个品类的全组合
销售结构	医疗器械、隐形眼镜、计生用品是三大流量品类	重点发展药品品类，更倾向于回归药学服务本质
服务	仅提供了交易平台，对商品质量、物流配送、售后服务等并不可控	通过IT管理系统，实现对商品的引入、分类、在线咨询、交易、物流配送及售后保障等整个交易流程的可控
流量	流量远大于自营电商，但转换率低	流量质量更优，转换率更高
成本费用及投入	签约药店约三成的营收会投入到推广活动（门槛费、活动占位费、竞价排名费），费用率较高	前期自建平台需要投入大量人力、物力进行网站建设及运营

资料来源：华泰证券研究所。

无论是平台式B2C还是自营式B2C，都存在利润率低的特点。2013年，中国医药B2C行业平均毛利率为19.3%，费用率为20.6%，平均利润率为-1.3%，少数实现赢利的企业的净利率也不超过2%，只有美国连锁电商巨头的20%~40%。我国目前的B2C行业还处在运营发展初期，平台费用占了很大的比重，激烈的竞争也使企业难以维系价格，同时目前药品种类的限制也将毛利更高的处方药排除在外，这使得医药B2C行业的利润率处于低位。

2. 开启医药电商O2O，颠覆传统流通模式

虽然医药电商有着诸多优点，但消费者对于药品的安全性、物流及时性、体验性的要求限制着医药电商的发展。电商的非接触场景使得消费者缺乏药品真实体验，同时会产生安全性顾虑。另外电商突破了区域局限，实现了远程购药，但这使得特定地区的药品及时需求可能难以得到满足，损失了部分消费者。在这种背景下，O2O 模式应运而生。O2O 模式通过结合互联网电商平台与传统门店，可以有效解决包括专业药学服务在内的信息互通、药品安全性、快速物流及客户体验几大问题。

"线上 + 线下"资源的重新整合与充分利用。O2O 模式包括线上电商平台、线下实体门店及线上线下信息的沟通传递和资源分配。在医药电商 O2O 中，线上作为消费获取药品信息的平台，充分利用了互联网人群优势和电商流量优势；线下实体门店为消费者真实体验和购药的地点，转化线上流量和创造营业收入；而"线上 + 线下"则采用电子化信息沟通，借助移动 APP 等实现信息的更好互联。移动 4G 时代的来临、智能手机等移动终端的普及，使得手机终端服务成为一种趋势。移动技术强大的定位功能使得搜寻线下实体店变得更加便捷，消费者可以通过移动 APP 快速找到线下实体门店，及时获取药品，匹配供给和需求。同时通过 APP，消费者可以进行信息反馈，构建起以消费者为中心的另一条信息链，使得 O2O 模式实现了信息闭环形态，让整个 O2O 模式的运行更加高效。

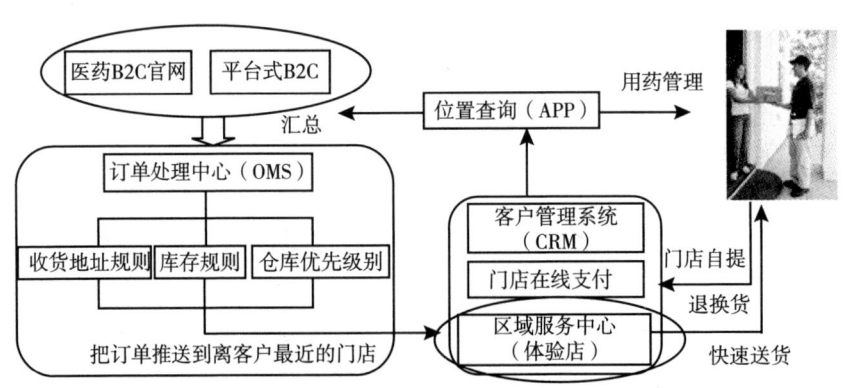

图 15　O2O 模式闭环

资料来源：华泰证券研究所。

O2O 模式下，企业可以通过提供便利的健康服务，增加用户黏性。通过 APP，用户能查询到离自己最近的药店及其地理位置、联系方式，并能享受药师即时的专业服务（包括购药前的咨询和服药后的反馈），还可浏览相关的养生保健、病情自查、急救知识等医疗保健资讯，对用户来说，问药、查药和购药链条都将变得更加便捷。而从药店角度来看，及时了解客户需求，获取买家反馈，调整服务内容，形成药品买卖双方的互动，药店销量就有机会增加，同时用户的黏性也会增加。

六　投资标的

表7　投资标的

标的	推荐理由
九州通 （600998）	医药电商龙头，包含B2C（好药师）和O2O（药急送）业务；销售1.4万种药品，自身建有物流系统，可以满足仓储和药店配送需求
嘉事堂 （002462）	与首钢、鞍钢和中航有GPOs业务，在处方药领域拥有大量的数据积累和良好的议价力；在华北地区建有先进的物流配送中心，未来还将建成京西物流中心，有望成为处方药和第三方物流配送龙头
太安堂 （002433）	收购康爱多，切入医药电商领域，同时布局连锁店，扩展线下资源，计划三年内在全国一、二线重点城市建立30家太安堂旗舰店；具备实现O2O模式的条件
一心堂 （002727）	云南省最大的医药零售连锁企业，大力拓展桂、川、渝市场，成为西南地区医药零售连锁行业的领航者；拥有多渠道营销网络，电商模式多样化，具有自营式B2C、第三方平台B2C、O2O模式等，逐步形成线上线下一体化的多渠道营销网络
太极集团 （600129）	销售网络发达，终端配送积极转型；川渝地区有10000多家零售终端店，桐君阁（控股30%）拥有O2O电商平台桐君阁医药网，有利于发挥10000多家零售终端店的优势，太极集团层面拥有B2C平台太极养生馆、天猫商城店，未来公司陆续还有多种大健康产品嫁接到该电商平台上以形成产品合力

资料来源：华泰证券研究所。

行业篇
Industry Reports

B.2
2014年药品流通行业运行统计分析报告

中华人民共和国商务部市场秩序司

摘　要： 2014年药品流通市场销售规模稳步提高，但增幅有所回落，大型批发企业的销售增速普遍高于行业平均水平，零售市场销售增速明显回落。预计2015年药品销售市场将维持中高速增长，行业结构和商业模式进一步优化，从要素驱动、投资驱动转向创新驱动。

关键词： 药品流通市场　零售市场　要素驱动

一　药品流通行业发展概况

（一）发展概述

2014年是贯彻党的十八届三中全会精神、深化医药卫生体制改革、落实药品流通行业"十二五"发展规划纲要各项任务的关键之年。在中国经济发展进入新常态的形势下，随着医改的不断推进深化及相关政策的实施，药品流通市场规模稳步增长，结构调整取得积极进展，行业集中度进一步提高，企业创新业务和服务模式不断出现，运营效率稳步攀升。

（二）运行分析

1. 整体规模

2014年药品流通市场销售规模继续提高，但增长幅度有所降低。全年药品流通行业销售总额15021亿元①，同比增长15.2%，增速较上年下降1.5个百分点（见图1），其中药品零售市场3004亿元，扣除不可比因素，同比增长9.1%，增幅回落2.9个百分点。

截至2013年底，全国共有药品批发企业1.49万家；药品零售连锁企业3570家、下辖门店15.82万家，零售单体药店27.44万家，零售药店门店总数达43.26万家②。

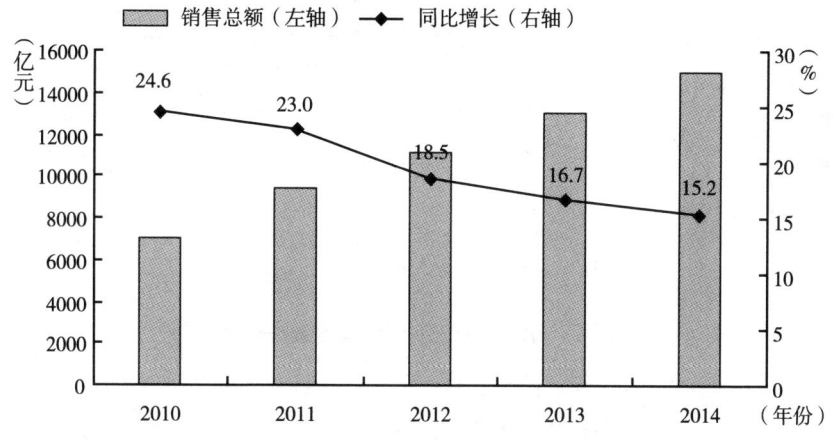

图1 2010～2014年药品流通行业销售趋势

---

① 销售总额为含税值，包括了七大类医药商品。
② 资料来源于国家食品药品监督管理总局，由于尚未公布2014年药品流通企业数量，故引用2013年的数据。

2. 效益情况

2014年,全国药品流通直报企业主营业务收入11321亿元,扣除不可比因素,同比增长15.4%,增幅回落1.6个百分点;实现利润总额247亿元,扣除不可比因素,同比增长14.8%,增幅回落1.2个百分点;平均毛利率6.8%,同比上升0.1个百分点;平均费用率5.3%,同比上升0.2个百分点;平均利润率1.7%,与上年基本持平。

3. 销售品类与对象结构

按销售品类分,药品类①销售居主导地位,销售额占七大类医药商品销售总额的73.8%;其次为中成药类占14.6%,中药材类占4.0%,医疗器械类占3.6%,化学试剂类占1.3%,玻璃仪器类占0.2%,其他类占2.5%(见图2)。

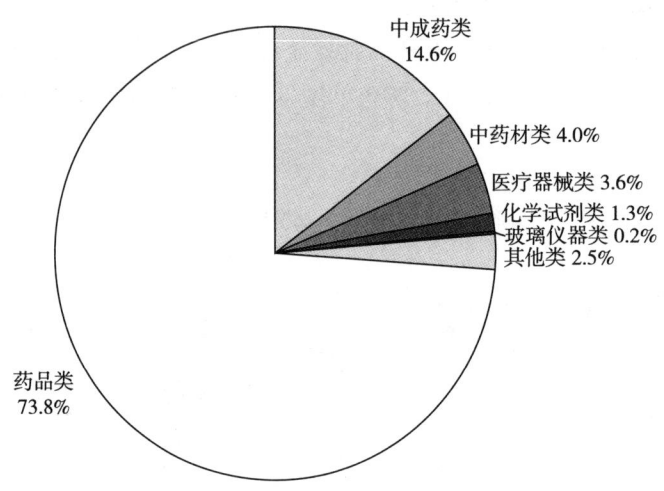

图2 2014年全行业销售品类结构分布

据中国医药商业协会典型样本城市零售药店2014年品类销售统计,零售药店销售额中的药品(包括化学药品、中成药和中药饮片)销售占主导地位,占零售总额的78.4%;非药品销售占21.6%(见图3)。

按销售对象分,2014年对批发企业销售额为6426亿元,占销售总额的

---

① 药品类包括化学原料及其制剂、抗生素、生化药品、放射性药品、血清、疫苗、血液制品和诊断药品等。

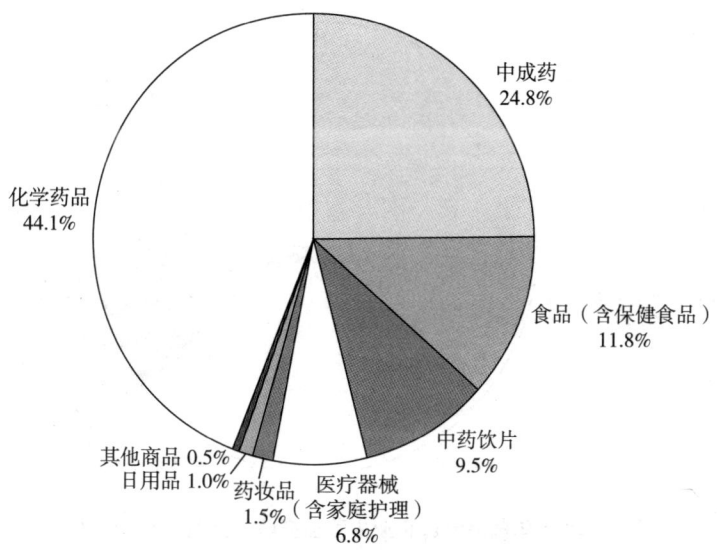

图 3　2014 年典型样本城市零售药店销售品类结构分布

42.8%，比上年降低 0.3 个百分点；纯销（包含对医疗终端、零售终端和居民的销售）为 8596 亿元，占销售总额的 57.2%，比上年增加 0.3 个百分点。

4. 销售区域结构

2014 年，全国六大区域销售总额所占比重分别为：华东地区占 39.1%、华北地区占 17.0%、中南地区占 21.6%、西南地区占 13.0%、东北地区占 5.1%、西北地区占 4.2%；其中华东地区、华北地区、中南地区三大区域销售额占到行业销售总额的 77.7%，同比下降 0.9 个百分点。

2014 年，销售额居前 10 位的省市依次为北京、上海、广东、浙江、江苏、安徽、山东、重庆、河南、云南；10 个省市销售额占全国销售总额的 64.3%，同比下降 0.3 个百分点。

5. 所有制结构

药品流通直报企业中，国有及国有控股药品流通企业主营业务收入 7288 亿元，占药品流通直报企业主营业务总收入的 64.4%，实现利润 140 亿元，占直报企业利润总额的 56.9%；股份制企业主营业务收入 2756 亿元，占直报企业主营业务总收入的 24.3%，实现利润 70 亿元，占直报企业利润总额的 28.1%（见图 4、图 5）。

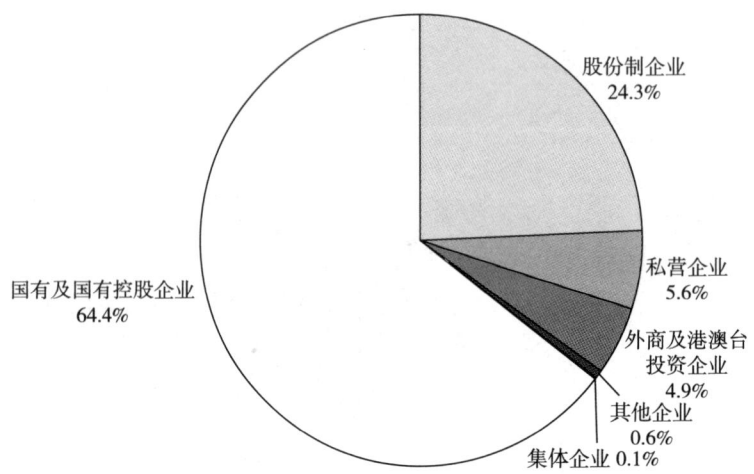

图4 2014年药品流通企业主营业务收入所有制结构分布

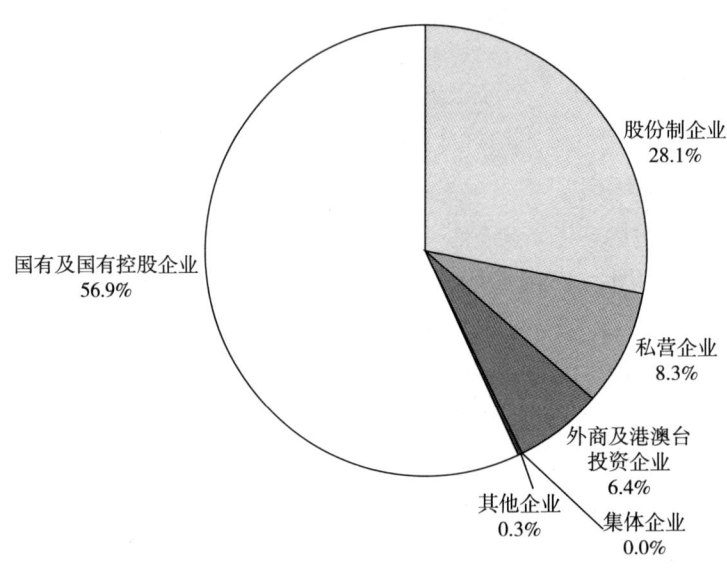

图5 2014年药品流通企业利润总额所有制结构分布

6. 配送结构

2014年,药品批发直报企业商品配送总额9460亿元,其中自有配送中心配送额占82.5%,非自有配送中心配送额占17.5%(见图6),非自有配送中心配送额占比较上年降低2.3个百分点;物流费用103亿元,其中自主配送物流费用占84.0%,委托配送物流费用占16.0%(见图7),委托配送物流费用占比较上年降低2.1个百分点。非自有配送中心配送额和委托配送物流费用占比下降是由于直报系统企业中大型药品流通企业加大自身物流建设,提高自有配送能力,减少了委托及非自有配送比例。

物流费用占企业三项费用(营业费用、管理费用、财务费用)总额的18.5%,与上年相比增加了2.1个百分点,占营业费用的比例为32.2%,与上年相比增加了1.7个百分点。

基本药物配送额为1374亿元,其中对本省配送金额占比87.24%,对外省配送金额占比12.76%。

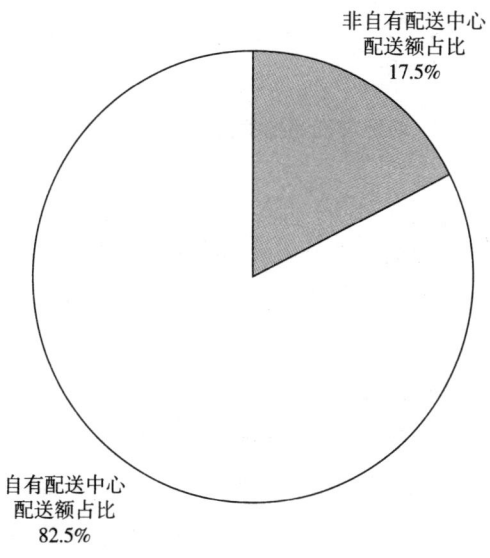

图6　2014年药品批发直报企业商品配送结构

7. 行业资本运作情况

随着一心堂和柳州医药的成功上市,2014年底,药品流通上市公司达到17家,市值总值为2593亿元,平均市值为152.54亿元。市值100亿元以上的企业有8家,分别是国药控股、上海医药、九州通、国药一致、华东医药、中国医药、国药股份和一心堂,其中国药控股和上海医药市值均超过400

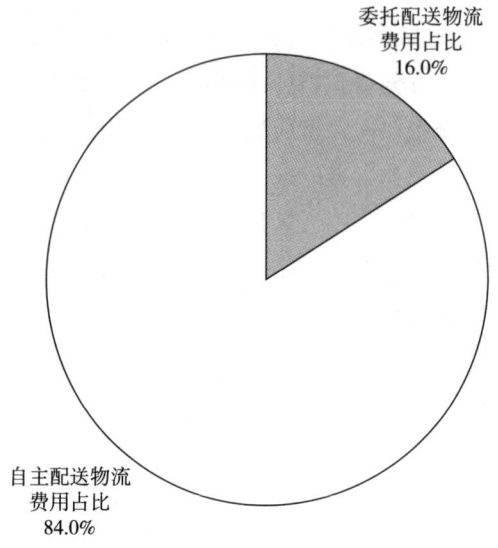

图 7　2014 年药品批发直报企业物流费用结构

亿元。

2014 年 17 家药品流通上市公司披露的对外投资活动共有 79 起，涉及金额 54.89 亿元，与上年同期基本持平。投资活动主要体现在上市公司对区域市场的布局方面。

8. 对 GDP、税收和就业的贡献

2014 年全国社会消费品零售总额为 26.24 万亿元，第三产业增加值为 30.67 万亿元[1]。全年药品流通行业销售总额占社会消费品零售总额的 5.7%，占第三产业增加值的 4.9%，同比分别增长和下降 0.1 个百分点。其中零售总额占社会消费品零售总额的 1.1%，占第三产业增加值的 1.0%。

2014 年全国药品流通直报企业纳税额 60.38 亿元[2]，扣除不可比因素，同比增长 11.6%，全行业从业人数约为 517 万人。

---

[1] 资料来源于国家统计局。
[2] 此处是指所得税。

二 药品流通行业发展的主要特点

(一)药品流通行业销售总额由高速增长转向中高速增长

近年来,药品流通行业销售总额一直处于高增长态势,但自2010年起增速逐年放缓,从2010年的24.6%逐步递减到2014年的15.2%。发展态势契合中国经济新常态的特征,即增长进入换挡期,行业已告别连续8年复合增长率20%以上的高速发展阶段,转向中高速增长阶段。近年来行业高速增长的主要推动力是新一轮医改推进、基本医疗保险扩容所带来的城乡居民用药需求大幅上升。随着基本医保已覆盖全国96%以上人口、居民用药需求的增长趋于稳定,加之国内外宏观经济环境均面临增长放缓的压力,药品流通市场销售增速有所放缓。

(二)大型药品批发企业增速高于行业平均水平

从增长速度来看,前100位药品批发企业主营业务收入同比增长18.1%,其中前10位企业主营业务收入同比增长19.4%,前50位企业主营业务收入同比增长19.0%,增速与上年相比分别回落2.0个、3.5个及1.9个百分点,但仍超过行业增长的平均水平。

主营业务收入在100亿元以上的药品批发企业有15家,比上年增加3家;其中在800亿元以上的有3家,比上年增加2家。另据有关数据,2013财年美国、日本、英国等国家的大型医药批发公司的营业收入增长率普遍有下降的趋势(见表1)。

表1 国内外主要药品流通企业经营情况

单位:亿元,%

公司名称	所属国家	营业收入		利润		资产	所有者权益	净利率
		金额	增长率	金额	增长率			
麦克森公司	美国	7522.17	-0.2	82.19	-4.6	2136.83	434.30	1.1
康德乐	美国	6606.70	4.8	65.67	11.5	1490.24	383.56	1.0
美源伯根公司	美国	4897.07	-0.6	44.17	1.7	948.70	150.91	0.9
弗朗茨海涅尔公司	德国	2130.98	-8.8	-145.57	-911.6	1167.33	259.77	-6.8

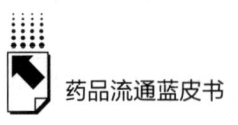

续表

公司名称	所属国家	营业收入		利润		资产	所有者权益	净利率
		金额	增长率	金额	增长率			
Medipal控股公司	日本	2079.35	-2.8	13.80	52.3	868.23	205.78	0.7
国药控股股份有限公司	中国	2001.31	19.9	—	—	1285.03	365.21	2.3
阿弗瑞萨控股公司	日本	1766.11	-2.7	15.36	199.1	777.16	168.10	0.9
PHOENIX PHA-RMAHANDEL	德国	1679.27	-8.9	11.89	-36.9	610.16	158.52	0.7
联合博姿	英国	1006.07	-2.7	26.72	5.1	1844.52	—	—
上海医药集团股份有限公司	中国	923.99	18.1	38.00	17.8	643.41	310.99	3.2
九州通医药集团有限公司	中国	410.68	22.8	7.53	24.2	241.25	80.87	1.4

注：按美元兑人民币汇率为6.14计算。

从行业市场占有率来看，2014年前100位药品批发企业主营业务收入占同期全国医药市场总规模的65.9%，比上年提高1.6个百分点，其中前3位药品批发企业占30.9%，比上年提高1.2个百分点；主营业务收入在100亿元以上的批发企业占同期全国医药市场总规模的48.8%，比上年提高4.3个百分点。数据显示，药品批发行业集中度进一步提高，企业规模化、集约化经营模式取得良好效益，但与美国、日本的市场集中度相比还存在很大差距（见表2）。

表2 中国与美日药品流通行业集中度对比

单位：亿元，%

国家	前3位企业主营业务收入	行业占比
中国	3971.83	30.94
美国	18074.59	88.40
日本	4195.20	68.97

（三）药品零售行业销售增速明显回落

2014年药品零售市场总体呈现增长态势，但随着国家宏观经济增速放缓、零售企业经营成本上升、医保控费日趋严格，加之基层医疗机构用药水平持续提升和药品零加成政策的推广在短期内挤占零售药店市场空间等原因,药店业务增长空间收窄,零售市场销售总额增速回落至10%以下。

2014年前100位药品零售企业销售额占零售市场总额的28.1%,比上年下降0.2个百分点。其中前5位企业占9.7%,前10位企业占15.2%,前20位企业占19.3%,较上年均有不同程度的上升。销售额在10亿元以上的药品零售企业有15家,比上年减少1家,其中在40亿元以上的有6家,比上年增加3家。零售连锁药店占药店门店总数的36.57%,比上年提高0.56个百分点。药品零售连锁率连续三年提升,龙头企业呈现强者愈强态势,但行业整体结构未有明显改变。

(四)医药电子商务企业数量激增

据国家食品药品监督管理总局统计,截至2014年12月31日,全国累计共有353家企业拥有食品药品监管部门发放的《互联网药品交易服务资格证书》,与上年同期相比增加154家,增加幅度创历史新高。

从业务形式看,B2C(向个人消费者提供药品)的发展最为迅速,全国累计共有264家企业拥有交易证照,比上年增加127家;B2B(与其他企业进行药品交易)的发展相对缓慢,全国累计共有73家企业拥有交易证照,比上年增加22家;第三方交易服务平台加速发展,全国累计共有16家平台拥有交易证照,比上年增加5家(见图8)。

2014年5月国家食品药品监督管理总局公布了《互联网食品药品经营监督管理办法(征求意见稿)》,提升了企业开展互联网药品经营的积极性,推动医药电商企业快速扩容。但新规未能在2014年落地,加之互联网经营环境不佳、企业缺乏物流服务和人才储备等因素,制约了市场的进一步扩大,也意味着医药电子商务的未来发展仍有较大的空间。

(五)医药物流向专业化、智能化及社会化方向发展

新版《药品经营质量管理规范》(GSP)加紧实施、医药电商加速发展,推动了2014年现代医药物流的快速发展。中国医药集团、华润医药等全国性企业及南京医药、广州医药等地区龙头企业积极建设具有WMS系统、自动化立体仓库、分拣线与传输带等技术设备的现代医药物流中心。据不完全统计,截至2014年12月底,29个省、区、市已建成现代医药物流中心237个,建筑面积为

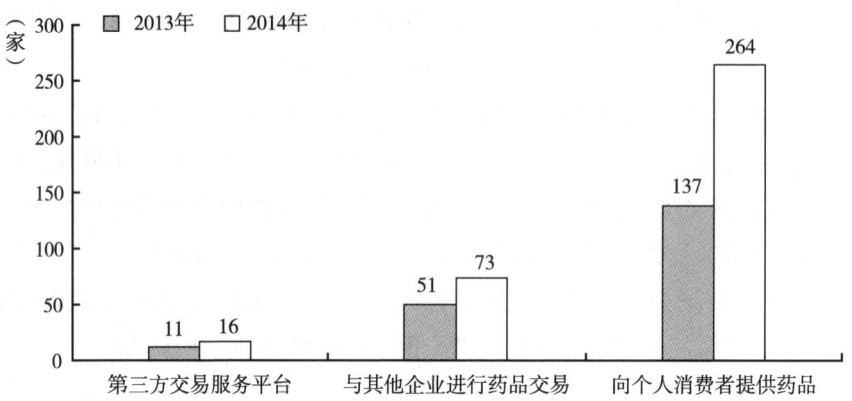

图 8 2013~2014年拥有互联网药品交易服务资格的企业数量

5010587平方米；在建现代医药物流中心64个，建筑面积为1662649平方米。

2014年全国药品流通直报企业中，具有第三方医药物流资质的有116家；具有食品药品监管部门颁发的开展第三方药品物流业务确认文件的有93家。专业第三方医药物流得到进一步发展。

（六）创新服务模式成为行业发展的新引擎

面对行业增速放缓的形势，行业企业积极探索新型服务模式。药品批发企业与医疗机构开展形式多样的创新业务合作，提供增值服务。2014年全国药品流通直报企业中，开展物流延伸服务的企业有68家，承接药房托管的企业有64家，承接医院药库外设的企业有22家。

药品零售企业积极探索多元化的药店服务模式。广州健民医药与英国联合博姿集团联手打造现代社区药房模式，在购物环境、商品组合及运营服务等方面提出了全新的解决方案；北京医保全新大药房和杭州全德堂药房努力探索DTP（高值药品直送）药房模式，建立起一整套DTP的标准化体系，为厂家提供定制的信息化服务，为患者提供一对一的专业化服务；南京医药依托社区健康体验店，为居民提供免费的慢性病检测与用药咨询、疾病预防等健康服务，开拓以健康服务解决方案为核心的线上线下一体化营销模式，探索新的利润增长点。百洋健康网将医院、医生、患者、药店、企业、政府等各方面要素连接成云服务平台，构成了支持健康产业创新的智慧健康生态圈。

（七）医疗机构拖欠药品批发企业货款的问题仍未缓解

2014年度医疗机构拖欠药品批发企业货款时间过长的问题仍然存在。据不完全统计，2014年179家药品批发企业对医疗机构平均应收账款周转天数为122天，应收账款总额高达587.07亿元，占对公立医疗机构销售总额的37.6%。个别医疗机构在6个月回款时给企业开具银行承兑汇票（通常承兑期为半年），将支付药品货款的时间又延长了6个月，制约了药品流通企业流通和运营效率的提高。

三 2015年药品流通行业发展趋势预测

2015年是"十二五"规划的收官之年，是全面贯彻落实党的十八大和十八届三中、四中全会精神，深化医药卫生改革的关键之年。主动适应新常态，奋力开创新局面，是2015年及"十三五"期间药品流通企业发展转型的主线。预计2015年行业将维持稳定增长，行业结构进一步优化升级，从要素驱动、投资驱动转向创新驱动。

（一）行业销售总额将保持稳定增长

党的十八大提出"到2020年全面建成小康社会"的宏伟目标，《全国医疗卫生服务体系规划纲要（2015~2020年）》对药品供应服务保障体系提出了新的要求。

随着中国经济整体增速放缓，医改政策导致的药品市场规模高速增长难以再现，行业增长的主要原因转向人口结构、疾病谱和生活方式的变化所带来的新的医疗健康需求。当前我国人口老龄化和城镇化趋势明显，全国60岁以上老年人口达2.02亿人，占总人口数的比例为15.5%；国内城镇化率已升至54.77%，进城务工人员已达2.53亿人，为医药保健市场的进一步发展提供了空间。根据《国家食品工业"十二五"发展规划》，到2015年营养与保健食品产值有望达到1万亿元，同时，国民自我诊疗、自我保健意识不断增强，保健品审批制度也在逐步放开，有望带来大健康产业新一轮的需求增长。据国际权威医药咨询机构IMS预测，2013~2017年中国市场复合增长率仍将保持在14%~17%。

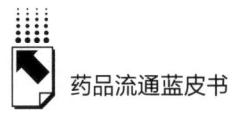

（二）企业兼并重组和上市步伐加快

2014年，国药控股完成了对四川医药的并购，嘉事堂连续收购了数十家医疗器械公司，这显示了未来几年行业内上市公司和龙头企业将以并购整合的方式实现产业集中和结构优化。在IPO逐渐提速、行业再融资和并购重组异常活跃及新三板持续繁荣等因素的刺激下，2015年药品流通企业资本运作的步伐有望加快，近期药品零售企业益丰大药房、老百姓大药房的成功上市预示着通过资本市场实现药品流通企业跨越式发展的良好前景。

（三）现代信息技术的应用促使行业进入全面转型发展新阶段

在国家"互联网+"战略推动下，医药电子商务有望迎来良好的发展机遇，拥抱互联网将是2015年行业发展的一个主要特点。医药电商的发展将形成新的药品流通行业供应链体系，推动健康大数据的应用，进一步提高行业服务能力和管理水平。2015年及今后一段时期内，现代医药物流将进入全面发展阶段，行业将充分利用包括移动互联技术在内的现代信息技术，加大力度建立布局科学、安全高效、技术先进的专业化、社会化现代医药物流和服务体系，提高药品配送的安全性和便捷性，满足个性化定制需求。同时，合理使用社会物流，构建专业的第三方医药物流配送体系，建立完善跨行业、跨区域的智能医药物流信息服务网络将成为趋势。

（四）药品零售企业将面临深度变革的挑战和机遇

一方面，城市和县级公立医院综合改革的深入推进将使更多的医疗机构取消以药补医，实行药品零差率销售，进一步削弱零售药店的价格优势。同时，新版GSP认证和药品电子监管码的全面实施将大幅提升药品零售企业的经营费用，人工、房租、水电等各项成本的上升，电子商务等新渠道的冲击，将使零售企业传统业务的增长空间进一步收窄，甚至使得不少难以满足条件的企业退出市场。另一方面，已推动实施的医改政策明确提出采取多种形式推进"医药分开"，鼓励患者自主选择在医院门诊药房或凭处方到零售药店购药，药品定价机制改革也为零售药店的发展创造了空间。同时，2014年开始出现注册在药店的执业药师数量大幅上涨的情况。

以治疗、保健、康复为核心的药学服务体验消费及适应移动互联网技术发展的线上线下结合的服务模式，将为未来药品零售行业的发展提供重大机遇。

（五）行业的专业化人才队伍将出现结构性变化

2015年，行业将努力解决影响总体效率提升和可持续发展的适用人才缺乏的问题。

据国家食品药品监督管理总局执业药师资格认证中心统计，截至2014年12月，全国41.5万余人获得执业药师资格，其中注册在药店的执业药师近13万人，平均每家零售药店配备执业药师人数为0.3人。随着新版GSP的全面实施，预计2015年药品零售企业将全力提高执业药师保有量和配置率。同时，针对行业发展的新趋势，药品流通企业将重点吸收具有医药专业背景、具备供应链管理意识和大数据应用思维的电子商务人才加盟，培养具有网络技术、医药专业、市场营销等专业知识的多元化的跨界人才，为采用互联网技术促进融合发展提供人才支持。

B.3
2014年中国药品、医疗器械监管领域法律法规和重大政策措施调整及出台情况

唐民皓 陈佶 叶桦*

摘 要： 本文重点阐述了2014年涉及药品、医疗器械流通监管领域的法律、法规和规章的制修订情况以及若干经营领域的立法动态，并对与该领域相关的《最高人民法院、最高人民检察院关于办理危害药品安全刑事案件适用法律若干问题的解释》司法解释做了较详尽的介绍。

关键词： 药品 医疗器械 经营质量管理规范 司法解释 互联网

2014年是全国食品药品监管系统夯实基础、健全体系的关键之年。国家立法、司法机关和食品药品监督管理总局（以下简称"国家总局"）坚持全面贯彻落实党的十八大、十八届三中和四中全会、中央经济工作会议及中央农村工作会议精神，全面实施食品安全和药品安全"十二五"规划，围绕中心服务大局，坚定信心攻坚克难，深入推进地方食品药品监管体制改革，强化监管，努力保障食品药品安全，在药品及相关产品监管方面发布了一系列的法律法规与规章。

---

* 唐民皓，上海市食品药品安全研究会会长；陈佶，上海市食品药品监督管理局副处长；叶桦，上海复旦大学药学院副教授。

一 药品法律法规的修正

（一）《中华人民共和国药品管理法》的修正

2013年12月28日，第十二届全国人民代表大会常务委员会第六次会议通过了《关于修改〈中华人民共和国海洋环境保护法〉等七部法律的决定》。其中，将《中华人民共和国药品管理法》原第十三条"经国务院药品监督管理部门或者国务院药品监督管理部门授权的省、自治区、直辖市人民政府药品监督管理部门批准，药品生产企业可以接受委托生产药品"，修改为"经省、自治区、直辖市人民政府药品监督管理部门批准，药品生产企业可以接受委托生产药品"。

多年实践表明，省级人民政府药品监管部门在履行对药品生产企业日常监督检查的同时，有能力履行对药品委托生产行为实施审批的职责。下放该项审批，既符合法律意义上的权责统一的原则，也符合当前国家简化行政审批的改革趋势，更有利于强化对药品生产企业的有效监管。同时，国家总局发布《药品委托生产监督管理规定》（公告2014年第36号），对审批权下放设定了受理时限的对接，并规定"委托生产是对现有药品生产的补充，是解决市场供应不足，满足临床用药需求的暂时性措施。只有在因技术改造暂不具备生产条件和能力或产能不足暂不能保障市场供应的情况下，药品生产企业方可申请委托生产。各省（区、市）食品药品监督管理局要严格把握委托生产的原则和审批标准"。

（二）《麻醉药品和精神药品管理条例》的修正

2013年12月4日，国务院第32次常务会议通过《国务院关于修改部分行政法规的决定》（国务院第645号令）并颁布，将《麻醉药品和精神药品管理条例》第二十六条第一款：区域性批发企业可以向本省、自治区、直辖市行政区域内取得麻醉药品和第一类精神药品使用资格的医疗机构销售麻醉药品和第一类精神药品；由于特殊地理位置的原因，需要就近向其他省、自治区、直辖市行政区域内取得麻醉药品和第一类精神药品使用资格的医疗机构销售的，应当经"国务院药品监督管理部门批准"修正为应当经"企业所在地省、

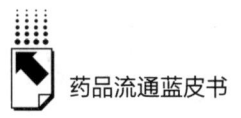

自治区、直辖市人民政府药品监督管理部门批准。审批情况由负责审批的药品监督管理部门在批准后5日内通报医疗机构所在地省、自治区、直辖市人民政府药品监督管理部门"。

新法规对《麻醉药品和精神药品管理条例》原有条文的修订，有利于依法推进行政审批制度改革，促使政府职能转变，更好地发挥地方政府立足于基层的优势，促进和保障政府管理的重心，由事前审批更多地转为事中、事后监管，落实地方监管部门主体责任。

二 《最高人民法院、最高人民检察院关于办理危害药品安全刑事案件适用法律若干问题的解释》发布

2014年9月22日最高人民法院审判委员会第1626次会议、2014年3月17日最高人民检察院第十二届检察委员会第18次会议通过《最高人民法院、最高人民检察院关于办理危害药品安全刑事案件适用法律若干问题的解释》（法释〔2014〕14号）（以下简称《解释》）并公布，于2014年12月1日起正式施行。《解释》主要规定了生产、销售假药、劣药等应当从重处罚的情形等八个方面的内容。

（一）明确生产、销售假药、劣药应当酌情予以从重处罚的情形

《解释》第一条采取列举的方式，对实践中易发、多发，且危害性严重的生产、销售假药的情况予以总结，明确了应当酌情予以从重处罚的情形：①生产、销售的假药以孕产妇、婴幼儿、儿童或者危重病人为主要使用对象的；②生产、销售的假药属于麻醉药品、精神药品、医疗用毒性药品、放射性药品、避孕药品、血液制品、疫苗的；③生产、销售的假药属于注射剂药品、急救药品的；④医疗机构、医疗机构工作人员生产、销售假药的；⑤在自然灾害、事故灾难、公共卫生事件、社会安全事件等突发事件期间，生产、销售用于应对突发事件的假药的；⑥两年内曾因危害药品安全违法犯罪活动受过行政处罚或者刑事处罚的；⑦其他应当酌情从重处罚的情形。

（二）明确了生产、销售假药罪严重情节的认定标准

《解释》第三条明确了从危害后果、犯罪数额、假药种类、犯罪主体等方面，衡量生产、销售假药罪构成要件中的"其他严重情节"：①造成较大突发公共卫生事件的；②生产、销售金额二十万元以上不满五十万元的；③生产、销售金额十万元以上不满二十万元，并具有本解释第一条规定情形之一的；④根据生产、销售的时间、数量、假药种类等，应当认定为情节严重的。

（三）明确了生产、销售假药罪特别严重情节的认定标准

《解释》第四条明确了生产、销售假药罪构成要件中关于"其他特别严重情节"的认定标准。本条吸收了《最高人民法院、最高人民检察院关于办理生产、销售假药、劣药刑事案件具体应用法律若干问题的解释》中"对人体健康造成特别严重危害"的具体规定，同时根据实际情况增加了四种认定"特别严重情节的"情形。具体情形包括：①致人重度残疾的；②造成三人以上重伤、中度残疾或者器官组织损伤导致严重功能障碍的；③造成五人以上轻度残疾或者器官组织损伤导致一般功能障碍的；④造成十人以上轻伤的；⑤造成重大、特别重大突发公共卫生事件的；⑥生产、销售金额五十万元以上的；⑦生产、销售金额二十万元以上不满五十万元，并具有本解释第一条规定情形之一的；⑧根据生产、销售的时间、数量、假药种类等，应当认定为情节特别严重的。

（四）明确了生产、销售假药、劣药罪"生产"的含义

实践中查获的生产、销售假药、劣药案件情况显示，危害药品安全犯罪活动分工明确、组织化特征明显，生产场地和过程隐蔽分散，其中有的案件药品监管部门和公安机关仅能查获犯罪全过程中的某些环节，很难查清全部犯罪活动。有的犯罪嫌疑人往往以自己"不明知"为由来逃避监管部门的打击，难以按照生产、销售假药、劣药的共同犯罪，予以刑事责任的追究。因此，《解释》第六条第一款明确规定，以生产、销售假药、劣药为目的，实施下列行为之一的，应当认定为"生产"：①具有合成、精制、提取、储存、加工炮制

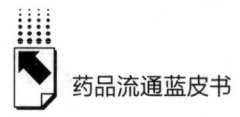

药品原料的行为;②将药品原料、辅料、包装材料制成成品过程中,进行配料、混合、制剂、储存、包装的行为;③印制包装材料、标签、说明书的行为。

(五)明确了对医疗机构及其工作人员惩处的规定

《解释》从两个方面明确了对医疗机构及其工作人员要予以从严处罚:一是考虑到医疗机构及其工作人员从事生产、销售假药、劣药行为的危害性更大,为防止其从事或者参与生产、销售假药、劣药犯罪活动,《解释》第一条、第五条第三款中明确规定了医疗机构、医疗机构工作人员生产、销售假药、劣药应当酌情从重处罚的情形。二是第六条第二款规定,医疗机构、医疗机构工作人员明知是假药、劣药而有偿提供给他人使用,或者为出售而购买、储存的行为,应当认定为"销售"行为。《解释》对医疗机构及其工作人员的销售行为予以明确规定,有利于对此类主体销售假药、劣药行为加大刑事打击的力度,维护人民群众的生命健康安全。

(六)明确了危害药品安全的非法经营行为的定罪量刑标准

为了惩治危害药品安全非法经营行为,《解释》第七条第一款、第二款规定,违反国家药品管理法律法规,未取得或者使用伪造、变造的药品经营许可证,非法经营药品,情节严重的,或者以提供给他人生产、销售药品为目的,违反国家规定,生产、销售不符合药用要求的非药品原料、辅料,情节严重的,依照刑法第二百二十五条的规定,以非法经营罪定罪处罚。该条第三款结合危害药品安全犯罪的情况,进一步明确了非法经营行为的定罪量刑标准,即非法经营数额在十万元以上,或者违法所得数额在五万元以上的,应当认定为刑法第二百二十五条规定的"情节严重";达到上述数额五倍以上的标准的,应当认定为刑法第二百二十五条规定的"情节特别严重"。

(七)明确了办理危害药品安全犯罪中贯彻宽严相济的刑事政策

对生产、销售假药、劣药的犯罪行为坚持从严打击,才能遏制危害药品安全犯罪行为蔓延,切实保护人民群众生命健康安全,维护社会和谐稳定。《解释》第十一条第一款规定,对实施本解释规定之犯罪的犯罪分子,应当依照刑法规定的条件,严格缓刑、免予刑事处罚的适用。对于适用缓刑的,应当同时宣告禁止令,禁止犯罪分子在缓刑考验期内从事药品生产、销售及相关活动。

(八)明确了"生产、销售金额"认定标准

鉴于"生产、销售金额"直接影响生产、销售假药、劣药罪的定罪量刑标准。《解释》规定,"生产、销售金额"包括生产、销售假药、劣药所得和可得的全部违法收入。根据这一规定,"生产、销售金额"除包括生产假药、劣药的货值金额外,还包括已经全部销售、全部尚未销售以及部分销售部分未销售等所得和可得的全部违法收入,有利于加大打击力度。

此外,《解释》还对共犯、罚金刑和单位犯罪、假药劣药的认定做了明确规定。

三 《药品经营质量管理规范现场检查指导原则》颁布

2013年6月1日,经多年研究论证出台的新修订《药品经营质量管理规范》(以下简称"GSP")正式施行。这是自2000年GSP颁布施行后,药品经营企业质量管理要求的首次重大调整。2014年在新修订GSP基础上,为进一步强化管理,指导监管部门做好GSP现场检查工作,国家总局制定了《药品经营质量管理规范现场检查指导原则》(以下简称《指导原则》)。

此次颁布的《指导原则》,不再采取一刀切的做法,而是赋予各省份更多的自主权,强调《指导原则》与各地实际情况相结合,允许各省级食品药品监督管理部门在《指导原则》的基础上适度调整,制定本行政区域GSP检查评定标准和检查管理规定。同时,面对市场快速发展、监管形势多变的现状,《指导原则》通过《附录》的方式将诸如"冷藏冷冻药品管理""温湿度自动监测"等内容加入《指导原则》中,以便于在将来可以根据需要及时对《指导原则》进行调整,更好地为监管服务。

在具体内容上,《指导原则》将原《药品批发企业GSP认证检查评定标

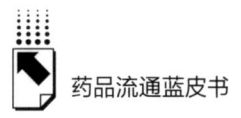

准》的132项上升为258项（另有五部附录）；原《药品零售企业GSP认证检查评定标准》的109项上升为180项（另有两部附录），不再单独设立《药品零售连锁企业GSP认证检查评定标准》，药品零售连锁企业总部及配送中心按照药品批发企业检查项目检查，药品零售连锁企业门店按照药品零售企业检查项目检查。条款设定方面，由原来的"严重缺陷项""一般缺陷项"两级调整为"严重缺陷项""主要缺陷项""一般缺陷项"，并由此改变了检查结果判定方法。在检查结果表述上，将通过或不通过GSP认证改为通过检查或不通过检查。

四 《互联网食品药品经营监督管理办法》公开征求意见

近年来，以互联网为载体的电子商务发展迅猛，其凭借便捷和价廉的优势日渐成为一种主流消费方式。与此同时，网上药品和医疗器械销售同样方兴未艾，从北京金象、老百姓大药房等传统药品零售连锁企业登录网上销售，到天猫医药馆、八百方、1号店等第三方平台试点的方兴未艾，展现出其独有的魅力和强大的生命力。但是，通过互联网发布虚假信息、假劣药品网上销售等现象也随之增多。这些情况的出现，不仅破坏了正常的药品流通秩序，也不利于产业发展，更给人民群众的用药安全带来隐患。

党的十八届三中全会将食品药品安全上升到国家安全高度。如何调整监管思路和监管政策，顺应社会发展潮流加以规范和引导，是保证我国互联网药品电子商务行业健康发展的关键，关系到百姓饮食用药安全，乃至整个国家和社会的公共安全。为做好互联网药械监管，根据《中华人民共和国食品安全法》《中华人民共和国药品管理法》《化妆品卫生监督条例》《医疗器械监督管理条例》等法律法规，国家总局起草了《互联网食品药品经营监督管理办法（征求意见稿）》（以下简称《征求意见稿》），公开向社会各界征求意见。

此次《征求意见稿》与原《互联网药品信息服务管理办法》《互联网药品交易服务审批暂行规定》相比，有以下几大亮点。

（一）开放网上处方药销售

原法规规定，网上销售仅限非处方药。由于非处方药在可选品种上与患者需求差距较大，且市场占有率小，现有的互联网药品交易企业药品销售份额只占其网站销售的10%～20%，隐形眼镜、计生用品、家用医疗设备（血糖仪、血压计等）、参茸保健品等非药品成为网上销售的主流。而一旦开放处方药的网上销售，将使互联网药品交易量得到大幅提升，形成真正的药品交易网站。

（二）将网上药械监管扩大到包括食品、保健食品、化妆品在内的"四品一械"范围

《征求意见稿》规定，除法律法规规定不需要办理相关证照的经营主体外，互联网食品药品经营者应取得食品药品经营许可或者备案凭证；取得食品、保健食品、化妆品、医疗器械生产许可或者备案凭证的企业，可以通过互联网销售本企业生产的产品。《征求意见稿》推动了食药监部门网上监管制度建设，将网下"四品一械"管理延伸到网上，也为互联网"四品一械"产业的进一步发展奠定了基础。

（三）扩大"互联网药品交易服务第三方交易平台经营者"定义范围

原《互联网药品交易服务审批暂行规定》为药品生产企业、药品经营企业和医疗机构之间的互联网药品交易提供服务的网站，实行许可管理，但对"为企业和个人之间"提供药品交易的第三方平台缺乏相应的管理措施。虽然国家总局从2013年起先后批准包括河北"95095医药平台"、广东"八百方"、上海"1号店"在内的三家企业开展第三方平台药品网上零售试点，但随着网上药品销售的蓬勃发展，单纯的试点无法满足市场发展需求。而《征求意见稿》弥补了原法规的缺憾，补充了网上监管内容。

当然，互联网药品交易政策调整、开放网售处方药仍不能破解医院处方外流和网上医保支付难题，更不能解决"患者用药选择权和降低终端零售药价"问题。互联网药品交易许可审批不是网售处方药的政策瓶颈，医疗机构

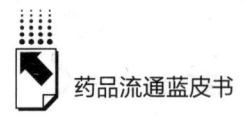

和医保支付部门愿不愿意利用互联网交易平台是推动处方药网上销售的关键。

五 《医疗器械监督管理条例》《医疗器械经营监督管理办法》《医疗器械经营质量管理规范》颁布实施

2014年2月12日,《医疗器械监督管理条例》(国务院令第650号)(以下简称《条例》)经国务院常务会议审议通过,并于2014年6月1日起施行。《条例》的公布及实施,对规范医疗器械研制、生产、经营和使用活动,加强医疗器械监督管理,提高我国医疗器械质量和安全整体水平具有重要意义,体现了党中央国务院关于建立最严格的覆盖全过程的食品药品监管制度、加快政府职能转变和深化行政审批制度改革的精神,有利于建立和完善医疗器械注册与备案制度、生产经营和使用管理制度、不良事件监测和再评价制度,对于强化医疗器械监督管理、保障公众身体健康和生命安全将发挥重要作用。

为使《条例》的各项规定得到有效落实,2014年6月27日国家总局发布《医疗器械经营监督管理办法》(局令第8号)(以下简称《办法》),自2014年10月1日起施行。该《办法》分总则、经营许可、备案管理、经营质量管理、法律责任、附则共计6章66条。与原有规定不同的是,《办法》明确经营一类医疗器械不再需要许可或备案,经营二类医疗器械依法实行备案管理,经营三类医疗器械依法实行许可管理;增加"新设立独立经营场所的,应当单独申请医疗器械经营许可或备案"的要求;并参照药品经营方式管理模式,将医疗器械经营分为了"批发""零售"两种形式。

《办法》实施后,2014年12月12日国家总局又以2014年第58号公告的形式,向社会发布了《医疗器械经营质量管理规范》(医疗器械GSP),它的出台对医疗器械经营活动有着更直接、重要、关键性的影响。在有关医疗器械经营的法律规范性文件中,《条例》无疑是医疗器械经营活动的顶层监管依据;《办法》是集医疗器械经营监管制度之大成,落实《条例》对医疗器械经营的要求,夯实了监管基础。医疗器械GSP的规定,则是与经营企业更为密切相关的内容,侧重从经营风险管理的角度强化医疗器械的经营质量管理。从

《条例》到《办法》，再到医疗器械GSP，三者一脉相承、环环相扣，形成了医疗器械经营环节的管理链，构筑起医疗器械经营管理及监管的新格局。

六 医疗器械"五整治"

为加强医疗器械监管，切实维护广大消费者的合法利益，有效地解决社会高度关注、群众强烈反映的医疗器械热点和难点问题，进一步规范医疗器械市场秩序，严厉打击医疗器械违法生产经营行为，国家总局于2014年3月中旬开始，在全国范围内，集中开展了为期5个月的医疗器械"五整治"专项行动，整治的重点包括医疗器械虚假注册申报、违规生产、非法经营、夸大宣传和使用无证医疗器械产品五种行为。

本次专项行动采取以重点产品、重点企业、重点案件线索为突破口，按照排查、整治与规范相结合的工作模式，采取暗访调查、集中排查与突击检查相结合的检查方式，突出以点带面、全程监管，实行边整边建、整治与规范并重，并致力于将突击性的专项行动与常规性的日常监管相结合，专项行动与医疗器械"质量万里行"活动相结合，专项行动与"医疗器械安全宣传月"活动相结合，专项行动与营造社会共治氛围相结合，以形成各方参与、公众受益、行业发展的治理新格局。

通过5个月的专项整治，进一步落实了企业的主体责任，推动企业的诚信建设，加强医疗器械科普宣传教育，有效发挥社会力量的监督作用，大力促进医疗器械产业健康有序发展，在社会共治、企业规范、行业发展三个方面基本达到了国家总局医疗器械"五整治"专项行动的预期目标。

B.4
2013年城镇基本医疗保险参保住院患者药品利用情况

熊先军 张 杰 李静湖*

一 基本医保发展概况

2009年新一轮医改启动，经过几年努力，医改的阶段性目标任务全面完成，特别是医保工作取得举世瞩目的成就，全民医保体系初步形成，对医改的支持作用显著提升，对保障和改善民生发挥了积极的作用，赢得了国内外广泛赞誉和肯定；广大人民群众从中获得了越来越多的实惠；世界卫生组织、世界银行等国际组织也给予了高度肯定。此外，《柳叶刀》等专业性很强的医疗杂志先后发表文章对中国的医改和医保表示赞赏和支持。

截至2013年底，职工医保、城镇居民医保、新农合参保人数超过13亿人，覆盖率保持在95%以上。2013年全国城镇基本医疗保险基金收入8248亿元，增幅18.86%；支出6801亿元，增幅22.67%。基金收支持续保持增长态势，2013年基金支出增幅高于收入增幅3.81个百分点，基金运行压力逐渐增加（见图1）。

随着基本医保覆盖面的不断扩大和参保人待遇的不断提高，基本医保对医疗机构的影响越来越大。2013年，全国范围三项医保基金支出占医疗机构总收入的52.1%，较2008年提高了17.3个百分点。医保医疗费用（包括基金支付和政策范围内个人自付）占医疗机构总收入的63.2%，较2008年提高了16.9个百分点（见图2）。

2013年城镇医保出院6284万人次，比2008年增长2.3倍，享受待遇人次超过16.7亿，比2008年增长1倍。其中职工医保享受待遇人次13.4亿，

---

* 熊先军，中国医疗保险研究会；张杰，中国医疗保险研究会；李静湖，中国医疗保险研究会。

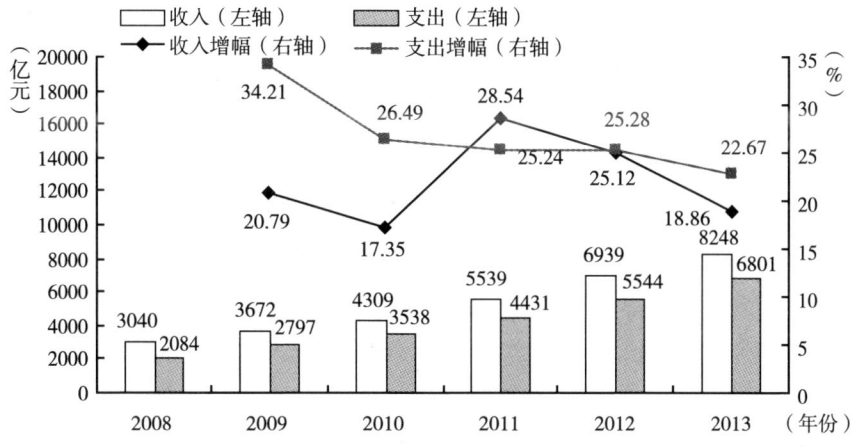

图1 2008~2013年城镇基本医疗保险基金收支情况

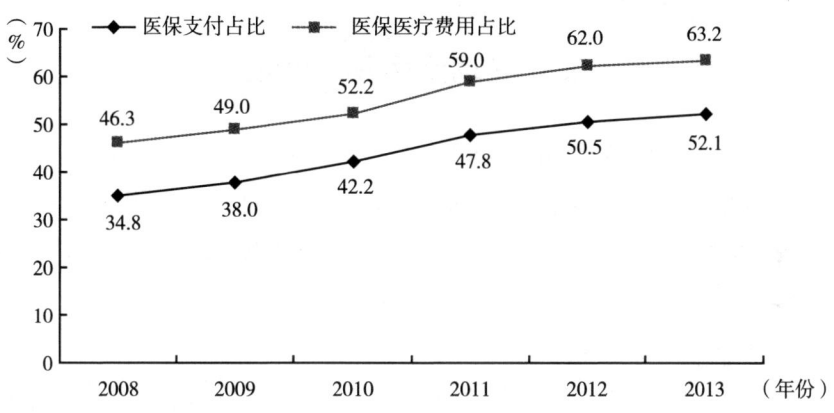

图2 2008~2013年基本医保费用占医疗机构总收入比例

比2008年增长93%；居民医保享受待遇人次3.3亿，比2008年增长9.7倍。费用方面，2013年城镇医保门急诊及门诊大病费用支出共2665.5亿元，约占所有费用支出的1/3，住院支出5244.6亿元，约占所有费用支出的2/3（见图3）。①

---

① 《2014年全国医疗生育保险运行分析报告》。

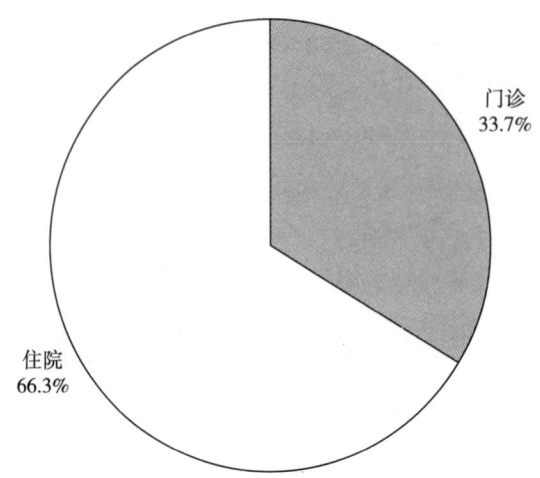

图 3　2013 年城镇参保患者医疗费用支出分布

二　住院费用基本情况

中国医疗保险研究会 2010～2014 年"全国基本医疗保险参保人员医疗服务利用调查"① 项目数据分析显示，2013 年，药品费用占住院总费用的 44.27%，依然是住院费用支出的最重要部分，从近几年趋势来看，其比例逐年下降，诊疗项目和医用材料占比均逐步提高（见图 4）。

虽然费用占比在逐年下降，但由于总费用支出每年大幅上升，2009～2013 年住院药品费用整体依然呈现高速增长趋势，年复合增长率达到 22%。2013 年参保住院患者使用药品费用总计达到 2275 亿元，较 2009 年药品费用增长 1 倍多。与 2012 年相比，2013 年增幅有所回落，仅增长 13%（见图 5）。

2013 年，药品费用中西药为 1807 亿元，中成药为 345 亿元，中草药为 56 亿元。从药品费用构成来看，5 年来没有显著的变化。2013 年，西药、中成药、中草药的药品费用构成比例分别为 81.8%、15.6%、2.5%，与 2009 年的费用构成相近（见图 6）。

---

① 此项调查每年对上一年度全国参保患者医疗服务利用情况进行抽样调查，2010～2013 年住院样本分别为 24 万人次、38 万人次、40 万人次、136 万人次。如无特殊说明，以下分析数据均来自此项调查。

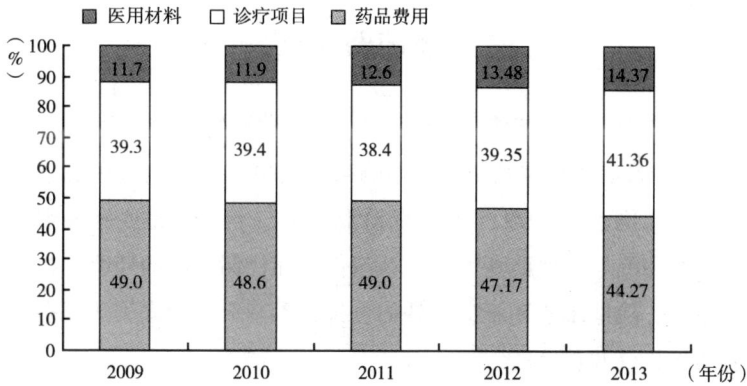

图4 2009~2013年住院费用支出结构变化

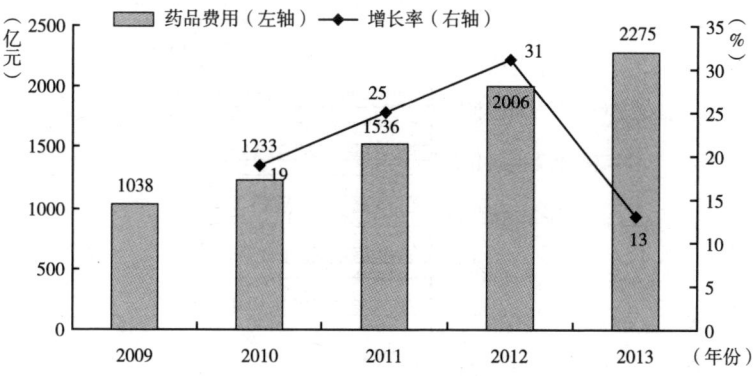

图5 2009~2013年药品费用变化

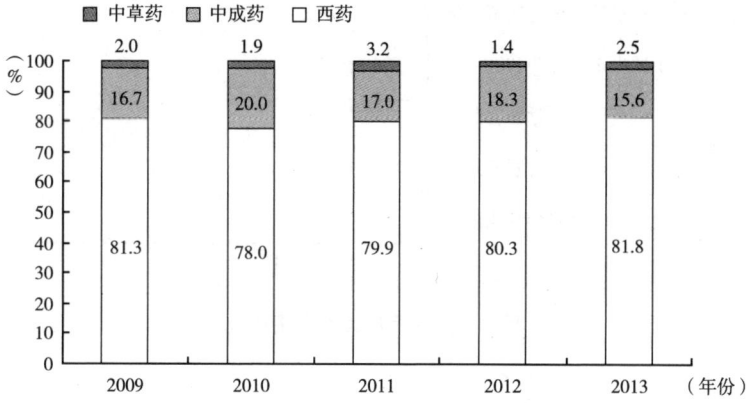

图6 2009~2013年各类药品费用占比

三 西药费用情况

从药品大类费用构成来看[①]，2011年，《抗菌药物临床应用管理办法（征求意见稿）》出台后对抗生素的使用影响明显，2013年，全身用抗感染药的费用占西药费用比例已从2009年的31%降到20%，但仍然是西药大类中费用占比最多的大类药品。其他西药大类中，消化道和代谢方面的药物、神经系统药物、呼吸系统、除性激素和胰岛素外的全身激素制剂这四大类药品费用比例较上年均有所增长（见图7）。

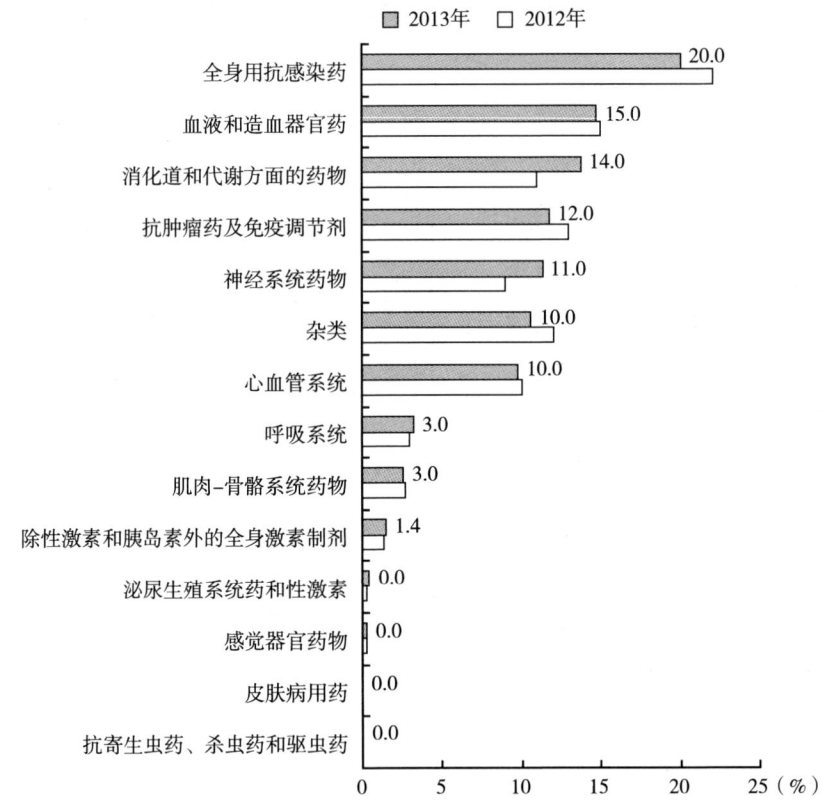

图7 住院西药大类费用构成

---

① 药品分类采用人社部行业标准《社会保险药品分类与代码》。

住院西药使用中共有亚类药品91类,2013年费用排前30位的亚类药品合计占西药总费用的90.64%。全身用抗菌药是费用比例最高的亚类药品,费用占比18.18%。从费用增长看,前30位亚类药品中,只有抗血栓形成药和其他肌肉-骨骼系统疾病用药两个亚类药品费用较上年减少,其余类别费用均呈增长态势,特别是糖尿病用药、调节血脂药、钙通道阻滞剂和精神安定药增幅均超过60%(见表1)。

表1 西药各亚类费用构成前30位

单位:%

亚类名称	费用构成比				费用增长（2013年）
	2010年	2011年	2012年	2013年	
全身用抗菌药	28.66	24.21	20.70	18.18	3.10
血液代用品和灌注液	9.99	9.67	9.31	9.44	19.08
一般营养品	5.53	6.97	7.08	7.41	22.85
抗肿瘤药	6.26	6.83	6.97	6.31	6.38
治疗胃酸相关类疾病的药物	4.74	4.42	4.71	4.59	14.28
精神兴奋药	2.66	3.82	4.82	4.56	10.98
免疫兴奋剂	3.97	4.19	4.30	4.48	22.33
心脏治疗药	3.59	3.39	4.41	4.48	19.37
其他神经系统药物	2.54	2.28	3.28	3.14	12.49
胆和肝治疗药	2.82	2.76	2.55	2.66	22.60
抗血栓形成药	3.37	3.25	3.36	2.56	-10.77
维生素类	1.66	1.71	1.93	1.90	15.61
咳嗽和感冒制剂	1.75	1.69	1.74	1.59	7.56
抗出血药	1.30	1.34	1.40	1.59	33.08
麻醉剂	1.72	1.75	1.36	1.54	32.75
糖尿病用药	1.16	1.15	1.06	1.45	60.72
所有其他治疗药物	1.64	1.54	1.36	1.36	17.52
抗高血压药	0.12	1.16	1.25	1.29	21.31
其他消化道及代谢用药	0.91	1.12	1.22	1.23	19.25
造影剂	0.98	1.15	1.12	1.21	27.70
用于阻塞性气道疾病的药物	0.75	0.84	0.98	1.14	37.05
镇痛药	0.46	0.68	0.88	1.14	51.58
其他肌肉-骨骼系统疾病用药	1.12	1.06	1.35	1.11	-3.29
调节血脂药	0.61	0.59	0.73	1.06	70.73
抗贫血药	0.78	0.94	0.88	0.96	28.48
全身用抗真菌药	0.79	0.89	0.81	0.93	34.67

续表

亚类名称	费用构成比				费用增长
	2010年	2011年	2012年	2013年	（2013年）
止吐药和止恶心药	1.03	1.03	1.03	0.91	3.77
垂体和下丘脑激素及类似物	0.97	0.87	0.84	0.87	20.25
钙通道阻滞剂	0.71	0.64	0.57	0.81	65.55
精神安定药	0.42	0.48	0.49	0.73	73.90
总　　计	93.01	92.43	92.50	90.64	

四　中成药费用情况

在中成药大类中，内科用药和肿瘤用药是中成药中两大主导类药品，2013年费用占比分别为79%和16%，两者费用占住院中成药总费用的95%左右（见图8）。

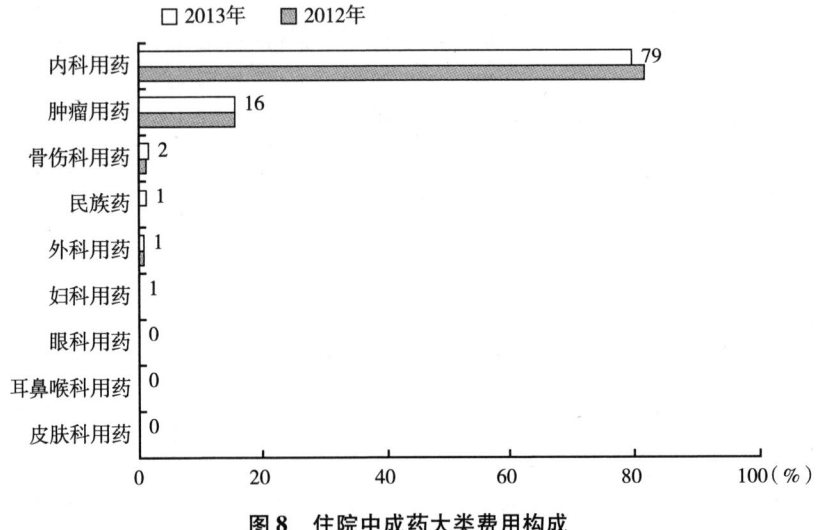

图8　住院中成药大类费用构成

中成药亚类共有39类，费用非常集中。2013年费用前10位中成药亚类药品费用占中成药总费用的93.49%，其中祛瘀剂（内科用药）占中成药总费用的52.22%，占比较前几年的接近60%有所下降（见表2）。

表2 中成药各亚类费用构成前10位

单位：%

大类名称	亚类名称	费用构成比				费用增长
		2010年	2011年	2012年	2013年	（2013年）
内科用药	祛痰剂	59.83	59.03	59.32	52.22	2.63
肿瘤用药	抗肿瘤药	8.31	7.67	7.86	8.07	19.61
肿瘤用药	肿瘤辅助用药	5.17	7.24	7.66	7.74	17.74
内科用药	扶正剂	9.79	8.29	7.78	7.43	11.29
内科用药	清热剂	3.53	4.26	4.95	7.30	72.10
内科用药	祛湿剂	1.35	1.92	2.36	3.08	52.28
内科用药	治风剂	2.02	1.78	1.00	2.75	220.71
内科用药	开窍剂	3.87	3.10	3.05	2.50	-4.51
内科用药	化痰、止咳、平喘剂	0.52	0.52	0.71	1.26	108.00
内科用药	温里剂	1.77	0.85	1.31	1.14	1.34
总计		96.17	94.65	96.00	93.49	2.63

五 医保目录药品利用情况

2009年，人社部下发《关于印发国家基本医疗保险、工伤保险和生育保险的通知》（人社部发〔2009〕159号），正式发布了2009版药品目录。各省（自治区、直辖市）在2010年陆续完成了地方目录的调整及信息系统数据的更新。

（一）整体情况

2013年，全国参保住院患者共使用药品品种10098个[①]，其中目录内药品3305个[②]。2009年以来，目录内药品使用数量在逐年增加，但目录外药品使用数量在2011年之前快速增加，之后开始缓慢回落。次均使用药品数量方面，2009～2013年一直在13～15个浮动（见图9）。

[①] 药品品种数统计标准：西药按照目录名称和目录规范剂型计，中成药（含民族药）按药品注册名称计。

[②] 目录内药品统计标准：2009年按2004版目录计算，不包含诊断试剂，2010年、2011年、2012年按2009版目录统计。

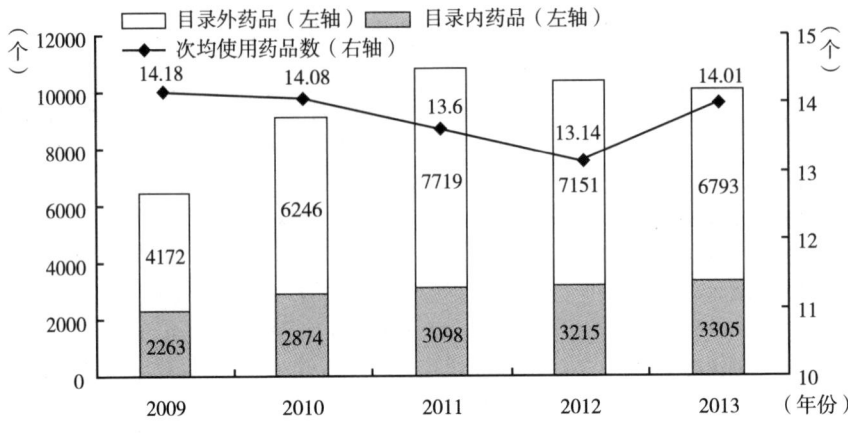

图9 2009~2013年药品利用品种数量情况

调查显示，2013年，全国参保住院患者使用中西药费用约为2077亿元①，较2012年增长了16.69%。其中，目录内药品费用1500亿元，增长17.74%；目录外药品费用577亿元，增长14.03%。2013年参保患者次均住院药费为3977元，较2012年增长8.7%，2009~2013年的年复合增长率仅3.3%。

2009~2013年，目录内药品费用占所有药品费用的比例分别为76.0%、77.1%、75.4%、71.6%和72.2%，近两年出现回落趋势（见图10）。

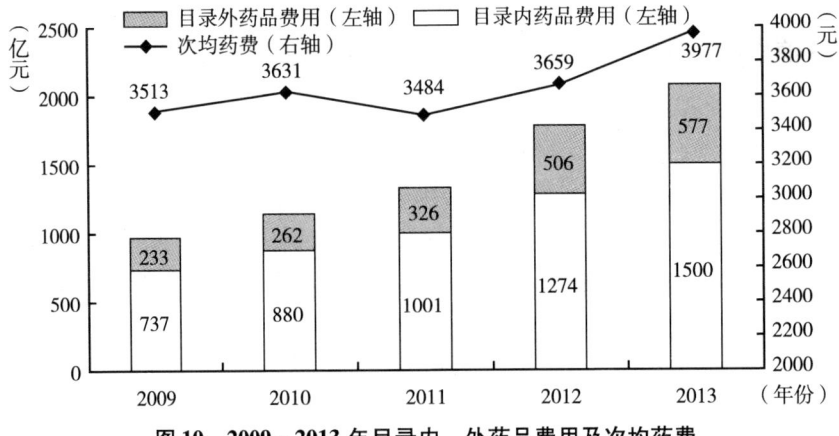

图10 2009~2013年目录内、外药品费用及次均药费

---

① 不含中草药费用及部分无法归类费用。

2013年新增药品①费用总计289亿元,占所有药品费用的10.5%。与2009年相比,这些药品的费用增长了325%。其中,新增西药费用233亿元,新增中成药费用56亿元,分别较2009年增长了288%和600%(见图11)。

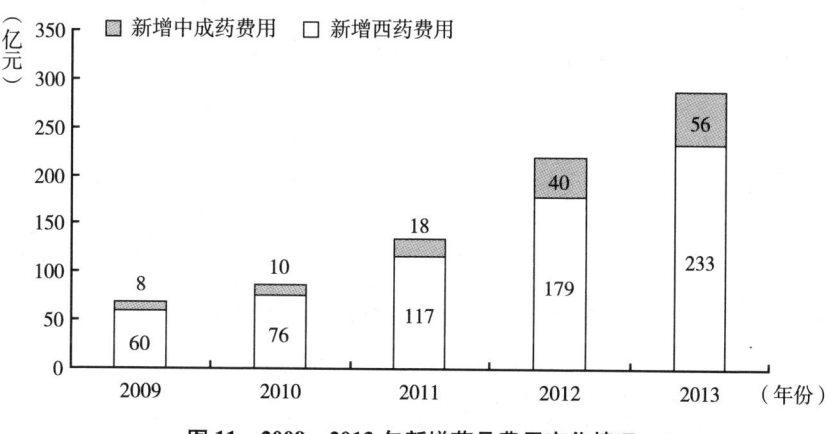

图11 2009~2013年新增药品费用变化情况

(二)西药使用情况

2013年,全国参保住院患者共使用西药品种3601个,占所有药品品种数量的36%,其中目录内西药1597个。西药使用品种数量变化与整体相似,也是在2011年之前快速增加,之后出现回落。2013年住院患者次均使用西药12.1个,近几年基本稳定在12个左右(见图12)。

2013年,西药费用约1679亿元,占所有药品总费用的81%。2013年目录内西药费用占所有西药费用的70.23%,目录内西药费用占比每年略有浮动,变化不大,但目录内新增西药部分自2010年以来增长明显,从2010年的8.39%上升至13.86%。2013年次均西药费用为3003元,与2012年的2962元相比变化不大(见图13)。

(三)中成药使用情况

2013年,全国参保住院患者共使用中成药品种6497个,占所有药品品种

---

① 新增药品指2009版药品目录与2004版药品目录相比新进入目录的药品品种及剂型。

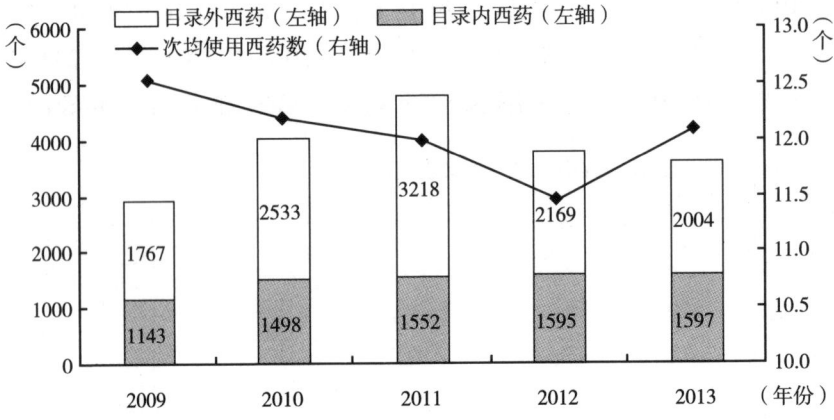

图 12　2009～2013 年西药利用品种数量情况

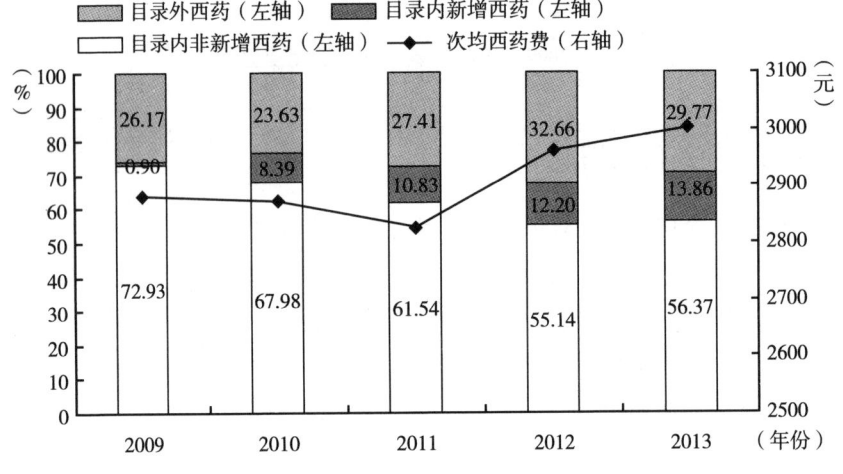

图 13　2009～2013 年西药费用情况

数的 64%，其中目录内中成药 1708 个。2013 年，住院患者次均使用中成药 1.9 个，近几年维持在 1.5~2 个（见图 14）。

2013 年中成药总费用约 381 亿元，占所有药品费用的 17.96%。2013 年目录内中成药占所有中成药费用的 80.47%，其占比明显高于西药，新增中成药费用增长更为明显，从 2010 年的 4.03% 上升至 14.13%。2013 年住院次均中成药费用为 713 元（见图 15）。

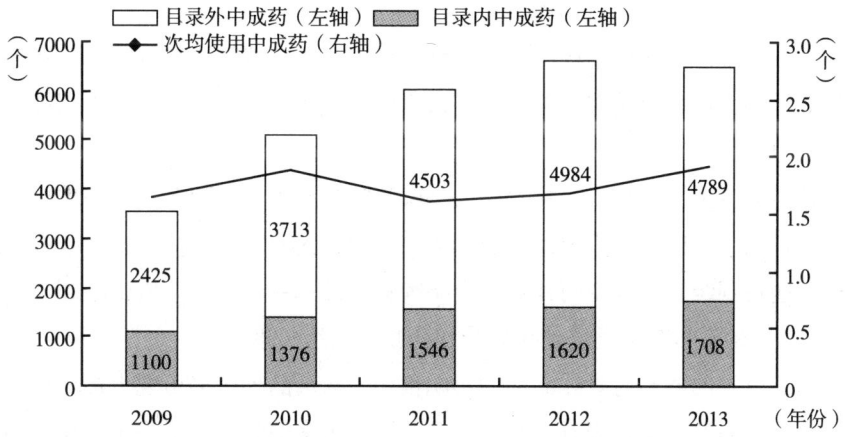

图14 2009~2013年中成药利用品种数量情况

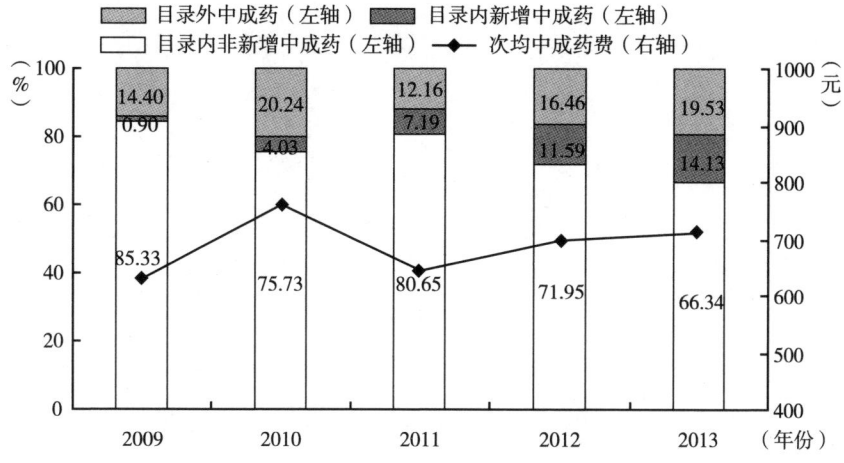

图15 2009~2013年中成药费用情况

六 主要结论

我国已初步建立全民医保体系，一方面医保作为最大的支付方，对医疗机构及医药市场的影响越来越大；另一方面医疗费用的快速上升，使医保基金安全运行面临的挑战越来越大。

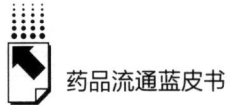

目前,住院费用依然是医保支付的重点。随着社会对过高药费的持续关注,以及调整医疗费用结构的政策陆续出台,近几年费用增长点逐步从药品向诊疗服务和医用材料转移,医保用药市场的增速开始放缓,但药品费用占比依然在高位运行。

从药品具体类别来看,在参保人住院治疗过程中,中西药费用基本维持在"二八开"的水平。数据显示,抗生素、中药祛瘀剂等饱受诟病的临床不合理用药问题得到缓解,这说明社会舆论持续关注及一些专项政策措施起到了一定效果。"三高"和精神类慢性疾病治疗药物费用增长迅速。

药品目录的调整对具体品种的影响很大,新增品种大多出现大幅增长。从目录内外药品费用比例来看,药品目录的调整更多的是促进了临床用药结构的改变。

B.5
壮士断腕　院外涅槃
——建立"中国慢病药品院外供应体系"

房志武*

> **摘　要：** 本文介绍了国际药品供应模式的经验，重点分析了美国药品福利管理模式的成功与不足，并对中国公立医院药品供应改革的难点进行了分析且提出了一些原则性建议。笔者建议国家应重点考虑建立高效的"慢病药品院外供应体系"，选择部分（约100种）慢病长期用药分离独立管理，建立省级院外"慢病药福利管理中心"，将"处方中心""配送中心""健康中心"三者结合在一起。本文最后提出了对中国医药产业格局总体发展的建议——建设"环形产业链"的重要性与机遇。
>
> **关键词：** 药品供应模式　PBM　"慢病药品院外供应体系"

中国药品流通产业正在经历一场史无前例的大震荡与大洗牌，有些学者甚至认为，中国现有的13000多家药品流通企业只需留下不到100家，99%都应被淘汰或合并。进入2015年，随着反腐大潮的推进和药品招标制度的日趋严苛，绝大多数流通企业感觉痛入骨髓、茫然失措。

其实，只要我们学习一下世界发达国家的药品产业发展史，就会发现无独有偶，中国今天的难题是很多国家都经历过的。而最终，大多数发达国家殊途同归，形成了以"医院外流通"为绝对主体的产业格局。正所谓

---

* 房志武，西安交通大学管理学院教授。

长痛不如短痛，我们是否应该拷问一下自己，是否有勇气壮士断腕，牺牲一些短期利益，奋力与公立医院体系脱离，实现中国药品流通产业的凤凰涅槃呢？

本文通过对国内外药品供应模式的研究，提出了一个较大力度的改革建议——"慢病药品院外供应体系"（以下简称"慢药体系"）。这个改革力度较大，较为理想化，涉及面也较广，实施颇为复杂。虽然如此，我们通过认真考察，相信这个模式具有较强的可操作性，其所要求的各种技术条件中国大多已具备，产业政策的改革走向也与其十分吻合，且国外已有成熟的技术和经验可供借鉴，取得成功的把握较大。

一　国际药品供应模式的经验与难点

（一）中、美、欧医药产业模式异同

在医改的理论辩论中，常听到"美欧模式之争"。有些学者认为，中国既然选择了欧式的"无差异保障模式"，与美国道路不同，那么就应多关注欧式的配套政策和经验，进而认为美国的产业模式可能与中国不符。其实，各国保障制度差异影响的主要是产业链前端与个体相关的部分政策和业务模式，后端的整体格局和产业调控战略方面各国其实都没有本质差别，只是战术安排有别。所以我国即使不采用美国式的市场化个体业务关系，或者倾向于欧式的福利制度建设，也仍然应重视美国政府和行业自身对产业内部各板块进行监管和调控的设计理念及相关技术工具。

从参保者个人角度来讲，市场化模式主要造成了两点差别：一是"你们谁在乎"，美国主要是保险公司（政府为辅），欧洲主要是政府。二是"我们多买多得吗"，高工资、高纳税、高缴费的人是否获得同比例提高的保险报销上限？若从体制机制设计来看，主要有三个方面常存差异：缴费（筹资）、报销（福利设计）、企业间业务关系（招采、谈判机制、监管尺度等）。最典型的是支付方（保险机构）对服务方（医疗机构）的监管，和双方的相互制约关系。在这一点上，其实各国面对的挑战都一样。

美国毕竟是目前世界上信息技术最领先的国家，也是市场化程度最高

的国家,这两个因素相加后造成了美国的商业医疗保险公司极力使用信息化手段来控制医疗费用和药品费用,以降低报销金额。这些费用控制手段中有些是技术性的或科学性的,同样适用于其他国家(包括中国);而有些是基于其体制机制的,虽不能照搬,但研究其经验教训,也会对我国有所启发。

笔者对以美国为主的国际处方药供应模式进行了一些研究,并试图剥离因资本主义国家制度和高度市场化产业环境而造成的影响甚至是误解,力求发掘出在中国国情之下更有价值的模式和技术,供改革参考。

(二)难点一:垂直整合卓有成效,但仍限于中游

很多产业都追求产业链的"垂直整合",一些成功的产业也已证明了垂直整合的重大价值和意义。在美国,药品供应产业链的垂直整合也一直是热门话题和重大课题。近年来,美国业界借助信息技术的大发展,在"处方药"的产业供应链改革方面取得了很多引人注目的成绩,新兴的物联网技术也为未来更进一步的"垂直整合"开拓了无限的可能性。

不过,从整个产业链来看,美国目前的处方药供应模式只是实现了产业链"中游"的整合,尚未能与"上游"的厂家完成"物理"上的一体化,只是尽量在价格和信息流方面深化合作、统一标准和平台。同时,"下游"的整合也尚不完善,还不能与最下游(患者端)实现个人健康信息和需求的全面智能化管理。从技术来看,虽然已接近完成"信息化"改造,但尚停留在被动处理信息阶段。不过,近年来在某些群体中已开始尝试基于强大智能化计算机分析能力的"主动式"健康管理服务。

通过分析,笔者认为,在信息技术最领先的美国,之所以还没有在药品供应模式上实现理想的"全程垂直整合",不是因为技术上的难题,而是因为产业链上下游各环节的利益无法统一。这是市场化产业结构带来的"先天不足",无所谓对错,既然美国追求了自由竞争,也就自然与"整合"等带有"垄断"意味的字眼天生会有些抵触。在经济全球化的今天,美国市场上的处方药(尤其是非专利仿制药)很多是由其他国家的支柱性制药企业提供的,若想要通过并购等纯市场化手段来实现"上下游整合"又谈何容易。

中国则有一些先天优势，中国特色的社会主义制度在掌控"自由竞争"与"公有主体"之间的微妙平衡方面具有独特的优势，也积累了很多"全球独家"的经验。并且，在中国政府目前的医改大方向下，医保、医院和药房等都是以公有制为主体的，甚至在制药领域也是越来越向大央企、大国企集中，这就为产业整合创造了条件。

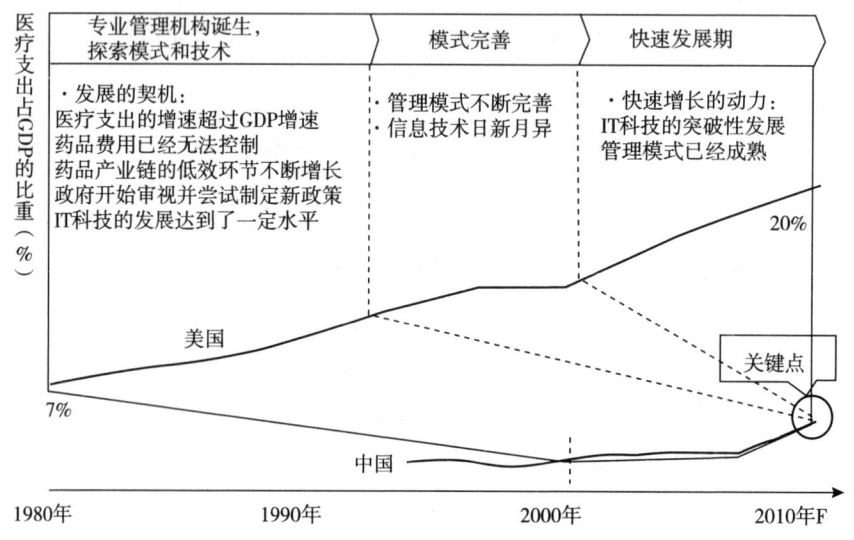

图1　美国医疗模式及中美两国医疗支出占GDP的比例

通过调研，我们相信，中国已经有条件尝试创造一个在美、欧等发达国家和地区也未能实现的药品供应模式，以公有制产业链为基础载体，以老龄化社会福利建设为长远目标，以慢病长期用药供应为启动手段，在国际上率先打造出一个真正高效的"全程垂直整合"的药品供应模式。其意义甚至可能超出医改本身，在与资本主义市场制度的"国体"对比中，体现"中国模式"的先进性。

本文希望能通过深入思辨和研讨，利用中国独特的产业环境和人力资源结构及优良的信息产业基础，学习部分国家的先进技术与服务经验，创新现代服务模式，在推进国内医改的同时扩大国际视野，解决国际性难题，争取在国际上率先建设起一个理想的老龄社会医药福利管理模式，在医改这个世界性难题上使中国真正走到国际的最前列。

(三)难点二:服药管理难深入,难以实现"个性化与人性化"服务

国际药品供应与管理的一个大难题是"服药管理",简单来讲就是监督患者是否真的按时足量服药了。这个看似简单的问题,其实意义极为重大,怎么强调都不为过。在美国,研究表明,患者购买回去的药物与实际服用的药物的不一致是医疗浪费的最大原因之一。更有甚者,患者实际服药行为(时间、频率等)常与医嘱不一致,造成的隐性医疗损失较大。

这个世界性难题,即使是美国的大型医药福利管理企业也未能完全解决,只初步实现了"处方审核、采购定价、邮购配送"三大环节的整合,在"服药管理"方面还很不深入,这主要是因为人力资源和产业格局的限制。然而,在中国有实现国际第一例大规模突破的可行性。毕竟中国拥有大量的未充分利用的医护人力资源,并即将建成优良的信息技术基础设施。

(四)PBM 模式的成功与不足

美国的药品福利管理(Pharmacy Benefit Management,PBM)产业在过去的二十年间取得了巨大的成功,短短时间就从中诞生了 3 家世界 500 强企业。其业务模式虽各有特色,但核心价值和服务都是"控制药品费用"。其成功在很大程度上得益于二十年来信息技术的大爆发,堪称是将信息技术的成果应用与现代服务业的成功典范。

成功案例之一:降胆固醇类药物是 2006 年最热销的药物,其中辉瑞制药公司的立普妥(Lipitor)是 2006 年全球最热销的药物。但是,立普妥的价格是相当高的,辉瑞制药公司将其视为全球最重要的利润来源。这时,美国的 PBM 企业受医保客户委托,针对立普妥和其他降血脂药物进行了一系列深入的临床与价格等对比研究。调研表明,可通过让不同的病人改用不同的低成本的他汀类药物(Statin)来达到同样或更好的疗效。这一措施实施后,当年就为医保节省了 10 亿美元。

但是,PBM 模式也有其局限性,如和厂家的供应链的整合不足、各方利益代表谈判的透明度不足等。中国完全可以借鉴其先进的技术和高效的商业模式,利用以公有制为主体的产业结构,设计出比美国 PBM 更加优越的处方药供应管理模式。

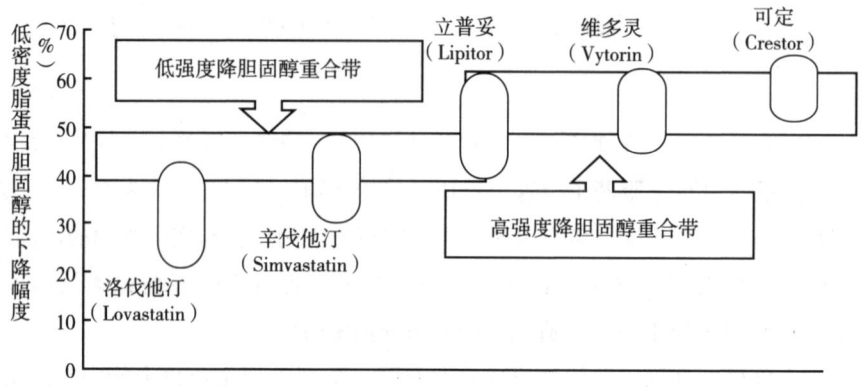

图2 慢病管理案例：通过管理学手段找到适用于各类患者的药物

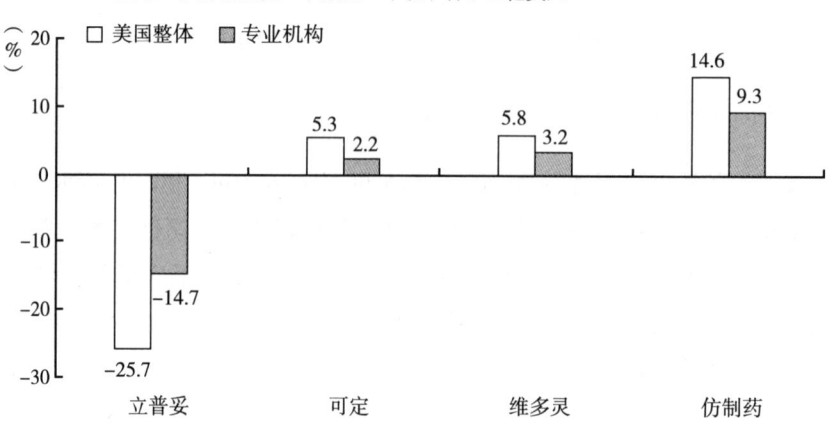

图3 不同的他汀类药物（Statin）都能降低低密度脂蛋白胆固醇

二 中国公立医院药品供应改革的难点分析与原则性建议

（一）中国医改的结构性压力："封顶制"流行的隐患

目前中国医改很多难题的根源是"功能设计"。实际的支付方是社保，但其基本没有能够参与进来。现在经常提的"社保参与公立医院药品供应谈判机制"还没有见到成功实施的报道,根源在于其功能设计与专业手段不匹配,导致社保"管不了"医生,实际就是管不了"医疗服务监督(含药品供应监督)"。

笔者认为,未来中国医改会面临越来越大的结构性压力,其迹象已越来越多地出现在各地医改的"实际操作"中。由于"功能设计"的不足,各地的医改在实际操作过程中存在一些问题,这就是近几年诞生的形形色色的"封顶制"。

不论是按什么指标计算"封顶线",按人头、病种、人口、上年收入,或者按医院规模,甚至按区域联合体等,归根结底都是某种"封顶制"。其实质是社保系统不再试图深入细致地审查每张报销单里的"医学专业内容",而是将这项工作交给了医院。也就是说,大趋势是卫生系统自查自纠、自负盈亏;这种改革的设计目的大多是希望医院能够有动力去控制费用,因为省下来的钱基本是归医院的。

初衷虽好,但是隐患不小。"封顶制"的流行,以及社保定位收缩后造成的"角色"缺失,使卫生系统事实上"既是运动员又是裁判员"。这样的改革模式本身没有错,但需要配套建立完善的第三方监管机制。其中,最迫切的就是对公立医院医生"开处方"的监管及相应的处方药供应机制。只有配以实时和高效的第三方监管机制的药品消费和供应体系,才可能自然生成真正合理的市场价格。靠医院和医生自觉进行自我监督是难以令人安心的。

更何况,按照目前中国宏观经济的发展趋势,一定程度的通货膨胀难以避免,这很可能会对各种医改政策的实际落实造成冲击。在中国,通胀的顺序很可能是"资产—物价—工资"。也就是说,未来几年物价的上涨会领先于工资的上涨,从而更加领先于与工资挂钩的社保基金的增长。在越来越大的通胀压力下,卫生系统将很难控制住医疗总费用和成本的上涨,更不要说主动将社保病人的花费控制在"封顶线"以下来为医院或国家社保基金节约费用了。

这样下去,很可能的结果就是,社保基金的花费总是被花到最高封顶线,医院反正难有结余,也就放弃费用控制了。对患者而言,因为通胀的原因,其所得到的服务和保障水平事实上是在下降的,实际负担加重。若引发民怨,这些试图"封顶"的医改措施也就达不到其初始设计的目的了。

（二）老龄群体的长期药品供应具有重大战略意义

在中国这样正在高速进入老龄化社会的国家，加强慢性病和老年病长期用药的管理是十分关键的，具有重大的社会意义。其价值绝不仅限于入选目录里几十种药品的直接费用的降低，更大的意义在于能够大大减少慢性病患者和老年人对医院的依赖和访问次数，极大地降低医疗服务费用和检查费用，减少有限的医疗资源（尤其是大医院的急诊资源）的浪费，并激活各级医疗机构的交流，缓解大医院压力，充分发挥基层社区卫生机构的作用，使医改的各项基础投资和措施更能融会贯通。

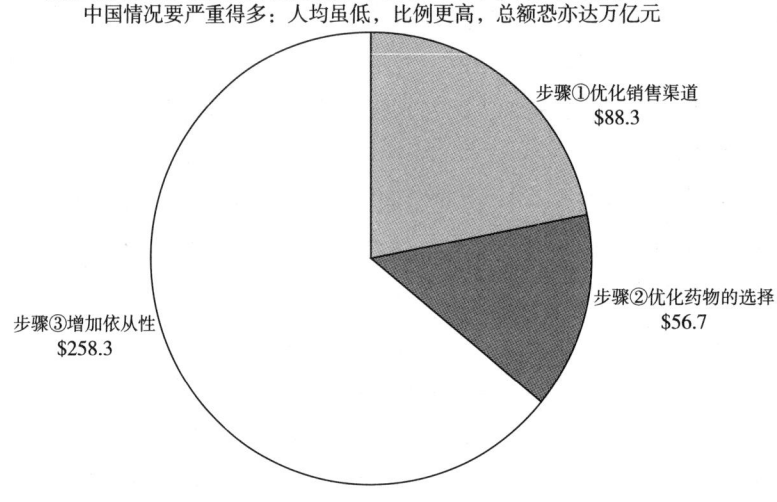

图 4　分离药房的步骤

我们还可以把视野再扩大些，暂时超越医疗系统本身来思考这个问题。民生问题是中国高速城市化进程中最引人关注的，年轻人有健康、没房子，老年人有房子、没健康；中国正在全面进入老龄化社会；再加上几十年实现计划生育基本国策造成的独特的"四老二小"倒金字塔形家庭结构；宏观经济20年以出口为导向，此时正面临全球通胀的压力，国家和个人财力都会更加困难。以上四者虽然为中国改革开放取得的成果做出了巨大贡献，但所有政策都必然是有代价的。不幸的是，这四大国策的"代价"的到期时间都将在未来的十年间。四者相加，使中国政府将在未来十年内面临巨大的挑战，这个挑战的规模和复杂程度在世界上都是十分罕见的。

在这个即将来临的大挑战面前，承受压力最大的"社会人群"就是老年人与慢性病患者。生、老、病、死最容易诱发绝望情绪，整个社会集聚的压力最有可能在这个群体中引爆。所以，将这个人群的医药福利管理问题分离出来、优先解决，具有重大的国家战略意义。

对于这个问题的重要性如果能达成共识的话，那么即使为解决这个问题成立新的专管政府部门或机构，也不一定是那么"危言耸听"了。毕竟，它的使命将是建设好一个相对独立的小社会——"慢老社会"，让我们的社会慢点儿老。

（三）打破公立医院处方垄断的难度

中国医改的一个公认的大难题是医院对处方的垄断。对于这个问题已有很多深入的探讨，我们无需重复，只是在此简单总结一下破解处方垄断的难点所在。而本文所建议的"慢药体系"是能够在以下几个难题的破解方面做出贡献的。

破解中国公立医院处方垄断的难点：恶性循环已形成，难从单一环节打破。

（1）医院：极力抵触处方外流，为卖药招数百出。

（2）患者：更信任医院药房，并认为零售药店处方药品种太少。

（3）药店：因为处方药销量小，所以备货少，如此恶性循环，使得更少的患者会来买处方药。

（4）政策：为防止大处方设立单次时限，造成患者必须不断地去医院重新要处方。

从各国医改的经验来看，处方药供应模式改革若不能实现"物理"独立和创新而只是不断地在"旧的人员和旧的设施"基础上尝试"新的政策"的话，就会出现"旧瓶装新酒"的问题，再好的政策和改革措施也敌不过日常操作人员的"对策"。

三 主题建议：建立高效的"慢病药品院外供应体系"

下面主要关注三个要点：处方药供应模式、慢性病患者与老年人长期健康管理、现代物流技术在药品供应模式中的应用。并根据这三个要点提出了针对"慢病药品院外供应体系"的建议。

(一)"慢病药品院外供应体系"的设计希望达成三个主要目标

第一,从100种慢病药物入手,打破处方垄断,部分实现医药分家。

第二,从邮购或电商等入手,垂直整合供应链,部分实现药价控制。

第三,从智能化信息技术入手,发展主动式健康管理,引导老龄社会福利建设。

简称:分出去——医药分家;合起来——三个源头的管理;沉下去——健康与社会管理。

(二)改革思路:壮士断腕,院外涅槃

中国药品供应模式改革探索的现状与困难是"利益纠缠,积重难返"。而现在的药品供应改革手段(如招标改革等)多为横向一刀,犹如斩首必然激起"殊死"抵抗。

笔者认为,在推行横向改革制度的同时,不妨尝试对公立医院的药品供应体系按照品种进行"纵向分割",分次分批地把一小部分药物分割出来,实行较大力度改革,试点全新的供应制度。这样,不论其他改革政策执行得是否顺利、是急是缓,至少在这些分割出来的药物品种上能够取得明显的改革成效。同时,因为分割的只是公立医院药物的"一小部分",犹如只是"断腕",阻力就不会和"斩首"一样大,从而较易取得成功。

我们也可以把这样的改革战略比喻为"剥洋葱"。从现行公立医院药品目录这个"大洋葱"上先剥掉300多种"基本药物",再剥掉100~200种"慢病药物",一层层逐渐剥下去,每一层实行不同的新制度,就有望分期分批实现医药分家的总体目标。

药改战术建议:"剥洋葱"——层层推进,分而治之

第一层:基本药物制度

第二层:慢病药物制度(本文重点)

第三层:特贵药物制度

……

第n层:门诊、住院、手术

（三）政策建议一：选择部分（约100种）慢病长期用药，分离独立管理

以控制"血脂、血糖、血压"类药物为主可以视为"基本药物制度"的延伸，不过需要建设全新的高科技供应链体系来保障。

建议政府在基本药物制度之外，挑选适当的慢性病常用药物与老年人常用药物，组成"慢病药物目录"，独立管理，将这些药物的长期处方行为和首次就诊分开，并将其流通管理从现行公立医院药品供应体系中分离开来，部分实现"医药分家"。

首先可以从需要长期重复使用的药品开始，约100种，主要是高血脂、糖尿病、高血压等慢性病和老年患者用药。这些分离出的药品的供应可以作为国家基本药物制度的第二期来看待。

这个改革方案的关键是将这部分药品的供应从现行体系中彻底分离，并用政策保障其供应体系完全独立，以上述分离出的药品的供应量为基础，建立起独立的、高度压缩的、技术领先的新式药品体系，全程垂直整合供应链，最大限度地提高药品供应的效率和监管力度。

对公立医院来说，这个改革模式相当于"釜底抽薪"，从源头上（患者需求端）将业务直接分流。并且由于全新建设、独立运作，可以避开既得利益集团的干扰和阻挠。

按照笔者的估算，将这100种左右药物的长期重复供应从医院分流出去，大约会减少医院和医生20%的药品收入，有望减少50%以上的药品浪费（含开不必要的药品及开贵药），是非常"划算"的改革政策。

（四）政策建议二：建立省级院外"慢病药福利管理中心"，将"处方中心""配送中心""健康中心"三者结合在一起

1. 招标、采购、处方、配送、服药五大主要环节的"垂直整合"

新的院外供应链必须争取从"物理"上就完全有别于以前的业务链，才有可能避开干扰，打开一片新局面。加上"定价模式"等非物理因素的革新，实现尽量的"分家"。在新的管理体系中，应将药品流通模式与患者服药管理和居民健康管理整合在一个信息化平台上，通过健康档案、物联网、智能药房

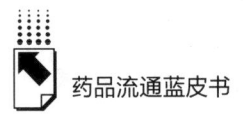

等新颖的技术手段，实现"招标、采购、处方、配送、服药"全程一体化管理的"五合一"。

2. "药品的三个源头"的管理

院外供应链的整合要从"药品的三个源头"开始治理。这"药品的三个源头"不是指流通企业，也不是指采购定价部门，而是指"厂家产药""处方开药""患者服药"。改革手段如果从处方开始，就能逐步推进，釜底抽薪，先治本后治标。这样的改革思路体现在业务模式上，就是要实现"三源归一"，力争在同一个地点整合这"三个源头"的管理。

三个源头：物流的源头——厂家；信息流的源头——处方；钱流和需求的源头——患者和社保。

若能将这三个源头产生的业务流程尽早并轨，统一在一个信息平台，并尽量在同一个地点由同一批人员管理，就能产生最高的效率。更重要的是，能减少因业务流程不同轨而造成的业务矛盾和管理困难，真正发挥中国公有制占主体的结构优点，形成强大的执行力。

在处方分析方面，笔者建议，由国家部委或权威协会组织开发"慢病药物处方知识库"及相关智能化应用系统，用超级计算机来"解剖麻雀"。国家出面组织发布权威的"医药管理中心资源库""规则库""临床知识库"及"分析引擎"等，可由不同部委负责。

在制定具体的实施方案时，笔者建议参考借鉴国内外一些相关的模式和技术手段，相信会对改革者开拓思路有所启发。值得研究的技术手段有信息技术的三段发展及其应用前景（电子化、自动化、智能化）、物联网的潜力和未来10年成本趋势、医药信息分析学（Analytics）的萌芽等。

在商业模式方面，建议学习国内消费品电子商务的成功模式和美国政府主导的RxHub等项目的经验，以及美国药品福利管理（PBM）产业的设计理念与技术，尤其是药物邮购模式的相关技术（智能药房的硬件软件、关联参考价格分析法、主动式健康管理等）。

同时，建议改革者邀请国内外工业系统供应链设计的专家学者参与设计。从积极的角度来讲，我国的医药产业各板块之间的关系是非常简单的，比国外的纯商业化环境更加理想，有利于进行垂直整合，因为横向的大多是"一家人"。在这种条件下，传统工业的专家们也能起到非常大的作用。

3. "慢病药品院外供应体系"与国家基本药物制度的关系

（1）品种上可以有一定的重叠。

（2）只针对特定人群。

（3）独立保障体系与相关政策：价格、报销、物流。

（4）在服务层次和业务范围上要比基本药物制度更"深"，要"服务到个人"，真正与个性化的"健康档案"等合为一体。

（5）特点：与"处方行为"直接连接起来。

四 中国医药产业格局总体发展建议：建设"环形产业链"的重要性与机遇

环形产业链的定义："信息流+物流+钱流"，合源并轨，共用第三方（Shared Third Party Administrator，Shared TPA）。

从慢病药开始试点，打造"环形产业链"或"产业轴"上的第一个环。中国医改当前大趋势造成的"监督者"角色缺失，需要由国家通过产业结构的调整来修补，设立独立的第三方监管机构。如若处理的技巧高超，也许能够将这个挑战化作机会，创造出国际上其他发达国家也未能完全实现的更加完善的理想产业模式——"环形产业链"，甚至是更高效的"单轴多环产业蓝图"，即建立一个"共用的第三方"，作为环的圆心（或称"中轴"）。这样，任何两个产业板块之间的业务都只需两步（通过共用第三方）就能完成。

"主轴"的功能："物流+信息流"。"环"的功能："钱流+信息流"。

本文研究的"慢病药品院外供应体系"可以视为第一个"环"，同时为打造产业的核心"轴"奠定基础。第二步就可尝试将国家基本药物制度的实施与这根"轴"联系起来，逐渐从现在的独立链式结构弯曲转化，形成独立的第二个"环"。高值耗材和进口药品等的管理也可逐渐依托主轴强大的信息和物流管理能力，形成更多的环形产业链，从而完善采购和约束机制。

并且，"慢病药品院外供应体系"若能建成，将大大影响药费、医疗费、养老费，影响保健品、日用品供应甚至住宿等产业，相信会有很多企业愿意出资参与建设周边产业环节，国家只需建立政策和基础管理系统即可。在减轻国家负担的同时，促进产业繁荣。

B.6 药品电子商务政策、平台及其影响

高丛珊*

摘　要： 近年来，药品电子商务有着飞跃式的发展，越来越多的企业开始涉足药品电子商务。本文则是通过收集整理药品电子商务政策，厘清政策发展的脉络，并在对现存的药品电子商务平台类型分类梳理的基础上，总结药品电子商务发展的影响因素，最后，根据上述的分析，对未来药品电子商务发展趋势做出预测。

关键词： 药品电子商务　网上药店　第三方平台

近年来，药品电子商务越来越被人们所熟知。以我国医药 B2C 市场规模为例，从 2011 年不足 5 亿元的销量到 2013 年突破 40 亿元大关，医药电子商务市场正在以惊人的速度扩张。然而，相对于药品整体市场，网上药店的销售份额则相形见绌。据新康界统计，2013 年我国药品整体市场中城市等级医院作为主要的销售终端，其规模约为 6271 亿元；零售药店约为 2571 亿元；而网上药店销售收入约为 42 亿元。随着互联网信息技术的发展，前景广阔且亟待开发的医药电商领域的发展方向与药品电子商务政策息息相关。

一　药品电子商务政策历程

伴随着电子商务的迅速发展，越来越多的商品涉足电子商务，相关的物流

---

* 高丛珊，中央财经大学经济学院保送研究生。

配送设施逐渐完善，电子商务改变了人们的生活方式，形成了新的商品流通业态。然而，较其他商品更具特殊性的药品在电子商务领域的发展并不顺畅。1998年至今，有关药品电子商务的政策一直备受关注。

（一）初探时期

1998年，上海第一医药商店开办国内首家网上药店，为我国药品电子商务的发展拉开了序幕。但1999年前后一系列文件均明令禁止网上销售药品，其中，2000年颁布的《处方药与非处方药流通管理暂行规定》明确指出，暂不允许网上销售处方药、非处方药，且在鼓励普通企业销售乙类非处方药品的同时再次重申暂时不得通过网上销售的方式销售乙类非处方药。在2000年全国药品监管工作会议上，药监部门以网上销售药品隔离了销售者与购买者，不利于监管为由，叫停了通过互联网销售药品的行为，使得网上药店淡出人们的视野。

（二）试点时期

随着电子商务的迅速崛起，医药商务类网站跃跃欲试，国家药品监督管理局（下文简称"CFDA"）则是将以"堵"为主的政策向"疏通"方向转变，药品电子商务进入试点时期。2000年6月26日，CFDA出台了《药品电子商务试点监督管理办法》，该办法选取了广东省、福建省、北京市、上海市开展试点，并规定CFDA有对药品电子商务试点网站的审批权，且审批文件需在网站首页标明。同年10月，CFDA召开药品电子商务试点工作会议，确定了8家医药经营企业作为药品电子商务的首批试点单位。

（三）暂停时期

2001~2004年，药品电子商务交易服务在政策中涉及较少，药品电子商务政策也随着涉及医药领域的国务院令第292号《互联网信息服务管理办法》的出台转向了互联网药品信息服务。2001年1月，CFDA出台了《互联网药品信息服务管理暂行规定》对互联网药品信息服务划分为经营性与非经营性两类，以便规范监管。由于当时缺乏明确的法律法规来规范药品电子商务交易，通过互联网销售药品也成为假药和违禁药销售的一种新方式，为此，2004年

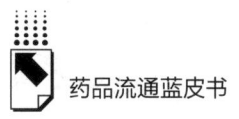

CFDA叫停了"除以取得药品招标代理机构资格的单位所开办的网站外"的一切互联网药品交易活动。同年7月，CFDA颁布《互联网药品信息服务管理办法》，废止了三年前的暂行规定，禁止获得《互联网药品信息服务资格证书》的网站通过提供药品信息直接撮合药品网上交易。

（四）规范时期

距叫停互联网药品交易活动一年后，2005年9月，CFDA制定了《互联网药品交易服务审批暂行规定》，这一文件界定了互联网药品交易服务内容，规制了互联网药品交易服务企业，确认了互联网药品交易的合法性。这里的"互联网药品交易服务"既包括企业、机构间借助互联网实现的药品交易，也包括企业通向个人消费者提供的互联网药品交易服务。同时，该文件对开展上述两种交易服务的企业提出了更为严格的要求，涉及经济利益关系、企业资质、出售产品范围等。2005年10月、2006年3月，CFDA分别发布了国食药监市〔2005〕515号关于贯彻执行《互联网药品交易服务审批暂行规定》有关问题的通知和国食药监市〔2006〕82号关于实施《互联网药品交易服务审批暂行规定》有关问题的补充通知，较为具体地规定了申请证书的要求、流程方面的细节，进一步规范了互联网药品交易服务。

由于网络销售虚假药品案件时有发生，2008~2013年CFDA多次发布有关加大力度监管互联网销售药品的相关通知，严厉打击网上虚假药品信息及非法销售药品行为。2013年10月，CFDA发布食药监药化监〔2013〕223号《食品药品监管总局关于加强互联网药品销售管理的通知》，从药品交易网站资质、销售药品范围、物流配送等方面加强互联网药品销售管理，其中，明确规定药品交易网站不得展示和销售处方药、使用符合《互联网药品交易服务审批暂行规定》等文件要求的自有药品配送系统自行配送，保证在售药品的质量安全。此外，这一通知提供了第三方向食品药品监督管理部门举报违反上述规定的行为的方式，强化了监督机制。

（五）新尝试时期

在《互联网药品交易服务审批暂行规定》给出的三种药品电子商务模式中，并没有涉及在电子商务领域发展迅猛的互联网第三方零售平台，互联网药品零售第三方平台成为一种新的尝试。2013年11月至2014年7月，CFDA批复三家第三方药品零售B2C试点，地方食品药品监管局应当要求入驻平台的药品零售企业在入驻合同签订后15日内向其《药品互联网交易服务资格证书》发证部门进行书面报告，并予以督促检查。药品电子商务在摸索中不断发展。

二 药品电子商务平台类型

与一般商品的电子商务交易平台有所差别，医药电子商务平台的门槛相对较高，本部分将对各类型平台需满足的条件进行介绍。根据《互联网药品交易服务审批暂行规定》，按照互联网药品交易（医药电商）对象的差别将药品电商平台分为三大类，即第三方批发平台、B2B平台和B2C平台，分别对应《互联网药品交易服务资格证书》A类、B类和C类。在上文提及药品电子商务新尝试时期，A类资格证书有了扩展的含义，包括了第三方零售平台。这三类证书的审批权限也存在差别，其中第三方平台资格证书由CFDA进行审批；其余两项由省一级药品监督管理部门对本行政区域内药品电子商务平台进行审批。

（一）第三方平台

《互联网药品交易服务审批暂行规定》中对应《互联网药品交易服务资格证书》A类证书的第三方平台应服务于药品生产企业、药品经营企业和医疗机构之间，并不接触药品的最终消费者，属于第三方B2B平台。这一平台比其余两个类型平台对网上交易的审查工作有着较为严格的要求，从事该项工作的工作人员需是具有药学或者相关专业本科学历，熟悉药品、医疗器械相关法规的专职专业人员。这一类平台中，以政府非营利性平台为主，药品集中招标采购平台占据了较大的份额，企业多以提供技术支持服务介入。

在第三方B2B平台发展的同时，第三方B2C平台正在孕育生机。2013年11月，第一张B2C第三方平台试点获批，河北省食品药品监督管理局以河北慧眼医药科技有限公司95095医药平台为试点单位，但这家企业在获得首家试点资格后很长时间内处于未经营状态，后被阿里巴巴收购。迄今为止，获得此

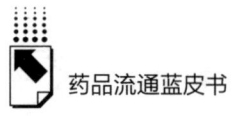

试点资格的只有三家企业［其余两家为广州八百方信息技术有限公司、纽海电子商务（上海）有限公司］。电子商务领域几家有名气的第三方平台正在尝试拓展业务进军医药电子商务领域，考虑到获得试点牌照较为困难，多数企业选择通过收购已取得试点牌照的平台公司、与传统的医药连锁企业合作等方式来开展非处方药品互联网销售。

（二）B2B平台

B2B平台是药品生产企业、批发企业之间的互联网药品交易平台，对应《互联网药品交易服务资格证书》B类。B2B平台并不直接影响药品最终销售量，而是作为药品流通的中间环节，是药品生产企业、药品批发企业之间的纽带。一直以来，B2B平台的受关注度都较其他平台逊色，但有着较低流通费率且起步较早的九州通在B2B平台上具有一定的代表性。

（三）B2C平台

B2C平台上，企业向个人消费者提供互联网药品交易服务，这些企业直接同消费者接触，其开设的条件也相对较为严格。较其他平台的开设条件，B2C平台还需满足以下条件：首先，该企业需是药品连锁零售企业；其次，需要具有从事互联网药品信息服务的资格；最后，服务的专业性、硬件设备都需满足相关规定。药品连锁零售企业开设互联网药品交易服务优劣并存，一方面，便于实现"线上+线下"模式（下文简称"O2O模式"）的开展，获得较好的用户体验；另一方面，由于开设条件的严苛，也阻碍了B2C平台的发展，传统药品销售企业在开设网店的过程中，由于电子商务方面经验不足，很难获得较大的网站流量。

与服务于企业之间的B2B药品电子商务平台不同，直接与最终消费者连接的B2C药品电子商务平台更容易在短期内有质的飞跃。然而，药品生产、零售企业在B2C平台中也面临着两种不同的选择，一是自建平台，另一个则是入住第三方综合电子商务网站平台，面对直接入住第三方平台的便捷与高效和自建平台以实现长远发展之间的矛盾，孰重孰轻很难做抉择。出于对成本的考虑，直接入住大型综合电子商务网站（如天猫医药馆、京东等）成为一些企业的选择，垂直型电商因经营费用高企而不被看好，但几家垂直电商企业销售量的高速增长，更是增加了选择平台的难度。此外，一些药品销售企业则是既自建平台，又入驻第三方平台，如2014年被太安堂收购的康爱多。

三 影响药品电子商务交易份额的因素

医药行业具有市场份额较大、逆经济周期等特点，互联网药品交易又成为逐渐成长的药品流通方式，进而药品电子商务被越来越多的人所看好。然而，目前药品电子商务的交易量并不理想，究其原因，主要是由于政策并未完全放开。

（一）处方药严禁网上销售不利于互联网药品交易市场份额的扩大

我国的药品市场分为处方药和非处方药，其中处方药占据约80%的市场份额；非处方药仅占20%，其规模不足2000亿元，然而多部文件中规定网上销售药品仅限于非处方药。同年6月，《药品电子商务试点监督管理办法》出台，针对试点网站该办法规定"在药品电子商务试点网站从事药品交易的零售企业只能在网上销售CFDA公布的非处方药"。从政策试点时期过渡到规范时期，2005年9月，《互联网药品交易服务审批暂行规定》中对B2C平台销售药品有着更为严格的规定，该类平台企业只能在网上销售本企业经营的非处方药。2014年5月，CFDA发布网络购药消费提示：网上药店禁止销售含麻黄碱类的复方制剂、处方药。

（二）占网上销售份额大的药品类别较为局限

《全国药品流通行业发展规划纲要（2011~2015年）》提出，创新药品经营模式，鼓励药品零售企业开展药妆、保健品、医疗器械销售和健康服务等多元化经营，满足群众自我药疗等多方面需求。现今网上药店销量情况来看，销量领先的商品多是计生用品、药妆等，专科类，母婴类，补益类，当季类药品。从2014年"双十一"天猫医药馆销售排名前十位OTC药品和医疗器械排行来看，博士伦、杜蕾斯、欧姆龙斩获前三甲，而在天猫医药馆店铺排名中处于第二位且拥有自建官网的康爱多董事长王燕雄在接受采访时曾表示："只卖药，不卖博士和阿杜。"但是由于现今药品电子商务的监管制度不是十分健

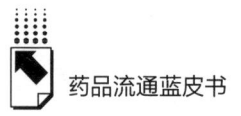

全，消费者在通过互联网购买药品时存在一定的顾虑，再加上互联网购买药品医保不能报销，占网上销售份额较大的药品类别较为局限。

（三）药品营销推广受到限制

当药品进入电商领域，以往药品的营销模式受到冲击，而现有的电商领域销售方式又因政策限制难以在药品销售时实施。非处方药需要经过严格的审批后，才可以进行广告宣传，并需注明广告审查批准文号。对涉及药品适应症或者功能主治、药理作用等内容的宣传，只能是限定于说明书内容。面对上述种种营销推广的限制，传统网上销售的手段无法在药品销售中发挥作用，如何推广药品成为医药电商的一大难题。现今，多数药品电子商务企业将重金砸向搜索引擎以获得同类搜索结果较高位的排序，这一宣传方式在带给网站巨大流量的同时，也给药品电子商务企业带来了较大的成本负担。

（四）物流配送面临新挑战

在房租和人力成本日益攀升的情况下，发展医药电子商务在经济效益方面具有优势，但物流配送又成为B2C型药品电子商务发展的一大挑战。相较于医疗机构的整件货物配送，B2C型药品电子商务配送的订单数更多、单次订单购货量更小、客户的分布更散，这就对物流配送方面提出了更高的要求——最小包装药品的高效率拆零、分拣、复核、出库、配送等。与此同时，药品电子商务的相关政策也对物流配送提出了要求。

食药监药化监〔2013〕223号《食品药品监管总局关于加强互联网药品销售管理的通知》在配送企业资质方面做出规定，零售连锁企业应当使用本企业配送系统自行配送，且该配送系统应符合《互联网药品交易服务审批暂行规定》等文件要求，以保证在售药品的质量安全。2014年5月7日，国家食品药品监督管理总局发布网络购药消费提示，在收件方服务方面对互联网药品销售提出了如下要求：网上销售药品的送货人应当是药店自己的配送队伍，以解决快递药品在途风险难以管控、出现药品质量问题难以界定责任的问题。国食药监市〔2006〕82号关于实施《互联网药品交易服务审批暂行规定》有关问题的补充通知中对网上销售药品的交易记录提出了更为严格的要求：发货时对产品状态和时间的确认记录、交货时消费者对产品外观和包装及时间等内容的完整配送记录，且该配送记录应保存至产品有效期满后1年。上述几方面对药品电子商务物流配送的要求直接导致互联网药品销售企业的成本增加，很难扩展配送区域，潜在市场被压缩。

四 药品电子商务发展趋势

2014年5月，《互联网食品药品经营监督管理办法（征求意见稿）》（以下简称《征求意见稿》）在国家食品药品监督管理总局的网站上公开，随后药品电商股票大涨，各药品电商开始紧锣密鼓地融资，意在正式文件出台之前抢占先机。药品电子商务政策的走向成为人们关注的焦点，并影响着药品电子商务的发展趋势。

（一）药品安全保证

针对网上频频出现的假药销售事件，CFDA也多次出台方案以确保互联网销售药品的质量。2008年4月，CFDA发布国食药监市〔2008〕130号《关于开展互联网药品信息服务和交易服务监督检查工作的通知》，要求省一级食品药品监督管理局做好互联网药品通过信息服务和交易服务监督检查工作。2008~2010年，CFDA通过互联网购药安全警示公告多次公布发布虚假药品信息销售假劣药品网站名单。

网上销售药品的成本较低，售卖假药的成本更低，在暴利的驱动下假药频现互联网；在互联网这一虚拟空间销售假药，便于逃避监管，违法成本较低；消费者面对鱼龙混杂的网售药品，辨别能力较弱。上述三方面的原因共同造成互联网假药销售活动猖獗。为了确保患者用药安全，药监部门需进一步加强对药品生产企业的监管，制定严格的法律法规，加大对违法违规生产的药品生产企业的处罚力度；与此同时，严惩销售虚假药品的药品电子商务平台，鼓励第三方对药品电子商务平台进行监督、评估，使得药品电子商务平台信息公开透明，正确引导患者购买正规药品，保证用药安全。

（二）销售范围扩展

《征求意见稿》中对药品电子商务网站销售处方药开闸。一直以来，被看

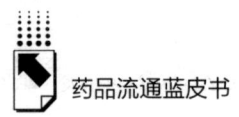

好的毛利高、价位高、市场份额大的处方药在《征求意见稿》中放开销售，处方药解禁，市场前景十分可观。同时《征求意见稿》中也表示要发布《禁止互联网经营的药品、医疗器械目录》，进一步规范互联网药品销售范围。

其实，尽管当下处方药未解禁，但通过互联网销售处方药早已成为行业内公开的秘密。由于按照处方药销售的相关规定，只有凭执业医师或执业助理医师处方，患者才可调配、购买和使用的药品，且购买渠道单一，通过互联网购药俨然成为一些消费者购买药品的新方式。若处方药解禁，其交易从幕后走向台前，一方面便于药监部门对药品质量的监管，另一方面有助于理顺处方药的市场价格，一定程度上缓解了"以药养医"的问题。但是，医疗机构、医生这些既得利益者如何肯放弃由处方药垄断所带来的暴利。所以要想真正解禁处方药，破除"以药养医"难题，配套措施必须跟上，深化医疗体系的人事薪酬制度改革，允许处方外流。考虑到处方药的外流带来的技术上的问题，电子签名等一系列的技术手段要与之相适应。

（三）销售模式改变

与以往的三种获得药品交易资格证的企业不同，B2C型第三方交易平台在《征求意见稿》中单独作为一章，指出其服务涵盖范围与现今第三方电子商务平台相似，包括网页空间、虚拟经营场所、交易规则、交易撮合、电子订单等服务，供交易双方或多方开展交易活动的信息网络系统。第三方平台的出现给传统药品生产企业、批发企业提供了一个较为简便地融入电子商务领域的方式，门槛相对较低。

伴随销售模式的改变，物流配送系统也要做出适当的调整。《征求意见稿》规定互联网食品药品经营者从以往必须自建物流配送系统向委托物流配送企业储存和运输过渡。第三方医药物流平台对于上游供应企业的药品采购以及产业链的其他环节而言将起到重要的作用。考虑到目前配送药品的物流企业的建设成本、患者信任度等问题，O2O模式不失为一个较好的药品销售模式。O2O模式可以不只是作药品销售，更重要的是为用户提供所需的医疗服务，同"防治养"一体化大健康模式结合，更好地挖掘其潜力。

（四）医保报销跟进

国务院总理李克强在第十二届全国人民代表大会作政府工作报告时指出，

我国全民医保覆盖率超过 90%。通过互联网购买药品的消费者和潜在消费者大多拥有医疗保险，是否通过药品电子商务平台购买药品很大程度上取决于医保是否报销。医保报销跟进药品电子商务平台在扩展药品电子商务市场份额的同时，会给医保部门在医保资金使用方面带来利好，信息化服务也将便于对医保资金的监管。

其实，网上药店与医保连接已不新鲜，早在 2013 年底，海南省就已经开始实施相关政策，该省永敬堂和广安堂两家网上药店具有医保报销的资质，医保可对投保患者在上述两家网上药店购药时发生的费用进行报销，且实体店需对网上销售药品进行配送。2014 年 3 月底，上海也宣布将开展网上药店医保支付试点工作。互联网出售药品同医保报销连接将会激发互联网药品销售量的巨大增长，给药品电商带来新的生机。

专题调研篇

Special Investigation Reports

B.7
积极贯彻落实商务部等6部门下发《关于落实2014年度医改重点任务提升药品流通服务水平和效率工作的通知》

中国医药商业协会

摘　要： 商务部等6部门联合印发《关于落实2014年度医改重点任务提升药品流通服务水平和效率工作的通知》，各地商务主管部门积极协调、深入调研，会同相关部门共同推进各项改革措施落到实处，给医改和行业发展带来了新的契机。

关键词： 药品流通　药品采购与定价　药品配送

2014年9月1日，商务部等6部门下发了《关于落实2014年度医改重点任务提升药品流通服务水平和效率工作的通知》（商秩函〔2014〕705号），

积极贯彻落实商务部等6部门下发《关于落实2014年度医改重点任务提升药品流通服务水平和效率工作的通知》

明确了相关部门在2014年要完成的四项医改重点任务的有关措施和要求。文件指明了在药品流通领域下一步医改的方向、路径和办法，给医改和行业发展带来了新的契机。为此，中国医药商业协会于2014年9月12日在北京召开全国部分重点药品批发、零售连锁企业座谈会，并组织对行业内批发、零售连锁百强前20位企业调研，共收集23家企业、1个协会143条意见反馈，涉及99项国家及地方出台的法律法规。经汇总，集中反映了以下几个方面的情况与问题。

一 建议清理和废止阻碍药品流通行业公平竞争的政策规定

建议清理和废止阻碍药品流通行业公平竞争的政策规定，具体包括以下内容。

（一）企业开办登记

在企业（药店）开办登记上，一些地区规定零售药店开办距离限制从150米到350米不等、营业场所面积限制从80平方米到100平方米以上不等、新收购药店必须注销后重新申请、申请《药品经营许可证》药店必须并能保证24小时供应。部分省市对新开门店申请医保定点药店的，要求开业1年或2年以上、营业时间保证24小时营业；申请医保定点药店距离限制从50米到1000米不等；医保药店审批实行总量控制并不得经营保健品、非药品等，不得开展与医疗保险相关的促销活动；收购医保店更换法人代表后，医保资格必须重新按新店申请。

（二）药品采购与定价

在药品采购与定价方面，部分省市企业自行定价并按规定程序报市相关行业协会协调后公布最高零售价格；对列入市场调节价管理的药品和医疗器械，一律按实际购进价顺加加价率作价；控制供货价及差价率；对从外地购进产品有歧视性规定；列入国家基本药物目录的药品按照国家基本药物制度规定执行，具体品种由省级集中采购管理部门确定，招标规则和评选没有统一标准，存在不公平的因素，阻碍行业发展。

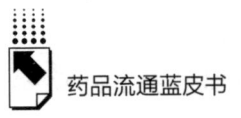

（三）药品配送

药品配送业务，部分地区规定必须是在本区域内注册的企业方可参加配送商遴选；独家托管县级以上医院基药配送；含特殊药品复方制剂配送环节复杂。医院按销售金额收取一定比例保证金或发展基金；常用药品招标"一规一产地"的招标要求造成生产能力不稳定导致断货、影响医院用药等；各地卫生行政部门遴选3~8家配送企业作为当地基本用药配送企业，对外地牌照车辆不予办理《运输通行证》。

（四）零售药店在经营中遇到的限制规定

如医保卡在药店刷卡只能支付卡内个人账户金额，统筹金额不能在药店刷卡，医保药店刷卡不能实时结算；医保定点药店不能销售非药品，甚至不能摆放非药品（包括婴幼儿奶粉及辅助类商品）等；规定每家医保定点药店的医保销售额最高上限；零售药店经营品种限制；药店经营乳制品（奶粉）需经营面积在200平方米以上规定；禁止零售企业自行配送的规定；部分区域限制零售药店经营品种；中医坐堂医诊所同一时间坐诊的中医类别中医执业医师不得超过两人，房屋设置的诊室不超过两个；部分省市未开放药店申办中西医坐堂诊所的申请。

二 建议修改阻碍药品流通行业公平竞争的政策规定

建议修改阻碍药品流通行业公平竞争的政策规定，具体包括以下内容。

（一）企业开办登记

部分区域以"维稳""饱和"为由，不允许新开零售药店；部分省市医保店审批处停滞状态（如北京市2005年至今没有一家医保定点药店审批）；医保店审批多部门联合审批（人社局、医疗保险办公室、商委、计生委、药监局）；各地为了减少批发企业的数量，很长时间不再受理新开办的申请，医药批发企业如果在其他地区拓展业务，只能采用在当地收购、兼并既有的批发企业的方式进行，成本高、风险大，阻碍优质企业在全国的业务拓展。

（二）药品采购与定价

基药配送价格长期不调整，医药批发公司只能按招标价格向医院供货，导致价格倒挂、销售亏损，严重影响供应保障的积极性；通过"带量采购""二次议价"等方式，以降低产品价格为谈判的主导思想；部分省市2011年开始就未进行招标项目，导致很多新产品未能及时进入市场准入。

（三）企业经营

医保定点药店费用结算只能接受自付段和个人账户段；部分省市零售药店租赁个人出租房屋税收不合理；药品从业人员上岗证在多处办理（药监局、劳动局）；企业法定代表人或者企业负责人必须具备执业药师资格；《药品经营许可证管理办法》和《药品经营质量管理规范》两项验收检查方式和检查内容雷同；部分省市未开放药店申办中西医坐堂诊所的申请等。

商务部等6部门《关于落实2014年度医改重点任务提升药品流通服务水平和效率工作的通知》下发后，各地商务主管部门积极协调、深入调研，会同相关部门共同推进各项改革措施落到实处。吉林、安徽等省修改和废止了《吉林省开办药品批发企业设置标准》《合肥市关于规范新开办药品零售连锁企业有关事项的通知》等多个规范性文件，解除了当地关于药品流通企业数量、布局和异地迁址方面的政策规定限制；吉林省还将连锁药店的申办门槛由10家门店降低到2家，鼓励零售连锁药店的发展；河北、浙江等省通过开展药品电子商务试点，探索患者凭处方自主购药的新模式；湖北、贵州等省运用流通发展、共同配送等专项资金支持骨干企业延伸药品销售和配送网络，增强药品供应保障能力。

另外，2014年商务部积极配合有关部门完善药品价格形成机制、推动社会资本办医。4月，会同卫生计生委等8部门印发了《关于做好常用低价药品供应保障工作的意见》（国卫药政发〔2014〕14号），解决群众关心的廉价药品短缺问题。8月，会同卫生计生委印发了《关于开展设立外资独资医院试点工作的通知》（国卫医函〔2014〕244号），允许境外投资者通过新设或并购的方式在北京等7省（市）设立外资独资医院；并与卫生计生委加强沟通，研究《中外合资、合作医疗机构管理暂行办法》修订事宜。

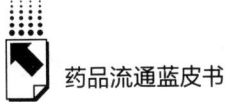

清理和废止影响市场公平竞争的政策规定，可以集中一个时段进行，但是一项长期的工作。因为要构建统一开放、竞争有序的全国市场不可能一蹴而就，长期以来有法不依、行政乱作为和干预市场的"有形之手"无处不在，旧的清理了新的又有可能出笼了。因此，要建立起长效机制，对行政部门进行有效监督。

B.8 药品流通行业医药物流现代化发展水平调查报告

中国医药商业协会课题组

摘　要： 医药物流是医药供应链中的重要环节，医药物流现代化体系建设关系到药品流通行业的持续健康发展。本文通过对全国各省、自治区、直辖市现代医药物流中心的调查，从现代医药物流中心建设、服务水平、信息化应用及第三方药品物流发展等方面对我国现代医药物流的发展现状进行了分析，并提出了现代医药物流发展中存在的主要问题与相应的建议。

关键词： 现代医药物流　物流中心　第三方药品物流

一　前言

医药物流是我国药品供应保障体系的支撑系统，也是我国药品流通行业发展中涌现出的新兴业态的核心业务。自 2003 年 12 月北京医药股份有限公司（华润医药商业的前身企业）建成我国首家现代医药物流中心以来，行业内现代医药物流建设热潮持续高涨。随着医药物流流程化、机械化、信息化、自动化的普及与应用，我国药品流通领域的流通效率与服务质量、医药物流服务能力及管理规范化水平得到极大提高。

为充分了解和掌握我国现代医药物流发展情况，2014 年 8～12 月受国家商务部市场秩序司委托，中国医药商业协会在全国范围内组织了药品流通行业医药物流现代化发展水平专项调查。通过调查，基本掌握了我国现代医药物流中心建设、服务水平、信息化应用及第三方药品物流发展情况，同时也发现了

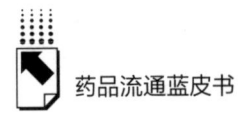

现代医药物流运作中存在的一些问题，并就未来我国医药物流发展工作提出了具体建议。

二 调查情况综合分析

（一）我国医药物流现代化发展水平概况

1. 医药物流服务对象情况

医药物流是以药品供应链为服务对象的专业物流服务体系。服务主体对象包括制药工业、药品批发、药品零售、医药电商等企业，全国范围内的各类公益和非公益医疗卫生机构，并覆盖所有省市区的城市社区卫生服务机构和乡镇卫生院、村卫生室等基层卫生服务机构及患者家庭等。医药物流服务产品对象主要包括药品、医疗器械、化学试剂、玻璃仪器四大品类，以及与医药、健康相关的护理产品和保健食品。

据国家卫生和计划生育委员会统计，截至2014年10月底全国医疗卫生机构数达98.2万个，其中医院2.5万个、基层医疗卫生机构92.1万个、专业公共卫生机构3.2万个、其他机构0.3万个；医院中公立医院13339个、民营医院12039个；基层医疗卫生机构中社区卫生服务中心（站）3.4万个、乡镇卫生院3.7万个、村卫生室64.9万个、诊所（医务室）18.9万个；专业公共卫生机构中疾病预防控制中心3494个、卫生监督所（中心）3089个。

国家食品药品监督管理总局相关统计数据显示，截至2013年12月底全国制药企业4875家，各类药品批发企业14900家，零售药店总数约为43.3万家。根据2013年有关数据，全国药品流通行业销售总额超过1.3万亿元。

按照以上医药物流服务主体对象范围，如不考虑患者家庭服务对象，国内医药物流服务主体对象总数已超过143.5万个。

2. 医药物流业态形式和服务主体类型

长期以来，国内医药物流服务由制药企业、药品流通企业内部物流以自我服务方式为主完成。医药物流服务专业化水平总体处于初级发展阶段，但发展迅速。近年来，伴随我国现代医药物流的发展，医药物流服务专业化分工的趋势越来越明显，制药企业和药品流通企业的委托仓储、委托运输比重逐年增加。医疗机构也通过药房托管和接受药品流通企业物流延伸服务等形式,积极探索专业物流服务外包模式。

医药物流服务提供商以行业内企业物流为主、社会第三方物流为辅。首先,从对支撑医药仓储物流部分的资源情况来看,政府资源(认证证书、许可文件、配送招标条件等)、仓储设施设备等核心硬件资源、医药物流市场需求资源(药品批发企业既是专业物流服务的提供商也是专业物流服务的需求方)等全部集中在我国医药行业内部。目前,行业外仅5家公司取得第三方药品物流业务确认批件,具有药品仓储物流资质,但其中3家企业在当地获得GSP认证证书,已经转型为药品批发企业。其次,从医药运输物流服务情况来看,近十多年来已逐步实现社会化。医药行业外的航空、铁路、公路干线社会承运商实际上承担了药品干线运输95%以上的任务。市内配送部分,由于考虑到对各级医院等核心客户的服务质量的专业性,药品流通企业以自营运输为主,满足市内、省内及区域纯销、零售、分销业务需要;城市远郊配送部分委托社会第三方物流完成。根据相关专题调查,全国涉药运输企业为1.3万~1.6万家。

3. 医药物流服务能力和服务水平状况

我国药品流通企业仓储网络体系建设完备,中心城市配送能力达到全覆盖,边远贫穷地区配送服务基本覆盖,保证了药品供应的可获得性。以具有较大规模的药品流通企业为主体的现代医药物流中心群体内部管理规范,企业信息化程度领先于其他行业,仓储管理系统(WMS)、运输管理系统(TMS)、电子订货系统(EOS)、销售时点系统(POS)、客户关系管理系统、网上支付系统、物品跟踪与查询系统等应用得到普及;其基础信息化覆盖达到100%,管理信息化达到100%,企业辅助战略决策的信息化应用也近100%。但在众多规模较小的药品流通企业中,仍以传统物流模式为企业自身服务。

(二)现代医药物流中心建设情况

"十二五"期间,药品流通行业现代医药物流中心建设呈逐年加快态势。根据本次有效调查表样本和地方协会上报数据、不完全统计表明,截至2014年12月底,29个省、自治区、直辖市已建成现代医药物流中心237个,建筑面积约为5010587平方米;在建现代医药物流中心64个,建筑面积约为1662649平方米;未来三年规划建设现代医药物流中心111个,建筑面积约为

3042060平方米。本调查报告所指的现代医药物流中心为：建筑面积不小于5000平方米，并使用仓储管理系统（WMS）、输送分拣系统等技术装备。我国现代医药物流中心已建、在建、未来三年规划建设总体情况如表1所示。

表1 现代医药物流中心已建、在建、未来三年规划建设情况

单位：个，平方米，%

项目	数量	建筑面积	建筑面积占合计比例
已建	237	5010587	52
在建	64	1662649	17
未来三年规划建设	111	3042060	31
合计	412	9715296	100

1. 已建现代医药物流中心情况

已建成的237个现代医药物流中心分属于98家企业（或集团），合计建筑面积5010587平方米，支持业务销售额（2013年含税销售额）约为56054800万元，占2013年全国药品流通行业销售总额的比例为43%。

从建成时间来看，在已建成的现代医药物流中心中，"十二五"期间建成的现代医药物流中心212个，占比为89%。从已建成的现代医药物流中心的地区分布来看，北京、天津、上海、江苏、浙江、山东、广东7个经济发达省市合计已建现代医药物流中心121个，面积约为2554520平方米，占全部已建现代医药物流中心总面积的51%，而新疆、海南、广西、云南、贵州、四川、甘肃、内蒙古、宁夏9个偏远和经济欠发达省区合计已建现代医药物流中心34个，面积约为789065平方米，仅占全部已建现代医药物流中心总面积的16%。从现代医药物流中心企业结构来看，国药控股股份有限公司（以下简称"国药控股"）、华润医药集团有限公司（以下简称"华润医药"）、上海医药集团股份有限公司（以下简称"上海医药"）、九州通医药集团股份有限公司（以下简称"九州通"）四家全国性集团公司及其在各地的子公司合计拥有现代医药物流中心132个，占比为56%。除四大集团外，各区域性药品流通龙头企业合计拥有现代医药物流中心39个，占比为17%。以上两项合计占比73%；其他药品批发企业、药品零售连锁企业、医药物流企业合计拥有现代医药物流中心66个，占比仅为27%。从已建成的现代医药物流中心的设施设备

配置情况来看，机械化、自动化程度普遍较高。由于我国药品流通行业长期受到 GSP 标准严格监管，并得到国家相关政策的支持，药品流通行业成为我国最早应用现代化技术装备的领域之一。中国物流产品网调查数据显示，我国自动化物流系统普及率最高的前三个行业分别为烟草、医药、汽车（见图1）。

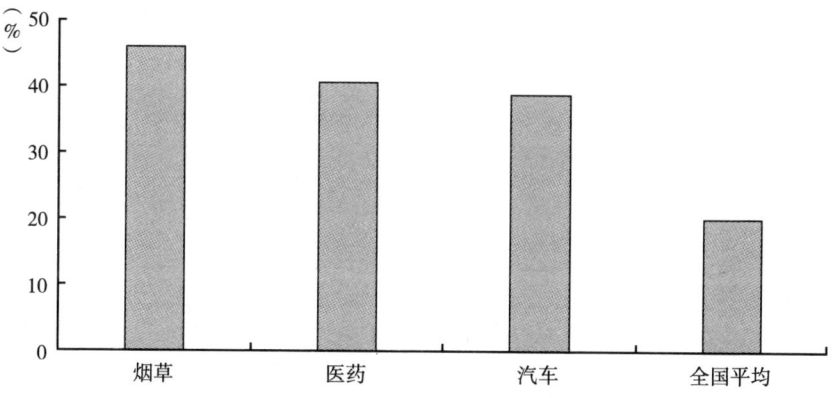

图1　中国自动化物流系统普及率最高的三个行业

资料来源：中国物流产品网调查数据。

本次对药品流通行业医药物流现代化发展水平的调查，也印证了上述调查结论。通过对42家现代医药物流中心典型样本数据的分析可得，42家中100%的物流中心使用输送分拣系统，62%的物流中心使用条码自动识别系统，81%的物流中心使用电子标签拣选系统，40%的物流中心使用立体库输送机，57%的物流中心使用自动提升门，33%的物流中心使用高速升降机，88%的物流中心使用电瓶叉车，10%的物流中心使用语音拣选系统，69%的物流中心使用 RFID 手持终端拣货系统，48%的物流中心使用立体库堆垛机，62%的物流中心使用箱式输送线，45%的物流中心使用自动升降台，33%的物流中心使用高速高架叉车（见表2）。

调查显示，部分大型药品流通企业通过使用现代化技术装备提高了企业服务效率和服务能力。以某企业为例，2004年该企业开始建设新物流系统，采用5个巷道的自动化立体库，存储能力提升6倍以上；多年来使用效果表明，货物的损耗率从以前的约 3/1000 降低到 1/10000 以下，配送能力从原来的约 50 亿元配送额提升至 2012 年的 150 亿元以上配送额，人均效率提高 60%，配送成本也得到了有效控制。

表2　现代医药物流中心应用先进技术装备及系统情况统计

单位：家，%

项　目	输送分拣系统	条码自动识别系统	电子标签拣选系统	立体库输送机	高速分拣线	自动提升门	高速升降机
使用该系统、设备企业数量	42	26	34	17	20	24	14
占有效样本（42家）比例	100	62	81	40	48	57	33
项　目	电瓶叉车	语音拣选系统	RFID手持终端拣货系统	立体库堆垛机	箱式输送线	自动升降台	高速高架叉车
使用该系统、设备企业数量	37	4	29	20	26	19	14
占有效样本（42家）比例	88	10	69	48	62	45	33

注：此表统计来源于42家现代医药物流中心典型样本数据。

从42家现代医药物流中心典型样本数据中对物流中心设计订单日处理能力及实际日均订单处理能力的统计分析可知，现代医药物流中心平均设计订单日处理能力为5252笔，最高的设计日处理能力为16000笔；平均实际日均订单处理数量为2824笔，最多的实际日处理15000笔（样本企业物流中心平均建筑面积为22000平方米），具体如表3所示。

表3　现代医药物流中心实际日均订单处理能力和设计订单日处理能力对比分析

单位：笔

项目	实际日均订单处理能力	设计订单日处理能力
均值	2824	5252
最大值	15000	16000
最小值	74	200

注：此表统计来源于42家现代医药物流中心典型样本数据。

由以上数据可知，现代医药物流中心平均日订单处理仅为设计能力的54%（平均实际日均订单处理能力/平均设计订单日处理能力×100%）。可见，我国现代医药物流中心存在能力过剩的问题，这也说明已建现代医药物流中心尚有较大的挖掘空间。

2. 在建现代医药物流中心情况

从在建现代医药物流中心情况来看，截至 2014 年 12 月全国在建现代医药物流中心 64 个，在建面积约为 1662649 平方米。其中，国药控股、华润医药、上海医药、九州通四家全国性集团公司合计在建现代医药物流中心 25 个，在建面积约为 577149 平方米。

按照地区分布，北京、天津、上海、江苏、浙江、山东、广东 7 个经济发达省市合计在建现代医药物流中心 29 个，面积为 774657 平方米，占全部在建现代医药物流中心总面积的 47%；而新疆、海南、广西、云南、贵州、四川、甘肃、内蒙古、宁夏 9 个偏远和经济欠发达省区合计在建现代医药物流中心 16 个，面积约为 360682 平方米，占全部在建现代医药物流中心总面积的 22%。

3. 未来三年规划建设现代医药物流中心情况

从未来三年规划建设现代医药物流中心情况来看，截至 2014 年 12 月我国药品流通行业未来三年规划建设现代医药物流中心 111 个，合计建筑面积约为 3042060 平方米。其中，国药控股、华润医药、上海医药、九州通四家全国性集团公司及其在各地的子公司合计为 51 个，建筑面积约为 1555344 平方米，占规划建设现代医药物流中心总面积的 51%。

（三）现代医药物流中心服务水平

1. 现代医药物流配送服务网络相对完善

从我国各省、自治区、直辖市药品批发企业物流配送服务情况来看，均建立了省市、区县、基层三级配送服务网络。中心城市配送服务能力较强，边远地区药品配送通过配送招标基本满足最后一公里的药品供应保障需求。

从一些大型集团公司医药物流情况来看，国药控股、华润医药、九州通分别在全国大部分省、自治区、直辖市设立了子公司，上海医药、南京医药、重庆医药等也实现了跨省经营，医药物流服务网络覆盖全国或周边省份中心城市。

从现代医药物流中心对区域的配送覆盖面积单一因素来看，按照平均辐射半径 250 公里计算，物流中心平均辐射服务面积约为 19.6 万平方公里。根据各省、区、市现代医药物流中心已建成的数量，截至 2014 年底上海、北京、天津、山东、江苏依次排在医药物流配送服务覆盖能力的前五位，上海市现有现代医药物流中心物流配送服务覆盖（面积）能力是其配送面积的248倍（覆盖强度-1），由此可见发达地区和中心城市企业间竞争激烈，具体如表4所示。

表4 已建现代医药物流中心配送服务能力对服务区域覆盖强度（前5位）

省市	已建成现代医药物流中心数量（个）	建筑面积（平方米）	配送区域面积（万平方公里）	配送区域人口（人）
上海	8	219699	0.63	23019148
北京	15	349482	1.68	19612368
天津	4	90170	1.13	12938224
江苏	25	467412	10.26	78659903
山东	29	557834	15.53	95793065

省市	配送区域医疗卫生机构数（个，截至2014年6月30日）	覆盖强度	在建数量（个）	未来三年规划数量（个）
上海	4925	249	2	0
北京	9816	175	1	4
天津	4909	69	4	0
江苏	31217	48	6	2
山东	76351	37	7	21

注：已建现代医药物流中心覆盖强度=已建现代医药物流中心数量×19.6万平方公里/配送区域面积。

2. 现代医药物流服务规范程度较高

《药品经营质量管理规范》（GSP）对药品流通企业的仓储管理做了详尽、明确的管理规定。从被调查企业的情况来看，企业内部仓储作业规范化程度高于社会物流。我国药品流通企业在作业规范化方面体现在采购、验收、储存、养护、销售、出库、运输、财务、质量与信息管理等每一个环节，这主要是由于医药物流运作，特别是药品的仓储服务由药品流通企业自行承担的缘故。药品流通企业仓储管理的重中之重是质量管理。在库药品的质量管理主要集中在药品仓储作业的规范性操作、药品的养护工作，以及库内空气调节系统、温湿度自动检测系统的使用并记录、监控库内温湿度等。

药品流通企业物流作业的规范化和技术装备的先进化，有效地提高了企业物流服务质量。与传统物流相比，现代医药物流中心降低了差错率、提高了对客户的响应速度。

根据42份现代医药物流中心数据和96份传统医药物流典型样本数据的统计分析可知，与传统物流中心相比，现代医药物流中心出库差错率下降了66.67%、拣货差错率下降了74.42%。调查显示，现代医药物流中心的验收差错率为0.06%、出库差错率为0.06%、货物准时送达率为98.79%、不良库存率为0.03%、物流退货率为0.43%、拣货差错率为0.11%、冷藏设备完好率为99.99%、冷藏药品温度控制合格率为99.98%、运输包装完好率为99.67%、运输货损货差率为0.08%，具体如表5所示。

表5 现代医药物流中心与传统医药物流运作效率对比

单位：%

项目	验收差错率	出库差错率	货物准时送达率	不良库存率	物流退货率
传统医药物流	0.10	0.18	98.68	0.24	0.34
现代医药物流	0.06	0.06	98.79	0.03	0.43
项目	拣货差错率	冷藏设备完好率	冷藏药品温度控制合格率	运输包装完好率	运输货损货差率
传统医药物流	0.43	99.96	99.99	99.30	0.18
现代医药物流	0.11	99.99	99.98	99.67	0.08

注：此表数据系根据42份现代医药物流中心数据和96份传统医药物流典型样本数据的对比结论。

国药控股、华润医药、上海医药、九州通等大型集团公司大力整合内部物流资源，实施全国物流运营一体化战略，形成了全国范围内的现代医药物流服务网络和多仓联动；同时采用先进技术装备以"技术换服务"策略，促使企业物流效率和服务质量提高。国药控股物流的全国多级多仓联网运营模式和九州通集团湖北东西湖现代医药物流中心领先技术均为行业内成功案例。

（四）现代医药物流中心信息化建设水平

调查显示，我国现代医药物流中心已经达到了一定程度的信息化水平。99%的企业建立了企业网站，成为企业信息化的主要手段和企业形象的宣传窗口；超过80%的企业有独立的IT部门，100%的企业有专职的信息系统管理和维护人员，超过90%的企业建立了企业管理信息系统。

从技术开发的角度来看，企业中建立物流信息系统的主要应用模块为仓储管理系统（WMS）、仓库控制系统（WCS）、运输管理系统（TMS）、电子订货系统（EOS）、销售时点系统（POS）、货物跟踪信息系统、数码拣选系统（DPS）、无线射频系统（RFID）、货主管理系统（TPL）、客户关系管理系统（CRM）、安保监控系统等。调查结果显示，仓储管理系统（WMS）、运输管理系统（TMS）、客户关系管理系统（CRM）是物流信息系统最主要的功能模块，应用比例高达70%~100%。

在具体物流信息技术应用中，信息系统应用趋于向货物跟踪全程监控、运输跟踪定位技术、药品可视化技术、移动信息服务系统、电子数据交换等新技术发展。未来药品流通企业可通过兼并重组或资源社会化等方式实现行业信息化资源共享，提高信息技术的利用率。

从行业信息化的角度来看，42家典型样本数据中有30家拥有企业级的物流信息管理平台，仅占71%。因此，需建设跨行业、跨区域医药物流信息公共服务平台，并成为集物流信息发布、在线交易、数据交换、跟踪追溯、智能分析五项功能为一体的物流信息服务中心。

在现代医药物流中心信息化建设上，一些大型集团性公司已经建立或正在建设向内外开放的物流信息服务平台，为扩大开展第三方药品物流业务创造条件。"国药赛飞（SAVE）供应链云服务平台建设"为行业内可供借鉴的典型案例之一。

（五）第三方药品物流发展状况

据不完全统计，截至2014年12月全国各省、自治区、直辖市药品流通企业取得由省级药监部门审核颁发的《开展第三方药品物流业务确认件》为123张，具体如图2所示。

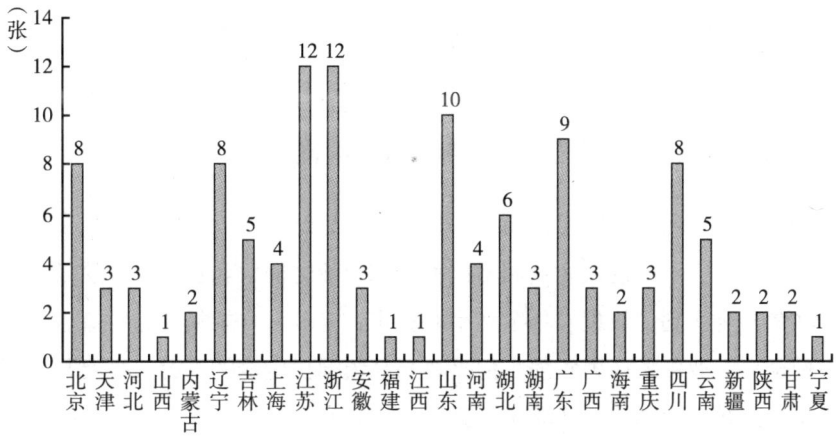

图2　药品流通企业取得当地药监部门颁发《开展第三方药品物流业务确认件》情况

从行业看，取得《开展第三方药品物流业务确认件》的123家企业中属药品流通行业外企业转型为药品流通行业内企业的有3家，分别为内蒙古邮政速递物流有限公司、宁夏中邮物流有限责任公司、甘肃陇邮医药物流股份有限公司；药品流通行业外企业有2家，分别为UPS（中国）联合包裹公司浙江公司、杭州萧山国际机场航空物流有限公司。

三　现代医药物流发展中存在的主要问题

（一）缺乏对全国和区域医药物流布局的总体规划，无法形成对现代医药物流中心建设的有效指导，导致企业盲目投资、重复建设

我国医药物流具有极强的专业属性，不能简单地应用医药行业外的社会物流网络体系来代替，其发展需要有行业专属的总体规划。由于缺乏统一规划和管理，有的地方政府往往脱离实际需求，以吸引高科技产业为名盲目建设医药生物园区或医药物流园区，有些企业盲目建设现代医药物流中心，形成了物流服务资源大量闲置和重复建设大量并存的局面。

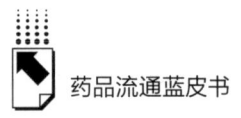

同时，如何合理利用与规范引进医药行业外的社会资源，形成最优的医药物流供应链，需要在国家及区域层面的规划中得到有效指导。

（二）缺乏覆盖药品供应全产业链各类主体和覆盖中心城市至老少边穷地区全部空间的专业物流服务网络体系

调查结果表明，虽然目前药品的配送可以到达任何一个终端，但在不同类型的企业之间、不同规模企业和不同所有制企业之间医药物流服务质量不尽一致。在制药企业到一级批发环节和中心城市，专业、合规的药品物流服务网络相对健全，专业服务能力较强。但是在药品流通供应链的下游，主要是县级以下单位，药品专业物流服务质量明显下降；在我国老少边穷地区，药品的可获得性、配送的安全性受到挑战。

形成全国药品物流专业的、质量一致的、安全经济的服务网络体系，除了行业需要集约发展之外，统一的药品物流编码体系也是重要的技术集成因素之一。而现实的情况是，国内药品生产流通缺乏统一编码，虽有国家药监部门制定的药品电子监管码，但尚不能满足药品流通物流方面的需求，造成信息处理和流通效率低下，时间成本增加，这成为医药物流配送中的一大难题与发展瓶颈。

（三）现代医药物流区域发展不平衡

我国现代医药物流发展呈现明显的区域不平衡。调查显示，将近50%的现代医药物流中心分布在北京、上海、山东、江苏、浙江、广东等省份，陕西、甘肃、宁夏、新疆、内蒙古等西北部欠发达省份的现代医药物流中心占比仅为22%，青海、西藏等省份的现代医药物流中心建设还处于空白。同时，现代医药物流中心在各个省份也多是建在中心城市。建设区域分布不平衡，带来的是医药物流专业服务供应能力的不平衡和服务质量的不一致。

形成现代医药物流中心建设区域分布不平衡的因素，除了不同区域、不同层级监管机构和不同类型、不同管理水平企业对药品在流通过程中质量要求可能存在不一致外，药品流通行业的"多、小、散"也是其中的一个重要因素。

（四）专业药品第三方物流发展受限

药品的特殊性决定药品物流的专业性，但目前我国专业第三方药品物流发展受限，主要体现在地区审批资质不统一、国家政策法规限制两个方面。

1. 各地区审批资质不统一

本次调查结果显示，全国各省、市、自治区药品流通企业取得由省级药监部门审核颁发的《开展第三方药品物流业务确认件》的有123家，其中北京、辽宁、江苏、浙江、山东、广东、四川7个省份均至少有8家获得资质，山西、福建、江西、宁夏4个省份仅各有1家获得资质，黑龙江省并没有开放该资质。

2. 国家政策法规限制

由于药品的特殊性，药品物流政策限制较严，开放程度低。目前我国专业药品第三方物流服务主要由行业内流通企业提供，123家拥有《开展第三方药品物流业务确认件》的企业中仅有5家是社会物流，其中3家在取得了GSP认证后才获取资质。由于行业内物流运作的局限性，资源社会化程度较低，出现资源浪费的现象。

（五）药品冷链物流"断链"问题仍然存在

药品冷链物流"断链"主要体现在外埠干线运输环节和最后一公里配送环节。调查表明，医药物流服务是以我国药品流通行业企业为主体进行的。在城市及近郊区的药品配送服务质量相当稳定、及时；而从制药企业到药品批发企业和药品批发企业对县以下基层偏远地区这两个环节的药品配送，一般是通过委托社会物流来实现的。从调查结果来看，通过委托社会物流的配送存在药品在途暂存时间过长（一般为3~10天，甚至超过20天）、暂存条件简陋（床下、房角甚至露天存放）、混放等现象，药品被雨淋、暴晒甚至偷盗、替换等问题大量存在。在社会物流环节上，冷链药品的温度控制更是无从谈起。从制药企业到县以下基层医疗卫生服务机构最末端的全程冷链物流"断链"，给药品的安全造成潜在风险。

2012年版GSP实施后，药品冷链物流"断链"现象有所减少。许多药品流通企业采购了药品专用冷藏周转箱，在药品运输的部分干线环节实施

了全程温度监控措施。但是，由于没有形成药品专用冷藏周转箱共用周转体系，企业使用成本过高，在最后一公里配送中温度控制仍难以得到很好落实。

（六）最后一公里的药品配送成本过高，对基层和老少边穷地区民众的用药安全构成隐患

目前我国急救药品配送时间在200公里范围的以在4小时内送达为标准，药品配送网络覆盖所属区域内的医院、乡镇卫生院，但实际上难以做到。以北京市为例，医疗机构药品配送经常是一日两次，郊区农村则是每日一次；但在内蒙古、新疆、四川等偏远地区，会出现一周一次或每月一次的配送情况。

我国药品流通企业对基层医疗机构的配送费，是以货值点位（货值百分点数，一般是配送货值的3%~5%）计算的。由于基层医疗机构以基药（基本药物目录所规定的药品）为主，货值相对较低，在山东、陕西、四川、甘肃、河南、黑龙江等地的调查结果显示，单票订单从几元到几千元不等。在城市及周边区域对医院、连锁药店的配送成本相对可控和固定，而农村药品供应点和乡村诊所由于受客户网点散、订单零散、药品单件货值低、配送距离长、自配装载率低（30%~40%）等因素影响，物流自配成本较高，配送货值的毛利不足以抵支配送成本，出现无利或亏损的问题。委托第三方物流进行终端配送，虽在一定程度上可以降低成本，但是由于第三方往往未有药品配送资质和普遍缺乏药品合规操作的能力，药品质量安全难以得到保障。以我国陕西汉中为例，当地获得配送权的企业从汉中市配送到所属区域乡镇卫生院往返需要220公里以上。由于配送成本过高，基药的及时保障供应面临挑战。

在调查中，企业普遍反映"在现有的基药招标体制下，'唯低价论'让基药产业链条上的利益被极度地挤压，企业利润空间小，甚至随着成本的骤增而出现亏本现象。要保障偏远地区的基药配备显得力不从心，即便实行单一货源的模式，企业仍然会面临亏本的经营压力"。从企业经营利润的角度看，企业普遍认为"我国药品流通前十强企业的平均毛利率为6.45%，而对农村偏远地区配送平均毛利率仅为3%，对偏远地区商业公司的配送基本上都是亏本的。目前，企业是商业补贴物流，即用城市的商业盈利补贴偏远地区的商业配

送"。

在此种情况下,四川、湖北等地多家医药商业企业就药品配送资源共享达成联盟,采取"共同配送"模式。但这种模式需要得到当地药监部门的认可,也需要获得当地招标部门的认可与支持,在实际运作中也难以推广。

(七)现代医药物流专业人才缺乏

目前,药品流通行业内从事现代医药物流的人才主要是由原来的传统物流人才转型而来,近年来也从社会上招聘了一部分。传统物流人才需要在实践中学习,了解众多物流技术设备性能,积累现代医药物流运作和管理经验;而招聘的社会物流人才则需要在企业中理解"质量第一"的药品经营理念和专业要求。现代医药物流专业人才的缺乏以及"两张皮"现象给企业物流发展造成了一定困扰,影响医药物流运行与管理水平的提高。

四 发展建议

(一)制定全国及区域现代医药物流"十三五"发展规划,指导现代医药物流中心合理布局,尽快建立专业化、社会化现代医药物流服务体系

依据《国务院关于印发物流业发展中长期规划(2014~2020年)的通知》(国发〔2014〕42号)及10部委《关于进一步促进冷链运输物流企业健康发展的指导意见》(发改经贸〔2014〕2933号)的精神,建议启动全国现代医药物流"十三五"发展规划的制订工作,促进现代医药物流中心合理布局,并且通过重点抓好八个示范项目,建立科学布局、安全高效、技术先进、绿色环保的专业化、社会化现代医药物流服务体系。

出台政策鼓励支持具有AAA级物流服务能力的药品批发企业或现代医药物流企业快速打造医药供应链安全保障体系,强化区域功能配套的社会物流,为制药工业供应商提供供应链计划,延伸入厂采购物流服务、药品逆向物流服务、药品流向信息服务,实施医药供应链全程安全物流服务体系解决方案的示范项目。

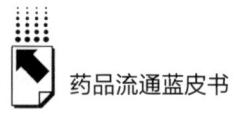

鼓励支持区域药品配送城乡一体化的物流配送，发现和宣传已完善城乡一体化药品供应保障体系建设的典型企业，现代医药物流中心在省内布局合理，形成三级端到端的配送网络，并搭建公共物流信息平台，实现绿色运输，实施县、乡、村最后一公里公共配送能力的示范项目。

鼓励支持医药电子商务物流，加快各区域医药物流企业转型升级，适应医药电子商务快速发展要求，在国家食药监总局即将出台的《互联网食品药品监督管理办法》的指导下，吸引供应商、电商、快递和社会物流公司入驻具有规模化、集约化的医药物流中心，实施医药电子商务物流示范项目。

确定一批医药物流现代化、规模化、集约化水平较高的企业进行物流标准化试点，重点推进医药物流的管理标准、技术标准、服务标准及三方药品运输标准、物流应急处理预案等试点工作，并设立专项资金对医药物流设施设备及信息系统的验证检测体系建设开展试点，鼓励医药物流企业进行社会责任报告发布，采用国际标准进行环境、职业健康安全管理认证，实施医药物流现代化、规模化、集约化及企业标准化示范项目。

鼓励支持医药物流现代化企业整合现有医药物流信息服务平台，逐步建设跨行业、跨区域智能型医药物流信息公共服务平台，成为具备物流信息发布、在线合作交易、数据交换、跟踪追溯、智能分析五项功能为一体的物流信息服务中心，实施医药物流信息平台示范项目。

鼓励支持物流新技术在药品流通行业中的应用推广，一是药品运输中跟踪定位技术，二是无线射频识别系统，三是药品物流可视化技术，四是移动信息服务系统，五是智能运输和位置服务，六是在线调度管理，七是全自动物流配送技术，八是快速分拣技术，九是电子数据交换技术等，实施医药物流技术创新应用的示范项目。

出台具体财政补贴政策，鼓励企业购买节能环保冷链药品运输车辆，在全行业推广使用全程温度自动检测系统和温度控制冷藏周转箱，在新版GSP认证基础上强化药品温度监控和追溯体系建设，确保冷链药品供应链全程安全与质量的可控性，彻底解决药品冷链物流运输与供应链各环节的无缝对接问题，明确规定医药冷链物流存储、运输及最后一公里配送的社会责任，以及对公众健康安全的保障作用，无论是中央财政和地方财政都应明确补贴额度，实施加强药品冷链物流基础设施建设示范项目。

药品流通行业药品冷链物流标准化是适应公众用药安全需要、居民用药水平提高及药品安全意识增强的必要措施，鼓励支持医药物流企业对冷链药品实行全程强制性供应链标准的执行，并与国际药品冷链物流供应链标准相对接，实施药品冷链物流供应链全程标准化示范项目。

（二）形成多部门支持、鼓励现代医药物流集约发展的政策合力

医药物流的发展受药品流通监管政策以及医院药品集中招标采购、遴选配送商、城市运输车辆通行等政策制约，需要多部门协调形成合力，才能创造现代医药物流发展的良好环境。

对有能力建设全国或跨省区医药物流配送服务网络的企业，应允许、鼓励开展异地多级多仓联动模式，以统筹物流运作、节约社会资源，提高流通效率。

在企业合规认证及招标采购、配送方面，对专业规范（经药监部门GSP认证）、独立法人、公正（脱离原药品批发企业）的第三方药品物流企业应给予支持和政策优惠，通过共同（联合）认证、招标配送优先等措施，鼓励我国医药企业内物流服务需求资源向专业医药物流社会化转型。

落实《国务院办公厅关于促进内贸流通健康发展的若干意见》（国办发〔2014〕51号）中关于"推动城市配送车辆统一标识管理，保障运送生鲜食品、主食制品、药品等车辆便利通行"的政策规定，争取公安和交通管理部门对药品专用运输车辆允许加挂药品统一标识予以通行，保障药品物流配送的顺畅快捷。在北京、上海等中心城市，还应研究建立药品应急配送用车长期稳定城区运输管理机制，以保证人民生命安全。

（三）合理使用社会物流，规范社会物流进入途径，形成既提高效率、降低行业及企业物流成本，又能保证药品在流通环节中的质量、控制药品流通安全风险的物流服务网络体系

当前，社会物流企业暂时还没有大量介入药品专业仓储业务；而在药品运输方面，我国涉药运输企业绝大部分不具备药品储运安全和质量管理的专业知识和能力。因此，必须合理使用社会物流，规范药品物流服务行为，建立

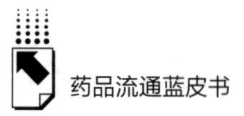

以行业内药品专业物流企业为主体、吸收社会物流参与的第三方药品物流服务体系，提高医药物流效率，降低医药物流全过程成本，并确保药品在运输环节的质量安全。2014年末，山东省食品药品监管局正式下文，支持具备现代物流条件的省内药品批发企业开展第三方药品物流业务，承接其他企业的药品储存、配送业务，这是建立第三方药品物流服务体系在地方政策上的一个突破。

（四）研究建立在我国县以下农村基层和老少边穷地区药品"最后一公里"配送的合理补偿机制，提高当地人民用药的可及性

用药的及时性与安全性是基本的民生需求，在我国县以下农村基层和老少边穷地区完全靠商业行为不能解决药品配送中存在的问题。当前各省、自治区、直辖市政府通过"肥瘦搭配"、行政分片包干的办法来解决这些问题，并取得了一定的效果。但随着我国药品招标"带量采购"等政策的落实，药品流通企业越来越难以背负这样的包袱。为防止这些地方出现"缺药"的现象，保证人民生命安全，需要研究形成我国县以下农村基层和老少边穷地区药品最后一公里配送的合理补偿长效机制，以提高当地人民用药的可及性，对于保证用药安全也具有十分重要的意义。

（五）加大对医药物流标准化工作的支持力度

在医药物流标准化工作方面，一方面要继续落实、支持相关部门已颁布的《药品批发企业物流服务能力评估指标》《药品物流设施设备技术要求》《药品冷链物流运作规范》《药品物流服务规范》等行业标准和国家标准的宣贯与推广工作；另一方面需加快研究制定"药品流通企业电子数据交互规范""第三方药品运输管理规范"等标准的进程，促进医药物流的规范发展，提高物流作业效率。

（六）研究形成我国医药专业物流人才的教育、培训体系

由于医药物流具有跨界融合的知识特点，人才培养须认真解决"两张皮"的问题。从人才来源角度讲，一方面是企业现有人才的再教育，另一方面是职业院校人才的系统培养。为此建议，一是编写、推荐一批融合医药、

物流知识，适应企业需求的培训教材；二是尝试开展医药专业物流师的培训认证工作；三是充分发挥商务部在各地设立的人才培训基地作用，积极实施医药物流人才培训计划，并开展企业、地区间现代医药物流中心建设及运作管理经验的交流，提高实践能力，为药品流通行业现代物流的发展提供人才与智力支持。

B.9
温度敏感性药品物流成本测试及研究报告

中国医药商业协会、北京物资学院联合课题组

摘　要： 本课题以药品流通供应链为对象，通过实证调查，结合定量分析，研究了2012版《药品经营质量管理规范》的实施给冷链药品物流供应链成本上升带来的具体影响，揭示了药品供应链物流成本高启的内在要求，提出了从药品定价源头降低药品冷链物流成本的建议方案，同时，也指出了药品流通供应链合作共同构建冷藏箱共用周转体系等降低药品冷链物流成本的技术建议。

关键词： GSP　药品冷链物流成本　温度敏感性药品

冷链药品的稳定性和有效期是受温度、湿度等因素影响较大的一类药品。合规的冷链物流条件是保证该类药品质量稳定的重要前提。因此，2012版GSP全面加强了对温度敏感性药品的管理要求，推进实施企业计算机管理信息系统，强化药品购销渠道的管理、储运温湿度控制。通过提高支撑药品冷链作业以及专业技术装备（制冷设备、冷藏车、冷藏箱、温湿度监测记录仪）的配置水平与管理水平，提高由人员、温控产品、冷链设备、工艺方法、测量器具和低温环境等组成的药品冷链物流服务体系的管理与控制水平，保证药品在流通环节的安全。

为适应冷链药品流通管理水平的提升，相关制药企业、批发零售企业、承运商及医院等医疗单位，都加大了药品冷链专用设施设备的改造投资，导致药品冷链物流成本直接与间接成本大幅上升：

（1）直接投资成本包括：冷库建设或改造及附属设备的配置，冷藏车、冷藏箱、制冰机等配套设备采购，温度监测追溯信息系统更新、开发或租赁等；

（2）直接物流运营成本包括：冷库、冷藏车等的耗电、耗油成本，信息服务成本，冷库、冷藏车、冷藏箱和信息系统的设备验证成本，人员成本、人员培训和劳动保护成本，药品冷链运输费用和保险费用的增加等；

（3）间接运营成本增加主要体现为效率的下降，包括：冷藏车的装载效率下降、返程空置率增加，航空冷链运输安全检查时间延长等。

冷链药品物流成本的上升，造成上下游企业之间出现新的博弈，不仅暴露了冷链药品定价机制的问题，也凸显了当前我国药品招标过程中长期忽略的一个重要因素。为此，中国医药商业协会牵头组织了这次冷链药品的成本测试调研工作，对药品冷链物流的各项物流成本组成与结构进行分析，并在此基础上研究提出解决冷链药品物流成本的建议。

一 测试对象、内容与方法

（一）测试对象

药品流通渠道对象：本调研以一般的药品流通渠道为成本测试对象，不以相对内部封闭循环的我国药品疾控系统和血液采集供应系统为对象，以寻找到成本规律的行业普遍性。

按照法规要求，合规的医药冷链需要把医药产品的各个环节，包括：制药企业的生产和航空、铁路及道路运输，制药企业出厂前的储藏及药品流通企业、医疗机构、零售药店销售各个环节，甚至患者对药品的储藏等各个环节全部控制在产品需求的温度范围内。在整个医药产品流通过程当中，不仅要保证医药品质量，还需要对供应及时性和运输成本进行控制。

企业对象：立足上述一般性药品流通方式，确定调研企业对象。

产品对象：温度敏感性药品（2℃~8℃）。

（二）成本因素分析主要过程

第一，成本分离原则的确定，包括共用部分，即人、库、车、信息系统。

第二，相关因素的价格差异的确定，包括箱、包、柜、车、库、信息的追

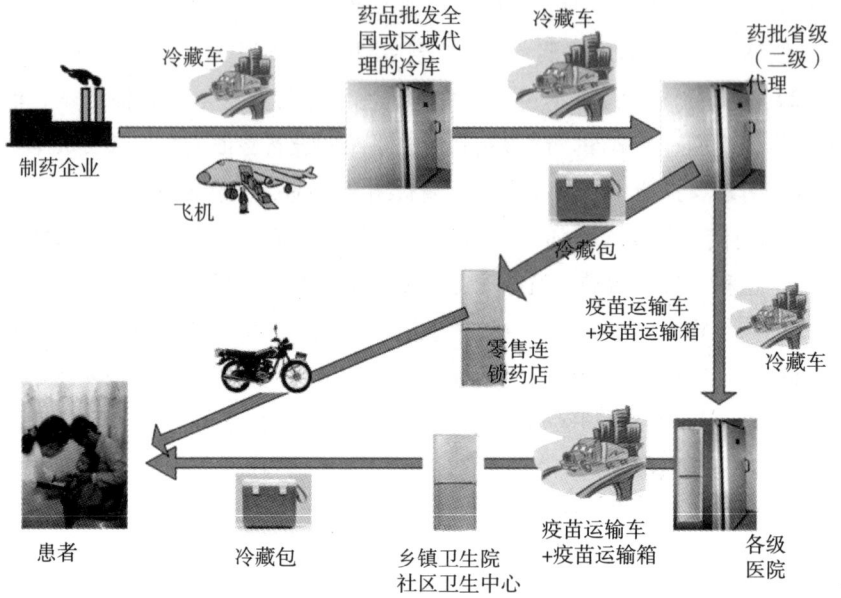

图1 冷链药品一般市场流通渠道示意

溯系统、检测设备等。

第三,效率因素和作业因素的差异比较,包括运输距离、环境变化等。

第四,外包服务因素比较。

第五,其他未知或不可控因素。

(三)样本企业成本信息采集方法

典型样本企业采取面谈、表格填报、历史数据查询、因素分析等方法;样本企业1~3年的相关对比数据。

(四)成本信息数据分析方法

成本分离原则:根据企业情况,自行判断共用部分冷链费用成本的比重,包括人、库、车、信息系统。

实证分析:通过企业讨论/座谈会和实地调研、表格填报等方式,取得各类成本因素(如价格因素、数据等),包括直接设施设备建设及采购成本、直接运营成本、间接因素效率比较等。

相关因素的地区价格差异处理：相关因素的地区价格差异包括冷藏箱、包、柜、车、库、信息追溯系统、检测设备等，由于在样本企业内不做绝对值比较，故忽略。

效率因素和作业因素的差异比较：效率和作业因素包括企业管理水平、经营规模、运输距离、环境变化等，在本研究中只作类型比较，包括制药企、一级批发企业、二级批发企业。

药品定价参照对象：按照国家发改委的梯度定价方法为参照对象。

非药品冷链产品的物流成本以公开的资料为基础，仅作为参考资料，不做单独研究。重点了解在药品流通过程中，冷链物流成本在各类产品最终销售价格中的占比情况。

二 2012版GSP对药品冷链物流成本的定性分析[①]

目前的冷链药品供应链中，温度失控主要存在于中间的各个药品运输环节与末端（医疗机构）的储藏环节。其中，自营运输主要集中于中心城市的三甲医院等重点客户，区域和城市配送部分自营运输费用率占比为55%（根据2011年药监局药品冷链运输安全专项调查和2014年商务部医药物流现代化发展水平的调查结论）；委托运输主要集中于长途、干线运输，这部分自营运输费用率仅占5%。中心城市部分远郊区县客户也可能存在部分委托运输。

表1 冷链药品流通过程中的温度失控环节和场所

作业主体＼作业形式	仓储			运输		
制药企业	GMP仓库			机场、火车在途		公路在途
批发企业	GSP仓库			机场、火车在途		公路在途
零售（含连锁）药店	GSP仓库	药店内		机场、火车在途		公路在途
运输企业	机场	火车站	配货点	机场、火车在途		公路在途
医院、疾控防疫站等	仓库	病房	基层医生家庭	公路在途	院内在途	基层医生在途
患者	家庭储物柜			随身携带		

---

① 本节中企业运营效率数据仅为本次样本企业统计值。

图2 2012版GSP直接提高的生产和经营冷链药品硬件标准

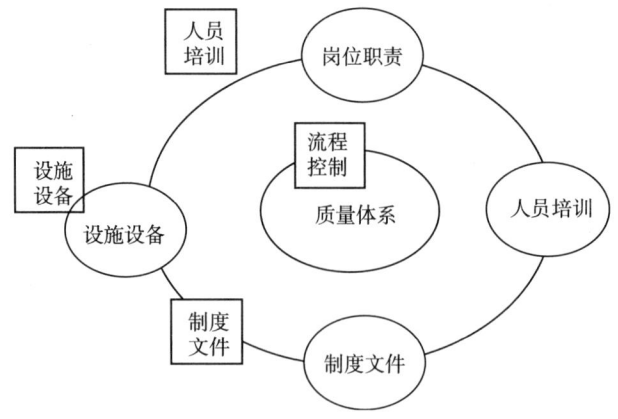

图3 药品冷链管理涉及的设施设备、人员、管理制度、工作流程等因素

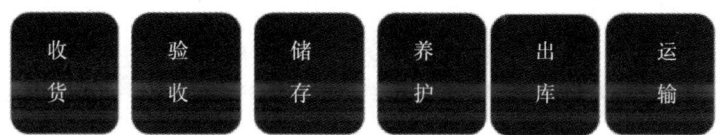

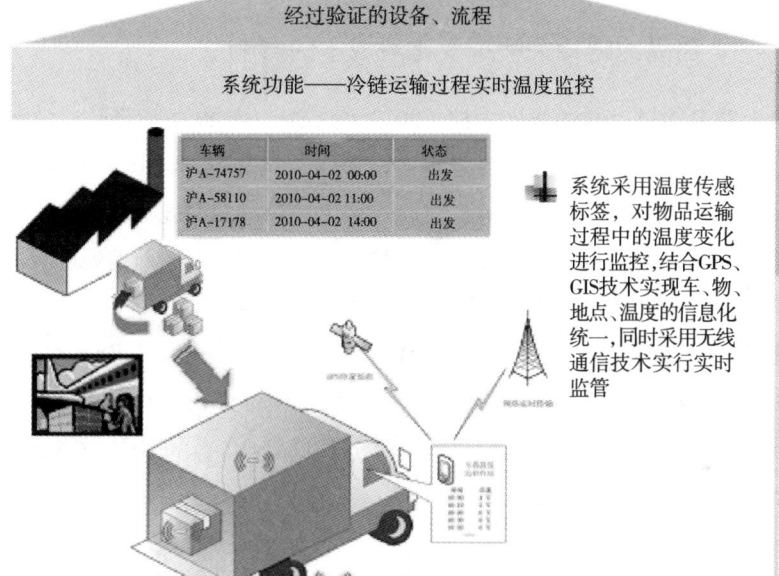

图4 冷链管理贯穿于药品流通的各个环节

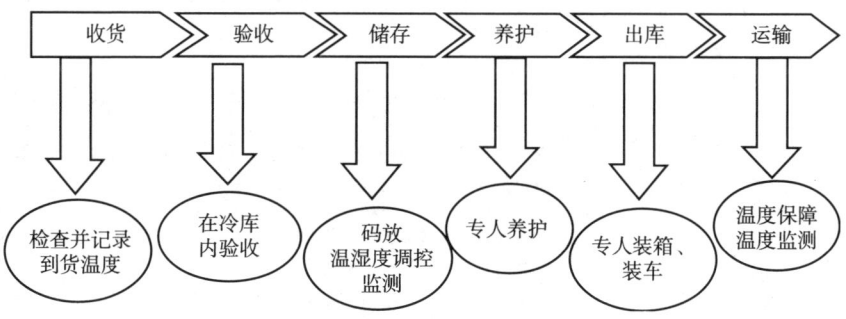

图5 药品流通各个环节中的冷链药品管理

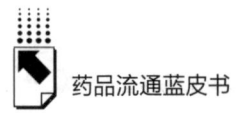

冷链药品所涉及的运输方式主要有公路冷藏运输、铁路冷藏运输、航空冷藏运输和水路冷藏运输。从制药企业到药品批发企业,主要的运输方式有航空、铁路或公路运输,一般是制药企业直接委托给承运商进行运输配送。由药品批发公司配送到医疗机构、零售药店及患者的过程,主要利用的运输方式是公路运输。终端配送由于涉及各级医疗机构等核心客户,且具有一定的专业特色,往往由药品批发企业自己完成配送。医药行业外的社会第三方物流主要承担干线的运输,运输方式包括航空、铁路和公路运输。

(一)药品冷链相关法规变化对成本的影响

针对药品冷链存在的温度失控,2012版GSP一是提高了药品冷链的硬件标准(附录第一条明确提出,企业经营冷藏、冷冻药品的,应在收货、验收、储存、养护、出库、运输等环节,根据药品包装标示的温度标准,采用经过验证确认的设施设备、技术方法和操作规程,实行连续、不间断的温度保障和实时监测,保证以上环节中药品存放温度始终控制在规定范围内),二是强化了对冷链药品的储存运输管理要求。

相对于2000版GSP,2012版GSP针对药品冷链存在的问题,突破了以往仅仅是管理经营主体的局限,将质量管理的重点放在了药品供应链管理的各个环节上(见表2)。

表2 新旧版GSP关于温度敏感性药品质量管理要求变化

序号	法规强化对象	内容举例
1	企业内部采购、收货验收、储存养护、销售、运输、售后各个管理环节	◆验收入库:设备检查、温湿度检查 ◆存储环境:药品储存温湿度条件、监控报警系统等 ◆分拣包装:冷藏箱包的冷链验证 ◆出库发运:运输承载设备条件 ◆委托运输:过程信息追溯、运输在途暂存等条件、承运商审计
2	设施设备要求	◆集中体现在仓储条件、运输条件和信息系统、设施设备验证(校验)四个方面
3	管理制度	◆企业内部管理制度,如仓储设施设备管理、冷链验证、相关文件管理 ◆上下游管理,如检查承运商的冷链管理制度、委托运输设备验证、和承运商签署质量协议

续表

序号	法规强化对象	内容举例
4	人员培训	◆接受货主提供的人员培训
5	信息追溯	◆企业需要对药品存储环境配备温度自动监测系统并实行24小时实时监测,同时需对阴凉药、冷藏药、冷冻药配置合适的仓库、冷库、运输设备及监测系统 ◆运输资料索取提供能证明运输过程温度管理的提供温度信息追溯
6	风险措施	◆应急预案等
7	其他方面	◆略

2012版GSP的实施给企业带来直接的设施设备建设、改造、采购投资成本的上升,也带来了专职人员增加和培训、流程改造、设施设备耗电耗能成本等直接运营成本的上升,并造成仓储作业效率下降、运输车辆空载率增加等间接成本的上升。

表3 不同作业环节或场所冷链药品合规认证对物流成本的影响

序号	价格因素	仓储作业或零售药店		运输作业	
		仓储作业环节	零售药店	外埠干线运输	市内配送
1	软硬件（设施设备及信息系统等）投资折旧	2℃~8℃冷库改造投资摊销	冷藏展示柜采购成本摊销	信息系统更新或开发	信息系统更新或开发
2		制冰机等配套设备采购成本摊销		冷藏车采购成本摊销	冷藏车采购成本摊销
3		信息系统更新或开发		周转冷藏箱采购成本摊销:全年总费用/年度周转次	周转冷藏箱采购成本摊销
4				一次性冷藏箱成本	一次性冷藏箱成本
5	直接运营费用（含物流成本）	增加专业人员（岗位）配置引起的人力资源成本	工资、税费等企业付出根据工作比例由企业各自设定	专业人员（岗位）配置	专业人员（岗位）配置
6		人员培训	培训费分摊 区分内部培训和外部培训	人员培训	人员培训

续表

序号	价格因素	仓储作业或零售药店		运输作业	
		仓储作业环节	零售药店	外埠干线运输	市内配送
7	直接运营费用(含物流成本)	冷库运行(耗电、维护)	冷链药品运输价格和其他产品一样按照重量、体积、距离测试;没有区别	冷藏车运行(油耗、维修保养等);考虑非冷藏车使用的比例、不同季节空调运行不同;需要明确到线路测试、固定运行距离等因素	冷藏车运行(油耗)
8		信息系统维护和使用(信息服务费、托管服务费等)	药店冷藏柜(耗电)	冷藏箱(冰排、包材等)耗材成本;增加温湿度记录仪成本	冷藏箱(冰排、包材等)耗材成本
9		2℃~8℃冷库内人员作业劳动保护成本增加	信息系统维护和使用(信息服务费、托管服务费等)	仓库人员劳动保护:采用两个数据比较或相减得出	冷藏车、冷藏箱验证成本
10		冷库验证成本	考虑配备为患者用冷藏箱等便利设备成本	冷藏车、冷藏箱验证成本	
11		其他直接运营成本	2℃~8℃环境作业人员补贴	冷链药品退货成本	
12			冷藏展示柜验证成本	对于制药企业,采取完全销毁措施,造成报损率增加(需要测算)	
13	间接运营成本增加和效率下降	严格作业条件下2℃~8℃库内人员作业劳动时间:库内人员作业劳动时间减少		冷链药品因无法进行拼车(走零担)而造成的成本上升	冷链药品因无法进行拼车(走零担)而造成的成本上升
14		2℃~8℃库内人员作业劳动效率下降:人员密集度比较		冷藏车返程配货空载率增加比例	冷藏车返程配货空载率增加比例
15		其他成本增加或效率下降			

因此，部分制药企业和医药商业企业需重新考虑目前的药品供应链方案。另外，各种成本增加因企业性质不同、冷链药品的经营规模不同、地区温度特点不同而有所差异。

（二）药品冷链专用设施设备拥有率增长情况

2014年下半年，结合商务部医药物流现代化发展水平的调查结果，课题组对我国药品流通企业以及典型承运商专用设备配置情况进行了调查。根据对其中118家随机调查企业样本的分析，零售连锁企业13家、营业额小于10亿元的批发企业62家、大于10亿元的批发企业43家。从调查结果可以看出，13家零售连锁企业2013年合计营业额150.5亿元，合计拥有仓储面积107880平方米，单个企业平均8144.6平方米。其中，自有仓储面积合计98460平方米，租赁仓储面积合计9420平方米；自有冷藏库面积5460平方米，租赁120平方米，合计5580平方米，合计货位数1440个，占仓储总面积的5.2%。另外，13家合计拥有各式运输厢式运输车101辆，其中冷藏车13辆，占比为12.9%；企业平均拥有外显式冷藏保温箱24.6个（见表4、表5）。

表4 零售连锁企业的仓储面积和类型

单位：平方米，个

自有仓储面积合计98460平方米						租赁仓储面积合计9420平方米					
常温库建筑面积	常温库存储货位数	阴凉库建筑面积	阴凉库存储货位数	冷库建筑面积	冷库存储货位数	常温库建筑面积	常温库存储货位数	阴凉库建筑面积	阴凉库存储货位数	冷库建筑面积	冷库存储货位数
14000	7000	79000	62293	5460	1000	2500	5800	6800	13800	120	440

表5 零售连锁企业的冷链运输设备

单位：辆，个

设备类型	厢式车	冷藏车	冷藏保温箱
合计总数	88	13	320
平均数量	6.8	1	24.6

2013年，62家销售额小于10亿元批发企业合计销售额175.8亿元，合计拥有仓储面积395602平方米。自有仓储面积324592平方米，租赁仓储面积

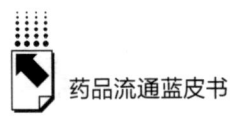

71010平方米,单个企业平均拥有仓储面积6381平方米。其中,冷库面积合计28979平方米,占比7.3%。另外,62家中小规模销售公司平均拥有各式运输车辆6.9辆,平均拥有冷藏保温箱10.1个;其中,冷藏车占比33.6%。

表6 批发企业的仓储面积和类型(销售额10亿元以下)

单位:平方米,个

62家销售额小于10亿元批发企业自用仓储面积和类型			62家销售额小于10亿元批发企业租赁仓储面积和类型		
阴凉库存储货位数	冷库建筑面积	冷库存储货位数	阴凉库存储货位数	冷库建筑面积	冷库存储货位数
129279	22632	5654	12953	6347	59

表7 批发企业的运输设备和类型(销售额10亿元以下)

单位:辆,个

类型	厢式车	冷藏车	冷藏保温箱
合计	283	143	621
单个企业平均	4.6	2.3	10.1

2013年,43家销售额10亿元以上的批发企业(药品批发百强之内)合计销售额1811亿元,拥有仓储面积合计601932平方米,冷库面积合计15786平方米。单个企业平均拥有仓储面积13998平方米,其中,单个企业平均自有仓储面积10581平方米,单个企业平均租赁仓储面积3417平方米。单个企业平均冷库面积367平方米,冷库占比2.6%。另外,设施设备数量较多。43家企业拥有各式车辆合计608辆,单个企业拥有各式车辆合计14辆。企业平均拥有冷藏箱42个。

表8 批发企业拥有仓储面积和类型(销售额10亿元以上)

单位:平方米,个

43家自有仓储面积合计454986平方米 单个企业平均10581平方米						43家租赁仓储面积合计146946平方米 单个企业平均3417平方米					
常温库建筑面积	常温库存储货位数	阴凉库建筑面积	阴凉库存储货位数	冷库建筑面积	冷库存储货位数	常温库建筑面积	常温库存储货位数	阴凉库建筑面积	阴凉库存储货位数	冷库建筑面积	冷库存储货位数
96972	39047	346187	274119	11827	5945	48634	20165	94353	63180	3959	2751

表9　批发企业拥有运输设备和类型（销售额10亿元以上）

单位：辆，个

类型	厢式车	冷藏车	冷藏保温箱
43家合计	476	132	1812
单个企业平均	11	3	42

另外，在调查中，对非医药行业中涉足药品运输的相对规范的典型企业所拥有设施设备情况也进行了分析。相对于药品批发企业，它们多数没有专用的药品仓储面积，一般为共用周转仓库或在途暂存库。冷藏车数量较多，冷藏保温箱数量很少，以一次性泡沫冷藏箱为主，列入包材耗材成本。这与企业主要承担干线运输的业务类型有关。

表10　不同类型药品流通企业设施设备配置、人员配置比较

企业类型＼设备类型	冷库面积（平方米）	冷藏车（辆）	冷藏箱（个）	温湿度追溯系统（%）	专职人员（人）
零售连锁企业	429	1	24.6	20	0
10亿元以下的批发企业	467	2.3	10.1	50	0
10亿元以下的批发企业	367	3	42	100	1

从我国以药品批发企业为主体的涉药储运经营企业所拥有的专业设施设备资源条件看，90%以上的企业为自有固定资产，并具有严格的管理体系和专业、固定的工作人员。而在非药品物流行业，虽然面临服务品质下降的威胁，轻资产模式却因减轻了资金压力、加速了资产周转而成为大型和品牌物流公司转型的趋势。许多稍具规模的物流公司更多地成为专业化的第三方服务平台公司，固定仓储设施设备为租赁，运营车辆和人员（驾驶司机）采取自由加盟制。

三　不同类型企业冷链物流成本比较

在企业严格合规的前提下，企业类型不同、经营规模不同、管理水平不同、企业冷链物流业务覆盖区域不同，企业的冷链物流成本上升程度也不同。

表11 不同类型企业药品冷链合规的物流成本影响比较

成本因素 企业类型	仓储设施设备	仓储作业	运输设施设备	运输作业	温湿度监控追溯系统	人员	其他
制药企业	基本没有变化		变化小（增加了冷链包材投资）	承运商服务价格有所提高	提高了对承运商的信息透明管理要求	增加了对承运商、批发承包商的培训	
大型批发企业	增加投资	严格管理能耗成本增加	采购冷藏车采购冷藏箱	车辆验证提高要求油耗成本增加，承运商提高服务报价	增加监控系统	人员培训增加1~2名固定人员	冷链验证
中小型批发企业	很少	相对严格	少量采购冷藏车，采购少量冷藏箱	车辆验证提高要求承运商提高服务报价	增加监控系统	人员培训	冷链验证
药店	增加冷藏展示柜	无	无	接收时查验温度	无	人员培训	无
社会第三方运输企业	有少量投资	个别验证	采购冷藏车采购冷藏箱	车辆验证提高要求提高服务报价	增加监控系统	人员培训	冷链验证
医院	无（委托仓储）	无	无	接收时查验温度	少数大医院增加监控系统	无	无

（一）大型制药企业冷链药品物流成本上升幅度受新法规影响程度最小

从制药企业情况来看，制药企业处于整个药品冷链流通的上游，生产环节及仓储环节要通过GMP认证，操作较规范，很大程度上能够保证药品的质量。新版GSP标准实施后，企业进一步对冷链产品从进口、分包装、运送至经销商的每一流通环节提供的包材成本、劳务成本、人员培训、仓储成本、配套设施、经销商等进行了质量验证，标准更加严格。

（二）药品冷链包材费用是制药企业长期承担的最大和最直接的冷链成本之一，但这一合规作业并没有在药品供应链的下游得到延伸

长期以来，大型制药企业承担了从药厂或制药企业指定仓库到总代理或一级经销商的冷链运输成本和这一环节的包材成本，但这一阶段的合规运作向下游延伸的不多。

以泡沫箱为代表的一次性包材虽然不合规，但普遍使用。由于目前外显式冷藏箱周转体系没有建立，企业如果全部使用外显式冷藏箱，包装成本需要上升15倍左右，是不可能接受的。为了保证合规，大型企业往往采用冷藏车加泡沫保温箱的方式来降低成本（见表12）。

表12 冷链药品包材价格比较

项　　目	典型规格	公开报价	平均成交价	年度用量预计
外显示冷藏箱（可追溯）	60L、90L、110L	2200～3000元	2500元	5000个（据商务部调查）
一次性泡沫保温箱	60L、90L、110L	120～600元	150元	200万个
外显式冷藏箱（可追溯）采购成本是一次性泡沫保温箱的16.8倍				

从实地调查的少数几家大型制药企业情况来看，药品冷链包材费实际高于冷链运输费用。药品冷链包材费合计平均占比为货值的1.28%，一般运输费用为0.5%左右（该数据为被调查的少数几家大型制药企业配送到大区一级经销商的运输费用，不是整个药品流通供应链上的全部运输费用）。

表13 冷链药品包材费占货值比例

单位：亿元，%

样本企业	2013年药品总销售额	冷链药品销售额	制药与全国或区域总代理之间的一次性包材费用	冷链药品包材费占货值比例
1	65	26	0.3	1.15
2	55	16.5	0.2	1.21
3	28	2.8	0.08	2.86
合计	148	45.3	0.58	1.28

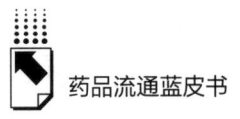

（三）冷链药品退换货现象增加

根据对典型冷链药品流通企业的调查，2012年版GSP实施后，随着医疗机构对法规的了解和认识，冷链产品退货比例显著增加。2013年某典型样本流通企业的所有药品退货中，冷链产品高达60%，而该类产品的实际经营销售额占企业营业额的比例为23.5%。制药企业难以控制和了解流通全过程，却不得不承担最后一公里的物流质量责任。

从供应链角度看，制药企业的药品从成品或原材料入库后，经过一级批发商再到二级批发商最终到达终端零售网点需要经过十几次装卸搬运动作才能完成，其中涉及的包材费用占医药冷链物流成本的很大一部分。在漫长的供应链中一旦出现流通失控问题，由于过程追究困难，制药企业往往被动承担责任。我国历次冷链药品的"药害"事件基本如此。

制药样本企业由于很早就从仓储和物流的温控要求、设备投入、设施设备和包材等验证、人员配备与培训等方面严格按照冷链物流的要求执行，企业基本没有受到2012年版GSP的影响。2012~2014年，企业冷链药品的仓储设施设备、内部专职人员岗位设置等均没有很大变化。企业冷链药品的包装基本延续以往的做法，但包材成本有所增加。而对于外部合作伙伴，企业明显加大了对经销商的培训力度，也增强了对药品承运商的温湿度监控和追溯的要求。在冷链药品运输环节，有倾向于选择公路运输的趋势，这主要是因为公路运输更能达到温湿度实时监控的监管要求。

（四）大型药品流通企业受到法规较大的影响，全国性合规药品冷链储运体系建设尚需时日

多数大型药品批发公司增加了冷库的投资和建设，增加了冷藏车的采购量，大量购置了冷藏周转箱。除了设施设备之外，多数增加了1~2名固定的验证工作人员，并增强了对相关储运作业人员的培训工作。其中，九州通的增加量与其经营规模相比较小，这主要是因为企业以快批快销为主，经营品种中冷藏药品占比很小。

多数中小型药品批发企业则少量采购了以城市配送为主的冷藏车，多数是购置了部分冷藏周转箱，也增强了对相关储运作业人员的培训工作；由于工作

量相对较小,基本没有增加固定工作人员。另外,在零售药店环节出现购置冷藏展示柜的情况。

在制药和商业企业有关冷链意识增强的同时,医院的全程冷链意识也有所提高。根据北京康辰的介绍,北医三院等少数大型医院开始增加冷链温湿度监控系统。

调查显示,从制药企业到最终患者之间平均最少的搬运、装卸次数共计8次。从全供应链角度看,药品冷链物流成本总体呈现前端药品供应量大(药品配送需求集中)、成本小,后端量小(配送对象分散,采购量小)、成本大的特点。

冷链药品流通供应链经过总经销以及各级批发、零售、医疗机构等环节,就其集约化程度、路程长短来说,从制药企业到一级批发、二级批发乃至最终段运输呈现递减状态。从产品的集约化程度以及运输的频率和难易程度来看,医药流通终端运输成本会明显高于前端部分,而这终端运输又是解决药品使用中至关重要的一个环节。

(五)涉药运输服务价格显著提升

随着制药企业、药品流通企业提高了冷链药品运输的技术要求,承运商显著提高了运输服务报价水平;甲乙双方展开了新的商业博弈。

(六)个别冷链产品物流成本倒挂现象加剧,最后一公里配送难题突出

以一类疫苗和大输液产品为代表的低价药、低价耗材等产品为甚,企业物流成本甚至可能高于个别品规的产品货值。但在我国目前的定价体系中以及各地的招标政策中,这部分成本上升均没有得到合理体现与补偿。企业往往是用盈利部分进行补贴,但这种情况在老少边穷地区可能造成缺医少药的现象,也不利于基本药物制度的实现与巩固。

由于药品配送涉及基本民生,在目前招标环境和政策对配送企业要求的前提下,配送企业的成本只能从其盈利部分中自行补贴处理,使得原本就偏低的物流毛利进一步下降。此种现状对冷链药品的质量保证及配送企业的正常经营均有较大影响,应该引起药监及卫生、招标部门的重视。

表14 走访样本企业医药物流特点（调研企业用代码显示）

企业类别	企业编码	地点	时间	企业性质	经营规模和企业特点	医药物流和药品冷链特点
制药企业	Z1	苏州	4月28日	跨国制药企业	是一家全球性的以研发为基础的医药公司，在中国独资经营的制药企业。占地面积30000平方米，总部投资9000万美元	3家公司的生产部门均在苏州或上海附近，销售通过上海、广州、北京三个大区，选择区域总经销代理商，企业药品的运输物流方式集中送到各个一级经销商的仓库，以公路运输为主。一般是选择3家承运商，承运物流、荣庆物流主要是以康德乐、国药物流、荣庆运输为代表，由于长期合作，运输商已经培育了良好的专业背景，小批量产品可能通过航空方式运输，企业给承运商的运输点位一般是在货值的0.5%以下
	Z2	上海	6月13日	跨国制药企业	30年前在中国开设办事处，跻身中国的跨国制药企业行列，目前在中国有7000名员工，是中国内增长最快的医药健康企业之一，在中国的总部位于上海，并在北京、天津、沈阳、济南、上海、杭州、南京、武汉、成都、广州、乌鲁木齐设置11家办公室，2012年销售额达349.47亿欧元	给一级经销商（配送商）的配送点位在6%～8%
	Z3	上海	6月23日	跨国制药企业	公司成立于1994年，总投资额6235.7万美元，在中国建成了包括研究、开发、生产、营销等环节在内的完整的医药产业价值。2009年9月1日，公司亚太地区部落户上海，公司的药品开发中国中心也升级为公司药品临床研究亚太中心	制药企业冷链药品运输主要通过一次性冷链包材保证

续表

企业类别	企业编码	地点	时间	企业性质	经营规模和企业特点	医药物流和药品冷链特点
制药企业	Z4	宁夏	7月7日	民营企业	集重要饮片生产、药品批发、药品零售和医疗服务于一体的非公企业，目前公司占地面积2.1万平方米，建筑面积1.8万平方米，固定资产2000万元。公司于2010年12月取得GMP认证。现在拥有净制、切制、炒制、炙制、蒸煮5条生产线，可生产400多味中药饮片	企业的销售以本省为主，药品物流主要由企业完成，基本运输方式是公路运输，给经销商的配送点位费在3%~5%
第三方物流	S1	北京	5月19日	民营企业	公司成立于2004年，是第一家全程参与GSP法规起草的物流企业，第一家具备医药冷链物流自助研发验证能力的物流企业，是物联网技术应用于现代物流管理结合的典范医药物流服务提供商，自主构建了五大业务体系：医药冷链研发验证体系、冷链仓储与包装技术体系、全程可视化冷链运输管理体系、公路铁路航空运输网络体系、全面药品质量管理体系	企业以铁路干线为特色，形成陆路运输网络体系。企业冷链包材进行了自主研发，在与货主企业谈判时，一般要确定对方是否提供包材，如果不提供，包材单算，2013年冷链包材和运输费用相当
	S2	北京	5月20日	国企	公司成立于1996年11月8日，由国内多家航空公司和机场共同出资组建，主要经营国际国内航空快件、航空货运和物流业务。目前，公司已在全国大中城市共设立分支机构41个，设立营业网点144个，加上统一使用民航快递品牌和运作规章的网点多达300个，基本形成了北京、上海、广州、香港等区域集散中心	公司的药品冷链运输处于起步阶段，目前正在探讨以冷藏周转箱为特点的解决方案，药品报价一般高于普通商品20%。冷藏药品则在药品报价基础上增加30%~50%

123

续表

企业类别	企业编码	地点	时间	企业性质	经营规模和企业特点	医药物流和药品冷链特点
第三方物流	S3	上海	5月22日	民营企业	注册资本1亿元，主营国内公路运输、公铁联运、水陆联运、仓储配送、供应链金融等业务，年营业收入2亿元，医药规模管理分为两个部分：流通领域药品和生命科学药（基本为冷藏冷冻）运输、物流服务年营业额9000万元，运输服务收入2000万元	企业以提供供应链解决方案为主，通过整合多式联运资源，为客户服务，运输车辆以租赁为主，无自营仓储面积，包材一般是根据客户要求，提供一次性解决方案
第三方物流	S4	上海	5月22日	合资企业	是一家多元化发展的合资物流企业，拥有员工6000名，在全国有70多家分公司，上海公司拥有10条左右的专线，冷藏车450辆，经过医药验证的冷藏车30辆，冷链运输分为干线运输和室内配送。月营业额约1000万元，医药营业额占总营业额的20%	企业在全国拥有干线网络，是国内最大的干线运输商之一，从冷藏车的角度，药品运输车占比7%，收入占比为20%，由此可见，冷链药品运输服务收入是其他同类车辆的3倍
第三方物流	S5	宁夏	7月6日	国企	是全国第一个医药行业外取得GPS资格认证的企业，并是唯一一家配送宁夏全区2750个基层医疗机构，600家乡镇卫生院，其余为村卫生所）的企业，企业在宁夏的配送方式分为两种：①基层医疗运输；②利用班车配送（将药品配送到镇上的定点单位或位置，再由当地分公司利用小型货车配送到基层医疗机构）	该公司的医药物流在相对偏远的地区以冷藏箱，低价车辆助以冷藏箱，在区域县以公路、冷藏药品运输辅助城市的配送中，订单任承担配送成本，订单平均值为220元，最大值为4700元

续表

企业类别	企业编码	地点	时间	企业性质	经营规模和企业特点	医药物流和药品冷链特点
药品	P1	杭州	5月8日	国企	第一家获浙江省第三方药品物流资质的企业,近三年收入年增长20%以上,仓储面积50000平方米(42000平方米为自有,租赁面积8000平方米,冷库容积4000平方米),年吞吐量1000万件以上,年订单处理可达20000笔,年发货量达20000件,存货30万件,年销售额200亿元	企业医药物流以浙江省内为主,包括部分江苏、福建地区,货物在库周转天数为28天
	P2	上海	5月22日	国企	是一家集储存、保管、养护、转运、包装、商品配送于一体的多功能的大型物流企业,年物流服务收入约2.4亿元,主要提供仓储配送服务,仓储具备适合各类药品的不同的储存条件;采取现代设备进行作业,成为国内医药行业率先应用信息技术成功的实例	上海本部的药品物流主要是辐射上海市,上海以外地区主要通过社会第三方物流运作,合作伙伴包括顺丰、来庆、晟通等企业
	P3	宁夏	7月6日	民营企业	是一家小型民营药品批发企业,主要经营合资和进口产业,现在经营药品1000个品规,其中,基化100个,公司现有冷藏运输车辆2辆,仓储面积1200平方米,员工220名,经营地主要为银川市区,地市级所占份额较少	由于公司以银川市为主要服务对象,物流配送辐射面相对集中,储运储运作业员工数量约为100名

125

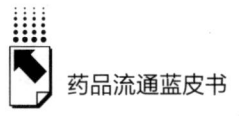

（七）冷链药品平均在库时间更长

近年来药品在库时间增长，冷链药品在库时间更长，也给企业增加了很多隐性成本。此次调研，4家药品生产企业没有相关数据，6家药品流通企业中5家数据有效，统计结果如表15所示。

表15 药品存货平均周转天数统计

单位：天

项目	2011年	2012年	2013年	三年平均
冷链药品	48.56	49.62	52.05	50.08
所有药品	46.66	45.73	46.59	46.33

资料来源：据2014年商务部医药物流现代化发展水平的调查结论。

从表15中可以看出，2011~2013年药品流通企业的冷链药品存货天数平均在50天。在调研中发现，冷链药品存货周转天数最短的也在30天左右。

（八）冷链药品储运间接运营成本增加

新版GSP要求冷链药品在运输过程中必须做到全程温度数据采集，现有的大部分品牌冷藏箱均不符合GSP要求。企业为保证"合规"，只能选择冷藏车进行配送。而冷藏车在配送过程中只能达到60%的满载率（单程出发状态），回程则多为空载状态，使得企业物流成本大幅上升。

调查显示，在低周转率条件下大型流通企业新建库（1~2年内）空载率大约在50%以上，非新建库饱和度在80%，需要另外租库；中小型流通企业冷库空载率达到80%，甚至到90%。2014年我国商务部医药物流现代化发展水平的调查结论显示，现代医药物流中心（基地）的实际利用率（按照订单行处理能力计算）仅达到14.8%。

造成冷链物流成本高的原因，主要在于冷藏车利用率不高。运输企业在实际的配送过程中，发车时只能有一半达到70%的满载率，回程则基本为空载（见表16）。

表 16 运输空载率比较

单位：%

项目	发车	返回	一次往返平均空载率	说明
普药	90	40	35	不包括毒麻精放贵细药材
				普药往往委托第三方社会作为普货运输，故空载率没有区别
冷链药品	60	1	69.50	由于不能混装，返程基本没有货物。少量退货产品可能出现
冷藏食品	80	40	40	由于可以混装其他商品，返程时往往不一定开冷机
一般商品	90	40	35	

注：数据仅为本次调研少数样本企业的统计值。

表 17 冷链药品供应链物流成本因素

单位：%

因素		因素序列号	权重认知差异				说明
			制药企业	批发企业	第三方物流	行业外承运	
冷链包材成本		A	✓	✓	✓	✓	100
设施设备折旧成本		B	✓	✓			50
直接运营成本	冷链仓储成本	C	✓	✓	✓		75
	冷链运输成本	D	✓	✓	✓	✓	100
管理成本		E		✓		✓	50
间接效率成本		F			✓	✓	50
			CABD	CBAD	CDAF	DAFE	

（九）大量的设备折旧成本是造成药品流通企业自营物流成本偏高的重要因素之一

近几年，我国药品流通企业在药品流通基础设施设备建设方面投资巨大，并沉淀了大量资金。与非药品行业物流轻资产状况相比，医药行业大量重复的基础设施建设不仅沉淀了海量的企业资金，也增加了企业日常设备运营成本。在现有条件下，冷链药品相关法规加剧了此类成本的上升。

在2013年商务部直报系统中，我国药品流通企业物流仓储面积前百位的均值为47822.33平方米，最小面积为11286平方米，最大面积为1060000平方米，多数企业物流仓储面积为20000平方米左右，前百位企业共有物流仓储面积

4782233平方米，前百位企业共有配送中心数量581个，单个配送中心面积平均为8231平方米。考虑到租赁或委托仓储面积占比，这与本次统计基本吻合。百强企业平均每平方米支撑大约27万元的销售额，约是全行业平均值的3.41倍。

表18 普药物流与冷链药品物流成本比较

物流费用或成本因素	冷链包材成本	设施设备折旧成本	冷链仓储成本	冷链运输成本	管理成本	间接效率成本
普药（阴凉库）	比快消品更规范，单箱20元	阴凉库	管理规范，高出食品	作为普货处理		
冷链药品	单箱高出150元	库板要求高，多制冷机组等。如果考虑土建成本，基本可以忽略。冷库能耗成本高出约20%	同	不考虑包材，报价高50%	同	冷库库容率底，冷藏车空载率高

药品冷链设施设备和技术主要是冷库、冷藏车、冷藏箱、温湿度记录仪、一次性冷链包材和温度监测追溯平台（见表19）。

表19 药品冷链典型设施设备价格和折旧年限

设施设备类型	投资强度比较（以阴凉库为参照，调研企业成交价核算平均）	平均理论折旧年限	平均投资成本高出比例（经验值）	平均运营成本高出比例（经验值）
冷藏库	在不考虑土建区别时，相对于阴凉库，主要区别在库板和制冷机组。从投资的角度，基本可以忽略	20年	3%~10%（不考虑土建形式）	3%（主要为耗电）
冷藏车	以7.6米冷藏车为例，在不考虑底盘、发动机等前提下，主要是保温层和制冷系统的差异。一般来说，7.6米冷藏车高于同型号厢式货车7万元左右	15年	90%（冷藏车平均7.6米）	耗油成本高10%，空载率高30%

续表

设施设备类型	投资强度比较（以阴凉库为参照，调研企业成交价核算平均）	平均理论折旧年限	平均投资成本高出比例（经验值）	平均运营成本高出比例（经验值）
冷藏箱	以60升、90升、110升为主要规格的外显式、可实时追溯的冷藏保温箱价格一般在2200～3000元	3～5年	2500（食品冷链基本不用）	（食品冷链基本不用）
冷藏泡沫箱	一次性冷藏泡沫箱作为耗材，归入冷链包材成本，一般为150～200元	耗材	150（食品多数是一般包材）	
冷链监测追溯系统	10万～100万元	3～5年	相同	相同
冷链验证等附属设备	温湿度监测仪、验证机等	1年	80%（食品冷链没有严格验）	100%

在对设备成本的调研中，设施设备的建造质量（冷库等固定仓储设备设施，与前期投资有关）或采购质量（冷藏车等设备）影响后期的运营成本。从全寿命周期的角度来看，我国冷链药品专用设施设备的运营成本往往高出很多。

四 样本企业数据定量分析

对于样本企业收入费用率的定量分析，一般从冷链药品物流成本总体增长情况、冷链药品物流成本各环节占比情况、不同类型主体冷链药品费用成本因素权重（量化数据）、不同价格区间冷藏药品物流成本占比四个维度进行数据分析。

（一）定量分析中的三个基本指标

1. 冷链药品物流费用指标

冷链药品物流费用是指冷链药品制成品从工厂发出到终端之间的流通领域里所发生的合理耗费。通过对冷链药品供应链相关企业的实际调研并分析物流费用构成情况,进而确定各成本因素。由于企业类型不同,成本因素也有不同程度的差异,在确定成本因素时必须进行广泛调研和综合考虑。另外,账期延长和货款拖欠等原因,也会增加冷链药品的物流费用,但这些因素并不是合理的耗费,在确定成本因素时必须予以剔出。

2. **冷链药品物流服务收入指标**

冷链药品物流服务收入是指在提供药品的仓储运输等物流服务过程中按件数、体积、重量、货值或动作等标准收取的物流服务收入,不包括药品分销收入或代理收入等商流收入。与此相关的指标有冷链药品销售收入,由于高附加值药品与低附加值药品的销售收入具有明显差异,容易影响不同企业之间的数据可比性,为此建立数学模型时摒弃冷链药品销售收入指标。

3. **货值指标**

此处货值是按照冷链药品出厂价计算的药品货物总价值。依据《国家计委关于印发药品政府定价办法的通知》精神,国家药品定价的计价基础之一是药品出厂价。因此,建立数学模型时也必须采用该指标。但是在冷链药品的流通环节中,冷链药品的物流服务收入多数情况下是按体积、重量或动作来收取的,与药品的货值关系不大。如何让货值指标与按体积、重量或动作来收取的物流服务收入指标进行关联,是构建数学分析模型的难点。

冷链药品供应链的参与企业中,有的企业既经营药品还经营非药品,在药品中还须区分冷链药品和非冷链药品。因此进行冷链药品成本价格测试时,必须采用合理的方式将冷链药品物流费用和物流服务收入在药品和非药品之间、冷链药品和非冷链药品之间进行合理地分摊和剥离。

(二)收入费用率的计算

冷链药品物流收入费用率是冷链药品物流服务费用除以冷链药品物流服务收入的百分比,可以说明冷链药品物流服务费用与冷链药品物流服务收入之间的比例关系。由于冷链药品供应链涉及不同地区,而不同地区之间物价水平和物价上涨幅度有差异,采用比值的计算可以避免价格差异变动的影响,计算公式如下:

$$冷链药品物流收入费用率 = \frac{冷链药品物流服务费用}{冷链药品物流服务收入} \times 100\%$$

将上述公式用字母表示如下：

$$S = \frac{C}{P} \times 100\%$$

其中，S 为冷链药品物流收入费用率，C 为冷链药品物流服务费用，P 为冷链药品物流服务收入。

举例：甲物流企业有关数据如表 20 所示。

表 20　甲物流企业有关数据

单位：%

年度	2011 年	2012 年	2013 年	2014 年
收入费用率	20	26	29	35

计算为：

$$年平均收入费用率 = \frac{(20\% + 26\% + 29\% + 35\%)}{4} = 27.5\%$$

假设同类型乙企业平均收入费用率为 22.5%，丙企业平均收入费用率为 31%，则该类型企业综合平均收入费用率为：

$$平均收入费用率 = \frac{(27.5\% + 22.5\% + 31\%)}{3} = 27\%$$

在上例中，也有可能因为新版 GSP 的实施造成物流费用异常增长，使得某年度收入费用率有超过 100% 的可能。因此，计算平均收入费用率可避免该波动的影响。

单个企业某期间平均收入费用率：

$$Z = \frac{\sum_{i=1}^{n} S_i}{n}$$

其中，Z 为单个企业某期间平均收入费用率，n 为该期间年数。

同类型企业某期间综合平均收入费用率：

$$A = \frac{\sum Z}{m}$$

其中，A 为同类型企业某期间综合平均收入费用率，m 为同类型企业数。

（三）冷链药品物流成本定量分析结果

我国自 2013 年 6 月 1 日起实施新版 GSP，对药品冷链物流的全过程、全链条质量管理提出了更高的要求。而冷链药品所具有的温度敏感性，又对冷链药品物流提出了快速、安全、可监控、可追溯等要求。为了实行连续、不间断的温度保障和实时监测，一些药品流通企业从 2011 年起就开始在设备购置和运行管理上加大了投入，引起了物流成本一定程度的上升。

表 21 冷链药品物流成本增长速度计算

单位：元，%

企业序号	2011 年	2012 年	2013 年	增长速度
1	4353300	5300800	6767100	24.6786235
2	62015913.68	105105050.5	139059268.1	49.7436436
3	16856447.5	24065934.6	28382757.4	29.7610247
4	328665.07	345119.19	387540.67	8.5880084
5	8392661.76	11509496.61	17732232.61	45.3556272
6	12209032	31701041	38175664	76.8286714
7	12000000	15000000	19000000	25.8305739
8	10780128	21150772	34336292	78.4698004
9	1261855.26	1408416.72	1514022.67	9.5371452
10	28084052.78	31620386.9	31907762.31	6.5904471
总体平局	—	—	—	35.5383565

表 22 非冷链药品物流成本增长速度计算

单位：元，%

企业序号	2011 年	2012 年	2013 年	增长速度
1	40653000	51121400	49963400	10.8612299
2	129496419.4	232718992.7	338484066.9	61.6740192
3	107755222.6	126607919.4	136320440.2	12.4763788
4	314926.93	344426.81	447541.09	19.2096898
5	12467001.59	27271656.01	26951089.57	47.0304059
6	9978981	14420854	16060225	26.8623391
7	36000000	38000000	42000000	8.012345
8	6084424	8242483	17993316	71.9672983
9	23237279.78	24985244.77	25642036.18	5.0469895
10	28084052.78	31620386.9	31907762.31	6.5904471
总体平局	—	—	—	26.9731143

根据表 21 和表 22 的计算，可归纳出表 23、表 24 的结果。

表 23　药品物流成本增长速度

单位：%

项目	物流成本增长速度（2011～2013 年）		
	最高企业	最低企业	平均速度
冷链药品	78.47	6.59	35.54
非冷链药品	71.97	5.05	26.97

从表 23 中数据可以看出，2011～2013 年冷链药品物流成本平均增长35.54%，与非冷链药品物流成本相比高出 8.57 个百分点。

表 24　冷链药品物流成本各环节增长速度

单位：%

项目	物流成本增长速度（2011～2013 年）		
	最高企业	最低企业	平均速度
仓储环节	91.00	4.62	44.78
运输环节	77.28	1.26	37.84
管理环节	56.86	7.20	23.91

如表 24 所示，仓储环节成本增长较快。实际调查也显示，在 2011～2013 年多数药品流通企业在仓储设施设备改善方面追加了投入。

（四）制药、流通、医药物流不同类型经营主体药品冷链物流成本比较

1. 制药企业

表 25　2013 年大型制药企业冷链药品物流费用

单位：元

序号（保留调查表原序号）	成本因素	A 企业冷链药品物流费用	B 企业冷链药品物流费用	C 企业冷链药品物流费用
仓储环节				
1	仓库(含冷库)折旧	8386936	31907686	0
2	制冰机折旧	—	—	0
3	信息系统构建维护	137017	—	0
4	RF 设备折旧	—	—	0

续表

序号 (保留调查表原序号)	成本因素	A企业冷链药品物流费用	B企业冷链药品物流费用	C企业冷链药品物流费用
5	打印机折旧	—	—	0
6	电脑折旧	—	—	0
7	制冷(发电机)折旧	—	—	0
8	无线AP点设备折旧	—	—	0
9	液压升降台折旧	—	—	0
10	冷媒摊销	—	—	
11	推车叉车折旧	—	—	0
12	仓储设施设备折旧	—	47463.31	0
13	包装材料	242181	—	
14	人员薪酬	989223	1027459.13	0
15	物业管理费	—	—	
16	耗材	379170	200382.38	
17	安检、验证及校准费用	37500	1001915.74	0
18	交通费、通信费及餐费	68369	140748.06	0
19	修理费	70502	912251.58	
20	水电气	1138048	1018301.87	0
21	劳动保护费	7484	—	0
22	其他	287252	5785544.42	950000
仓储环节小计		11743682	10453143	950000
运输环节				
23	承运商储运费	5859081	23883148.20	0
市外自运环节				
24	设备设施折旧摊销费	—	0	0
25	冷藏车折旧	—	0	0
26	周转冷藏箱摊销	—	0	0
27	一次性冷藏箱成本	17777567	0	7600000
28	保险费	550956	0	0
29	油费、路桥费、补贴	—	0	0
30	人员薪酬	—	0	0
31	物业管理费	—	0	0
32	耗材	—	0	0
33	安检、验证及校准费用	—	0	0
34	交通费、通信费及餐费	—	0	0
35	修理费	—	0	0

续表

序号 (保留调查表原序号)	成本因素	A 企业冷链药品物流费用	B 企业冷链药品物流费用	C 企业冷链药品物流费用
36	水电气	—	0	0
37	劳动保护费	—	0	0
38	其他	184776	0	10450000
市外自运环节小计		18513299	0	18050000
市内自运环节				
市外自运环节小计		—	0	0
企业管理环节				
39	办公房屋折旧	570728	0	0
40	物业管理费	—	0	0
41	冷藏展示柜折旧	—	0	0
42	管理人员薪酬	1168220	0	0
43	药品损失	—	0	0
44	退货损失	—	0	0
45	运输时效保持损失	—	0	0
46	冷藏车返程空载损失	—	0	0
47	人员培训费用	320654	0	0
48	其他	—	0	0
企业管理环节小计		2059602	0	0
合　计		38175664	34336292	19000000

从制药企业典型样本情况看，各项物流费用中管理费占比最高，甚至超过仓储成本和运输成本，达到50%；管理费用中人力资源成本占比最大。仓储成本中，设施设备折旧占比最大，达60%以上。运输成本中，一次性冷链包材和耗材成本占比最大。企业自营运输中，一次性耗材和包材实际费用超过运费，占运输费用的60%以上。

说明：由于目前制药企业、药品流通企业尚未对冷链物流成本进行分列计算，或存在分列困难，如管理人员成本、冷库耗能等，由此根据企业的财务分摊原则及经验，按照相应的百分比分列核算。

2. 药品批发企业

表26 2013年典型批发企业冷链药品物流费用构成

单位：元

序号	成本因素	A企业冷链药品物流费用	B企业冷链药品物流费用	C企业冷链药品物流费用
仓储环节				
1	仓库（含冷库）折旧	—	47252	291016
2	制冰机折旧	28500	230149	1916
3	信息系统构建维护	739628	0	23436
4	RF设备折旧	16629	0	4817
5	打印机折旧	15054	0	1304
6	电脑折旧	23966	0	3020
7	制冷（发电机）折旧	33820	0	0
8	无线AP点设备折旧	28557	0	126.3
9	液压升降台折旧	—	0	0
10	冷媒摊销	8220024	0	0
11	推车叉车折旧	1726.34	0	65
12	仓储设施设备折旧	849999.38	0	465807
13	包装材料	363776	20000	1797185
14	人员薪酬	2562052	377458	1185911
15	物业管理费	—	0	1570
16	耗材	572608	8913	17314
17	安检、验证及校准费用	—	0	899
18	交通费、通信费及餐费	65104	0	6761
19	修理费	372831	0	126277
20	水电气	372831	890084	263366
21	劳动保护费	62342	3301	1463
22	其他	7389049	18838	680710
仓储环节小计		21718498	1595995	4872958
运输环节				
23	承运商储运费	17860933	2173402	7188657
市外自运环节				
24	设备设施折旧摊销费	—	0	14810
25	冷藏车折旧	—	134423	297454
26	周转冷藏箱摊销	—	0	0
27	一次性冷藏箱成本	—	150000	0

续表

序号	成本因素	A企业冷链药品物流费用	B企业冷链药品物流费用	C企业冷链药品物流费用
28	保险费	—	68493	98845
29	油费、路桥费、补贴	—	183104	490287
30	人员薪酬	—	290418	1523487
31	物业管理费	—	0	0
32	耗材	—	0	0
33	安检、验证及校准费用	—	0	0
34	交通费、通信费及餐费	—	8493	56524
35	修理费	—	13795	121572
36	水电气	—	0	419
37	劳动保护费	—	2209	11422
38	其他	—	124078	167494
市外自运环节小计		—	975013	2783023
市内自运环节				
39	设备设施折旧摊销费	7102	0	0
40	冷藏车折旧	447067	0	0
41	周转冷藏箱摊销	—	0	0
42	一次性冷藏箱成本	—	0	0
43	保险费	168572	0	0
44	油费、路桥费、补贴	—	0	0
45	人员薪酬	320256	0	0
46	物业管理费	—	0	0
47	耗材	—	0	0
48	安检、验证及校准费用	—	60000	0
49	交通费、通信费及餐费	8138	0	0
50	修理费	53445	0	0
51	水电气	—	0	0
52	劳动保护费	7793	0	0
53	其他	—	0	0
市内自运环节小计		1012373	60000	0
市内自运环节		3205	2722	483

续表

序号	成本因素	A企业冷链药品物流费用	B企业冷链药品物流费用	C企业冷链药品物流费用
企业管理环节				
54	办公房屋折旧	—	0	409755
55	物业管理费	—	0	0
56	冷藏展示柜折旧	—	0	0
57	管理人员薪酬	30420222	0	819510
58	药品损失	2195372	0	0
59	退货损失	—	0	0
60	运输时效保持损失	—	0	0
61	冷藏车返程空载损失	—	0	0
62	人员培训费用	79407	0	0
63	其他	65772464	0	782546
企业管理环节小计		98467465	0	2011811
合计		139059268	4804410	16856448

从药品批发企业典型样本情况看，各项物流费用中管理费占比高过制药企业，达到各项物流成本的60%；管理费用中办公用房折旧、办公用品、各项费用占比排第一位，占50%；人力资源成本占比35%，排第二位。药品耗损报废等其他在10%左右。

仓储费用略高于运输各项费用。其中，归入其他类的不明费用占比最高，约为全部费用的30%以上。除此之外，按照绝对值排序依次是：第一为仓储设施设备折旧，第二为包材、耗材、冷媒等费用，第三为人员费用，第四为信息系统维护费用，第五为水电、维修维护、冷链验证等运行费用。

在药品批发企业的运输费用中，委托运输费用支出占比84.9%，自营运输费用占比15.1%。由于委托运输环节主要由社会物流承担，没有分项对比。

在企业市内市外的自运环节中，费用绝对值最大的顺序依次是：第一为冷藏车设备折旧成本，第二为油费、路桥费（含罚款）、补贴（部分替代罚款）、维修费、劳动保护费、冷链验证费等运行成本，第三为人员成本，第四为耗材等。

表27　药品流通企业冷链药品物流成本各环节平均占比

单位：%

年度	仓储环节	运输环节	管理环节
2011	20.63	39.44	39.93
2012	20.04	41.57	38.39
2013	21.48	40.57	37.95

从表27中数据可以看出，药品流通企业冷链药品物流成本中管理环节成本占比很高。

3. 第三方物流企业

第三方物流企业分为两类。第一类是医药行业内的药品第三方物流企业，主要从事药品的仓储业务和中心城市及周边的客户配送业务。干线部分委托社会物流承担。其成本结构和我国药品批发企业基本相似。第二类是医药行业外进行物流专业化的第三方物流公司，主要从事药品的干线运输，运输方式包括航空、铁路和公路运输。不同类型运输方式企业成本费用差异巨大。

冷链药品运输费用增加部分主要是物流包材费、冷链验证费、油耗等因素，以及严格意义上的时间要求可能造成车辆空载率增加等间接成本上升。

航空运输中冷链药品运输虽然不考虑油耗因素，但会增加对电池、冰排等的安全检查内容。在不考虑包材的前提下，一般冷链药品运输报价高出非冷链药品的30%~50%。

综合我国药品流通供应链全过程各类型企业药品冷链物流成本，影响药品冷链物流的各项因素依次是冷链包材成本、药品冷链专用设施设备折旧成本、冷链仓储成本（涵盖相关人员因素）、冷链运输成本（涵盖相关人员因素）、隐性效率成本等。

这些因素在不同类型企业和不同环节中，由于企业经营性质不同、物流作业量不同、运输方式不同等因素，因素的权重有所不同。

五　研究结论

（一）冷链药品物流成本显著高于非冷链药品物流成本

根据样本企业成本测算结果，我国冷链药品流通全供应链中药品物流过程

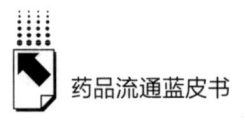

全部管理成本占比40.6%、仓储成本占比20%、运输成本占比39%,这与对医药物流最初的认知存在巨大差异。进一步研究证明,影响"储、运、管"三项比例的主要因素是冷链包材成本的归属。如果将包材作为仓储成本,则总体比例可调整为管理成本占比40.6%、仓储成本占比40.4%、运输成本占比19%。

在仓储环节,从药品冷链与非冷链对比看,其中完全冷链产品承担的费用包括制冰机折旧、制冷发电机组折旧等。绝大部分由冷链药品承担的成本项目主要是冷媒摊销(含一次性和周转冷藏箱)。在仓储环节影响较大的因素,依次是包装材料、RF扫描设备折旧、打印机折旧等。

从费用绝对值的角度看,在仓储环节造成冷链药品物流成本上升的因素依次包括以下内容:人员成本,冷媒摊销,仓储设施设备折旧,信息系统维护,包装材料和耗材,水电费、修理费、验证费(校验费)等运营费用。

综合各种因素和费用,仓储环节冷链药品物流成本相对非冷链药品物流成本上升25%~30%。

在运输环节,由于委托运输费用占全部运输费用的90%(其中,制药企业委托运输接近100%,药品批发企业干线运输部分委托运输占95%,区域配送和市内配送委托运输占比为44.6%,综合计算委托三方运输占比在70%)以上,冷链运输费用主要通过委托承运商报价的提高体现出来。

从实际作业看,冷链药品运输在不考虑温度保险(目前还没有,法规要求有)和包材成本的前提下,冷链药品运输成本费用相对于非冷链药品运输成本费用整体提高50%以上。如果考虑包材成本,冷链药品委托运输成本实际上升150%以上。

从药品批发企业自营运输情况看,按照单因素影响程度分析,造成冷链药品运输成本上升的直接因素依次包括以下内容:一次性冷藏箱和周转冷藏箱摊销,冷藏车等折旧摊销,人员薪酬,油耗、验证等运营成本。

在管理环节,管理人员、工作人员成本相对较高。同时,在药品批发环节出现了大量冷链药品损失。部分企业该项损失占全部药品损失的60%以上,而企业冷链药品的品规数仅占3%以内。管理环节造成企业费用增加20%以上。

在不考虑车辆空载率提高、库存商品在库时间增加等无法核算的隐性损失前提下,将制药、批发、运输各类企业按照"储、运、管"进行综合计算,冷链药品相对于非冷链药品物流成本增加44.7%(见表28)。

表28 冷链药品在各个作业环节物流成本增加比例

单位:%

物流环节	仓储环节（制药+批发）		运输环节（制药+批发+物流）		管理环节（制药+批发+物流）	
	在药品流通全供应链中的物流成本比重	冷链物流成本增加比例	在药品流通全供应链中的物流成本比重	冷链物流成本增加比例	在药品流通全供应链中的物流成本比重	冷链物流成本增加比例
	40.40	20	19	150	40.60	20
从流通全供应链角度成本增加比例	8.10		28.50		8.10	
综合增加比例	在不考虑车辆空载率提高、库存商品在库时间增加等无法核算的隐性损失前提下,将制药、批发、运输各类企业按照"储、运、管"进行综合计算,冷链药品相对于非冷链药品物流成本增加44.7%					

（二）药品冷藏箱周转体系建设滞后,阻碍药品冷链法规的落地

即使是现行的一次性泡沫箱,也使冷链与非冷链的成本有很大差异,如改为外显式冷藏保温箱则成本上升更多;即使可以周转,成本的下降也需要时日。按照新版GSP要求,企业应使用外显式冷藏保温箱。但是,该类冷藏保温箱价格高出一次性泡沫冷藏箱采购价格的17倍,使企业将承受巨大的成本压力(见表29)。

（三）药品冷链专用设施设备折旧成本增加

研究数据表明,冷链药品专用仓库和冷藏车等因素的设备折旧成本占全部冷链物流成本的0.3%~0.5%。由于规模较大的批发企业建设了规模相对较大的冷库,采购了相对较多的冷藏车和冷藏箱,虽然从投资的角度看占比不大,但在GSP实施认证集中的2013年、2014年内则成本增加显著。

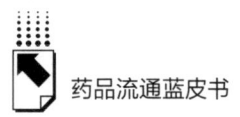

表29 规模最大制药和药品批发企业冷链物流成本统计

费用科目		费用(元)	占比
仓储物流费用		101901761	20.40%
其中	冷库设施设备折旧	10797200	占仓储物流成本的11%,但与其他药品没有显著区别
	信息系统维护	900081	
	冷媒和耗材	36349841	区别于非冷链药品的独立因素
运费合计		47924096	19%
其中	委托三方运费	26358253	
	自营运输费用	21565843	
	冷藏车折旧	900856	占运输成本的1.9%,占物流总成本的0.36%
管理费用		102538878	40.60%
冷链物流费用		252232082	100%

关于温湿度的监控和追溯,由于不同的技术水平均可能达到目前的基本要求,本课题没有对信息化系统水平进行测试,仅仅从有与无的角度做了简单比较,也没有体现出经营规模的优势。但是,该系统的建立与管理控制水平对冷链药品的物流费用影响不应忽视。

另外,经营冷链药品品种单一或数量较少的企业为了不放弃经营品规,也增加相关设施设备投入;同时,也与医药全行业隐性效率低下(设施设备利用率低、药品在库周期长、运输空载率高)有关,冷链药品的专用设备投入增加仅仅是加剧了原来的成本问题。

(四)冷链药品在仓储环节的隐性成本需要引起足够重视

和运输环节相比,冷链药品的运输成本通过承运商报价显著提高。但在仓储环节,隐性成本没有显现。可是从冷藏药品在库周转天数看,该类产品造成的财务成本增加将是巨大的。

以该类产品平均在库时间50天核算,年存货周转次数为7.3次,而非冷链药品的年存货周转次数一般为13次,即冷链药品在库存货周转效率仅为非冷链药品在库存货周转效率的56.7%。

（五）管理水平对冷链药品物流成本具有一定影响

越是管理规范的企业，药品冷链物流成本就越高，这主要是由于企业在设施设备建设水平、服务水平及物流信息化建设水平方面自我要求高，合规认证更主动、自觉。

同时，从药品批发企业的角度看，即使是大型药品批发企业在实际物流运作中也基本上没有全部或大部分使用外显式冷藏周转箱。因此，如果新版GSP的相关规定得到更严格地落实，目前的冷链药品物流成本还将大幅提高。

（六）冷链物流成本占比影响低价药的经营和配送

由于我国冷藏药品的仓储和运输中没有按照货值区分，在实际的调研中难以取得样本数据。但考虑冷链物流成本上升、占比增加，对一些低价格冷链药品经营和配送将会带来一定的影响。

六 建议

（一）价格管理、采购招标等政策制定和管理部门应对冷链药品物流成本给予充分考虑

从保证冷链药品物流过程中的质量、保证人民生命安全角度出发，建议相关价格管理部门、药品采购招标部门对冷链药品的物流成本给予充分考虑，并予以配套政策支持，如在招标中和支付价格制定中给予差异化的政策支持（区分低值与边远地区，对单价不同的冷链药品采取差异化支持）。

对冷链药品的配送加价率应采取有别于非冷链药品的做法，并对不同价格的冷链药品给予不同的加价率或绝对值。

（二）加快我国药品专业第三方仓储物流的共同认证制度，推动医药物流需求资源的合理释放和整合，通过冷链药品物流专业社会化提高配送效率、降低物流成本

医药专业物流的发展需要同时释放行业专业需求资源和服务资源两个方

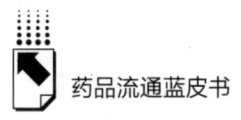

面,通过专业化和社会化鼓励行业整合,做大规模、做精专业,才能提高配送效率、降低配送成本。

课题调研显示,按照设计支撑费用与实际企业销售费用比,我国现代医药物流设施设备能力平均使用率仅仅不到18%。从冷链药品的存货周期看,冷链药品在库时间达50天,其存货周转效率仅仅是一般药品的57%。从药品流通全供应链企业物流成本组成因素总体情况看,设施设备折旧成本是物流成本的主要因素之一。因此,推进我国药品仓储物流专业社会化至关重要。

2015年初,国务院相关十部委通过文件明确了放开第三方物流,主要是指目前已经实际操作的第三方药品运输,不同于药品仓储物流。药品仓储物流因为具有一定的专业性,需要专业认证,并与药品经营资质挂钩,其发展中存在的问题还需要进一步研究解决。

(三)加强冷链药品物流成本变化的监测

虽然课题组对冷链药品物流成本进行了深入研究,但是由于我国药品供应链上各类企业的财务制度还不支持对冷链物流成本的进一步系统核算,样本的选择范围(类型、规模、管理水平、区域等)也受到时间、成本等方面的限制,本研究的量化指标可以考虑进一步论证(因本研究调查的样本数量仍偏少,且多数为规范的大企业,可能有一定的片面性)。

通过进一步的研究,有利于加强对冷链物流成本变化的监测,并在价格管理、药品招标等政策制定和操作中可供相关主管部门加以动态调整。

(四)推广药品冷链验证标准,加快第三方验证平台建设

调查表明,药品冷链实际的执行标准并不一致。同时,支撑冷链微环境的冷库、冷藏车、冷藏箱及温湿度监控系统也存在不同的质量标准和管理标准,导致各类型企业冷链物流成本不一、实际的达标状态也不一。

目前,多数药品流通企业的冷链验证由设备商提供,自我验证、自我认证的质量难以统一;监管认证只能根据事后记录来查验或反验证,也给监管部门造成工作上的困惑。

因此,有必要制定与推广药品冷链验证统一标准,并创造条件加快第三方验证平台的建设。

（五）关注冷链物流包装单元化技术进展，支持企业构建药品冷藏箱（专用托盘）周转体系建设示范项目

药品冷链物流成本研究证明，一次性冷链药品包材和耗材成本是影响冷链物流成本比较大和比较显现的成本。从被调研的 4 家制药企业和 6 家大型药品批发企业看，一次性冷藏包材费用合计约 9000 万元以上。

外显式冷藏周转箱价格是一次性泡沫冷藏箱价格的 17 倍，但是理论上外显式冷藏周转箱可以使用至少 50 次以上。如果能得到有效周转，使用外显式冷藏周转箱不应该增加企业包材成本。其他国家和我国大型集装箱的使用历史也证明了这一点。

在政府的专项资金扶持下，建设药品冷藏箱周转体系及冷链物流专用托盘共用系统。通过专业运营公司强化药品冷藏专用箱等在制药企业、批发商、零售商、承运商和用户之间共享和循环使用、自由流通，以共用的方式向社会提供标准化的联运托盘及包装周转箱，实现商品包装和物流的集装化、标准化、单元化、模块化、机械化、信息化和作业一贯化，提高全社会的物流效率和资源利用率，节约资源，降低运营成本。

在当前我国冷链药品冷藏箱周转体系尚未建立和完善时，由于冷链药品物流支付的成本来源是制药企业让渡的配送点位，应考虑给生产企业一定的补偿与扶持。

（六）研究建立针对边远地区药品配送的合理补偿机制

随着基本药物制度逐渐向下渗透到基层，偏远地区基药供应积极性不高、配送难的现实矛盾日益突出，并逐渐成为推进基药制度的"绊脚石"。在有些省份的偏远地区，由于配送成本过高，基药的及时保障供应面临挑战，不少偏远地区相继出现了基药配备难以保障的现象。因为基药价格低，有些中标企业不愿供货；配送企业嫌配送成本高，而不积极组织货源及时配送；部分医疗机构也没有使用中标药品的驱动力。在量与价之间，基药价值链上的企业及单位都在博弈。

目前，我国医药流通农村偏远地区的平均毛利率仅为 3%，很多商业公司配送给这些地区是亏本的。药品冷链物流成本不仅给低价药配送造成困扰，还

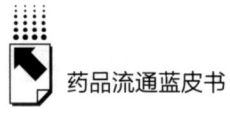

使原本困难的老少边穷地区的基药配送难度增加。对于边远地区的药品配送补偿，不仅涉及冷链药品，也涉及全部基药和低价药。

在此情况下，地方政府采取划片配送的方式通过"肥瘦搭配"的方法来解决偏远地区的配送问题，使企业不得不接受。在实际操作中，出现多种问题是必然的。建立合理的配送补偿机制，才是在四川、西藏、甘肃、内蒙古、新疆等地域广的老少边穷地区建立健全配送网络的根本出路。

由于研究时间、研究样本的局限性，本课题的分析方法和研究结论还需要得到进一步的实例验证。

区域篇
District Reports

2014年北京市药品流通行业发展综述

北京医药行业协会

摘　要： 本文从北京市医药经营企业数量、结构及拥有《互联网药品交易服务资格证书》企业的变化趋势入手，分析北京市药品流通行业的发展情况。

关键词： 北京　药品流通　企业结构

2014年是全面学习贯彻落实党的十八届三中全会精神的第一年，也是我国医药卫生体制改革继续向纵深发展的一年。随着全民医保体系制度框架基本建成以及基本药物制度和基层医疗机构运行机制的完善、城乡基层医疗卫生服务体系进一步健全、基本公共卫生服务均等化水平明显提高和公立医院改革试点有序推进，药品市场需求持续增加，药品流通行业销售总额仍保持增长，但受国内经济增长总体放缓的影响，在药品价格水平继续下降、药品流通企业经营成本快速上涨的压力下，药品流通行业销售增速放缓。

一 北京市医药经营企业数量及结构

（一）北京市药品经营企业数量及结构

截至2014年底，北京市有药品经营企业5540家，比上年减少257家，下降4.43%。其中，批发企业272家，比上年减少21家，下降7.17%；零售连锁企业53家，比上年增加12家，增长29.27%；零售连锁门店1256家，比上年增加157家，增长14.29%；零售单体药店3959家，比上年减少405家，下降9.28%。

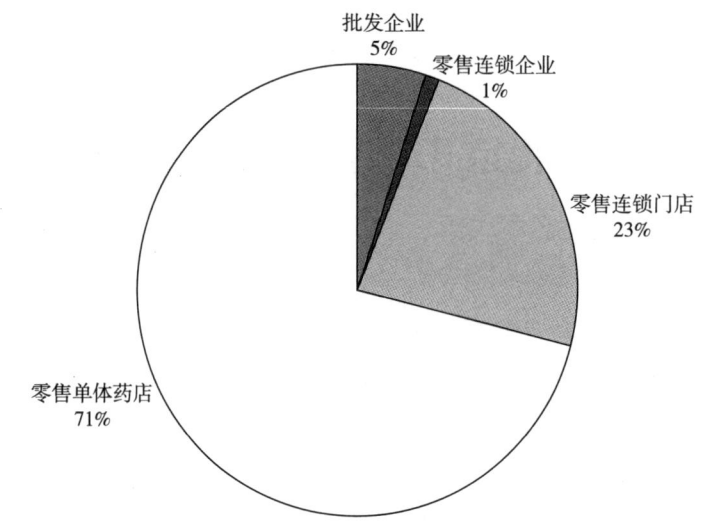

图1 各类药品经营企业数量占比情况

表1 2010~2014年北京市药品经营企业数量统计

单位：家

项目		2010年	2011年	2012年	2013年	2014年
合计		5731	5702	5676	5797	5540
批发企业		309	359	297	293	272
零售连锁	企业数量	18	17	28	41	53
	门店数量	979	975	959	1099	1256
零售单体药店		4425	4351	4392	4364	3959

从 2010~2014 年的情况看，北京市药品经营企业数量总体保持基本稳定。

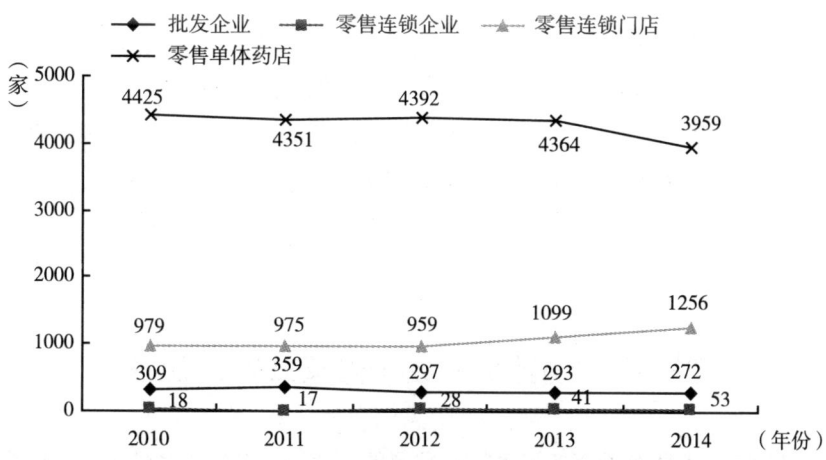

图 2　2010~2014 年北京市药品经营企业数量变化趋势

（二）北京市医疗器械经营企业数量及结构

截至 2014 年底，北京市有医疗器械经营企业 13949 家，比上年增加 181 家，同比增长 1.31%。

从近年情况看，北京市医疗器械经营企业数量总体保持逐渐增加趋势。

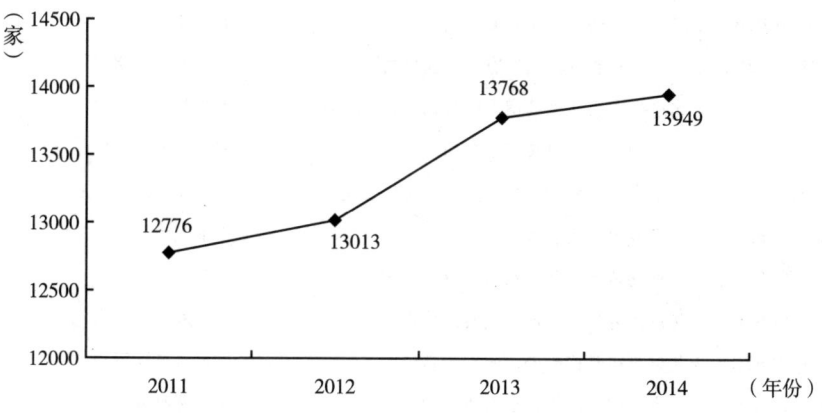

图 3　2011~2014 年北京市医疗器械经营企业数量变化趋势

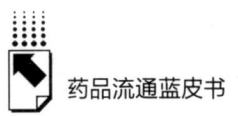

二 医保定点零售药店数量及分布

北京市劳动和社会保障网公布的数据显示，北京市有医保定点零售药店91家，比上年97家减少6家，下降6.2%。医保定点零售药店分布为昌平区3家、朝阳区8家、大兴区3家、东城区13家、房山区5家、丰台区6家、顺义区4家、西城区21家、海淀区6家、怀柔区2家、门头沟区3家、密云县3家、平谷区3家、石景山区5家、通州区4家、延庆县1家、亦庄开发区1家。

三 互联网药品交易服务模式发展迅速

2014年是药品电子商务平台加速发展的一年，CFDA结束对《互联网食品药品经营监督管理办法》的意见征集，互联网售药将强力松绑，具有条件的一些公司借助电子商务平台整合业务渠道，向供应链客户提供更多的增值服务，以降低运营成本、提高交易效率，实现线上与线下经营的共同发展。

表2　北京市具有《互联网药品交易服务资格证书》企业一览

服务类型	机构名称	网站名称
企业间（B2B）	北京九州通医药有限公司	九州通医药网
企业间（B2B）	国药集团药业股份有限公司	国药商城
消费者（B2C）	北京市利君堂大药房有限责任公司	利君堂大药房
消费者（B2C）	北京福瑞宏达大药房有限公司	福药网
消费者（B2C）	北京德开医药科技有限公司	德开网上大药房
消费者（B2C）	北京金象大药房医药连锁有限责任公司	金象大药房网上商城
消费者（B2C）	北京养生堂药店有限公司	北京养生堂药店
消费者（B2C）	北京德威治医药连锁有限责任公司	京药网
消费者（B2C）	北京京卫元华医药科技有限公司	药房网
消费者（B2C）	北京嘉事堂连锁药店有限责任公司	嘉事堂药店网
消费者（B2C）	北京医保中洋大药房有限公司	北京药品网
消费者（B2C）	北京好药师大药房连锁有限公司	好药师网上药店

续表

服务类型	机构名称	网站名称
消费者（B2C）	北京诚安堂医药有限公司	诚安堂药房
消费者（B2C）	北京护生堂大药房	护生堂大药房
消费者（B2C）	北京凯尔康大药房有限责任公司	北京凯尔康大药房
消费者（B2C）	北京京海康佰馨医药有限责任公司	康佰馨大药房

到2014年末，北京市具有《互联网药品交易服务资格证书》企业16家，比上年增加4家。其中，具有B2B资质的2家，为北京九州通医药有限公司（九州通医药网）和国药集团药业股份有限公司（国药商城）；具有B2C资质的14家（见表2）。

四 北京市直报企业商品购进、销售、库存情况

2014年，本市直报企业商品购进合计1041.86亿元，销售合计1301.24亿元，年末库存合计174.16亿元。

（一）直报企业商品购进情况

2014年，本市直报企业商品购进合计1041.86亿元，比上年同期减少114.21亿元，同比下降9.88%。其中，药品类764.10亿元，医疗器材类30.42亿元，化学试剂类0.28亿元，玻璃仪器类0.05亿元，中药材类61.67亿元，中成药类135.87亿元，其他类49.47亿元。

表3 2014年直报企业商品购进情况统计

单位：亿元，%

指标名称	2014年	2013年	同比增长
各类合计	1041.86	1156.07	-9.88
药品类	764.10	840.31	-9.07
医疗器材类	30.42	65.97	-53.88
化学试剂类	0.28	3.85	-92.67
玻璃仪器类	0.05	0.21	-77.39
中药材类	61.67	30.04	105.30
中成药类	135.87	154.01	-11.78
其他类	49.47	61.70	-19.83

药品类购进占商品购进总额的73.3%,是北京市药品流通直报企业主要购进商品。

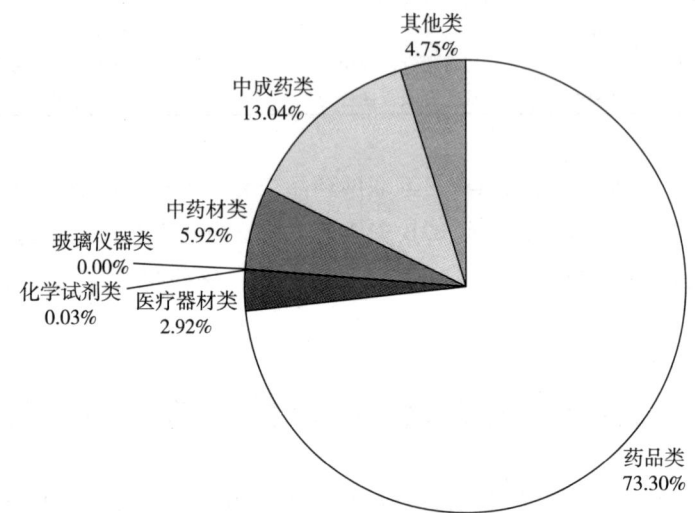

图4 各品类商品购进占比例情况

表4 2014年直报企业商品购进分类情况

单位:亿元

指标名称	合计	从生产者购进	从批发零售贸易业购进	直接进口
各类合计	1041.86	430.00	587.25	60.59
药品类	764.10	334.06	413.25	56.73
医疗器材类	30.42	6.98	22.15	0.92
化学试剂类	0.28	0.14	0.12	0.00
玻璃仪器类	0.05	0.03	0.00	0.00
中药材类	61.67	22.31	38.54	0.07
中成药类	135.87	36.94	94.48	2.79
其他类	49.47	29.53	18.69	0.07

从批发零售贸易业购进占购进总额的56.37%,是北京市药品流通直报企业商品购进的主要渠道。

（二）直报企业商品销售情况

2014年，北京市医药流通直报企业销售合计1301.24亿元，比上年同期增加108.43亿元，同比增长9.09%。其中，药品类908.79亿元，医疗器材类38.26亿元，化学试剂类0.22亿元，玻璃仪器类0.06亿元，中药材类92.28亿元，中成药类180.25亿元，其他类81.38亿元。药品类销售占总销售的69.8%，比上年同期下降2.9个百分点，是主要销售品类。

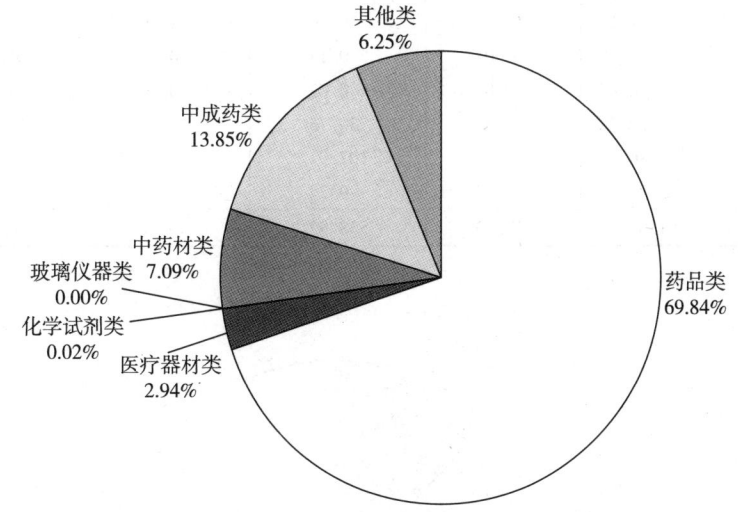

图5　各品类销售占比例情况

表5　2014年直报企业商品销售对比情况

单位：亿元，%

指标名称	2014年	2013年	同比增长
各类合计	1301.24	1192.81	9.09
药品类	908.79	867.01	4.82
医疗器材类	38.26	68.06	-43.79
化学试剂类	0.22	3.97	-94.44
玻璃仪器类	0.06	0.22	-70.54
中药材类	92.28	30.99	197.77
中成药类	180.25	158.90	13.43
其他类	81.38	63.66	27.83

2014年北京市直报企业对批发的销售619.93亿元、对医疗终端的销售538.92亿元、对零售终端的销售49.62亿元、对居民的销售92.74亿元。对批发的销售占总销售的47.6%。

表6 2014年直报企业商品销售分类情况

单位：亿元

指标名称	合计	对批发的销售	对医疗终端的销售	对零售终端的销售	对居民的销售
药品类	908.79	488.83	371.14	20.72	28.09
医疗器材类	38.26	14.39	19.70	1.90	2.27
化学试剂类	0.22	0.03	0.18	0.00	0.01
玻璃仪器类	0.06	0.04	0.02	0.00	0.01
中药材类	92.28	28.81	30.73	8.79	23.95
中成药类	180.25	39.11	107.91	10.47	22.76
其他类	81.38	48.73	9.24	7.75	15.65
各类合计	1301.24	619.93	538.92	49.62	92.74

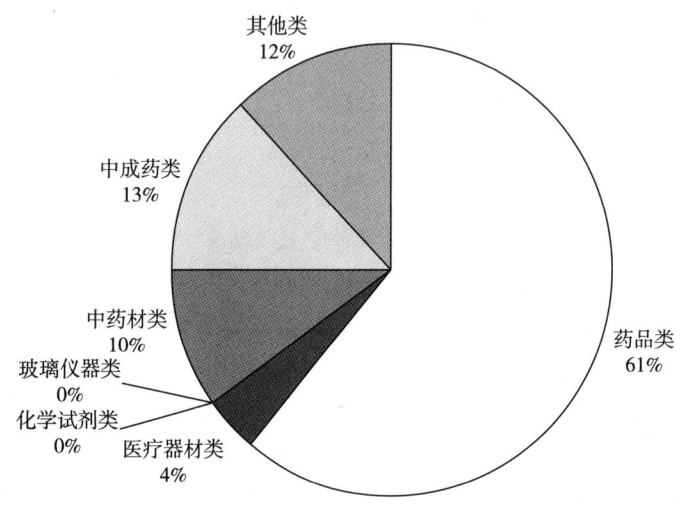

图6 2014年直报企业期末库存及各品类占比情况

（三）直报企业期末库存情况

2014年末，北京市直报企业期末库存合计174.16亿元，比上年同期增加

11.41亿元，同比增长7.01%。其中，药品类116.08亿元，占期末库存总额的66.7%。

五 2014年北京市发布发展医药相关政策

（一）北京市发布《关于继续深化医药卫生体制改革的若干意见》

2014年9月29日，北京市人民政府发布《关于继续深化医药卫生体制改革的若干意见》（以下简称《若干意见》）。《若干意见》作为北京市下一步医改的顶层设计，对未来5~8年的改革举措做出了系统的部署。《若干意见》的总体思路概括起来是"四个坚持"：一是继续坚持保基本、强基层、建机制的基本原则，处理好政府与市场、公平与效率、基本与非基本的关系；二是坚持把基本医疗卫生制度作为公共产品向全民提供的基本理念，做到基本医疗卫生服务广覆盖、可持续，逐步提高均等化水平；三是坚持推进发展、提高效率、减轻负担、促进健康的改革目标，将解决现实问题与建立改革创新长效机制紧密结合，努力让人民群众得实惠、医务人员受鼓舞、医患关系增和谐、医疗卫生事业发展添活力；四是坚持积极稳妥、协调推进的工作思路，各专项改革要在服务体系、人事薪酬制度、补偿机制、监督治理体制、信息化建设五个方面改革的总体框架下，统筹安排，稳妥推进，协调联动，分步实施。此外，针对五个核心问题，《若干意见》提出完善以人民健康需求为导向的服务体系、建立适应医疗卫生行业特点的人事薪酬制度，改革补偿机制、改革监督治理体制及加快推进信息化建设等五个方面的系统改革措施。

（二）北京市发布《关于促进健康服务业发展的实施意见》

2014年9月23日，北京市人民政府发布《关于促进健康服务业发展的实施意见》（以下简称《意见》）。《意见》明确发展目标是：到2020年，形成功能完备、结构合理、水平较高的健康服务业产业体系，培育打造一批具有国际知名度和市场竞争力的健康服务企业和知名品牌。健康服务业成为推动本市经济社会持续发展的重要力量。城乡居民多层次、多样化的健康服务需求基本得到满足，健康素养明显提高，健康水平达到世界先进行列。《意见》提出的主

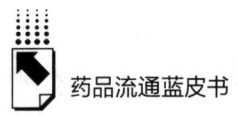

要任务是：大力支持社会办医、积极发展健康保险、支持发展多样化健康服务、加快健康服务业与相关产业融合发展、培育健康服务业相关支撑产业、促进产业聚集和园区发展。《意见》要求：北京市发展改革委要将促进健康服务业发展纳入国民经济和社会发展规划，市政府各有关部门要按照职责分工抓紧推进各项重点工作，制定相关配套文件，确保各项任务措施落到实处。

（三）北京开启药品价格"左右联动"，建立药价常态调整机制

2014年10月，北京市开启药品价格"左右联动"工作，调整范围覆盖所有药品集中采购中标品种（低价药与短缺药除外），参考全国各地方的中标价格，成为首个建立价格常态调整机制的省（市）。所谓"左右联动"，是指相关部门对当地各个药品中标价进行全国比价，一旦某一中标产品周边省份的价格比当地价格低到一定限度，将由企业申报或由当地招标部门直接定价。这也意味着，部分企业在某些地区以最低价获取中标资格时，将会影响到其他地方的中标价格。

B.11 上海药品流通市场在医改推动下实现快速稳健发展

曹伟荣*

> **摘　要：** 上海药品流通市场是我国医药商品消费与流通规模最大的区域市场之一。本文全面介绍了"十二五"期间上海药品流通市场在医改推动下的发展情况,重点分析了上海药品流通市场的全国地位、行业结构、发展模式、演变形态和发展趋势,总结了药品流通和药品供应保障两大体系的建设及其重要作用,揭示了上海药品流通市场发展的主要特点,并对上海药品流通市场今后的发展作了深入思考。
>
> **关键词：** 上海　药品流通市场　药品供应保障体系

始于元朝大德年间的上海药品流通市场,历经700多年的发展走过了官办、民办、中西合办、国营、市场化的进程,现已成为我国医药经济发展最活跃的地区之一,成为我国医药商品消费与流通规模最大的区域市场之一。

"十二五"期间,在医改推动下,上海建成了完善、高效、现代化的药品流通体系和安全、可靠的药品供应保障体系,推动药品流通市场实现了持续快速稳健的发展,成为全国率先跨入千亿元销售规模的区域市场,在服务人民健康事业和推进全国市场发展中发挥着十分重要的作用。

上海药品流通市场的发展主要有以下特点。

---

* 曹伟荣,上海医药商业行业协会副会长。

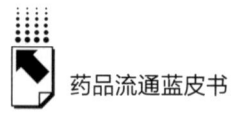

一 积极发展现代药品流通体系，全面完善药品供应保障体系

多年来，为了实现广覆盖、保基本的目标和推动医药市场发展，上海积极发展以多种所有制并存、多种业态共同发展、市场集中度较高、流通方式创新为主要特征的现代药品流通体系，进一步完善以全国性和区域性药品流通企业为主体、区县药品流通企业为辅助、专业型药品流通企业为配套、覆盖全市城乡的药品供应保障体系。

截至2014年底，上海有药品批发企业124家，药品零售连锁企业43家；有药品零售网点3447个，其中医保定点药店490家，覆盖了所有街道社区；每家零售药店平均覆盖7000多名居民。全市从事药品流通工作的人员有23686名，其中批发企业从业人员14413名、零售企业从业人员9273名。全行业以服务社会、发展产业为己任，承担并出色完成了保障全市17个区县、99个街道、111个乡镇、3500多个医疗机构和2500多万人口的药品供应职能，以及服务并促进全国药品流通市场发展的工作。

国药控股、上药控股和美国康德乐（中国）三大公司充分发挥企业总部集聚上海的优势和分销龙头的引领作用；华润医药、九州通下属上海公司，以及强生、辉瑞、赛诺菲等制药公司下属药品分销企业，充分发挥自身资源优势和促进市场发展的重要作用；区县中小企业充分发挥基层供应优势和市场配套的积极作用，实现社区和农村网络的有效覆盖，提高了上海市场的供应保障能力，推进了上海药品流通行业发展。同时，以上海为中心，辐射华东、服务全国，促进各地横向经济联系，促进全国医药经济联动发展，促进全国药品流通统一市场的形成。

上海建立并完善了适应医疗机构与社会不同需求的药品流通应急保障机制，以及2小时、4小时、8小时等药品供应快速反应机制，形成了24小时营业的社会零售服务网络，并以上药控股、国药控股为主体，形成了涵盖民用、军用、科学研究等多方位的药品储备体系；数千个药品与医疗器械纳入国家及市级重要商品储备，在国家突发公共卫生事件、灾情疫情和战备上发挥了十分重要的作用。

二 市场规模不断扩大，行业微利化趋势明显

随着居民收入稳步增长、医疗保障水平逐步提高、社会老龄化速度加快，药品的需求与消费总量不断扩大。"十二五"期间，上海药品流通市场的年均复合增长率为11.73%，比"十一五"期间提高1.21个百分点。2012年，上海以1023亿元的销售额成为全国率先跨入千亿元规模的最大区域市场。2014年，上海医药市场实现销售收入1223.42亿元，比上年增长11.16%，是"十一五"末的1.74倍，占全国药品流通市场销售总额的近1/10。其中，批发销售737.28亿元；对医疗机构销售413.14亿元；社会零售73亿元。

多年来，上海大型零售单体药店的发展水平始终保持着国内领先水平。2014年，上海市第一医药商店、瑞金药房、雷允上药城、蔡同德堂、余天成堂本市排名前五位的单体药店的年销售额为1.18亿~3.8亿元。

此外，上海医药商品2014年进口额达到114.95亿元，比上年增长59.82%；出口额为25.69亿元，比上年增长10.96%。

在上海药品流通市场快速发展的同时，行业盈利则进一步趋向微利化。2014年，全市实现利润总额20.10亿元，年均复合增长率18.87%。其中，行业毛利率仅为6.94%，比上年下降0.69个百分点；利润率为2.07%，比上年下降0.17个百分点。全年出现亏损的企业多达15家。

三 市场集中度进一步提高，行业结构两极演化

多年来，上海充分发挥市场机制在配置药品流通资源中的基础性作用，破除体制机制障碍，鼓励企业通过兼并、重组等方式促进资源的有效整合，进一步提高市场集中度，实现规模化、集约化、现代化经营。

全市17个区县中先后有10个区县的主要药品流通企业与本市四家医药商业上市公司进行兼并重组，走上了集约化发展的道路。部分中小企业则通过建立业务平台，以产品为纽带加强合作，共同发展，从而使市场集中度进一步提高，行业发展实现了战略跨越。

上海药品流通行业结构进一步向两极演化，"强者恒强、弱者恒弱"的特

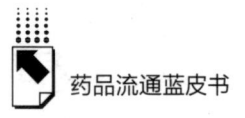

征更趋突出。2014年,上海医药、国药控股及各自的控股企业分别占有上海药品流通市场36.44%和29.92%的份额。行业销售排名前20位企业的销售额高达916.98亿元,占全市药品销售总额的74.95%。企业平均销售额上升至11.02亿元,比上年增加1.37亿元。

药品零售连锁企业成为上海药品零售市场的主体。"十二五"期间,全市零售连锁企业从38家发展到43家,直营连锁、加盟连锁两种模式均取得了稳健有效的发展,连锁经营网点从2639家发展到2958家,连锁网点比重上升至85.81%,较"十一五"末上升了1.69个百分点,处于全国领先地位,并提早五年实现了全国药品流通行业"十二五"规划提出的零售连锁率目标。

四 现代流通方式快速发展,"老字号"品牌再现辉煌

在医改的推动下,上海现代药品流通方式发展迅速。大型药品分销企业积极创新转型,以服务为中心,加快由分销商向分销服务商转型,加速向智慧型现代分销企业转型。依托信息技术系统和现代物流基础,积极构建和完善药品供应链集成系统,开展供应链增值服务,为医疗机构提供药事服务、SPD(医院内部物流)服务、专科用药及其他医用品的临床解决方案等。

上药控股、国药控股率先在上海"5+3+1"新建三级医院中全面推行医院供应链管理新模式。以药房托管为切入点,实施药品供应链延伸服务(即SPD模式),形成了高度集约、高度整合、高度信息化的医院现代供应链体系,开创了大型医院药品管理现代化的新道路,提高了流通效率,降低了供应链整体成本。该模式现已复制并扩大应用到全市近百家医疗机构。

现代医药物流建设进入了新的阶段,标准化、信息化、自动化、社会化的现代医药物流体系基本形成。上药控股着力构建五级物流网络,以满足业务快速发展的需求,实现供应链管理协同。国药控股、九州通医药集团分别在上海兴建了第二期现代医药物流基地,扩大了物流服务能力。全市现代医药物流配送能力现已达600多亿元货值规模,进一步提高了对全国药品流通的辐射能力和保障能力。

提供专科用药服务的 DTP 分销模式实现了快速发展。上海众协医药有限公司、国大上海药房、康德乐大药房等与重点供应商建立了紧密的专科用药合作推广关系，积极布局拓展 DTP 业务市场。全市 DTP 业务网点年经营规模近 30 亿元。

上药控股、国药控股等企业以上海保税区为平台向国内外制药、医药器械企业及其医药商品进出口业务提供报关、储运、代理等流通增值服务的模式，使数百家中外企业的进出口业务获得了便捷周到的"一条龙"服务，提高了效率，降低了成本，受到广泛欢迎。

近年来，互联网药品交易新模式正成为上海药品流通市场的新亮点。药品流通企业充分利用互联网技术，改善和丰富药品零售模式。全市有 13 家企业获准开展互联网药品交易业务并开设了网上药店，2014 年销售规模达 6.25 亿元，比上年增长 50.97%。

上海药房有限公司创办的"上海药房网"是全国药品流通行业第一家获准的网上药店；上海华源大药房有限公司创办的"健一网"，成为中国发展最快的医药电子商务网站之一，并取得了 2012 年中国医药电商销售第一名的业绩。近期，上海医药设立了"大健康云商公司"，在线上构建"电子处方""药品数据""患者数据"三大平台，凭借 DTP、SPD 和药房托管的优势，实施处方导流、药品购买、健康管理、复诊预约等全套服务流程，并与线下的药品零售网络形成 O2O 闭环。

此外，上海第一医药零售连锁公司、华氏大药房等在地铁、公交车站等公共场所推出了自动化售药系统等新型药品零售业态，以方便百姓购药。

在发展现代医药流通方式的同时，上海还积极推进医药商业"老字号"的发展，发挥名企、名店、名牌、名品效应。具有 200 多年历史的"雷允上""童涵春""蔡同德""余天成"等一批上海"老字号"商业的经营特色得到了充分发挥，传统经营的滋补品、中药饮片实现了 30% 以上的增长。特别是具有地方特色的中药膏方，通过文化营销、旅游营销等方式深受不同层次、不同年龄的市民的喜爱，每年仅冬季 3 个月就有超过 14 万人食用，销售额达 1 亿元左右。此外，上海有 24 家药品零售企业开办了中医门诊部，提供"中医坐堂"等服务，其中 6 家获准进入医保范围，方便名医名家为百姓诊疗，从而形成了各具特色、优势互补的药品零售格局。

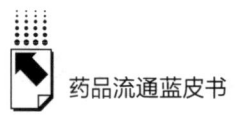

五 推进行业诚信建设，完善行业规范自律

多年来，上海药品流通行业坚持把推进诚信建设、完善规范自律作为药品流通市场发展的重要基础，不断地夯实拓宽。2010年，行业启动了诚信建设树标杆活动，修订了《上海市药品流通行业"诚信经营示范店（企业）"标准》，有32家企业获得"上海市诚信经营示范店（企业）"称号，进入了国家商务部"诚信经营示范单位"查询系统。

2011年以来，行业进一步加大了诚信建设的力度。在网站上开设了诚信建设专栏，建立了行业诚信档案管理系统，开通了由200多家企业及大型零售药房组成的诚信企业网络登录账户；开展商务诚信知识竞赛、征集商务诚信小故事等活动。目前，全市药品流通行业已有诚信创建企业233家，其中星级企业占38.6%；有74家企业和69名干部员工荣获上海市诚信创建先进单位或先进个人的荣誉称号。

在创建行业诚信的同时，上海药品流通行业坚持以GSP管理体系为主导，积极完善行业标准化体系建设。先后组织专家参与了由中国医药商业协会、全国物流标准化技术委员会、中国仓储协会主持的《药品物流设施与设备技术要求》《药品冷链保温箱通用规范》《中药材仓储养护通用技术规范》及《网络零售仓储作业规划与评价》等标准的起草，还受商务部委托编撰了《药品流通企业通用岗位设置规范》；组织编撰了上海地方标准《零售药房服务规范》，发布了《上海市零售药店药品分类与陈列管理指导原则（不含中药饮片）》，编发了《药学服务评价标准》《药学服务规范评价管理办法》《突发性应急处方药销售记录》。

在新版GSP实施中，上海药品流通行业把保障体系建设作为重点，扎实推进过程管理和现场管理，指导企业完善质量管理网络建设，提升计算机系统质量控制功能，并开展药品冷链管理和校准验证等专项培训，帮助企业加强流通环节的质量控制；汇编《药品质量管理制度》，规范企业管理规程和SOP。

为促进医保药店的发展，上海药品流通行业对全市医保药店从服务区域设置、药技人员配备、医保管理、配售药服务、24小时服务等六个方面进行了评估、指导和整改；为规范经营行为，编发了《医保药店其他处方药单品种一次销售限量目录》和《非处方药单品种一次销售限量目录》。此外，还把"关爱健康、合理用药"健康咨询服务作为每年"3·15"消费者权益保护日活动的品牌，通过"药品防潮防霉保质""特殊管理药品用药咨询"和"清理家庭小药箱"等一系列便民利民活动加强合理用药的宣传力度，保障百姓用药安全。

六 积极创新发展模式，进一步提升发展水平

面对宏观经济增速下滑、药价全面放开、医保加大控费、招标模式变革、"互联网+"的新常态，作为国内经济地位十分重要的特大型城市，上海在"十三五"期间有必要继续创新发展模式，进一步提升上海药品流通市场发展水平。

以制定全市药品流通行业"十三五"发展规划为动力，在政府主管部门的指导下，依托全国药品流通行业的资源与支持，立足上海药品流通市场的发展基础，积极发展以上海为中心、辐射华东、服务全国的现代药品流通体系，积极发展高效、安全、多层次的药品供应保障体系，积极发展企业主体参与、政府行政管理、行业自律规范三者共同作用的行业管理体制。

充分发挥上海作为全国药品流通的枢纽作用，保障基本药物、医保目录药品、百姓急需的疗效好、价格低廉的常用药和其他医用商品的安全有效供应，保障国内外药品储备和紧急供应任务。

充分发挥上海医药区域市场的领先优势，创新发展模式，加快结构调整，优化行业布局，发展现代药品流通方式，建成统一、开放、竞争、有序的药品流通市场，进一步做到"区域流通规模全国领先、市场集中度全国领先、行业创新转型全国领先、现代流通方式发展全国领先"。

充分发挥上海城市内联外合的自贸区的综合优势，进一步加强国内外医药工商企业的合作发展，支持医药工商企业做大上海市场、拓展国内市场、融入国际市场，努力提升上海药品流通行业集约化、现代化、国际化发展水平，在服务全国医疗卫生事业、维护人民群众健康等方面发挥更大作用。

B.12 2014年江苏省药品流通行业发展分析

陆文清*

摘　要：	在新医改的推进下，药品流通行业的市场竞争异常激烈。江苏省药品流通行业稳步发展，对社会税收的贡献持续增长，纳税额增幅远超行业销售、利润的增幅。面对行业发展中的制约因素，江苏省药品流通企业强化服务理念，开展物流延伸服务，充分整合上下游产业链，尝试体制和经营模式创新，加强质量管理和员工素质锻炼，行业经济稳步发展，精神文明建设也取得显著成果。
关键词：	江苏　药品流通　整合管控

2014年医药卫生体制改革向纵深推进，市场竞争异常激烈，江苏省药品流通行业进一步解放思想，与时俱进，开拓创新，把力量凝聚到立足企业发展、扎实经营工作、拓宽工作思路、开辟发展路径上。紧紧围绕企业发展目标，积极应对行业发展中的制约因素，迎难而上，顽强拼搏，发挥自身优势，拓宽经营思路，做精做细服务；利用商业价值，有效整合上下游产业链；规范经营管理，建立激励机制，推动各项工作走上科学发展道路。

一　江苏省药品流通行业发展运行数据

1. 整体规模

2014年全省药品流通行业购进总额1220.4亿元，比上年增长16%；销售

---

* 陆文清，江苏省医药商业协会秘书长。

总额达到1274.7亿元,同比增长16.8%。

截至2014年底,全省药品批发企业371家,其中药品现代物流企业19家;零售连锁企业258家;药品零售企业2.13万家,平均3465人拥有一家药店。药品批发零售企业遍布全省,极大地满足了城乡居民的购药需求。

2. 效益情况

2014年,全省药品流通企业主营业务收入952亿元,同比增长10.9%;实现利润总额15.7亿元,同比增长11.4%;平均费用率6.93%,基本与上年持平;平均利润率1.65%,增长0.11个百分点。

3. 销售结构

(1) 销售品类结构情况

按销售品类分类,药品类销售居主导地位,销售额933亿元,占七大类医药商品销售总额的78.00%;中成药类占13.91%;中药材类占2.85%;化学试剂类占1.69%;医疗器械类占1.62%;玻璃仪器类占0.03%;其他类占1.90%。

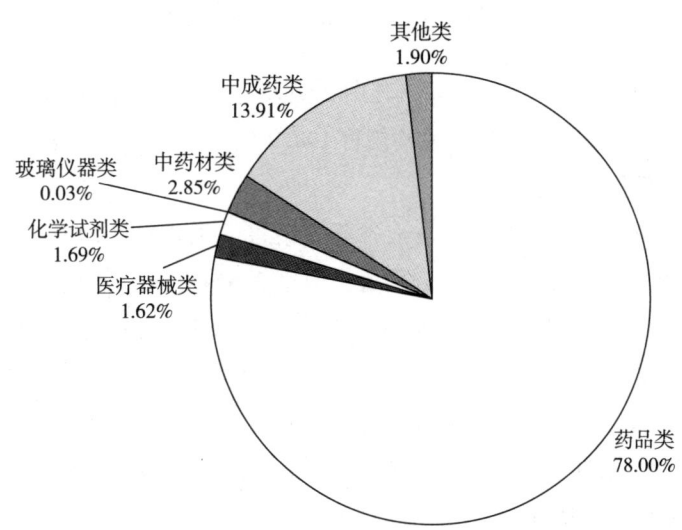

图1 2014年药品流通销售分析

(2) 销售对象结构情况

2014年,全省药品流通企业对商业公司销售为478亿元,占比达到37%;

对医疗终端销售532.8亿元,占比达到42%;对零售终端销售110.7亿元,占比达到9%;对居民直接销售为153.2亿元,占比12%。

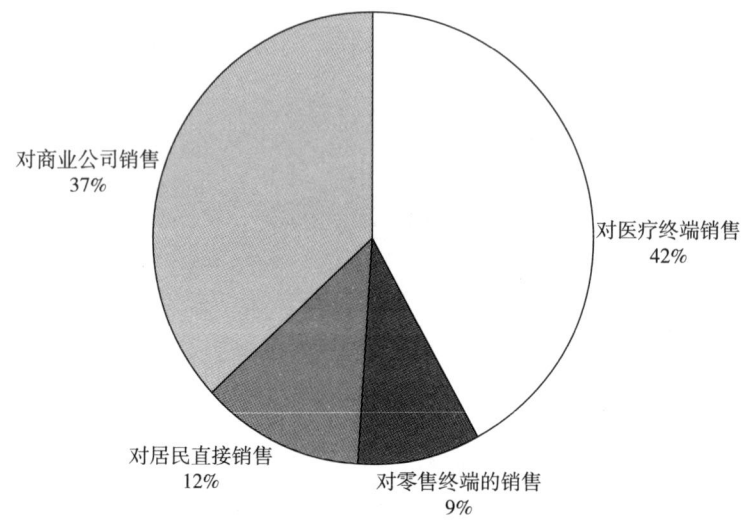

图2　2014年药品流通销售对象结构分析

对医疗机构销售532.8亿元,其中二级及以上医疗机构销售333.9亿元,占比62.7%;一级及以下医疗机构销售198.9亿元,占比37.3%。

4. 各地销售比重结构

从地区销售看,苏南地区是全省药品销售的主要地区,占比超过68%。13个省辖市药品销售总额比重分别为:南京316.4亿元,占比27.8%;无锡103.9亿元,占比9.2%;徐州32.9亿元,占比2.9%;常州120亿元,占比10.5%;苏州240.8亿元,占比21.2%;南通73亿元,占比6.4%;盐城47.2亿元,占比4.2%;扬州36.7亿元,占比3.2%;镇江24.4亿元,占比2.1%;泰州、宿迁、连云港、淮安共计142.7亿元,占比12.5%。

5. 行业集中度情况

全省前十家药品流通企业主营业务收入479.4亿元,占全省比重为50.3%,与2013年相比上升了0.27个百分点。其中南京医药股份有限公司主营业务收入220亿元,占全省前十家主要药品流通企业主营收入的45.9%。

全省主营业务收入20亿元以上的企业9家,比上年增加了3家,主营业

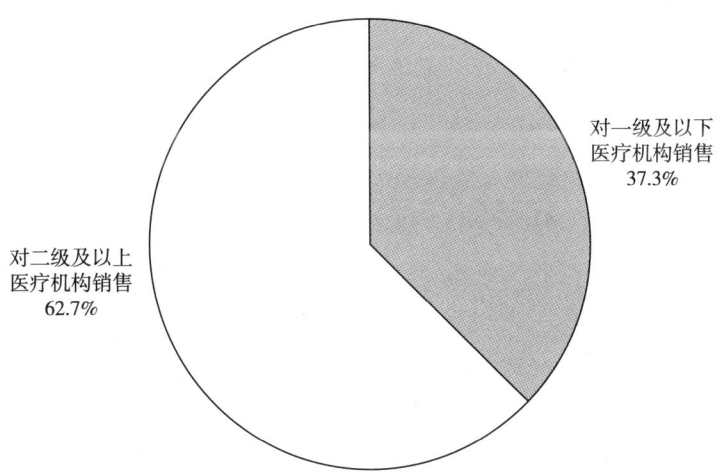

图3 2014年各类医疗终端销售占比

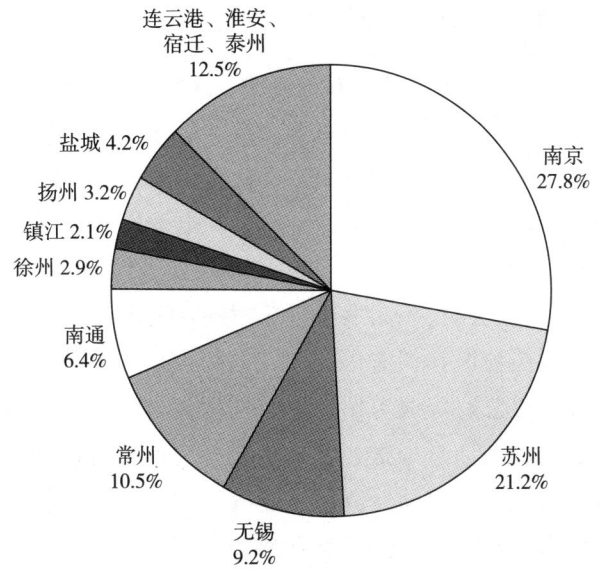

图4 各地销售比重

务收入合计460亿元，占全省的比重为48.3%，比上年增长了7个百分点。

6. 对GDP、税收和就业的贡献

2014年，全省药品流通行业销售总额占社会消费品零售总额的4.56%，占第三产业增加值的3.5%，均与上年持平。全省药品流通行业共吸纳就业30万~50万人。2014年，全省药品流通企业纳税额约18.7亿元，同比增长25%。

二 江苏省药品流通行业发展特点

（一）市场规模和经济效益稳步增长

销售方面，全省药品流通市场规模继续实现平稳较快增长，首次突破千亿元大关，同比增长16.8%。

利润方面，2013年由于企业GSP改造、商业公司对医疗机构投入加大等因素影响，利润总额自2012年的14.01亿元下降至13.47亿元。2014年，利润总额回涨至15.7亿元。

（二）现代医药物流建设力度持续加大

随着新版GSP执行，2014年各药品流通企业继续加大在物流建设上的投入，加快发展现代医药物流和第三方物流业务。据统计，直报企业自有配送中心数量同比增长14.29%，自有配送中心仓储面积同比增长9.3%，一些最新物联网技术和高位货架、PTL（picking to light，电子标签拣货系统）、自动分拣系统等高科技产品得到广泛应用。江苏九州通医药有限公司、江苏省医药公司、徐州医药股份有限公司、南京医药药事服务有限公司、南京医药（淮安）天颐有限公司、国药控股扬州有限公司、国药控股苏州有限公司、江苏亚邦医药物流中心有限公司等成为第三方医药物流企业代表，依托现代医药物流设备、技术和管理信息渠道，有效整合公司内外资源，通过优化药品供销配运环节中的验收、存储、分拣、配送等作业过程，提高订单处理能力，降低货物分拣差错率，缩短库存及配送时间，减少物流成本，提高服务水平和资金使用效益，实现药品配送的自动化、信息化和效益化，保障药品供应。

物流冷链建设也得到较大发展。江苏省医药公司获国家有关物流协会授牌《药品物流服务规范操作》试点单位；江苏省医药公司、国药控股江苏有限公司获中物联冷链专委会授牌《药品冷链物流运作规范》试点单位。

（三）医药物流延伸服务取得新进展

国家商务部于 2011 年 6 月启动"医药物流服务延伸示范工程"。2014 年在省商务厅引导下，药品流通企业积极探索、开拓创新，与医疗机构开展形式多样的医药物流服务延伸合作，将现代化、自动化的物流服务和药库药房管理方式引入医疗机构，取得了较好的社会效益。

南京医药股份有限公司与江苏省人民医院开展"药事服务集成化供应链项目"合作，包括面向供应商的药品统一采购信息平台，面向院内药库、药房的药品统一供应调配信息平台，面向药品物流及库存管理的仓储信息平台，通过信息集成实现医院药品精细化管理、质量追踪溯源；集成应用条码射频技术、自动化发药设备，提高了院内药品流通效率，降低作业差错率，减少药品损耗；医院药品运营绩效指标有了显著改善。该公司与南京市鼓楼医院共同开展医院药事服务项目合作，为院方开发包含药品仓储管理系统（SSPD）、急诊药房系统（SIEP）、门诊药房系统（SIOP）的院内药品物流管理系统，实现与医院 HIS 系统的集成，同时建立与供应商相连接的订单集成系统（OIS），实现与供应商 ERP 系统的集成，为鼓楼医院提升服务质量提供了创新性强的工具和手段，结合单元化包装的使用，也为提高管理精度、降低运营成本、提升服务质量提供了工具和手段。

华润苏州礼安医药有限公司与苏州大学附属第二医院合作的信息系统和二级库、门诊药房智能化项目，创造性地推进现代医药物流在新医改环境下医院药品流通中的应用，探索开展医药物流延伸服务。通过向医院有效延伸现代药品管理供应链，将现代医药物流管理系统 WMS（Warehouse Management System）与 HIS（Hospital Information System）有机结合，使医院药库、药房直至终端患者享受到科技、智能、专业化的现代医药供应服务保障，不仅有效解决了医院药品管理面临的诸多难题，而且有力地推进了医药流通体系的变革。

江苏省医药公司与南京军区总院、省中西医结合医院开展医疗用品储存及冷链智能管理系统合作项目，按照国家《药品管理法》、新版《药品经营质量管理规范》及《药品冷链物流技术与管理规范》有关标准要求，构建冷链医疗用品质量保证体系，通过合作项目使冷链药品在进销、储存、运输、使用中的每一环节均无缝对接，确保其疗效和质量。

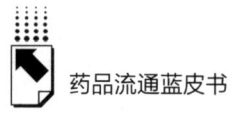

(四）医药电商逐步发展，零售连锁扩张势头放缓

2014年药品零售市场规模总体受医药电商发展及社会人口自然增长等因素影响呈现增长态势，销售规模达到110.7亿元，比上年增长29%。但受更多医疗机构实施药品零加成政策削弱药店价格优势、医保定点药房审批受限等因素影响，传统药店业务增长空间收窄，零售连锁市场规模扩张放缓。

2014年，部分优势零售连锁企业，如先声再康江苏药业有限公司、南京上元堂医药股份有限公司等，借助电子商务平台整合业务渠道、降低运营成本、提高交易效率，实现了线上与线下业务经营的共同发展。

全省56家药品流通直报企业中，拥有《互联网药品交易服务资格证书》的有37家，其中B2B（与其他企业进行药品交易）18家、B2C（向个人消费者提供药品）19家。

(五）基层用药规模增长

2014年，基本药物在基层得到广泛使用。基本药物零差率销售推动了基本药物的使用，全省基本药物销售增幅较大，批发企业配送额达125.37亿元，同比增幅26%，零售企业基本药物销售额2.01亿元，同比增幅120%。

(六）混合所有制模式在企业改革中有所实践

南京医药股份有限公司作为江苏省内排名第一的流通企业，于2014年引入境外战略投资者——世界级医药保健企业联合博姿，并于2015年与沃尔格林博姿联合公司开展实质性战略合作，实现互惠双赢、共同发展；同时以技术引领服务，借鉴外方先进管理、商业运作模式及经验，在中国新医改大背景下实现战略转型、管理变革、商业模式的创新与优化。这不仅是针对医疗卫生体制改革的一次有益尝试，也是对企业混合所有制改革的一次有益探索。

(七）大型企业加强深度整合管控

南京医药股份有限公司上市进入资本市场后曾一度辉煌，自2002年启动收购兼并以来，10年间陆续收购了苏皖闽等地区良莠不齐的医药企业，在网络覆盖逐步扩大的同时，企业形态触及地产、酒店、中西药品生产、电商、药品销售等众多领域，成为跨地区、集团化的特大型企业。截至2010年，企业已有70余家分子公司、8000多名员工。盲目投资及庞大的多种经营，加之并购整合后缺少有效管控等多种原因，使企业一度陷入严重亏损的窘境。近年来，该公司调整了领导班子，积极倡导并树立"业绩为王、投资讲回报、盈利光荣"的正确价值观，经过反复梳理及调研，将公司旗下包括外商禁止进入行业以及背离医药流通主业的所有非主营、非控股、非盈利企业资产全部剥离，回归药品流通"本行"，做企业自己最熟悉的产业，深耕市场、拓展业务、加强管控、开源节流、规范治理，实现了超出资本市场预期的业绩提升，"三非"清理也已基本完成。仅一年，南京医药的主营业务毛利额与三项费用之差与上年度同比减亏1.34亿元，归属于上市公司股东的净利润比上年增长257%，四项费用降幅近15%。2014年销售达246亿元，经营业绩继续向好，第一季度实现主营业务3年以来的首次盈利，第二至第四季度保持稳步增长，业绩达到企业发展史上最好水平。

国药控股股份有限公司自90年代末以来，在江苏省陆续控股10余家地市级医药批发商，2014年搭建省级平台进行资源整合，将国药控股江苏有限公司和国药控股苏州、南通、扬州等有限公司整合成国药控股江苏有限公司，通过组织制度安排和管理运作协调来增强竞争优势、提高客户服务水平，凸显企业核心竞争力，2014年实现销售98.8亿元。

华润苏州礼安医药有限公司自2011年加入华润医药商业集团后，在强化自身经营管理特色的同时，积极吸收华润医药流通平台的新鲜血液，进一步提升经营管理水平；对现行的各项管理制度、流程进行修订和完善，力争实现"制度管人、流程管事"的目标；为提高物流配送效率，进行配送中心WMS技术改造，为及时准确地进行药品配送提供了有力的保障。2014年，华润苏州礼安医药有限公司搭建省级平台，利用市级公司网络，聚焦"大医疗"市场，发展特色优质服务，打造专业化、高效率、重服务的医药商业领先品牌形象，年销售达82.4亿元。

（八）人才素质不断提高

2014年，随着全省药品流通行业转型升级的步伐不断加快，人才需求的

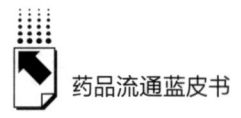

结构也发生了深刻变化。对采购、销售、中药调剂、物流各环节技能型人才的规模和质量提出了新的更高的要求，广泛提高劳动者素质、提升技能水平比以往任何时候都更为迫切。为提高江苏省医药商业行业员工的技术素质和服务质量，培养造就一支过硬的医药商业职工队伍，2014年5月16日江苏省商务厅、江苏省人力资源和社会保障厅、江苏省食品药品监督管理局、共青团江苏省委联合下发通知，在全省范围内开展药品流通行业岗位技能竞赛和江苏省医药行业特有职业技能竞赛活动。这是江苏省医药商业史上的第一次，全省2万多名员工积极参加预赛。通过由13个市42支队伍240多人参加的全省技能竞赛决出了37名选手参加9月"第二届全国药品流通行业岗位技能竞赛暨第三届全国医药行业特有职业技能竞赛"6个项目的决赛。选手们通过奋力拼搏取得了骄人成绩，总分名列全国第一，并荣获2个单项团体冠军（"国赛"一共6个单项），37名选手中有9人获个人一等奖、7人获个人二等奖、13人获个人三等奖，江苏省医药商业协会荣获优秀组织奖。

（九）质量管理，树立药品流通企业良好信誉

2014年，全省医药经营企业进行新版GSP认证。针对药品的计划采购、购进验收、储存养护、销售及售后服务等环节制定了规范的管理标准和操作流程，通过建立严格的管理制度来制约企业行为，对药品经营全过程进行有效的质量控制，防止质量事故发生，对售出药品实施有效的追踪管理，确保提供用户安全、有效的合格药品，有效防止质量事故发生、保证药品经营质量，提升企业信誉。通过严格执行GSP规范要求，建立完善的质量管理体系，强化药品供应商和终端客户质量管理、商品入库验收和在库养护现场管理、药品销售和售后服务管理，以规范为依据、制度为准绳，树立良好的企业形象和较高的质量信誉，让先进的质量文化深入人心，为更好地履行社会责任奠定基础。

（十）行业精神文明建设取得显著成果

2014年8月2日，江苏昆山中荣金属制品有限公司汽车轮毂抛光车间发生爆炸，造成重大人员伤亡，抢救工作迅即展开，近200名伤者分散在南京、苏州、无锡等地的15家医疗机构救治。南京医药股份有限公司、江苏省医药

公司、江苏省润天生化医药有限公司、华润苏州礼安医药有限公司、上药山禾无锡医药股份有限公司立即投入药品的保供工作中,并组织员工积极献血。

此外,南京医药股份有限公司旗下药事服务有限公司作为国家青奥会运动员用药品唯一配送商,为青奥会药品供应做好保障工作;江苏省医药公司获"江苏省精神文明单位"称号;江苏省医药公司国药商场、江苏省润天生化医药有限公司省人民医院门诊药店获省总工会"工人先锋号"授牌。

B.13
2014年四川省医药流通行业运行分析[*]

四川省医药商业协会

摘　要： 本文通过对典型企业的调查，运用翔实的数据介绍了2014年四川药品流通行业运行情况。文中主要分析了行业销售规模及综合效益、社会效益、经营环境、行业竞争力等内容，最后对行业发展趋势进行预测，并提出相应的对策建议。

关键词： 四川　医药流通行业　综合效益

2014年，四川省医药流通行业依托政府稳增长、保民生、促发展的大环境，把握机遇，开拓进取，行业规模效益稳步增长，呈现出质量提升、平稳增长、转型发展的良好态势。四川省医药流通行业的发展，已成为推动全省医药卫生事业发展、促进医药产业结构调整转型升级的重要力量。

一　四川省经济和卫生资源概况

四川省行政区划现辖18个地级市、3个民族自治州，181个县（市、区），列全国首位；全省人口8140.2万，列全国第4位、西部第1位。2014年，全省实现地区生产总值（GDP）28536.7亿元，增速比全国平均

---

[*] ①凡文中标注有资料来源的按文中标注。凡文中没有标注资料来源的，均来自于四川省医药商业协会对典型企业的调查。②四川省医药商业协会在对医药流通行业开展典型企业调查时，分类指标依次是按医药流通行业→批发业（包括对医院批发业态、物流批发业态）→零售业次序表述。③2014年四川省医药流通行业销售总额928亿元中，不包含成都荷花池中药材专业市场的营业额。

水平高1.1个百分点。全年社会消费品零售总额11665.8亿元，比上年增长12.7%。

2014年末，四川省医疗卫生机构80104个，医院1802家，基层医疗卫生机构75137个，妇幼保健机构202个，乡镇卫生院4575家，床位45.2万张；新型农村合作医疗制度覆盖全部涉农县（市、区），全年参合率99.3%；基本药物上网采购率99.2%；参加城镇基本医疗保险人数2581.2万人；养老服务设施总床位数36.1万张；建立社区服务机构10276个，其中城镇社区服务机构6806个。①

二 四川省医药流通行业概况

（一）企业数量

截至2014年末，全省共有药品流通企业7963家，其中批发企业1092家，零售企业6871家。零售企业中，零售连锁企业338家，下辖门店33968个，零售单店6533家，零售门店总数40501个。全省有810家药品批发企业是基本药物配送企业。②

（二）行业集中度

据四川省商务厅对直报企业的统计，销售额居前5位的药品批发企业销售合计占全省批发业销售总额的35.1%，且全部集中在成都市。销售额排第6~20位的15家企业中，9家分布于成都市，6家分布于绵阳、乐山、德阳、南充、攀枝花、达州。销售额居前5位的药品零售企业销售合计占全省零售业销售总额的33.5%，且全部集中在成都市。销售额居前10位的药品零售企业中，有5家分布于成都市，5家分布于绵阳、乐山、遂宁。③

---

① 《2014年四川省国民经济和社会发展统计公报》。
② 资料来源：四川省食品药品监督管理局。
③ 资料来源：四川省商务厅。

（三）从业人员

2014年末，全行业从业人数约35万人，比"十一五"末增长16%。

（四）资产规模

2014年全行业资产总计645亿元，其中批发企业566亿元，零售企业79亿元；比"十一五"末期2010年的475亿元增加170亿元，增长率为35%。①

三 行业销售规模及综合效益

（一）销售规模

据四川省统计局统计，2014年四川省医药流通行业销售总额为928亿元，同比增长18.5%，高于全国增幅。其中，批发764亿元，占82.4%，同比增长10%；零售164亿元，占17.6%，同比增长16.4%，比全国零售增长水平高出1个百分点。

（二）综合效益

根据四川省医药商业协会对典型企业经营效益进行的调查，行业主要指标平均水平如下。

1. 主要经济效益指标

对医院批发毛利率为6.5%，费用率为5.1%，利润率为1.4%；物流批发毛利率为2.5%，费用率为2.2%，利润率为0.3%。零售业毛利率为32%，费用率为27.2%，利润率为4.8%。

2. 行业购、销、存动态

以2010年为基期，截至2014年限额以上医药批发零售商品购、销、存动态如图1所示。

---

① 《四川省第三次全国经济普查主要数据公报》。

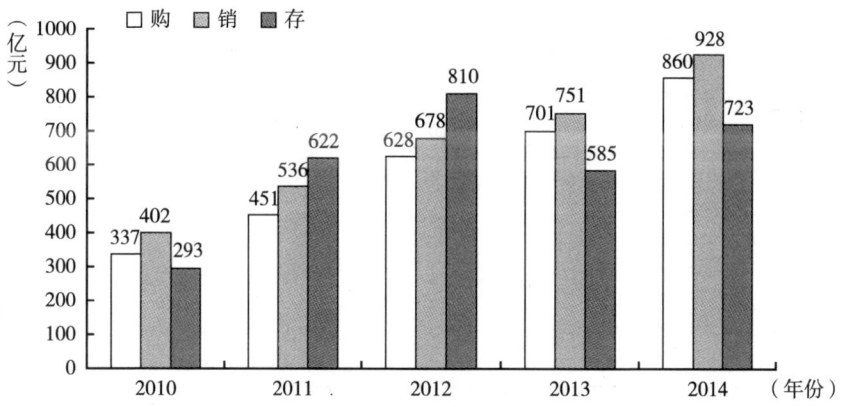

图 1　2010~2014年限额以上医药批发零售商品购、销、存动态

资料来源：四川省统计局。

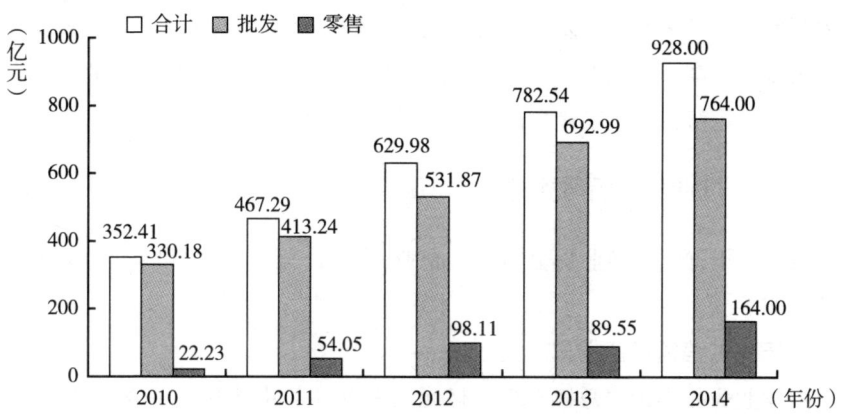

图 2　2010~2014年医药批发零售业商品销售额

资料来源：四川省统计局。

通过对2010~2014年限额以上批发零售业主要商品销售情况的计算：批发业平均增长速度为0.87%，零售业平均增长速度为2.37%，行业平均增长速度为0.28%。

从2014年1~12月医药零售分月销售动态来看，下半年增幅显著。四川省医药商业协会的市场调查显示，主要影响因素有：一是随着政府对大健康产品给予一定的政策松绑，保健食品、专卖奶粉、家庭个人健康服务产品等销售

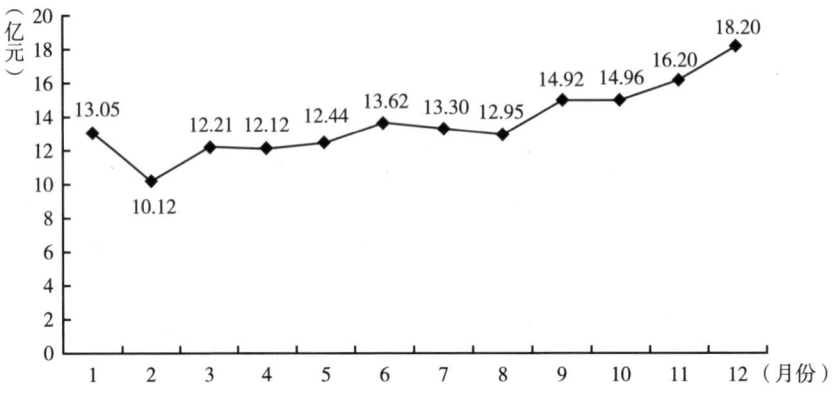

图3 2014年1~12月医药零售分月销售动态

资料来源：四川省统计局。

额大幅增长；二是部分医院门诊处方用药外购经过市场竞争后，零售药店价格优势明显，凝聚了一定的人气；三是已通过新修订药品GSP认证的零售药店凝心聚力抓经营，促进了销售的增长。

（三）行业经营品类结构

根据四川省医药商业协会对典型企业的调查，药品批发和零售企业经营品种结构如下。

1. 按品种销售类值划分

批发业药品类销售总额612.5亿元，占66%；中药材类（含饮片）222.7亿元，占24%；医疗用品及器材类92.8亿元，占10%。零售业药品类（包括中西药类）销售总额158.8亿元，占97%；医疗用品及器材类5.2亿元，占3%。

2. 按品种类别结构划分

四川省药品招标挂网目录品种合计17143个，其中国家基本药物3956个，占23.08%；四川省补充基本药物2462个，占14.36%；非基药品种10725个，占62.56%。基本药物上网采购率达99.2%。

3. 按经营品规划分

批发业经营品规合计11050个，其中西药类3206个，占29%；中成药

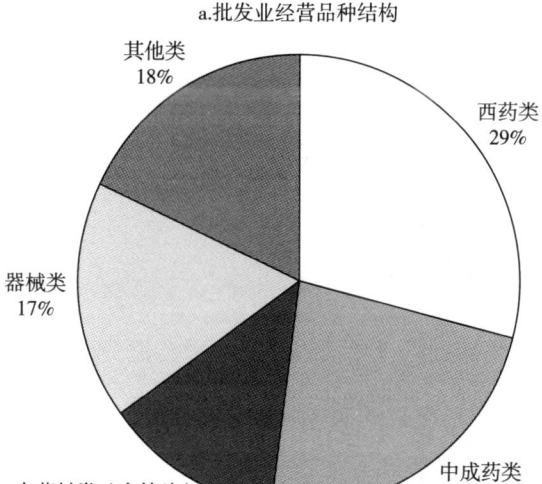

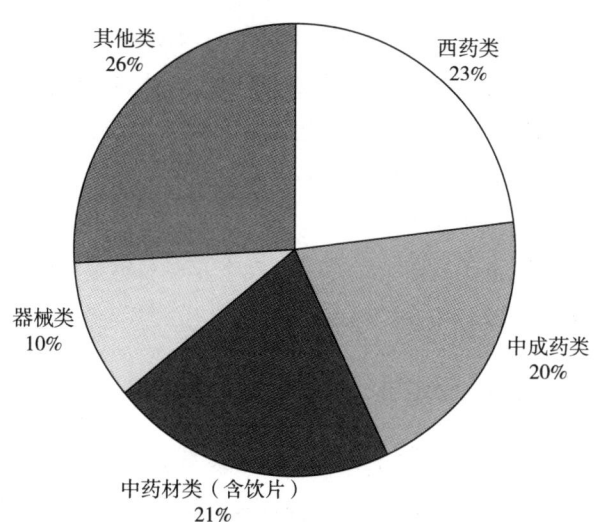

图4 2014年医药批发和零售业经营品种结构

类2570个，占23%；中药材类（含饮片）1395个，占13%；器械类1897个，占17%；其他类（保健品、药妆品等）1982个，占18%。零售业经营

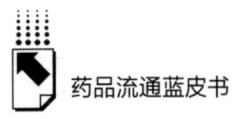

品规合计6941个，其中西药类1591个，占23%；中成药类1356个，占20%；中药类1439个，占21%；器械类728个，占10%；其他类（保健品、药妆品等）1827个，占26%。

四 行业社会效益

（一）对社会经济贡献率

2014年，四川省药品流通行业销售总额占社会消费品零售总额的比例为7.9%，占第三产业增加值的比例为8.8%。

（二）履行药品储备职责

四川省医药流通行业忠实地履行了政府赋予的药品储备保障职责。在近年四川发生的"5·12"汶川特大地震、"4·20"芦山地震等重大灾疫情突发事件中，企业在第一时间快速反应，集中全部人、财、物资源，全力以赴地投身抢险救灾第一线。国药控股四川医药股份有限公司从20世纪70年代就成为国家急救药品储备基地，90年代成为省级医药品储备单位，多年来在满足省内、外灾疫情及突发事件对药品的紧急需要方面发挥了重要作用。市州级医药储备承储企业达州天泰药业集团有限公司、太极集团德阳大中药业公司和绵阳药业集团公司、南充药业集团有限公司等一大批企业在多年医药应急供应中均做出突出贡献，皆因此获得各级政府的表彰。

（三）坚持最后一公里配送

四川省甘孜藏族自治州位于青藏高原东南缘，总面积15.3万平方公里，辖18个县329个基层医疗机构，最远的石渠县距离成都1000多公里，地理环境复杂、交通不便、路况差、配送困难，大部分基层医疗机构不通互联网，实施国家基本药物制度，基药通常价值低、金额小、配送成本高，许多企业不愿配送，致使边远地区群众用药出现严重短缺，对少数民族地区的稳定带来了不良影响。国药控股四川医药股份有限公司主动承担了基药的全部配送工作，深入甘孜州各县卫生部门了解实际情况，在短短的一个月时间内发出药品3100

件，出具票据5400多张。目前，该公司配送基本药物已覆盖甘孜州18个县，最偏远和缺药最严重的石渠、色达、新龙等县均已送达。如此情况并搞好配送的还有地处凉山彝族自治区的西昌医药站，其以企业自主之力努力解决当地群众用药难的问题，践行了国有企业勇挑重担的社会责任。

中江县是位于川中丘陵地区西部的农业大县，县级以下基层医疗机构46家、村卫生站600家，最远距离100公里。中江神龙医药有限公司长期担负着对全县基层医疗机构的配送工作，该项业务年销售为9000万元，其中配送的品种50%以上是价格倒挂品种。此类公司代表着遍布全川、连接山乡的基层药品流通企业，忠实履行"最后一公里配送"职责，为政府分忧解难，为保障边远地区群众安全用药、维护社会和谐稳定发挥着积极作用。

五 行业经营环境

（一）政策助推行业发展

1. 医改撬动药品市场

2014年初，四川省政府发布了《四川省深化医药卫生体制改革2014年主要工作安排》，把加强基本药物配送和回款管理、全面实施城乡居民大病保险、采取多种形式推进医药分开、增强基层和边远地区的药品供应和保障能力作为医改的重要突破口，各项配套政策措施也陆续出台，拉动了全省药品需求的快速增长。

2. 行业管理部门履职尽责

2014年，商务部发布了《关于做好2014年全国药品流通行业管理工作的通知》，同时还牵头6部门发布了《关于落实2014年度医改重点任务提升药品流通服务水平和效率工作的通知》，彰显了行业主管部门履行管理职责的高度和力度。四川省商务厅结合四川实际，立足抓规划强基础，指导行业协会工作，提高行业综合素质，运用商务厅对中小企业的扶持政策，为企业牵线搭桥、排忧解难。

3. GSP历练浴火重生

2014年是实施新修订药品GSP认证年。全省各级食品药品监管部门认真开展宣传培训和咨询指导，全省批发零售企业全力以赴，投入大量资金改造设施设备。国药控股四川医药股份有限公司成为全国首批、四川首家新修订药品GSP认证企业。全省GSP认证工作成效显著，截至2014年底全省已通过新修订药品GSP认证的批发企业有554家，占应认证批发企业总数的51%；零售企业有10858家，占应认证零售企业总数的26.6%。经过GSP的历练，企业硬件、软件焕然一新，质量管理水平和经营能力跃上了新台阶。

4. 协会搭台、企业唱戏

2014年，全省各地区医药流通行业协会组织蓬勃发展。四川省医药商业协会在省商务厅的指导下，努力履行"服务会员、服务行业、服务政府、服务社会"职责，着力提升和打造协会网站期刊的内涵和特色；开展新修订药品GSP认证培训；协助中国医药商业协会成功举办全国药品流通企业高级职业经理人培训班；开展专题调研，撰写四川省医药流通行业运行统计分析报告。零售分会积极向政府建言，提出发展大健康产业零售药店应多元化经营、启动"奶粉专营销售"试点等建议。

（二）存在的问题和企业诉求

1. 医药分业需要公平竞争

目前医药分业的试行，又出现一些新情况及问题：一是药品招标二次议价和带量采购未落实，造成药品招采失衡、廉价药供应断档；二是医院实行电子处方限制了药品外购，患者得不到实惠。企业希望政府营造更宽松的公平竞争环境，医院应允许患者凭处方外购药品，既方便患者又能让患者得到更多的实惠，同时要充分发挥社会药店在医改和资源配置中的积极作用。

2. 市场秩序混乱待治理

有人利用批发市场"过票"，零售市场"回购""套现"等违法违规手段获取高利。此乱象说明行业中少部分企业自律能力差，又长期得不到有效的监管和治理。

3. 行业发展需要宽松政策

一是行政过度限制多元化品种经营，使得企业面对消费者需求无能为力，对引进和开发新兴大健康产品无所适从，从而使得全省医药零售行业在全国竞争格局中错失发展良机。二是有的地区行政审批效率低，导致企业开办新药店成本增加。三是有的市州对药店布点除限定距离外，也限制每年开店的申报时间，企业眼睁睁地看着开业机会的流失。

4. 药品配送的扶持政策乏力

据四川省医药商业协会对凉山彝族自治州西昌医药站、甘孜阿坝地区的部分医药企业的调查，民族和边远地区存在地广人稀、经济落后、交通不便的实际情况，配送费用极高，疗效确切实用的药品因其附加值低、经营亏损而无企业愿意做，造成药品保障度下降，医药企业的社会价值和社会责任被严重削弱。希望政府对民族和边远地区要因地制宜区分对待，按实际情况出台相应的扶持政策，对当地医药企业予以适当的扶持。

5. 运营费用持续攀升

据四川省医药商业协会对零售连锁典型企业的调查，近两年来零售业门面租赁费、人力成本费等经营费用不断增加，如成都市区近三年门面租赁费用年平均增长率达14%，人力成本费的平均增长率达8%，给零售企业经营带来更大的成本压力。

6. 医疗机构严重拖欠企业货款

医疗机构严重拖欠企业货款的局面无根本好转，医疗机构欠款平均周期在120天以上。而当前流通企业在购进招标品种、基药和合资药品时更难以占有上游资金，随着对医院销售量的扩大，企业垫付的资金也随之增加，资金链运行如履薄冰。

7. 资本运作进度缓慢

作为西部经济大省的四川，药品流通行业集中度偏低，总体仍呈小、散、弱的局面。行业资本重组和企业证券化运行进度缓慢，全省药品流通企业至今在上市公司板块中仍为空白，与其他省市相比显然落后一步。

六 行业竞争力

（一）批发业

1. 对医院批发业

2014年，随着新医改政策的不断推出，针对医院的批发业一直致力于调

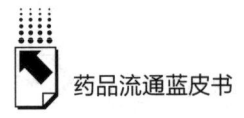

整营销策略、创新经营以顺应变革。企业尽力搭建延伸服务平台，建立与医疗机构互惠互补的营销关系。国药控股四川医药股份有限公司开发的"医药供应链协同管理平台"立足于帮助医院节约运行成本、提高信息传输效率、提供科学有效的延伸性增值服务，在省内试点推广后收效良好，已被国家商务部市场秩序司列入全国第一批医药物流服务延伸示范单位。

部分企业还抓住当前医院开展医改试点的机会，主动参与其药房托管或承包，通常是由医疗机构经筛选后集中极少商家形成药品联合供应体，对全院药品整体打包采购，以量换利，降低采购成本。联合供应体实行分包采购，统一配送，统一清算，医疗机构加强管理并与绩效考核挂钩。当企业的优质服务获得医院认同而形成长期的合作联盟时，企业则可稳固医院销售终端并获得供应链上的主动地位。当前，全省已有10余家药品批发企业实行了该模式，收效较好。

2. 物流批发业

随着四川省医药物流市场竞争格局的变化，企业加大投资寻求转型发展。继国药控股四川医药股份有限公司、四川科伦医药贸易有限公司、太极集团成都西部药业有限公司三家获得第三方医药物流资质后，一批新兴的具有实力的物流企业异军突起。四川科盟医药集团在广汉规划用地1400余亩，总投资逾50亿元建设IHC健康城；四川海棠医药有限公司置地100亩，总投资3.8亿元打造乐山"健康城"项目。这些集展贸中心、第三方医药物流、电子商务、医药大健康产品研发营销等多功能为一体的现代医药大健康产业，彰显了四川省医药物流批发业正在向规模化、集约化的战略性转型发展。

（二）零售业

四川省医药零售行业有着悠久的中药经营传统。四川德仁堂、杏林大药房、太极大药房、百信大药房、全泰堂、四川大药房等一批零售企业，或是百年传承的中华老字号，或是应市场竞争而生的行业新锐，它们利用其厚重的企业文化渊源、专业的中药人才和精湛的调制工艺，与成都中医药大学等院校合作，以强大的名老中医和中药技术队伍作支撑，精心打造各具特色的中医馆、药膳餐厅、健康养生超市等，集专家坐堂、理疗养生、中西药经营、煎熬炮制、健康管理、学术交流等服务于一体，在推行大健康国策的背景下，既发扬了中医药博大精深的养生理疗功能，又贴近和方便了普通百姓，是四川城市商海中一道靓丽风景和最具特色的名片。

目前四川医药零售连锁企业已经携传统经营向互联网和实体店的结合而起飞，已经成为社保和医改政策中不可或缺的力量，实现了从初级的圈地布点到打造经典、提升品质的跨越，从单一的商业经营走向了工商联合、多方位投资转型。四川医药零售品牌在传承和竞争中快速崛起。

（三）中小企业联盟

由四川物流批发龙头企业之一的四川科伦医贸牵头组织的300家中小医药企业为配送网络的四川"蓝海联盟"，由四川省医药行业协会商业分会牵头组织的二、三线城市的122家中小企业联盟，在市场竞争中抱团生存、互帮互动。通过整合联盟网络广阔的分销渠道，显示了带量购进的优势，总结出了"工商一体、集采统分、直营直配"的联盟合作形式，是四川省医药流通行业具有特色的经营形式之一。

（四）资本运作

2014年，在四川省委、省政府提出引央企入川、加快发展四川经济的战略指引下，四川省医药股份有限公司成功地实现了与央企国药控股股份有限公司的重组，成为国药控股股份有限公司在川控股子公司，并更名为国药控股四川医药股份有限公司。该公司加入国控，体现了央企与地方企业互利共赢、共谋发展的理念，开创了中央企业与四川省属企业之间交叉持股、共同发展的新模式。

四川科伦医药贸易有限公司收购宜宾永康医药公司、成都百信药业公司参股石家庄春生堂大药房，更多的医药流通企业或投资民营医疗机构或注资大健康产业项目，举资本之力在省内外医药大市场上长袖起舞。四川医药流通资本市场正风生水起，前景广阔。

（五）互联网药品交易业

截至2014年5月末，全省具有互联网药品交易服务资格的企业有15家，

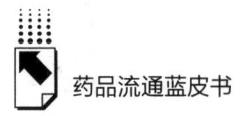

占全国获得资格企业数的6.2%；其中具有网上药店资格的企业有9家，占全国获得资格企业数的5.2%。成都天地网公司成为全国第一批中药材电子商务平台示范企业，其中药材电子商务交易平台"中药材买卖通"覆盖全国近400个中药材品种、3500多个规格，在平台上挂单销售的中药材信息超过10万条，2013年完成2万余笔交易，累计交易金额超过3亿元，撮合交易额达140亿元。①

七 行业发展趋势预测与对策措施

（一）趋势预测

2015年及未来几年，全省医药流通行业将继续保持平稳增长态势，预计行业发展将呈现以下趋势。

1. 医药卫生体制改革将提供良好的外部环境

2014年6月，省政府办公厅印发《四川省深化医药卫生体制改革2014年主要工作安排》，明确提出"加强基本药物配送和回款管理；全面实施城乡居民大病保险；采取多种形式推进医药分开，增强基层和边远地区的药品供应和保障能力"。2015年3月，省政府办公厅印发了《四川省加快医药产业创新发展的实施意见》，明确要将四川打造为中国重要的医药产业创新高地、现代中药产业基地和健康服务业基地，提出自主创新驱动、市场流通拓展等七项重点工作计划。四川省卫计委还下发了《四川省医疗机构药品带量采购指导意见》。各项政策措施的陆续出台，将优化药品流通行业发展环境，带动药品需求的快速增长，为行业发展创造广阔的市场空间。

2. 潜在消费需求大

四川省常住人口老龄化程度居全国各省（市、区）第2位，预计2020年四川老龄人口相对比重将翻番。今后几年，全省城镇化率也将快速提升，到2020年达到全国平均水平。未来5年，全省城乡居民收入将实现翻番，到

---

① 资料来源：四川省商务厅。

2020年与全国同步全面建成小康社会。随着城镇化进程加快、城乡居民生活质量不断改善和健康意识增强、人口老龄化速度加快,对药品的刚性需求和多样化需求将呈不断增长态势。与此同时,当前四川省正在按照"以人为本、统筹推进,政府引导、市场驱动,深化改革、创新发展"的原则加快发展健康服务业,满足广大人民群众多层次、多样化的健康服务需求。到2017年,健康服务业占GDP的比重有望超过7%,到2020年将达10%左右。健康服务业的加快发展,将推动行业从单一的药品流通向药品、医疗器械、保健用品、保健食品、健身产品等大健康产品流通发展。医药零售行业将成为推动全省健康服务业大发展的一支重要力量。

3. 新政策的出台将影响行业竞争格局

新一轮药品招标政策的出台将继续影响药品行业竞争格局,药价水平预计总体下行,药品结构将继续调整;互联网药品经营监督管理法律规范的研究出台,将为互联网医药电子商务和传统零售业态的发展和格局调整带来较大影响,互联网医药电子商务将呈现快速发展态势。

4. 行业集中度将继续提高

企业将继续向提高集中度和扩大规模方向发展。国内医药龙头企业跨地区兼并重组,将对四川省医药流通企业带来较大的影响。

医药批发企业加强区域布局,拓展各种形式的延伸服务,扩大销售网络,或直接投资民营医院。零售连锁企业以实施品牌发展战略为契机,加快药品零售市场上连锁化经营的步伐。

(二)对策措施

四川省医药流通行业要不失时机地抓住四川医药产业发展的大好时机,促进行业快速发展。一是把握新一轮药品招标的契机,积极参与**探索**医药分开改革,争取实现行业效益的最大化;二是要承接政府"两保"政策并轨和放开药价带来的市场空间,加快品种结构调整;三是要借力国家关于促进西部大开发的各项政策,招商引资和加强联合;四是要注入四川医药资本市场更新、更强的活力,提高行业集中度,加快证券化运行进程;五是要实质性地开展工商之间的合作,鼓励有实力的药品流通企业做大做强,通过收购、合并、托管、参股和控股等方式实现规模化、集约化、跨区域发展;六是要加快推广线上、

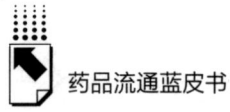

线下融合的O2O营销模式,推动药品零售业积极探索多元化经营的理念和经营形式,积极发展大健康类产品经营,开展健康咨询、开办中医馆等多项便民服务,满足群众自我诊疗和康复保健等多方面需求。

新常态带来新希望,新目标开启新征程。四川省医药流通行业将在2015年翻开行业发展篇新的一页。

中国药品零售篇

Chinese Drug Retail Reports

2014年中国药品零售市场分析

中国医药商业协会

摘 要： 2014年药品零售市场销售规模总体呈现弱增长，前100位药品零售连锁企业销售总额占比下降，以零售业为主的上市公司在资本市场上估值较高，药品零售行业互联网交易服务和创新经营服务模式发展迅速。

关键词： 药品零售市场 互联网交易服务 创新经营服务

一 药品零售市场发展概述

2014年是实施"十二五"规划的关键一年。随着医疗体制改革的持续深入、医药市场对外开放程度的不断加深及药监部门对零售企业监管力度的进一步加大、监管法律法规的完善实施，药品零售行业在2014年面临的机遇和挑战是前所未有的。2014年药品零售市场的增速与过去三年年均10%以上的增速相比，已经从高速增长过渡到弱增长。同时，企业把握机遇，驱动创新，呈现出质量提升、平稳增长、转型发展的良好态势。

（一）药品零售市场整体情况

1. 药品零售市场整体规模

2014年药品零售市场销售规模总体呈现增长态势，但增速放缓。据统计，2014年药品零售市场销售总额（含八大类商品①）为3004亿元，扣除不可比因素，同比增长9.1%，增幅比上年回落2.9个百分点。

截至2013年底，全国共有药品零售连锁企业3570家，同比增长14.9%；下辖门店15.82万家，同比增长3.7%；零售单体药店27.44万家，同比增长1.2%；零售药店门店总数达43.26万家，同比增长2.1%②。

2014年药品零售连锁企业前100位销售总额为845.29亿元，占同期药品零售市场销售总额的28.1%，同比下降1.9个百分点，表明行业集中度较低，药品零售市场呈碎片化。

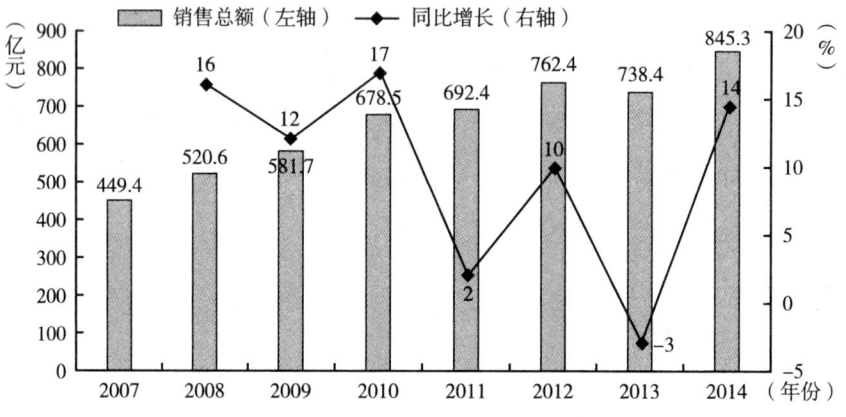

图1　2007～2014年药品零售连锁前100位企业销售总额统计

---

① 八大类商品指化学药、中成药、食品（含保健品）、中药材（含中药饮片）、医疗器械（含家庭护理）、药妆品、日用品、其他商品。
② 资料来源于国家食品药品监督管理总局。尚未公布2014年药品流通企业数量，故引用2013年数据。

2. 前100位药品零售连锁企业经济效益情况

2014年，前100位药品零售连锁企业平均利润率为4.1%，与上年持平（见图2）；平均毛利率为26.7%，比上年上升0.2个百分点；平均费用率为22.7%，比上年上升1.7个百分点。

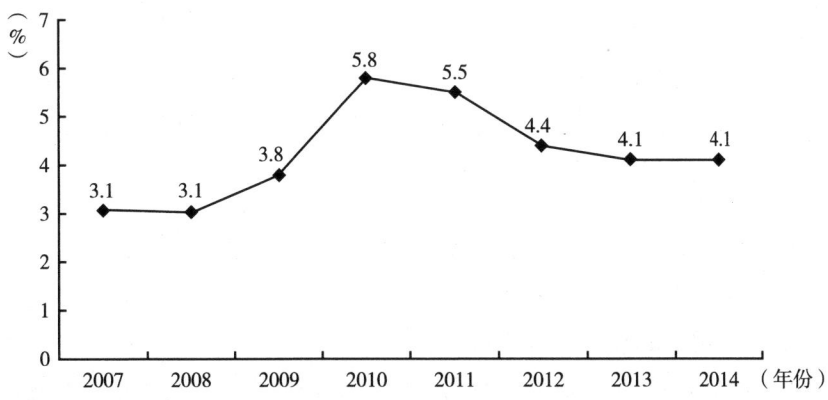

图2 2007~2014年药品零售连锁前100位企业利润率统计

资料来源：商务部药品流通行业统计系统，部分取自中国医药商业协会。

3. 前100位药品零售连锁企业区域分布结构

从2014年前100位药品零售连锁企业的分布情况来看，排前11位的省市依次为上海、浙江、湖南、江苏、四川、北京、山东、广东、云南、湖北、河北（含并列）。11个省市企业数量占前100位企业数量的68%（见表1）。

表1 2014年药品零售连锁前100位企业区域数量分布

单位：家

序号	地区	企业数量	序号	地区	企业数量
1	上海	11	8	广东	5
2	浙江	11	9	云南	4
3	湖南	7	10	湖北	4
4	江苏	6	11	河北	4
5	四川	6	12	重庆	3
6	北京	5	13	黑龙江	3
7	山东	5	14	贵州	3

续表

序号	地区	企业数量	序号	地区	企业数量
15	江 西	3	22	山 西	2
16	辽 宁	2	23	甘 肃	1
17	吉 林	2	24	河 南	1
18	广 西	2	25	新 疆	1
19	安 徽	2	26	宁 夏	1
20	内蒙古	2	27	福 建	1
21	陕 西	2	28	海 南	1

资料来源：中国医药商业协会。

2014年，前100位药品零售连锁企业销售额居前10位的省市依次为上海、广东、湖南、云南、北京、重庆、辽宁、四川、江苏、浙江，与区域企业数量排序不完全一致，这说明多数区域药企规模与数量成正比，个别省市如重庆、辽宁的药企数量较少但具有规模优势。10个省市销售额占前100位企业销售总额的78.95%（见表2）。

表2 2014年药品零售连锁前100位企业区域销售额分布

单位：%

序号	地区	销售额占比	序号	地区	销售额占比
1	上 海	15.58	15	吉 林	1.48
2	广 东	11.99	16	贵 州	1.28
3	湖 南	9.89	17	江 西	1.25
4	云 南	9.30	18	甘 肃	1.14
5	北 京	9.28	19	河 南	1.05
6	重 庆	7.67	20	广 西	0.97
7	辽 宁	3.98	21	安 徽	0.77
8	四 川	3.90	22	陕 西	0.73
9	江 苏	3.77	23	内蒙古	0.61
10	浙 江	3.59	24	山 西	0.51
11	山 东	3.15	25	新 疆	0.34
12	湖 北	3.11	26	宁 夏	0.29
13	河 北	2.13	27	福 建	0.27
14	黑龙江	1.71	28	海 南	0.26

资料来源：中国医药商业协会。

4. 药品零售企业在资本市场上的现状

从收入增长情况来看，17家药品流通行业上市公司在2014年实现主营业务收入总和为4767亿元，与上年相比增长18.95%；其中以零售为主或零售业务比重较大的上市公司，除新上市的一心堂之外，其他如桐君阁、海王星辰、第一医药等基本上仍保持着个位数的增长率。但是零售业务毛利率相对分销业务较高，海王星辰和一心堂甚至超过了40%。近年来零售企业因为租金和人工成本逐年提高，所以费用率也相对较高，比如，海王星辰的费用率高达41.19%，一心堂为30.84%，桐君阁和第一医药因为零售比例较大，三项费用率均超过10%。

药品流通企业虽然属于传统行业，但由于未来存在巨大的整合空间和互联网化升级的潜力，资本市场也给予了较高的估值水平。

表3 2014年医药流通类上市公司基本指标

单位：万元，%

序号	公司名称	股票代码	上市地点	2014年主营业务收入	同比增长	2013年主营业务收入	同比增长
1	国药控股	HK1099	香港	20013126	19.94	16686614	22.24
2	上海医药	600849	上海	9239889	18.12	7822281	14.90
3	九州通	600998	上海	4106840	22.82	3343805	13.32
4	国药一致	000028	深圳	2395433	12.99	2119947	17.70
5	南京医药	600713	上海	2207578	14.76	1873779	3.96
6	华东医药	000963	深圳	1894738	13.34	1671799	14.67
7	中国医药	600056	上海	1785737	20.42	1482951	49.77
8	英特集团	000411	深圳	1407381	13.78	1236930	16.80
9	国药股份	600511	上海	1153834	14.45	1008147	17.34
10	瑞康医药	002589	深圳	778591	31.39	592584	28.24
11	柳州医药	603368	上海	565535	24.35	454780	27.82
12	嘉事堂	002462	深圳	557215	57.22	354427	38.77
13	桐君阁	000591	深圳	474878	2.45	463530	-1.55
14	一心堂	002727	深圳	442841	24.86	354666	24.79
15	海王星辰	NPD	纽约	295331	9.42	269910	5.85
16	浙江震元	000705	深圳	208123	3.13	201815	12.34
17	第一医药	600833	上海	141475	4.92	134839	-0.68
	合计/平均			47668545	18.95	40072804	18.64

资料来源：上市公司年报。

以上上市公司中，既有批零一体化的公司，也有以药品零售为主业的公司，如一心堂、桐君阁、嘉事堂、海王星辰、第一医药等。

（二）药品零售市场品类销售结构

1. 品类销售结构

据典型样本城市零售药店2014年品类销售统计，在零售药店多元化经营中，各类商品近两年来基本格局保持不变（见图3）。在所统计的零售药店经营的八大类商品销售额中，化学药、中成药、食品（含保健品）的销售额一直居于前三甲（见表4）；药品（包括化学药、中成药和中药材）在连锁药店的销售比重总体保持稳定，基本保持在药店销售总额中70%以上的比例。

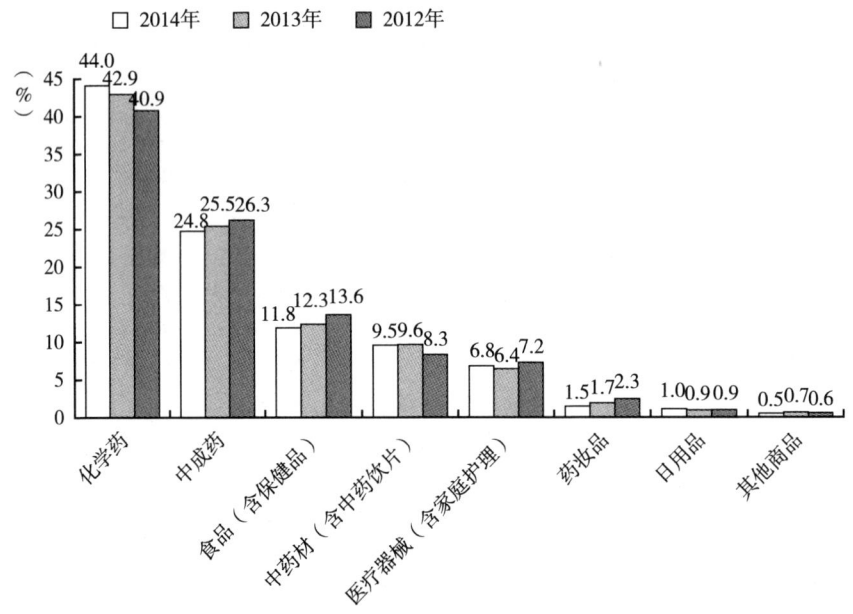

图3 2012~2014年典型样本城市零售药店销售品类结构分布

资料来源：中国医药商业协会。

化学药、中成药销售额季节性波动明显，化学药第二季度销售旺盛、第三季度销售下滑；中成药第一、第四季度销售旺盛；食品（含保健品）销售额

表4 2014年与2013年典型样本城市零售药店大类产品销售占比

单位：%，个百分点

大类名称	2014年		2013年		占比变化
	份额	排名	份额	排名	
化学药	44.0	1	42.9	1	1.1
中成药	24.8	2	25.5	2	-0.7
食品（含保健品）	11.8	3	12.3	3	-0.5
中药材（含中药饮片）	9.5	4	9.6	4	-0.1
医疗器械（含家庭护理）	6.8	5	6.4	5	0.4
药妆品	1.5	6	1.7	6	-0.2
日用品	1.0	7	0.9	7	0.1
其他商品	0.5	8	0.7	8	-0.2

注：样本范围为18个城市32家药品零售连锁企业，共2200家门店。
资料来源：中国医药商业协会。

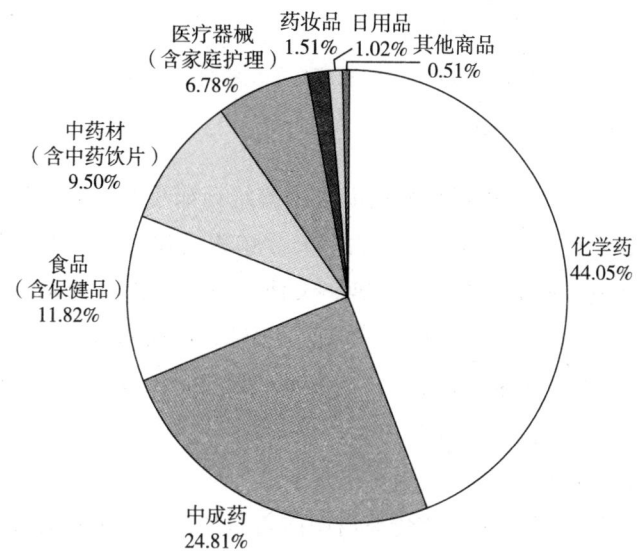

图4 2014年典型样本城市零售药店销售品类结构分布

资料来源：中国医药商业协会。

始终保持平稳态势，且所占比例基本稳定，反映了食品（含保健品）市场需求受季节影响不大；中药材（含中药饮片）在第三季度销售额增幅较大，在其他三个季度销售平稳；药妆类产品的销售额在全年各季度一直保持稳定（见图5）。

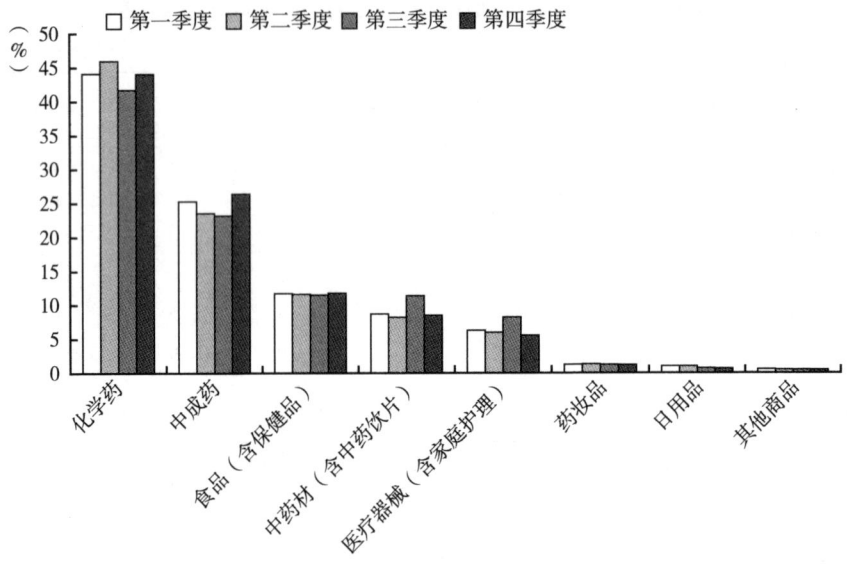

图 5　2014年连锁药店各季度销售品类占比

资料来源：中国医药商业协会。

2014年典型样本城市零售药店品类销售统计如表5所示。其中，化学药方面，黑龙江、广东、河北、内蒙古、天津销售占比过半；中成药方面，上海、山东、宁夏、河南、湖南、广西、天津、浙江销售占三成以上；中药材（含中药饮片）方面，江苏、北京、河北、福建、湖南销售占一成以上；食品（含保健品）方面，山东、湖南、广西、浙江销售占两成以上；医疗器械（含家庭护理）方面，北京占一成以上。

2. 品种销售结构

2014年，典型样本城市零售药店国产药品与合资药品销售占比均略有下降，而进口药品销售占比略有上升。如图6所示，在化学药类、中成药类销售中，国产药品占主导地位，占比为68.02%，较上年下降1.03个百分点；合资药品占20.21%，较上年下降0.25个百分点；进口药品占11.77%，较上年上升1.28个百分点。药品流通企业应关注市场品种变化情况，积极引进新的品种，采购优质国内品种，向上游厂家介绍适合市场销售的相关品种的信息。

表5 2014年典型样本城市零售药店区域大类产品销售结构

单位：万元，%

区域	化学药 销售总额	化学药 占比	中成药 销售总额	中成药 占比	食品（含保健品） 销售总额	食品（含保健品） 占比	中药材（含中药饮片） 销售总额	中药材（含中药饮片） 占比	医疗器械（含家庭护理） 销售总额	医疗器械（含家庭护理） 占比	药妆品 销售总额	药妆品 占比	日用品 销售总额	日用品 占比	其他商品 销售总额	其他商品 占比
江 苏	58466	43.6	33450	24.9	14306	10.7	16248	12.1	7317	5	2234	1.7	1803	1.3	391	0.3
黑龙江	50259	55.0	20340	22.2	8428	9.2	3689	4.0	4134	5	2191	2.4	1734	1.9	673	0.7
广 东	43174	50.2	17910	20.8	9284	10.8	7488	8.7	6506	8	429	0.5	715	0.8	548	0.6
北 京	17794	27.5	14673	22.6	6801	10.5	11849	18.3	11088	17	1675	2.6	526	0.8	383	0.6
辽 宁	26182	45.4	15102	26.2	7379	12.8	4514	7.8	3057	5	1095	1.9	233	0.4	93	0.2
上 海	16688	38.4	14420	33.2	5310	12.2	2541	5.8	2868	7	701	1.6	558	1.3	350	0.8
河 北	20991	56.7	4813	13.0	2830	7.6	6231	16.8	1864	5	136	0.4	113	0.3	44	0.1
山 西	13665	43.0	8012	25.2	4534	14.3	3001	9.5	2337	7	35	0.1	80	0.3	90	0.3
山 东	7786	35.4	6856	31.2	4581	20.8	947	4.3	977	4	416	1.9	413	1.9	21	0.1
福 建	7956	38.4	4804	23.2	2837	13.7	2982	14.4	1434	7	526	2.5	110	0.5	70	0.3
内蒙古	10387	54.3	4573	23.9	2024	10.6	701	3.7	1206	6	121	0.6	68	0.4	63	0.3
宁 夏	6968	37.3	6684	35.8	2554	13.7	1116	6.0	1298	7	21	0.1	20	0.1	33	0.2
河 南	5987	36.0	5184	31.2	2373	14.3	1361	8.2	692	4	277	1.7	316	1.9	426	2.6
湖 南	4027	28.9	4205	30.2	3408	24.5	1442	10.4	547	4	120	0.9	104	0.7	70	0.5
广 西	3935	30.8	4325	33.9	2604	20.4	741	5.8	607	5	244	1.9	90	0.7	231	1.8
天 津	4632	64.0	2213	30.6	225	3.1	25	0.4	110	2	14	0.2	12	0.2	4	0.1
浙 江	1483	33.8	1490	34.0	980	22.3	95	2.2	211	5	68	1.5	51	1.2	10	0.2
安 徽	975	42.6	680	29.7	378	16.5	48	2.1	126	5	37	1.6	30	1.3	15	0.7
平 均	16742	42.3	9430	27.3	4491	13.8	3612	7.8	2577	6.0	574	1.3	388	0.9	195	0.0

资料来源：中国医药商业协会。

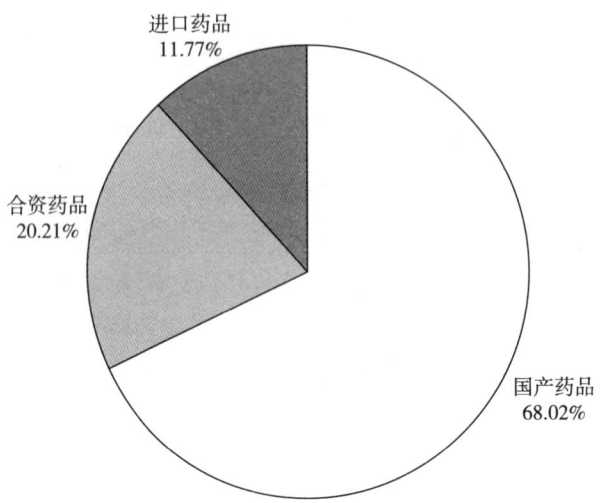

**图 6　典型样本城市零售药店 2014 年生产厂家产品
（化学药、中成药）市场份额比重**

资料来源：中国医药商业协会。

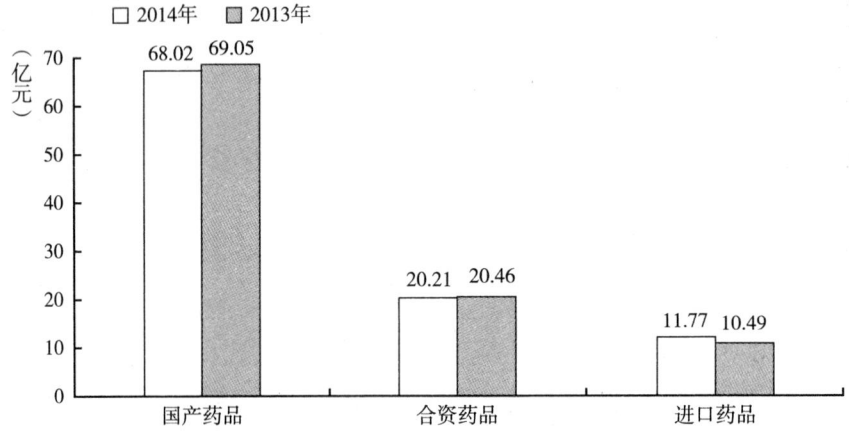

**图 7　典型样本城市零售药店 2014 年与 2013 年生产厂家产品
（化学药、中成药）市场份额占比变化**

资料来源：中国医药商业协会。

在化学药销售占比增长的大类中，循环系统用药物占比降低 0.51 个百分点；抗肿瘤药物销售占比增加 2.54 个百分点，超过激素及调节内分泌功能类药物的排名,位列第二,这在很大程度上是由药店新特药的销售点带动的。此外,前四种药物(除抗肿瘤药物外)占比存在不同幅度的下降;抗生素类抗感染药物同比下降近1个百分点,排名下跌,这与医疗单位限制抗感染药物滥用有一定的关系;其他各类用药物均有不同程度的小幅变动(见表6、图8)。

表6 2014年典型样本城市零售药店化学药销售占比排序

单位:%,个百分点

序号	西药大类分类	2014年占比	2013年占比	变化
1	循环系统用药物	15.69	16.2	-0.51
2	抗肿瘤药物	12.54	10.0	2.54
3	激素及调节内分泌功能类药物	9.83	10.2	-0.37
4	专科用药物	7.75	8.2	-0.45
5	解热镇痛药物	7.21	7.1	0.11
6	抗生素类抗感染药物	6.64	7.6	-0.96
7	调节免疫功能药物	5.87	6.2	-0.33
8	消化系统用药物	5.71	5.5	0.21
9	非抗生素类抗感染药物	5.38	5.7	-0.32
10	神经系统用药物	3.84	4.0	-0.16
11	水、电解质及酸碱平衡调节药物	3.44	3.2	0.24
12	维生素类与矿物质类药物	3.40	3.4	0.00
13	特殊管理药物	3.33	2.8	0.53
14	血液系统用药物	2.48	2.5	-0.02
15	呼吸系统用药物	2.40	2.6	-0.20
16	其他	1.60	2.1	-0.50
17	抗变态反应药物	1.04	1.1	-0.06
18	抗寄生虫病药物	0.69	0.7	-0.01
19	泌尿系统用药物	0.60	0.6	0.00
20	酶类及其他生化药物	0.52	0.5	0.02
21	麻醉用药物	0.04	0.0	0.04

资料来源:中国医药商业协会。

在中成药大类销售占比中,补益药、理气药销售占比持续增长,补益养生类份额的增长主要是由重点产品提价影响所致;除理血药、祛湿药、驱虫药同比持平外,大部分类别的占比较上年均略有下降(见图9、表7)。

药品流通蓝皮书

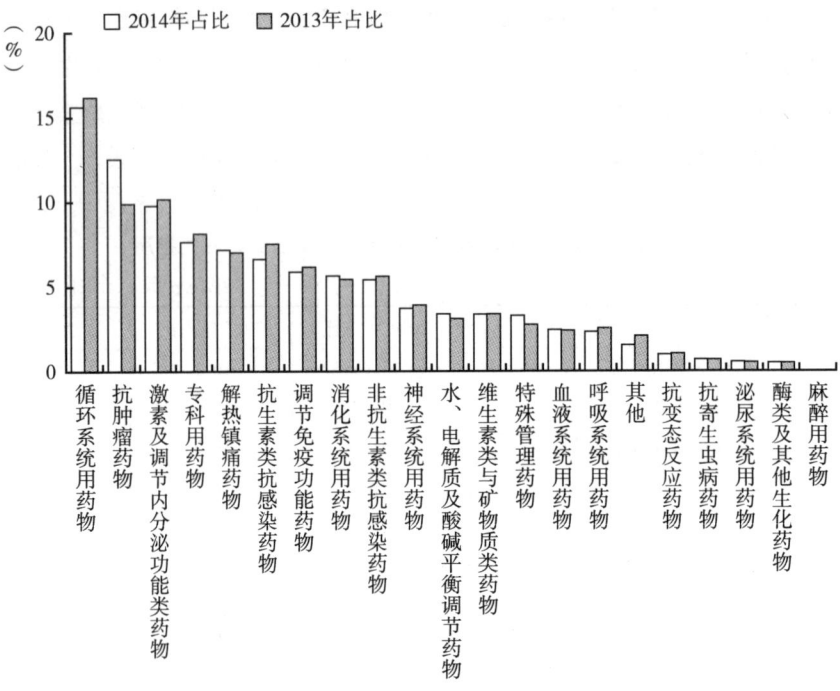

图8 2014年与2013年典型样本城市零售药店化学药大类结构

资料来源：中国医药商业协会。

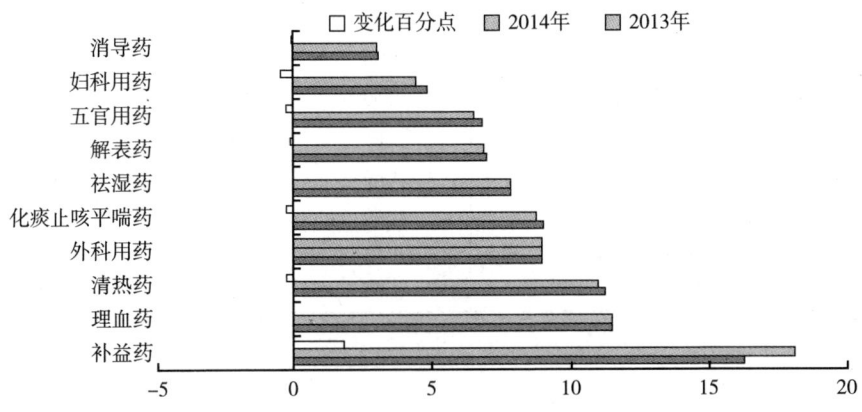

图9 2014年典型样本城市零售药店中成药大类占比前10位变化

资料来源：中国医药商业协会。

表7 2014年典型样本城市零售药店中成药大类排序

单位：%，个百分点

序号	中成药大类分类	2014年占比	2013年占比	变化
1	补益药	18.09	16.26	1.83
2	理血药	11.44	11.44	0.00
3	清热药	10.97	11.20	-0.23
4	外科用药	8.92	8.95	-0.03
5	化痰止咳平喘药	8.73	8.98	-0.25
6	祛湿药	7.85	7.85	0.00
7	解表药	6.86	6.98	-0.12
8	五官用药	6.54	6.81	-0.27
9	妇科用药	4.43	4.87	-0.44
10	消导药	3.05	3.10	-0.05
11	理气药	2.48	2.38	0.10
12	其他	2.34	2.24	0.10
13	散风熄风药	2.18	2.29	-0.11
14	开窍药	2.16	2.11	0.05
15	安神药	1.61	1.72	-0.11
16	固涩药	0.65	0.75	-0.10
17	泻下药	0.45	0.47	-0.02
18	其他中成药	0.35	0.44	-0.09
19	治燥药	0.32	0.35	-0.03
20	温里药	0.31	0.32	-0.01
21	驱虫药	0.25	0.25	0.00
22	和解药	0.25	0.23	0.02

资料来源：中国医药商业协会。

在单药品品规销售占比中，典型样本城市零售药店2014年药品销售前十位如表8所示；其中，片剂、胶囊占8席，且有8种为合资、进口品种，阿胶首次排名进入前10位。

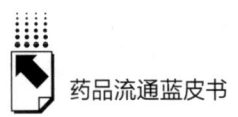

表8　2014年典型样本城市零售药店药品销售前10位品规排序（化学药、中成药）

单位：万元，%

序号	品名	规格	厂家	销售额	占比
1	甲磺酸伊马替尼片（格列卫）	0.1g×60T	诺华制药有限公司	9281.97	2.11
2	注射用曲妥珠单抗（赫赛汀）	20ml:0.44g（含稀释液）	上海罗氏制药有限公司	8152.95	1.85
3	吗替麦考酚酯胶囊（骁悉）	0.25g×40S	上海罗氏制药有限公司	5098.51	1.16
4	他克莫司胶囊（普乐可复）	1mg×50S	安斯泰来制药（中国）有限公司	4384.62	0.99
5	枸橼酸西地那非片（万艾可）	0.1g×5T	辉瑞制药有限公司	3694.99	0.84
6	阿托伐他汀钙片（立普妥）	20mg×7T	辉瑞制药有限公司	2790.58	0.63
7	硫酸氢氯吡格雷片（波立维）	75mg×7T	赛诺菲安万特（杭州）制药有限公司	2772.7	0.63
8	盐酸埃克替尼片（凯美纳）	0.125g×21T	浙江贝达药业有限公司	2695.79	0.61
9	阿胶	500g（铁盒）	山东东阿阿胶股份有限公司	2454.49	0.56
10	盐酸厄洛替尼片（特罗凯）	0.15g×7T	上海罗氏制药有限公司	2126.03	0.48

资料来源：中国医药商业协会。

表9　2014年典型样本城市零售药店国内药品供应商销售前20位排序（化学药、中成药）

单位：%

序号	厂家	样本市场占比
1	山东东阿阿胶股份有限公司	1.49
2	浙江贝达药业有限公司	1.30
3	北京同仁堂科技发展股份有限公司制药厂	1.19
4	天津天士力制药股份有限公司	1.08
5	云南白药集团股份有限公司	1.06
6	北京同仁堂股份有限公司同仁堂制药厂	1.05
7	李时珍医药集团有限公司	0.99
8	江苏正大天晴药业股份有限公司	0.85
9	哈药集团制药六厂	0.74
10	哈药集团三精制药股份有限公司	0.71
11	江苏济川制药有限公司	0.70
12	漳州片仔癀药业股份有限公司	0.69

续表

序号	厂家	样本市场占比
13	哈药集团世一堂制药厂	0.69
14	河南省宛西制药股份有限公司	0.68
15	扬子江药业集团有限公司	0.66
16	江西汇仁药业有限公司	0.64
17	华润三九医药股份有限公司	0.64
18	内蒙古鸿茅药业有限责任公司	0.62
19	陕西步长制药有限公司	0.59
20	云南白药集团无锡药业有限公司	0.58

资料来源：中国医药商业协会。

表10　2014年典型样本城市零售药店合资企业销售前20位排序（化学药、中成药）

单位：%

序号	厂家	样本市场占比
1	上海罗氏制药有限公司	15.9
2	辉瑞制药有限公司	12.9
3	阿斯利康制药有限公司	7.5
4	拜耳医药保健有限公司	6.4
5	安斯泰来制药(中国)有限公司	6.2
6	诺和诺德(中国)制药有限公司	4.8
7	西安杨森制药有限公司	4.6
8	中美上海施贵宝制药有限公司	3.9
9	北京诺华制药有限公司	3.7
10	惠氏制药有限公司	3.5
11	赛诺菲安万特(杭州)制药有限公司	3.4
12	杭州默沙东制药有限公司	2.9
13	中美天津史克制药有限公司	2.2
14	珠海联邦制药股份有限公司中山分公司	1.6
15	施维雅(天津)制药有限公司	1.6
16	安士制药(中山)有限公司	1.6
17	杭州中美华东制药有限公司	1.5
18	葛兰素史克制药(苏州)有限公司	1.4
19	上海勃林格殷格翰药业有限公司	1.2
20	上海强生制药有限公司	1.1

资料来源：中国医药商业协会。

表11　2014年典型样本城市零售药店进口供应商销售前20位排序

单位：%

序号	厂家	样本市场占比
1	诺华制药有限公司	23.7
2	拜耳先灵葆雅制药公司	9.0
3	礼来德尔加勒比公司	4.8
4	英国葛兰素史克公司	4.3
5	辉瑞制药意大利公司	4.1
6	默沙东药厂	3.9
7	勃林格殷格翰制药公司	3.5
8	京都念慈菴总厂有限公司	2.9
9	德国威玛舒培博士药厂	2.6
10	德国协乐制药有限公司	1.6
11	芬兰奥立安大药厂	1.6
12	贝福制药公司	1.4
13	瑞典阿斯利康有限公司	1.3
14	洛桑医药股份有限公司	1.2
15	丹麦灵北制药	1.2
16	澳美制药厂	1.1
17	爱尔康眼科公司	1.1
18	丹麦诺和诺德公司	1.1
19	比利时联合化学制药公司	1.0
20	雅培制药公司	0.9

资料来源：中国医药商业协会。

表12　2014年典型样本城市零售药店化学药前三大类中前10位生产厂家排序

单位：%

序号	类别	厂家排序	生产厂家	占比
1	循环系统用药物	1	辉瑞制药有限公司	11.9
		2	阿斯利康制药有限公司	8.9
		3	北京诺华制药有限公司	5.3
		4	拜耳医药保健有限公司	4.8
		5	施慧达药业集团（吉林）有限公司	3.3
		6	德国威玛舒培博士药厂	3.0
		7	杭州默沙东制药有限公司	2.9
		8	北京赛科药业有限责任公司	2.6
		9	南京正大天晴制药有限公司	2.1
		10	北京双鹤药业股份有限公司	2.1

续表

序号	类别	厂家排序	生产厂家	占比
2	抗肿瘤药物	1	上海罗氏制药有限公司	29.8
		2	诺华制药有限公司	29.3
		3	浙江贝达药业有限公司	10.2
		4	阿斯利康制药有限公司	4.8
		5	拜耳先灵葆雅制药公司	4.2
		6	辉瑞制药有限公司	4.0
		7	西安杨森制药有限公司	2.6
		8	奥利安制药公司	2.2
		9	贝福制药公司	2.0
		10	罗氏有限责任公司	1.1
3	激素及调节内分泌功能类药物	1	诺和诺德（中国）制药有限公司	20.4
		2	拜耳医药保健有限公司	7.6
		3	德国勃林格殷格翰制药公司	4.4
		4	中美上海施贵宝制药有限公司	4.2
		5	拜耳医药保健有限公司广州分公司	3.5
		6	礼来苏州制药有限公司	3.3
		7	北京紫竹药业有限公司	3.2
		8	默克集团	2.8
		9	施维雅（天津）制药有限公司	2.8
		10	北京鑫惠药业有限公司	2.4

资料来源：中国医药商业协会。

表13 2014年典型样本城市零售药店中成药前三大类中前10位生产厂家排序

单位：%

序号	类别	厂家排序	生产厂家	占比
1	补益药	1	山东东阿阿胶股份有限公司	25.0
		2	江西汇仁药业有限公司	5.7
		3	山东福胶集团东阿镇阿胶有限公司	4.7
		4	河南省宛西制药股份有限公司	4.3
		5	北京同仁堂科技发展股份有限公司制药厂	3.2
		6	广州陈李济药业股份有限公司	3.1
		7	江西济民可信金水宝制药有限公司	3.1
		8	太极集团重庆涪陵制药厂有限公司	1.9
		9	贵州同济堂制药有限公司	1.7
		10	云南盘龙云海药业有限公司	1.7

续表

序号	类别	厂家排序	生产厂家	占比
2	理血药	1	陕西步长制药有限公司	6.3
		2	天津天士力制药股份有限公司	6.0
		3	天津中新药业集团股份有限公司第六中药厂	4.3
		4	山东步长制药有限公司	3.5
		5	浙江康莱特药业有限公司	2.9
		6	上海和黄药业有限公司	2.7
		7	广州白云山和记黄埔中药有限公司	2.4
		8	深圳海王药业有限公司	2.3
		9	山东东阿阿胶股份有限公司	2.1
		10	烟台荣昌制药有限公司	2.0
3	清热药	1	江苏济川制药有限公司	9.5
		2	漳州片仔癀药业股份有限公司	8.9
		3	石家庄以岭药业股份有限公司	3.4
		4	天津天士力制药股份有限公司	3.0
		5	深圳市泰康制药有限公司	2.9
		6	广州市香雪制药股份有限公司	2.6
		7	北京同仁堂科技发展股份有限公司制药厂	2.0
		8	南宁市维威制药有限公司	1.9
		9	陕西海天制药有限公司	1.7
		10	广州白云山和记黄埔中药有限公司	1.7

资料来源：中国医药商业协会。

3. 药品零售企业直营门店结构情况

2014年，销售额前100位药品零售企业门店总数达到46357家，其中直营门店数25886家，占门店总数的56%。

4. 医保定点药店区域分布情况

截至2013年底，全国医保定点零售药店16.8万家，占零售药店门店总数的39.7%。销售额前100位药品零售企业医保定点门店总数为26725家，占全国医保定点零售药店门店总数的15.91%。

2014年医保政策趋向严格，各地医保定点药店政策执行呈现差异化。在药店申请上，南京于1月、天津于2月起暂时不再新增医保药店；在业务经营上，厦门于2月、北京于8月正式实行禁售非药政策；在费用控制上，石家庄于2月起个人账户使用省医保普品每天上限200元、市医保普品每天上限400

元等。由此可见，2014年医保定点药店政策在往年的基础上监管力度更严，医保定点药店市场逐渐规范化。

但是目前受各地政策差异的影响，医保定点零售药店的发展并不均衡。在零售百强企业中医保定点率最高可达100%，最低只有12%；平均医保定点率58%，比上年增长3个百分点。

表14 2014年销售额前100位药品零售企业医保定点门店数占门店总数的区域分布

单位：家，%

序号	地区	门店总数	医保定点门店数	医保门店占比	企业家数
1	湖北	5189	5150	99	4
2	云南	5784	3925	68	4
3	重庆	9347	2914	31	3
4	四川	4550	2661	58	6
5	广东	4280	2405	56	5
6	湖南	2525	1802	71	7
7	上海	3150	1620	51	11
8	山东	1528	909	59	5
9	辽宁	945	801	85	2
10	吉林	715	524	73	2
11	江苏	893	470	53	6
12	河北	652	441	68	4
13	内蒙古	452	437	97	2
14	浙江	767	431	56	11
15	黑龙江	413	379	92	3
16	陕西	334	321	96	2
17	北京	2302	319	14	5
18	河南	228	228	100	1
19	贵州	221	201	91	3
20	甘肃	226	180	80	1
21	海南	113	113	100	1
22	广西	501	112	22	2
23	山西	198	97	49	2
24	江西	770	96	12	3
25	安徽	113	78	69	2
26	福建	118	68	58	1
27	新疆	31	31	100	1
28	宁夏	12	12	100	1
	汇总	46357	26725	58	100

资料来源：商务部药品流通行业统计系统，部分取自中国医药商业协会。

5. 拥有配送中心情况

药品流通统计直报系统数据显示,截至2014年底含有药品物流配送中心的药品零售直报企业有122家,含药品物流配送中心数量197个,其中自有物流配送中心数量143个,占配送中心总数的73%;平均每家企业拥有配送中心数量1.6个,其中拥有自有配送中心1.2个。

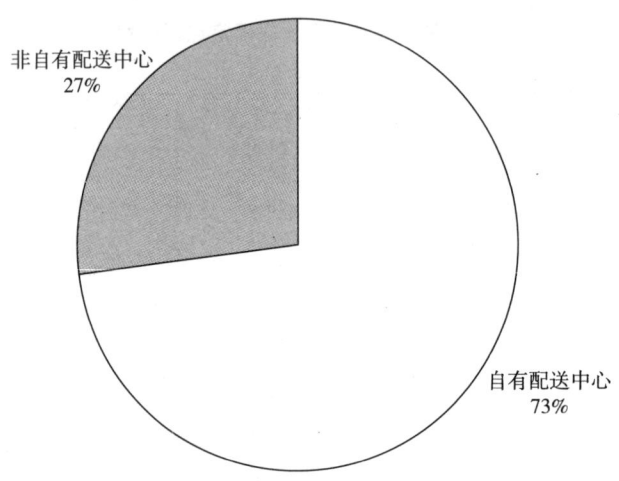

图10 2014年药品流通零售企业配送中心数量统计

资料来源:商务部药品流通行业统计系统。

二 药品零售市场发展的主要特点

(一)药品零售连锁企业销售规模进一步提高

从销售情况看,前100位药品零售连锁企业的销售额底线为1.24亿元。如表14所示,与上年比较,年销售额超过50亿元的企业有4家,而上年为3家,说明优势企业的销售规模略有提升;但从年销售额超过10亿元的企业数来看,2014年比上年减少了1家。前100位药品零售连锁企业销售额占零售市场销售总额比例为28.1%;其中前5位企业占销售总额的9.7%、前10位企业占销售总额的15.2%、前20位企业占销售总额的19.3%,均比上年占比有所提高，反映2014年主流药品零售连锁企业迅速扩张，行业集中度有所提升。

表15 2013~2014年不同销售规模药品零售连锁企业家数统计

单位：家

销售额分布	2014年	2013年	变化
超过50亿元	4	3	1
40亿~50亿元	2	0	2
30亿~40亿元	2	4	-2
20亿~30亿元	2	3	-1
10亿~20亿元	5	6	-1
超过10亿元（汇总）	15	16	-1

资料来源：商务部药品流通行业统计系统，部分取自中国医药商业协会。

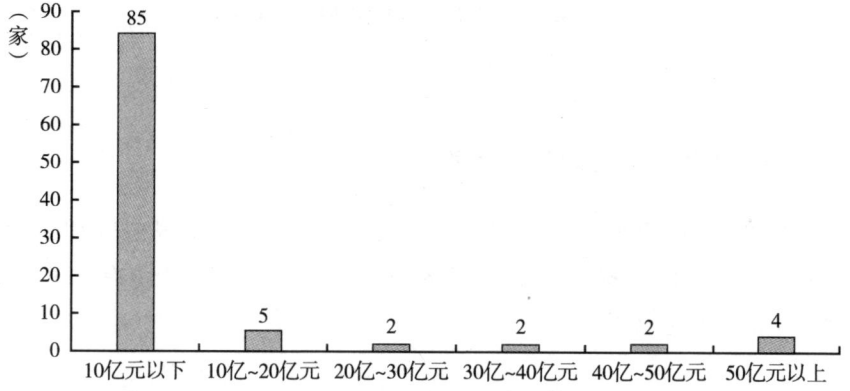

图11 2014年度销售总额前100位药品零售连锁企业分布

资料来源：商务部药品流通行业统计系统，部分取自中国医药商业协会。

（二）零售药店连锁率较低

2013年，全国零售药店连锁率为36.57%[①]，比上年提高0.56个百分点。而《全国药品流通行业发展规划纲要（2011~2015年）》规定，至2015年连

---

① 资料来源于国家食品药品监督管理总局。尚未公布2014年药品流通企业数量，故引用2013年数据。

锁药店占全部零售门店的比重提高到 2/3 以上。按照这一目标要求，现有药店连锁率明显较低，存在很大差距。

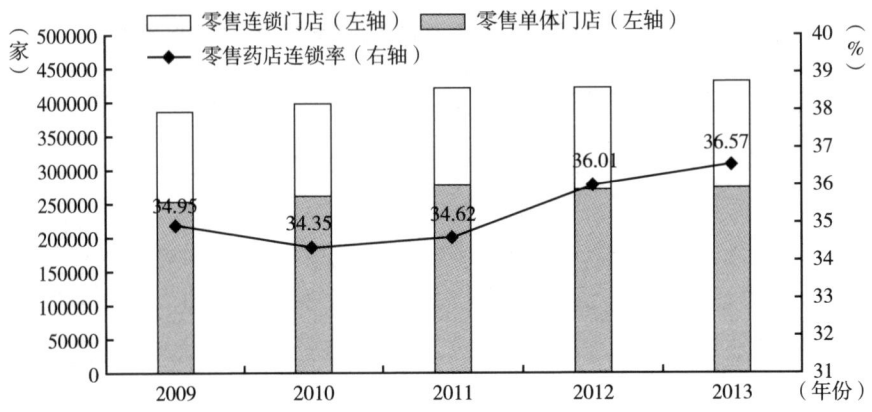

图 12　2009~2013 年全国零售药店连锁率统计

资料来源：国家食品药品监督管理总局。

（三）零售药店区域发展不均衡

零售连锁百强企业中，共有 23 家企业为跨省经营企业，其中前 10 强全部为跨省企业。跨 10 个省以上的企业有 4 家，跨 5~10 个省的企业有 9 家，跨 5 个省以下的企业有 10 家。

表 16　2014 年销售额前 100 位药品零售企业跨省经营统计

单位：个

序号	企业名称	涉及省份数	涉及的具体省份					
1	中国北京同仁堂(集团)有限责任公司	30	安徽	北京	福建	甘肃	广东	广西	贵州
			海南	河北	河南	黑龙江	湖北	湖南	吉林
			江苏	江西	江西	内蒙古	宁夏	山东	山西
			陕西	上海	四川	天津	西宁	新疆	云南
			浙江	重庆					
2	国药控股国大药房有限公司	19	安徽	北京	福建	广东	广西	河北	河南
			湖南	吉林	江苏	江西	内蒙古	宁夏	山东
			山西	上海	天津	新疆	浙江		

续表

序号	企业名称	涉及省份数	涉及的具体省份					
3	老百姓大药房连锁股份有限公司	15	安徽	北京	广东	广西	河北	河南	湖北
			湖南	江苏	江西	山东	上海	陕西	天津
			浙江						
4	深圳市海王星辰医药有限公司	14	安徽	北京	福建	广东	湖北	湖南	吉林
			江苏	辽宁	山东	上海	四川	天津	浙江
5	云南鸿翔一心堂药业（集团）股份有限公司	7	广西	贵州	山西	上海	四川	云南	重庆
6	湖北同济堂药房有限公司	7	安徽	北京	广东	湖北	江苏	浙江	重庆
7	深圳中联大药房控股有限公司	7	北京	福建	广东	广西	贵州	海南	湖北
8	益丰大药房连锁股份有限公司	6	湖北	湖南	江苏	江西	上海	浙江	
9	广东大参林连锁药店有限公司	6	福建	广东	广西	河南	江西	浙江	
10	上海华氏大药房有限公司	5	安徽	贵州	江苏	上海	浙江		
11	重庆桐君阁大药房连锁有限责任公司	5	广西	内蒙古	四川	浙江	重庆		
12	辽宁成大方圆医药连锁有限公司	5	河北	吉林	江西	内蒙古	山东		
13	北京金象大药房医药连锁有限责任公司	5	北京	河北	内蒙古	山东	天津		
14	云南健之佳健康连锁店股份有限公司	4	广西	四川	云南	重庆			
15	南京国药医药有限公司	4	安徽	福建	江苏	新疆			
16	成都百信药业连锁有限责任公司	3	河北	湖北	四川				
17	甘肃德生堂大药房连锁经营有限公司	3	北京	甘肃	陕西				
18	河南张仲景大药房股份有限公司	3	海南	河南	黑龙江				
19	江苏大众医药连锁有限公司	2	安徽	江苏					
20	湖南恒康药品零售连锁有限公司	2	广西	湖南					
21	张家口市华佗药房连锁有限公司	2	北京	河北					

续表

序号	企业名称	涉及省份数	涉及的具体省份					
22	先声再康江苏药业有限公司	2	安徽	江苏				
23	四川德仁堂药业连锁有限公司	2	北京	四川				

资料来源：商务部药品流通行业统计系统，部分取自中国医药商业协会。

（四）互联网药品交易服务模式发展迅速

2014年，医药电商发展迅速，国家食品药品监督管理总局统计数据显示，截至2014年12月31日CFDA共发放353张《互联网药品交易服务资格证》，与上年末相比增加154家，创历史新高。

从业务形式看，互联网药品交易包括B2B、B2C和第三方医药电商（公平交易平台）。其中，B2C（医药零售电商）是目前市场化程度最高、发展最为迅速的医药电商业务类型，2014年有264家企业获得此交易证照，比上年增加127家；B2B（医药企业间交易平台）发展相对缓慢，2014年有73家企业获得此交易证照，比上年增加22家。第三方医药电商（公平交易平台）正进入快速发展轨道，2014年有16家获得此交易证照，比上年增加5家；其中3家第三方平台还获得了药品网上零售试点的资质。

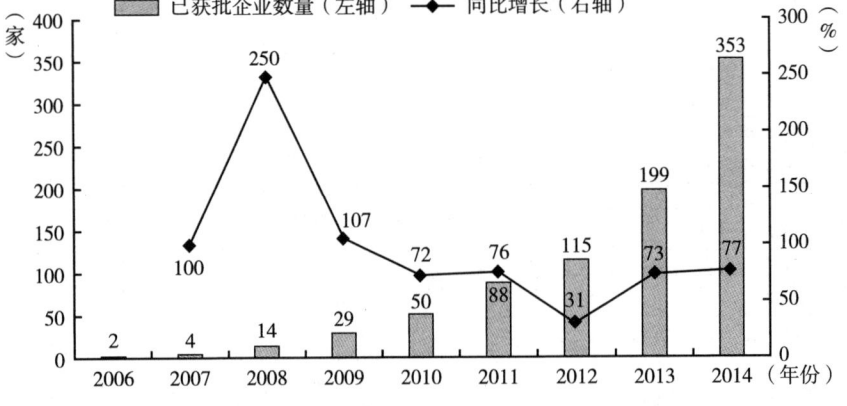

图13 2006~2014年互联网药品交易服务企业数量统计

表17 2014年已取得互联网药品交易服务资格企业数量统计

单位：家，%

互联网药品交易服务类型	企业数	占比
第三方医药电商（公平交易平台）	16	4.5
B2B（医药企业间交易平台）	73	20.7
B2C（医药零售电商）	264	74.8
合计	353	100.0

注：数据截至2014年12月31日。
资料来源：国家食品药品监督管理总局。

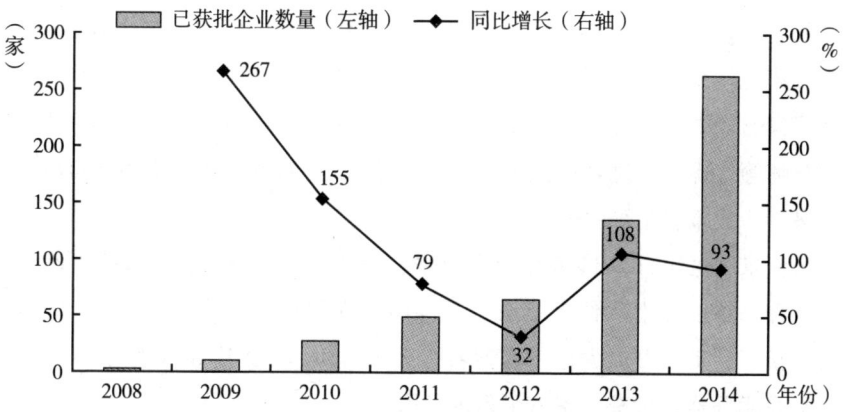

图14　2008~2014年互联网药品交易服务B2C企业数量统计

资料来源：国家食品药品监督管理总局，数据截至2014年12月31日。

（五）寻求经营服务创新模式

鉴于药品零售行业发展形势日趋严峻，许多药店都在寻找适应新常态的营销之路。

1. 打造全新现代社区药房

广州健民医药连锁有限公司于2014年在广州开设了首家健民现代社区药店，新店由英国联合博姿－沃尔格林派出专门的零售专家进行全程指导，创立了适合中国发展的医药零售新模式。在购物环境方面，聘请了知名的专业调研和设计机构，针对消费者对现有零售药店的购物行为和态度进行了深入研究，

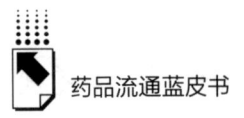

并对店铺的配色、导购系统、空间分配利用等方面提出了全新的解决方案;在商品组合方面,新模式基于消费者的认知和消费行为,围绕原有的核心品类药品进行了适度的多元化扩充,增加了与健康相关的营养健康和药妆等品类;在运营和服务方面,新模式着重建立标准化的执行体系,并且加强总部的规划和服务,降低店铺一线员工工作执行难度,减少其在内务上的时间消耗,而将更多的时间用于为顾客服务。

2. 发挥百年品牌优势,打造升级中医馆

河南张仲景大药房股份有限公司在全省18个市地共开设近百家"张仲景国医馆",秉承"名医名店名厂名药,让老百姓吃放心药,让老百姓吃得起药"的经营理念,努力实现"看名医,就到张仲景国医馆;抓中药,就到张仲景大药房"的经营愿景。国医馆所聘请的名医包括国家公布的第二、三、四批国家名老中医,省内取得突出贡献的名老中医,部分医院的副高级以上职称的医师等,旨在通过名医坐堂,为河南亿万父老乡亲提供防病、治病、康复、保健、健康养生等服务。

张仲景国医馆自2011年底创办以来,每年都会举办一些大型的义诊活动,其中结合每年正月十八仲景诞辰、每年四次在河南人民会堂举办的"仲景健康大讲堂"活动,开展大型广场型名医义诊活动,受到广大百姓的一致好评。

3. 垂直服务建壁垒,家庭服务现关爱

南京医药国药自2012年开展"南京医药智慧健康园"项目平台的搭建以来,积极探索物联网设备和便携式自检技术在关爱照护体系中的集成应用,以社区健康体验店为依托,建立以居民健康档案为核心的区域卫生信息化服务和以智慧响应为应用核心的医药信息化数据分析体系。2014年4月,智慧健康园首个示范基地已模拟运营。智慧健康园为社区居民提供免费的慢性病检测与中医问诊、用药咨询、健康讲座与养生教育、疾病预防普及与生活指导等健康服务,旨在通过服务到家模式,以更好的客户体验提升客户满意度,培养和维护客户的忠诚度,开发潜在客户,树立南京医药国药零售连锁"人文、关爱"的新定位。同时,南京医药国药打造线上自有品牌——"慧选择"(SMART HEALTH)产品线,借助"线下药店实体推广+线上电商营销互动"模式推广,将社区健康服务、居民健康档案体系建设与电商平台建设相结合,开发以健康服务解决方案为核心的线上线下一体化营销模式,实现具体的药事服务与健康产品的订单集成，开发零售终端新的利润增长点。

4. 医药零售电子商务迅速发展

2014年可以算是国内移动医疗市场到目前为止最"热"的一年。根据统计及公开报道，2014年移动医疗企业融资案例共计80余起，这也是过去5年里该领域所有融资案例数量总和的近3倍。在数量骤增的同时，融资规模也不容小觑。阿里巴巴年初斥资10.37亿元收购中信21世纪54.3%的股份后，继续着其对健康产业进军的步伐：12月，阿里健康的"处方电子化"平台在河北、杭州试运行，这也是国内首家将医院电子处方分流出的平台。百度7月联手智能设备厂商和服务商推出"北京健康云"。春雨医生8月完成5000万美元C轮融资，10月挂号网就拿到1亿美元的C轮融资。腾讯则先后共斥资1.7亿美元入驻丁香园和挂号网，布局移动医疗市场。移动医疗领域热钱涌动。

杭州九洲大药房连锁有限公司是一家药店连锁企业，于2010年4月在美国纳斯达克上市（股票代码CJJD），同时拥有1家医药批发公司、3家医疗门诊部和1家网上药店。九洲网上药店是成长最快的子公司，目前拥有官网和以天猫医药馆为主的第三方平台。成立后的第三年即实现保本盈利，近两年销售额以年均100%以上的速度增长。2014年以120%的同比增速，远超同行业平均60%的同比增速。2015年，公司将加大官网建设，通过投资新的合作公司，将官网上以商业医疗保险为主的直付式理赔业务剥离，作为创新业务单独运营，做大做强。目前，公司获得遍及全国的10余万高黏度会员，并且将获得稳定且迅速的增长。预计未来三年，公司销售额有望赶超线下实体店，并跻身国内医药电商的前茅。

5. DTP专业药房的迅速发展

以DTC模式闻名业内的北京医保全新2014年初又做了进一步升级，转为DTP模式。相比DTC模式，DTP主要的改变是服务对象的调整，不再是面对广泛的患者顾客或亚健康人群，而是明确为有特殊用药需求的患者，由药店的药师队伍为其提供专业服务。据了解，医保全新此举是基于总结近4年DTC模式的运作经验，在细分患者人群的基础上更深入地挖掘新特药市场，并以此来调整药店的经营策略与商业模式。在医保全新内部，已经建立了一支专业的DTP队伍，全部统一要求具有药师或执业药师资质。这支队伍将为DTP的患者顾客提供"一对一"的服务，其中包括建立顾客的用药档案，及时提醒顾

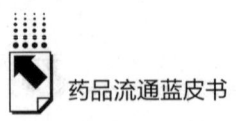

客的用药周期，甚至送药上门，并为患者的家人提供相关健康、养生指导。截至2014年7月，医保全新已经建立了17000个会员档案。

杭州全德堂药房是一家集药品零售、患者教育、慈善于一体的高端特药药房，是杭州首家以抗肿瘤药品为主的专业化DTP单体药房。全德堂是诺华、罗氏、辉瑞、拜耳、阿斯利康等大型跨国企业的指定经销商，经营品种100多个，品种涵盖抗感染、传染、肿瘤、血液、呼吸、风湿免疫等领域，2014年销售额2.07亿元，发放慈善援助药品金额达5亿元。杭州全德堂药房设有自助叫号系统、咨询问诊台、药品冷库及冷藏柜、慈善关爱之家、患教中心等，率先演绎DTP药房的全新模式。药房成立全德堂诊所，配备专业的执业医生、执业护士，解决患者购药的处方和用药等问题。同时，全德堂将开通400热线，为患者解答疑难，指导患者合理用药。

6. 家庭药师专业服务

老百姓大药房连锁股份有限公司于2014年9月启动家庭药师服务工程，共签约107名驻店药师和执业药师。老百姓大药房的家庭药师为社区居民提供药学服务，建立电子药历和慢病患者用药档案，每月开展上门体质监测、用药咨询、病种药学服务，专注于提供专业的"一对一"入户药学服务。公司已建立了"药学服务专业体系"，包括病种药学服务模型的建立、病种分类管理、病种商品管理、执业药师专业培养体系、对顾客的病种药学服务标准等。"争做药学服务专家，传播集团药学服务标准，让广大顾客看到、听到、感受到——老百姓大药房更专业、更健康的药学服务理念"在企业内蔚然成风。

三 药品零售业未来走势预测

2015年是"十二五"规划收官之年，中国宏观经济步入新常态，随着国民经济稳步增长、社会消费水平不断提高、人口老龄化、社会城镇化、消费结构升级，以及新医改医药分离的逐步推进，加之国家六部委有关提升药品流通服务水平和效率的通知的实施、国家新医保政策的分步实施，处方药处方外流动作愈发明晰，我国药品零售市场将面临长期利好的发展机遇。但由于药品零售行业各项成本的提升，竞争的激烈，电子商务等新渠道、新模式的冲击，药品零售行业也将面临增长方式的转变，或将在2015年迎来经营模式的深度变革。

（一）政策对药品零售行业带来利好

新一届政府大力推进简政放权，市场的影响力在逐步加强，这有利于药品零售行业的长远发展。2014年9月，商务部等6部门下发《关于落实2014年度医改重点任务提升药品流通服务水平和效率工作的通知》，明确要求"加快清理和废止阻碍药品流通行业公平竞争的现行规章、规范性文件"，"采取多种形式推进医药分开"，"鼓励零售药店发展和连锁经营"，这给药品零售行业的发展带来新的契机。2015年5月8日国务院办公厅公布的《关于全面推开县级公立医院综合改革的实施意见》明确提出，所有县级公立医院推进医药分开，积极探索多种有效方式改革以药补医机制，取消药品加成（中药饮片除外）。县级公立医院补偿由服务收费、药品加成收入和政府补助三个渠道改为服务收费和政府补助两个渠道。2015年医药分开政策持续利好。

（二）行业并购和药店连锁化是大势所趋

2015年企业将进一步加快兼并重组的步伐，市场集中度更高，药品零售行业将呈现结构性变化。中国医药零售行业连锁率低，连锁药店市场集中度低，分散的市场格局给领先的企业非常多的并购标的。并购狂潮的压力将驱使中小连锁药店进一步结成省级药店联盟，以抵御竞争压力，求生存发展。

2015年药品零售业将进入市场分化期。虽然从药店总数来看，行业集中度提升不甚理想，但区域市场内市场份额的集中化趋势正不断加快，将快速形成一批区域寡头。以西安市场为例，众信与怡康、老百姓几乎占据了60%左右的市场份额，并且还在增长中。对区域市场排名前五的企业而言，目前还有发展的空间和时间，因为上市企业短期内还未必能充分发挥资本的强势作用。对上市企业而言，它们对区域市场内的零散资源和中小药店未必感兴趣，其关注的必然是区域排名靠前且具有一定实力的成熟的零售连锁企业，所以这类区域型连锁企业可能会"趁低吸纳"。

（三）互联网药品交易服务模式发展迅速

2015年中国医药电商将是互联与融合、线上与线下，以及拼规模、拼服务的阶段，互联网网上药店牌照的放开将加速网上药店的发展，创新、跨界、

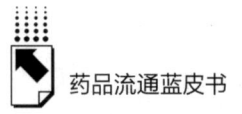

互联等成为中国医药经济的新常态。经营成本持续居高不下，药店转型升级在所难免。随着网售处方药的逐步放开，超过千亿元的市场想象空间吸引了众多投资者，药品流通企业、药品生产企业，甚至互联网巨头阿里巴巴、京东、1号店三大电商也开始布局网上药店，医药电商打破了传统以流量为核心的电商模式，创建了以服务为前提的医药电商新模式。传统药店也纷纷进军医药电商，2014年底一心堂发布《电商业务发展规划》，计划未来两年投资1.2亿元发展医药电商，涉及电商、CRM、物流系统升级等项目建设；嘉事堂对零售板块进行增资扩股，将斥资数亿元用于电商项目；国药控股国大药房在收购上海复美益星大药房后，将利用后者的导药网在2015年加快发展电商业务。药品零售企业将普遍利用官网、第三方电子交易平台等渠道，结合APP、微信、微博等现代化通信手段，整合实体连锁店布局优势，构建其"微大夫"咨询、网上订单、在线支付、平台信息处理、实体门店配送等O2O一体化服务系统。

（四）专业化服务、精细化经营提升药店核心竞争力

专业永远是药店的核心价值，以治疗、保健、康复为核心的药学服务，包括联合用药，永远是药店的核心竞争力。药店专业性应从以下几个方面下功夫：第一，研究疾病细分和不同治疗路径的最佳方案，据此进行科学联合用药产品组合的构建和销售；第二，具备营养师的专业水平，对康复保健患者进行指导；第三，配置高水平的中药和西药执业药师，对复杂药物的用药指导专业化，及时引进新特药；第四，发展慢性病服务中心、中医馆、糖尿病生活馆、健康城等，以专业化指导和个性化健康服务为支点，对消费者进行慢病管理和亚健康康复指导；第五，对涉及美丽需求的品类，如食品、药品、药妆等产品要专业开拓、指导。

随着大数据时代的来临以及零售企业做深做透的趋势，零售药店经营管理业务朝着精细化方向不断深耕。根据目前发展水平，主要探索方向：一是营销与会员管理更加电子商务化，药店微信公众号将成为药店的标配，药店可以通过微信、微信公众号等工具开展各种营销活动和会员管理；二是药学服务去中心化，将以消费者需求为导向，针对不同特点人群制定差异化服务，APP和在线药师、医师指导相结合，慢病管理和健康管理差异化突破，中医药养生服务进行数字化、私人订制式管理，通过大数据分析和处理提升药店的核心竞争力。

（五）政策鼓励互联网医疗

2015年3月30日，国务院办公厅印发的《全国医疗卫生服务体系规划纲要（2015~2020）》提出"健康中国云服务计划"，强调要积极引用移动互联网、云计算、物联网等新技术推动全面健康信息服务和智慧医疗服务。智慧医疗建设包括人口健康信息平台、六大业务平台系统的互通及协同、发展远程医疗服务等。

一是探索建设社区电子商务健康服务平台。2015年4月3日，商务部办公厅印发了《2015年电子商务工作要点》，其中一项任务就是鼓励企业建设社区电子商务平台和移动客户端，整合线上线下供给渠道，实现全方位的居民生活服务供求衔接。而健康消费包括看病购药、营养保健、居家养老等。

二是探索发展线上与线下结合的O2O营销模式。促进线上线下融合发展，推广"网订店取""网订店送"等国家鼓励发展的新型配送模式。李克强总理在2015年政府工作报告中提出，"把以互联网为载体、线上线下互动的新兴消费搞得红红火火"，这对零售药店O2O模式的发展将起到巨大的促进作用。

三是探索与移动医疗相结合的大健康服务。过去几年，全球移动医疗APP发展迅猛，已进入商业化阶段。有专家预测，2014年中国移动医疗市场规模有20多亿元，3年内其复合增长率将超过80%。

（六）"互联网+医药+医保"模式的区域性创新探索

网上药店医保支付陆续试点，昭示着医药电商的医保壁垒即将突破。2013年底，海南省规定网上药店买药可享医保报销，并规定从网上药店买药由实体店配送。而2014年上海、广东等省市也透露出拟试点网上药店医保支付的风声。2015年1月1日，浙江嘉兴市"乐惠民"药品网上调配服务平台正式上线，其结合医保管理试行处方类药品上线销售，即糖尿病和高血压患者可以直接通过手机网购处方药。1月17日，在海宁市医保部门的牵头下，海宁老百姓大药房网上药店和"珍诚网络科技"合作，完成了网上药店与医保支付系统直联调试。4月20日，沈阳医保网上便民购药服务平台正式上线，市民足不出户即可通过医保网上便民购药服务平台使用社会保障卡（或医保卡）个人账户购买沈阳市医保政策规定药品、医疗器械。

（七）大健康品类引领增长

凭借着国家对大健康产业的政策扶植，大健康产业近些年呈现蓬勃发展之势，连锁药店也迎来了前所未有的发展机遇。慢性病的侵袭、亚健康群体的扩大、老龄化社会的加速到来、养生理念的培育、家庭收入的增加等都成为零售药店切入大健康市场的推动因素，尤其在国家颁布扶持大健康产业发展政策的鼓励下，大健康产业大有可为。零售药店经营的婴幼儿奶粉、药食同源养生中药、参茸贵细、家用便携式器械、新型大保健品类、功能性食品，将是推动药店销售额上升的主力。利用信息技术促进更多以大健康为主的多元化需求的延伸服务，提高医疗保健的质量和安全。

（八）创新经营模式的深度变革

创新是医药行业未来的发展主题，药品零售行业在2015年将迎来经营模式的改变，新的业态即将诞生。一是体验消费，单纯追求前台高毛利的模式已逐渐被连锁药店所摒弃，其将目光转向供应商的配套资源及顾客体验的提升上。二是与互联网相结合的新模式，零售药店通过与远程医疗、网络医院、春雨医生等的合作，采用"视频就诊＋就地购药"模式，可以很好地为小病和慢病人群提供一站式的解决方案，获得更多客流和处方，实现咨询和购药"一条龙"服务，为顾客提供更便利的服务，增加顾客黏性、忠诚度，更好地为消费者提供专业、细致、全面、到位的药学专业和健康管理服务。

（九）资本化时代来临

2014年，一心堂成功登陆深圳中小板，成为国内证券市场直营连锁药店第一股；2015年，益丰大药房、老百姓大药房陆续上市完成融资，医药电商健一网、七乐康及壹药网相继融资成功，必然形成中国药品零售领域又一波并购、融资高峰，药品零售产业格局将被突破。同时，其他领域产业资本的进入也会加剧医药零售行业的竞争和整合。

B.15
创新升级业态结构　实现跨越式发展

——国大药房成为医药健康零售业的领航者

国药控股国大药房有限公司

摘　要： 国大药房作为国药集团的"新星",十余年磨砺,不断拓展规模,升级业态结构,创新商业模式,携手国药打造具有全球化视野的药品流通体系。公司规模保持快速增长,连续多年位居行业第一,网络覆盖20个省、自治区、直辖市,品类管理、DTP药房、慢病管理、药学服务、人才培养等多个专业领域齐进,国大药房网官网已正式上线,公司定位为医药健康零售业的领航者。

关键词： 国大药房　药品流通体系　医药健康零售业

国药控股国大药房有限公司（以下简称"国大药房"）是一家全国性的药品零售连锁公司。2013年公司主营业务收入57亿元,销售规模已连续多年位居国内同行业第一。2014年公司整体销售快速增长,DTP业务销售保持高速增长态势,同比增长30.4%。2015年公司并购复美和金象将分别会带来488家和168家门店的增量。

作为中国医药集团旗下冉冉升起的新星,国大药房崛起于国药控股庞大资源的土壤,以跨越式的发展迅速成为支撑国药集团成为"具有国际竞争力的世界级医药健康产业企业"的一股重要力量。十余年的峥嵘磨砺,国大药房练就了一身过硬的市场本领；而央企背景独有的全局观视野,也使国大药房获得了跨区域经营的优势。

乘着国家经济发展的春风,国大药房顺应国家政策导向和市场发展需求,

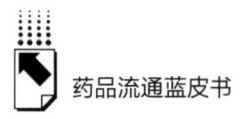

以国药控股总体战略为核心目标,以国际、国内优秀企业为标杆,蓄势待发,顺势而为,通过不断调整发展方式,拓展药房规模,升级业态结构,创新商业模式,提高零售技术,形成资本力、盈利力、品牌力、商品力相结合的价值驱动,进一步完善国药药品流通体系的零售支撑,并与国药其他企业携手并肩,共同承担起构建一个制度完善、布局合理、低本高效、具有全球化资源调配视野和能力、能够充分满足人民用药需求的国药药品流通体系。

一 实施兼并重组战略,实现规模化快速扩张

国大药房首开先河,在全国范围内开展规模化的重组和并购,门店布局已初具规模。近年来,通过与各地医药零售行业龙头企业的合作以及并购整合优质的单体门店,国大药房迅速开展全国布局,网络覆盖上海、北京等20个省、自治区、直辖市,建立了25家区域连锁公司,拥有直营门店1747家、加盟店349家(不含复美、金象)。目前旗下拥有"国大药房""一致药店""大德生""天益堂""光华大药房""乐仁堂""济源堂"等众多知名品牌。2012年以来,公司已将旗下的众多品牌统一为"国大药房",实现品牌价值最大化和美誉度的集中体现。

多年来的发展与实践证明,存量公司快速增长和资本并购是促使国大药房实现跨越式发展的"两驾马车"。国大药房的中长期发展目标是成为医药健康零售业的领航者。这个目标的实现是渐进式的,即先做到成为中国药品零售行业第一品牌,再分析和学习世界范围内行业领先者的模式不断创新进取,夯实管理,整合资源,完善服务。今后,国大药房不仅通过重组继续拓展和优化零售营销网络,而且将不断地创新和完善终端药房的服务体系作为重要任务,打造中国百姓放心的药品零售第一品牌。

二 开展健康和慢病管理,打造专业化服务品牌

国大药房销售以药品为主,整体占比超过70%,非药品销售占比近30%。近两年,国大药房顺应行业"大健康"的发展趋势,基于顾客对"大健康"商品的需求及药店多元化的发展方向,重点发展"大健康"品类。同时打破

品类束缚,以疾病种为维度,从"产品组合、关联销售、降低患者的医疗支出、提升公司经营利润"的角度出发,规划制订消费者满意的跨品类的有竞争力的商品组合,涵盖疾病种所对应的药品、保健食品、中药饮片、诊断器械等商品,指导前台做好关联销售。在2014年的基础上,仍然把"慢病管理"作为规划重点,制订糖尿病、高血压、肿瘤这3个疾病种的商品组合目录,调整前台品类销售结构,满足顾客消费需求。

根据"成为医药健康零售业的领航者"这一国大药房中长期发展目标,国大药房从专业品类管理和专业人才培养两个方面着手,积极开展慢病管理项目实践,打造国大药房专业竞争力。在专业品类管理方面,2014年国大药房主要围绕糖尿病会员做深度服务项目实践,严格按照"四个一"标准(一套疾病管理方法、一批专业人才、一个消费者满意且有竞争力的商品组合、一套会员管理方法)推进项目,通过专业人才培养和专业服务能力的提升,以及稳定的会员发展,促进了糖尿病品类销售业绩的快速增长。

2014年国大药房整体启动试点公司7家,参与试点门店119家,累计培养认证糖尿病健康管理师260名。经过一年的项目实践,销售同比、毛利同比走势显著提升,销售同比增幅21%,毛利同比增幅50%。在销售、毛利同步提升的同时,更重要的是国大药房找到了一套由专业驱动业绩增长、前后台一体化运营管理的全新业务模式。2015年伊始,国大药房就启动了糖尿病项目的全国推广行动,召集全国各子公司39名项目经理和储备项目经理开展糖尿病项目经理认证培训班,经过三天的集训所有的项目经理均系统地掌握了包含商业模式、专业体系、项目预测、商品规划、会员管理、项目营运、绩效考核、APP管理在内的八个体系课程,为糖尿病项目的推广奠定了必备的项目管理人才基础。同时考虑到糖尿病、高血压、血脂异常三大疾病常互为转化成因,在糖尿病项目专业培养和项目管理路径的基础上,国大药房又开始高血压项目专业管理的研发,未来会逐步覆盖整个慢病管理领域。

除了开展慢病管理,在大病管理方面国大药房也积极尝试,探索出了一种大病管理新型增值服务模式,即DTP服务模式。首先是明确DTP药品定义,梳理DTP品种目录,建立全国DTP数据库,搭建信息系统平台,实现DTP相关数据咨询共享。其次是规范DTP业务模式,明确总部和区域的职能分工,形成由总部DTP项目小组牵头带动,在国大药房体系内跨部门、跨公司联动合作，共同推动项目达成的业务开展模式。最后是运用信息科技手段，搭配专业的医药服务团队，针对DTP用药会员提供一站式多元化的药事服务，提升国大药房品牌影响力和会员满意度。截至2014年，国大药房在营DTP品种覆盖肿瘤、血液病、慢性病、罕见病等48个疾病种类，目前已经和罗氏、诺华、辉瑞、阿斯利康、拜耳、礼来、默沙东、江苏先声、正大天晴、中信国建、中美华东等国内外超过200家特药生产企业开展业务合作，全国各省份已有100多家门店参与DTP服务，国大药房DTP品种销售跻身业内前三。通过慢性病管理和DTP服务模式，打造国大药房专业化、人性化的全国品牌形象，提升国大药房慢性病、特殊病种会员管理水平和客户满意度，增强国大药房专业服务竞争力。

三 推动医药电商发展，促进线上线下业务融合

从2014年开始，以BAT为代表的互联网跨界力量的强势介入，使得整个健康产业生态圈环境骤变，外部环境正在发生剧烈变化。与此同时，国大药房完成对复美导药网的收购刚好成为其加速布局电商的契机。当前，导药网的体量仍非常小，但其在运营体系上已经较为完整。此外，导药网还是上海的网上医保支付试点网站之一。

导药网并入国大药房体系后，在其电商体系的基础上，迅速进行改造升级。2015年3月28日升级后的国大药房网（www.gdcare.com）官网正式上线，这标志着国大电商迈出了实质性的一步。糖友会、高血压、DTP等专业板块的不断丰富，也使"健康社区"名副其实；"'健康社区'+区域公司的'专业服务'和'快速配送'=O2O"；复美天猫店多年的运营为B2C业务积累了经验，为"国大药房网"的B2C业务锻炼了团队。随着"国大药房网"逐步向各大区域公司开放独立运营业务，"国大药房网"将逐步转向"商城"业务，实现B2B和B2C；根据国大药房自有特色及网点优势，未来将打造以B2B和B2C为重点的行业垂直的大健康平台和以O2O为核心的模式，充分利用现有覆盖60多个大中城市和拥有近2800家药店的门店网络，通过电商部门的搭建和线下融为一体，在线上与线下无缝完成交易闭环。同时利用国药控股分布在全国几乎所有地级市的分销网络，打造面向全医药零售行业的开放平台，服务整个行业。

四 加快信息化建设，构建一体化医药物流网络

强大高效的物流能力是企业核心竞争力之一。截至2014年，国大药房已拥有覆盖19个省、自治区、直辖市的24个配送中心，对各地零售网点实行就近配送，提供快速、准确、高效的物流服务保障。依托国药集团国内最大第三方物流平台的优势和国大ERP系统，国大药房的全国物流网络实现了商品和物资调拨一体化协同，使国大商品资源整合优势发挥出最大效益。以"最少环节、最短运距、最高效率、最低成本"为目标，运用一体化物流供应链解决方案、国际先进的物流管理信息系统、标准化物流作业程序，国大药房物流体系建设正快速迈进精益化、信息化、自动化时代。

五 改进人才培训方式，建设国大精英团队

根据公司发展战略和组织能力打造要求，公司制订了人力资源规划，并确定了以"构建组织能力、转变员工思维、提升员工能力、打造机制平台"为工作核心。围绕人才队伍建设，在打造"客户导向、专业能力、高效运营"的组织能力要求指引下，确定了"建立符合国大战略发展的人才标准，搭建人才发展体系"和"通过有效的人才开发与管理，优化人才配置，快速满足公司战略对人才的量、质需求"的人才发展目标。根据企业战略规划对人才需求进行分析和梳理，明确了公司未来的人才需求集中于投资并购、IT技术、商采管理、电子商务、药学服务、业务管理、财务专才等领域。围绕上述关键领域的人才需求，国大药房加快了人才队伍建设。

针对整合后的团队融合，公司开设子公司总经理（飞龙）、子公司财务总监（飞鹰）两个核心干部培训班，统一管理语言，促进文化融合，转变思维方式，提升领导力，打造国大精英团队。2012年度，首期开发出"门店店长核心培训课程"3个模块，并围绕课程制定了跨年度的推广方案，通过内训师试讲授课、内训师集训、试点子公司授课、国大系统内授课等步骤，将店长课程推广至全国各子公司。今后通过课程开发和推广，达到讲师培养、课程输出、店长能力提升的三大目标。

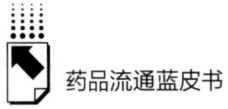

积极探索执业药师培养方法，2014年重点围绕增加执业药师数量来开展工作。经过一年的实践，探索出"基础班+冲刺班+班级制"的培训管理模式，2014年执业药师考试通过率为27%，比全国高出8个百分点，总计通过400人，同比增长136.7%。然而，提升执业药师数量仅仅是国大药房迈出的第一步，2015年国大药房将围绕提升现有在岗药师的专业能力来继续开展深入实践，希望打造出一整套专业人才培养和专业能力提升的路径和方法。

B.16
区域聚焦　稳健扩张
——益丰大药房特色经营模式

益丰大药房连锁股份有限公司

摘　要： 益丰大药房从"一切以顾客价值为导向"的核心理念出发，长期坚持体验顾客和员工，形成对市场的深刻洞察，确保企业的创新力；通过对企业标准化和精细化管理，确保创新中的执行力；兼顾市场拓展广度和深度的平衡，坚持代理品种推荐和顾客满意度的平衡，盈利能力持续提升，成为行业内少有的母公司及跨省子公司均实现盈利的公司。

关键词： 区域聚焦　益丰大药房　跨区域经营能力

益丰大药房连锁股份有限公司（以下简称"益丰大药房"）是国内领先的大型医药零售连锁企业。2015年2月17日益丰大药房在上海证券交易所成功上市，实现了历史性的跨越。多年来，该公司始终高举"平价、专业"大旗，秉承"一切以顾客价值为导向"的核心理念，为人民群众的健康生活提供超值商品和专业服务。截至2014年底，公司在湖南、湖北、上海、江苏、浙江、江西六个省市开设了810家直营连锁门店。

公司始终坚持"区域聚焦、稳健扩张"的发展战略和"重点渗透、深度营销"的经营方针，不仅注重快速扩张，更注重精细化运作和管理。从门店日常规范运营到商品管理、信息管理、员工考核及新开门店选址策略形成标准化和流程化管理模式，并成功运用ERP系统，全面实现企业人、财、物、信息的统一管理，经营效率不断提高，在区域市场上处于领先的位置。

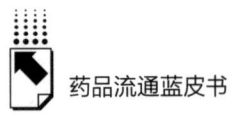

一 专业化服务持续提升公司盈利能力

（一）坚持代理品种的推荐与顾客满意度的平衡，确保营业收入的持续提升

公司通过提升门店员工药学专业和亲情化服务水平，使员工根据顾客病症对症推荐较高毛利的代理品种，在确保顾客用药疗效和顾客满意度的前提下，实现公司盈利的良性增长。

为确保经营过程中的顾客满意度导向，公司构建了完善的顾客满意度评估体系。顾客满意度评估由问卷调查评分、隐形顾客情景调查评分、顾客投诉评分三部分构成。公司每季度对各门店进行全面的评估和分析，帮助门店找到盈利能力与顾客满意度的平衡点。公司将顾客满意度与员工和管理人员工资直接挂钩，以此确保顾客满意、员工收益与公司持续盈利的一致。

为优化和提升公司代理品种顾客满意度和产品竞争力，公司建立了完善的核心产品运作系统。公司在代理产品的选择和质量控制方面，有严格的标准化操作流程。在品种选择方面，由具有丰富销售经验的门店一线员工组成评审委员会，根据商品规划部的规划选择不同品类的商品作为代理品种；在代理品种质量控制方面，建立了严格的供应商评估制度和实地考察制度及送检制度，以此确保代理品种的质量符合国家标准。

（二）建立完善的药学知识培训体系，提升员工的专业服务水平

公司与全国多所医药学专业高校采取联合办班的方式，满足门店一线员工专业化的需求，并确保门店一线员工均来源于医药学相关专业。同时，公司内部建立了完善的培训体系，通过设立门店专职和兼职讲师队伍、编制标准化的培训教材、设立新员工基地班和店长基地班、一对一带教等模式培训学分制考核，使员工的专业推荐水平不断提升，顾客用药疗效和顾客满意度同时也得到了较大幅度的提升。推荐的代理品种被越来越多的顾客所认可和接受，并逐渐形成对代理品种的用药习惯，从而提升了代理品种的销售额。

（三）不断完善会员管理系统，提高会员顾客的忠诚度

公司基于 SAP/ERP 信息系统平台，量身打造了与业务紧密相联的会员管理系统。公司目前拥有会员 500 多万名，会员销售占比稳定在 80%。目前，公司还在对现有的会员管理系统进行升级，并即将实现和优化会员建模分析、智能营销、个性服务、会员健康自我管理、客服互动、员工服务分析、员工学习等集约化管理功能，实现会员分众管理、个性化营销服务和提供整体健康解决方案，以提升顾客的满意度和忠诚度。

（四）强化成本管控能力，实现公司精细高效管理

公司所属行业为零售连锁业，一直重视对费用的有效管控。公司制定了严格的费用定额管理制度，建立费用分级授权审批体系，定期对费用开支情况进行事后对比分析和专项审计，从而不断提升公司的费用管控能力。与同类药店零售连锁企业相比，公司的管理费用率及三项费用率合计水平均低于其他可比公司，说明公司精细化管理能力强。

二 标准化体系打造跨区域经营能力

（一）采取"旗舰群型"门店布局和全直营门店管理模式，深耕区域市场

公司针对不同区域的人口数量、市场需求和消费人群特点，建立覆盖不同城市、不同商圈的店面网络，形成了旗舰店、区域中心店、中型社区店和小型社区店的"旗舰群型"门店布局（见图1）。公司摸索了一整套"商圈定位法"的门店选址方法，通过对新进城市的人口数量、密度、消费能力及习惯的分析，锁定拟进入商圈，根据不同的商圈特点确定预选门店的店型和店址范围，运用选店模型确定具体店址。

（二）实施标准化精细化管理，打造六大核心运营系统

公司自设立以来始终注重标准化、精细化运作和管理，2008 年以来公司进行了四次全面的流程改造及优化工程，形成四版标准化手册，并通过全员学

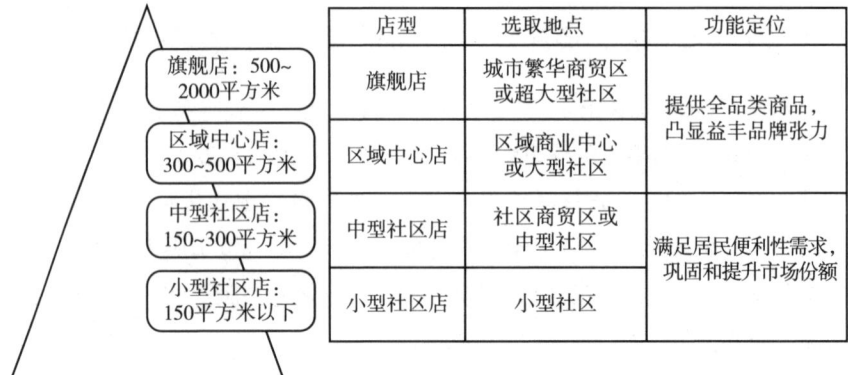

图 1　"旗舰群型"的门店布局示意

习和考试,提升其执行力。同时,公司独创六大核心运营系统,涵盖了新店拓展、门店营运、商品管理、信息管理、顾客服务、绩效考核等环节,成功地实现了跨省经营(见表1)。

表 1　六大核心营运系统

系统	内容
顾客满意度系统	体现顾客导向、确保工作方向的导航系统
核心产品运作系统	确保盈利能力的盈利模式系统
门店营运分析系统	确保门店经营质量的分析检测系统
新店选址开业系统	确保新店选店、开店速度和质量的拓展系统
绩效考核系统	确保执行力的激励系统
门店和部门标准化系统	确保常规工作正常高效运行的标准化系统

精细的标准化运营体系已成为公司跨区域经营、快速高效复制门店的保障,也是公司实现稳健扩张的核心竞争力之一。

(三)建立信息化管理和高效的物流配送体系,提升跨区域管理效率

2011年,公司引进世界先进的管理平台——SAP/ERP信息管理系统,由IBM咨询团队对公司的信息化建设进行规划、设计和实施,实现了业务、财务、人力资源的一体化管理,提高了公司运作效率和跨区域复制的能力。同

时，为提升商品物流配送效率，公司采用具有国际领先水平的曼哈特物流管理系统（WMS）和仓库控制系统（WCS）等进行仓储配送管理，并建成了大型现代化的医药物流中心，引进自动输送线、自动分拣系统、电子标签、无线射频（RF）拣选、验收系统等物流业内先进的设备及业务管理模式，进一步提高物流配送效率。

（四）加强企业文化和人才队伍建设，培育公司零售团队战斗力

公司始终秉承"顾客价值、成果导向、员工成长"的企业文化，为确保各分子公司的文化传承，在新公司设立之初中高层管理人员均由公司总部委派，通过一段时间的带教后逐步推行人才本地化，从而实现文化传承和复制。同时，通过员工职业规划系统和员工培训系统，实现人才队伍阶梯建设，满足公司业务快速发展的人力资源需求。

三 勇于探索进取，增强创新发展能力

（一）探索资本运营，开展股权收购，增强公司整体实力

为抓住医药零售行业的整合机遇，公司分别于2011年和2013年对同行业企业上海新开心人、上海新宝丰进行了股权收购。通过对被收购对象进行团队、文化、制度、系统、商品等方面的快速整合，公司成功达成了收购目标。

（二）发力医药电商业务，构建区域性O2O健康生态圈

随着医药零售连锁行业及电商业态的发展，公司于2013年启动了电商业务，建立并运营了B2C模式的益丰网上药店官方商城，同时入驻天猫医药馆、京东商城开设旗舰店，构建多平台体系。此外，实现了实体门店购药用手机支付宝支付的O2O模式。

考虑到目前我国医院处方未能实现对外流通、医疗保险暂不能实现网上支付等实际情况，近两年公司主要基于B2C模式发展电商业务。随着医院处方及医疗保险的网上支付政策的逐步放开，连锁药店将承担更多的线上线下服务职能。未来几年，公司将发挥在华中、华东地区密集的社区门店网络布局优

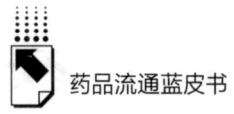

势,依托线下庞大的会员数量和会员管理体系,积极发展线上线下药事服务、诊疗服务、健康管理、慢性病管理、线下商品交付等服务功能,整合资源和线上优势,全力打造区域性健康生态圈,实现O2O业务区域稳健发展。

(三)拓展健康关联品类,打造多元化大健康药房新业态

多元化商品经营的大健康药房概念,已经成为医药零售行业新的发展趋势之一。公司从2009年开始,积极进行大健康药房新型业态的尝试,以现有的客户群与品类作同心圆品类拓展,选择一些有条件的地区和门店,以专区、专柜、专营店等形式新增与放大母婴产品、中药养生、健康食品、个人护理用品,以及与健康相关的日用便利品的经营,促进门店客流和经营绩效的持续提升。

2015年2月,益丰大药房在上海证券交易所上市,这为益丰大药房今后的发展奠定了更加扎实的基础。展望未来,益丰大药房将继续专注于医药零售行业,聚焦中南、华东,稳步拓展相邻市场。通过品牌形象、专业服务、商品创新、医药电商业务模式创新,提升核心竞争力,打造顾客信赖和社会尊重的连锁药店领导品牌。

B.17
与时俱进 创新发展
——漱玉平民大药房发展之路

济南漱玉平民大药房有限公司

摘　要： 漱玉平民大药房自成立以来始终坚持"平价、优质、专业、便利"的经营理念，以人为本，开拓创新，在取得良好的经济效益的同时，积极履行企业的社会责任，是山东医药零售连锁行业的典范。

关键词： 漱玉平民大药房　医药零售连锁行业　平价销售

漱玉平民大药房（以下简称"漱玉平民"）成立于2002年5月18日，是山东省首家平价药房。公司主要经营中西成药、中药饮片、保健食品、医疗器械、孕婴用品、生活便利品、个人护理品、家庭清洁用品、食品、小百货等，注册资本为9000万元。

漱玉平民自成立以来，秉承"平价、优质、专业、便利"的经营理念，坚持"专业服务顾客，细节创造感动，创新引领未来"的服务宗旨，历经13年的积累与发展，现有连锁门店600余家，开设齐鲁名医馆及中西医诊所30余家，分布在济南、泰安、聊城、烟台、临沂、淄博、德州、济宁、东营、莱芜等山东省10个地市，年销售额突破13.5亿元，位列商务部中国连锁药店百强榜第14名，是山东省医药零售连锁行业的龙头企业。

一　漱玉平民的经营管理模式及主要做法

（一）坚持平价销售，让更多老百姓吃上便宜药

2001年，国家医疗保障体系的改革正在酝酿中，药品零售市场也逐步放

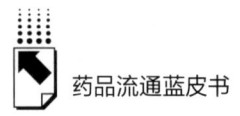

开,国家原来禁止非国有资本进入药品零售行业的政策开始松动,但"看病难、吃药贵"依然是普通老百姓的生活重负。作为医药行业的一员,公司创始人积极对国内外医药零售市场进行考察,在亲眼目睹了国内最早的平价药房之一——哈尔滨宝丰药店内消费者提着篮子排队购药的情形后,意识到"平价药房"将是解决老百姓"看病难、吃药贵"问题的有效出路,成立"平价药房"的想法由此诞生。

经过一年的酝酿,2002年5月18日漱玉平民人高举"平价"大旗,秉承"明明白白购药,实实在在便宜,漱玉平民大药房为您节省每一分钱"的经营理念,坚持"药品真、价格低、服务好、待人诚"的经营宗旨,在泉城路设立济南市首家平价药店——西门店,从此迈上了药品零售连锁的征程。

13年来,漱玉平民积极履行国家基本药物政策,对特困职工、困难劳模、低保户实行购药优惠。每月举行一次大型主题促销活动,每个月的8日、18日、28日举行"会员日"促销活动,最大限度地让利于民,解决老百姓"吃药贵"的社会问题。

平价经营,这是漱玉平民对社会最大的诚信承诺。13年来,不管行业情况如何变化、公司的运营成本如何提高,但"平价"经营的宗旨始终没有动摇过。实践也证明了,平价给漱玉平民带来了人气,也带来了企业的持续发展。

(二)确保质量第一,让老百姓吃上放心药

漱玉平民自成立以来,一直将药品质量视为企业的生命,承诺"决不让一粒假药劣药流向社会,严把药品进货质量关",所有药品的进销存环节严格按《药品管理法》《药品经营质量管理规范》等法律法规要求执行。

在药品的采购中严把药品质量关,做到了质量管理科学化、制度化、程序化、常态化,坚持"一切工作按制度流程办理,一切依原始资料为依据,一切记录在案,一切以数据说话",从组织领导、机构人员、教育培训、制度建设到设施设备、质量控制、信息化管理,均严格按照《药品经营质量管理规范》标准进行细致认真的组织安排。

在销售工作中,公司严格实施连锁企业"六统一"的做法:统一采购、统一配送、统一核算、统一形象、统一质量管理、统一经营模式。所有零售连

锁门店严格按照药品分类管理办法要求，实行药品与非药品分开、处方药与非处方药分开、内服药与外用药分开。

在药品存储方面，为了确保药品在运输途中安全有效存储，公司根据新版GSP要求配备阴凉库、冷库、药品运输专用冷链设备与信息监测系统。为了解决零售药店夏季药品安全存储问题，在济南市食药局领导的带领和支持下，经过专家的反复调研与论证，公司与国内最具影响力的制冷设备制造企业联手，成功研发了国内首批药品专用冷藏箱、药品专用阴凉箱，在全国率先解决了药店内储藏药品温湿度问题。同时，公司拿出专项资金，带头改造零售药店的药品储藏设备，并承诺今后所有新开门店、新拓展区域全部配备药品专用存储设备，确保人民群众用药安全。

漱玉平民在运营的各个环节，认真做到四个确保——"确保药品资质齐全""确保供货厂商产品质量可靠""确保药品存贮合格""确保药品运输安全"。不折不扣的质量管理，让老百姓吃上放心药。

（三）提供专业服务，帮助老百姓科学用药

随着人民生活水平的提高，健康需求日益增长。公司全体员工秉承"专业服务顾客，细节创造感动，创新引领未来"的服务理念，坚持问病售药、售药问病，全方位、多角度地为百姓提供健康解决方案和服务。公司现有职工3800余人，药师以上职称1400余人，80%以上员工均是医、药、护相关专业的技术人才。

公司建立药学服务标准，成立以"企业大学，人才摇篮"为宗旨的商学院，设立店长班、后备店长班等专项班级，全力提升人员的专业素质；成立药师俱乐部，定期开展参观、交流活动，发挥药师、执业药师专业服务作用；成立内训师俱乐部，大力培养专业讲师，定期开展培训活动；成立会员健康俱乐部，定期组织会员座谈会，倾听会员心声；成立艺术团，开展别开生面的健康娱乐活动，走进社区，走进千家万户，将安全用药知识送到百姓家门口。

在济南市食药局的支持和帮助下，开通了济南市便民购药公益服务热线"66666111"，通过热线处理顾客咨询、协调顾客求助，提供免费送药上门等服务。2014年4月，邀请济南市儿童医院儿科专家林爱伟主任坐席热线，解答家长各类问题及咨询儿童常见病治疗、儿童饮食及如何提高抵抗力等。另

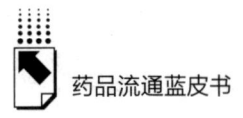

外,公司开通"400-010-6666"全国客服热线,24小时为顾客提供免费咨询等服务。

近年来,公司邀请了毛泽东主席保健医生王鹤滨先生,北京大学人民医院心内科主任、著名心血管专家胡大一先生,北京中医药大学医学副教授曲黎敏女士,协和医院营养科教授、《养生堂》栏目特约嘉宾于康先生,江苏省中医院教授奚肇庆先生等国内外著名专家到济南举办大型健康公益讲座,传播健康营养知识,提高老百姓安全用药和健康保健意识,以发挥专业的力量,指导老百姓科学合理用药。

(四)开展便民服务,让老百姓在家门口享受健康服务

漱玉平民的门店一般是呈网格式分布,市区的主要街道、主要社区基本上都有漱玉平民的零售连锁门店。

公司在各门店为顾客设立了服务项目和服务措施:坚持24小时售药;为顾客代煎中药和药淋子;贵细药材切片和打粉;免费提供饮用水及一次性水杯;设立顾客休息椅;设立免费咨询台,指导合理用药;设立顾客意见簿,认真听取顾客的意见和建议,店经理亲自负责,件件有落实,事事有答复;设立缺货登记簿,电话预约购药,药到电话通知;设置残疾人购药绿色通道,优先办理购药手续。在店堂内显著位置公布济南市药监局、济南市物价局、济南市工商局监督举报电话,随时接受消费者的监督。

(五)关注饮食用药安全,履行企业社会责任

2005年,在济南市药监局、《济南日报》、《济南时报》的支持下,漱玉平民成功开展了"清理家庭小药箱,安全用药保健康"活动。活动期间,投入30余万元,共免费发放家庭药箱1万个、纪念品5000多份,得到了社会各界的广泛关注和认可,中央电视台《新闻联播》专门进行了采访和报道。同时,建立了回收过期药品的长效机制,设立"过期药品回收箱",全年回收过期药品。漱玉平民已经将过期药品回收工作坚持了10年,为增强百姓安全用药意识尽了一份社会责任。

2011年11月,公司配合济南市委宣传部、济南市食药局在寸土寸金的泉城路的漱玉平民西门店四楼建立了"济南市饮食用药安全宣传教育基地"。基

地内设中药材标本展示、中西成药标本展示、食品标本展示、保健品化妆品标本展示、阿胶文化、药监动态、健康大讲堂、警示教育等十大功能区，建筑面积1000平方米，陈列真假对照标本2000余个，引导民众关注饮食用药安全，了解真假药品真伪鉴别，指导市民科学、合理用药。

2013年7月，济南市科协再次将西门基地定为"济南市科普教育基地"。以基地为载体，不定期邀请国内外知名专家、学者开展科普教育与宣传活动，向泉城居民宣传医药科普知识，传播前沿健康保健资讯，让居民在家门口就可以享受到专业的医药学科普知识和服务。

二 与时俱进，创新发展

（一）顺应企业发展趋势，调整企业组织架构

在重建商品中心商品部的基础上，集团公司调整营销中心组织架构，在营销中心内部设立商品部，各公司设立专职商管专员，将商品管理切实提升到"战略"的高度。

另外，2015年集团公司对电子商务重新定位，将电子商务设置在营销中心的组织架构下，隶属营销中心直接管理，目的就是让实体门店与电子商务线上线下互动，更多地吸引、维护、发展顾客，挖掘和满足客户价值，实现实体门店与电子商务的齐头并进。

（二）以客户价值为中心，全力提升客户服务满意度

客户价值是一切工作的出发点和落脚点，亲情服务与专业服务"两手都要抓、两手都要硬"。以服务"六个一"为标准，全力提升服务质量。利用微信、微博等现代化平台维护好现有客户，积极吸引、发展新客户。量化客服满意度考核指标，积极拓展增值服务项目，全力提升客户服务满意度。

（三）挖掘人力资本潜力，实现员工与企业的共赢

随着市场竞争的加剧和企业规模的不断扩大，人才成为决定企业持续、稳

定、健康发展的关键因素。随着公司的发展壮大，公司拥有和可以整合的资源越来越多，公司不断调整优化管理运营水平，实现科学化、规范化管理，整合专业培训机构和行业资源、厂商资源、政府政策资源等，给员工成长与发展提供肥沃土壤，让员工利用企业这个平台汲取成长与发展的各类资源，不断提升其能力与素质。

此外，公司努力营造"公开、公平、公正"的企业氛围，让漱玉平民人真正做到"激情工作，快乐生活"。一是加强企业内部管理运营的信息公开，配合内部审计制度，最大限度地杜绝各类管理漏洞，实现企业内部管理运营的公开、公正。二是优化绩效考核和薪资结构体系，逐步缩小员工之间、管理人员之间的收入差距，实现企业内部分配公平，维护员工基本权益，在保障员工基本生活的基础上最大限度地改善员工工作和生活条件，让员工切实享受企业发展成果。三是充分利用工会、共青团、党支部等组织，丰富职工的业余文化生活，定期组织各层次的座谈会，了解员工思想动态，倾听员工心声，加大职工关爱与保障力度，营造团结、和谐、积极向上的企业氛围，让漱玉平民人在漱玉平民大家庭中"激情工作，快乐生活"。

坚持"呵护人类健康，创造幸福生活"的企业使命，漱玉平民人将继续发扬"勇于挑战，拼搏进取"的企业精神，脚踏实地、一步一个脚印地迈向更加美好的未来，为实现"做中国一流的药品零售连锁企业"的宏伟目标而努力奋斗。

发 展 篇

The Development Reports

B.18
2014年医药流通行业上市公司运行情况分析

李文明*

摘　要：	上市公司数据是行业发展情况的重要指标。本文根据17家医药流通行业上市公司的2014年年报的资料,分析其收入增长、盈利能力、费用控制、资本运作和战略实施情况。
关键词：	上市公司　医药流通行业　资本运营能力

2014年,随着国家经济增速放缓,行业政策红利逐渐褪去,以及新医改的不断深入,医药行业的发展进入整体收入和利润增速放缓的新常态。就医药流通行业而言,增速也随之放缓,但集中度仍在继续提升。行业整体仍然面临着政策、回款、资金等方面的挑战。

---

* 李文明,北京和君咨询有限公司合伙人,中国医药商业协会副秘书长。

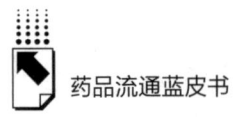

2014年，A股市场逐渐走出了低迷盘整的局面，上证指数全年上涨52.87%。IPO逐渐提速，再融资和并购重组异常活跃，新三板也开始崛起，成为中小型企业融资的重要途径。资本市场的兴起，为中国医药流通行业带来了良好的发展机遇。

2014年，互联网的浪潮席卷了整个传统行业，医药流通行业也不例外，网售处方药政策呼之欲出，更是为"互联网+"时代的全面到来增添了更多的期待：互联网大佬们纷纷介入医药流通领域，传统医药流通企业也纷纷开始拥抱互联网。借此，医药流通行业进入发展的新阶段。

在新形势下，国内医药流通行业的上市公司究竟是如何应对的？笔者通过对17家医药流通行业上市公司2014年年报所披露的收入增长、盈利能力、费用控制能力及资本运营能力等指标进行分析，试图发现一些行业变迁的新动向。

一 医药流通行业上市公司收入增长情况分析

从收入增长情况来看，17家医药流通行业上市公司2014年实现主营业务收入总和为4767亿元，与2013年相比增长18.95%。从各家上市公司的增长情况来看，嘉事堂的增速最快，达到57.22%，主要原因是：公司基数相对较小且进行了一系列的并购重组。其次是瑞康医药，增速为31.39%。2014年没有出现负增长的企业。从业务类别来看，以分销为主业的上市公司增速仍然高于以零售为主业的上市公司。以分销为主业的上市公司，基本保持了两位数的增长，而以零售为主业或零售业务占比较大的上市公司，除新上市的一心堂之外，桐君阁、海王星辰、第一医药等基本上仍保持着个位数的增长（见表1）。

表1 2014年医药流通上市公司主营业务收入增长情况

单位：万元，%

序号	公司名称	股票代码	上市地点	2014年主营业务收入	同比增长	2013年主营业务收入	同比增长
1	国药控股	HK1099	香港	20013126	19.94	16686614	22.24
2	上海医药	600849	上海	9239889	18.12	7822281	14.90
3	九州通	600998	上海	4106840	22.82	3343805	13.32
4	国药一致	000028	深圳	2395433	12.99	2119947	17.70

续表

序号	公司名称	股票代码	上市地点	2014年主营业务收入	同比增长	2013年主营业务收入	同比增长
5	南京医药	600713	上海	2207578	14.76	1873779	3.96
6	华东医药	000963	深圳	1894738	13.34	1671799	14.67
7	中国医药	600056	上海	1785737	20.42	1482951	49.77
8	英特集团	000411	深圳	1407381	13.78	1236930	16.80
9	国药股份	600511	上海	1153834	14.45	1008147	17.34
10	瑞康医药	002589	深圳	778591	31.39	592584	28.24
11	柳州医药	603368	上海	565535	24.35	454780	27.82
12	嘉事堂	002462	深圳	557215	57.22	354427	38.77
13	桐君阁	000591	深圳	474878	2.45	463530	-1.55
14	一心堂	002727	深圳	442841	24.86	354666	24.79
15	海王星辰	NPD	纽约	295331	9.42	269910	5.85
16	浙江震元	000705	深圳	208123	3.13	201815	12.34
17	第一医药	600833	上海	141475	4.92	134839	-0.68
	合计/平均			47668545	18.95	40072804	18.64

资料来源：上市公司年报。

二 医药流通行业上市公司盈利能力分析

从盈利能力来看，2014年，17家医药流通行业上市公司中，综合毛利率水平平均为14.63%，与上年同期相比略有提升。

医药流通企业盈利能力的差异，主要是由业态组合的差异造成的。一般来说，零售业务毛利率较高，分销业务毛利率较低，分销又包括纯销、基药配送和调拨等，其毛利率也各有不同。在零售为主业的企业中，海王星辰和一心堂的毛利率最高，均超过了40%，这主要是由品种差异造成的；在分销业务为主业的企业中，嘉事堂的毛利率最高，达到11.44%，这主要是因为医疗器械代理和配送业务的毛利率较高，从而提升了公司整个分销业务的毛利率（见表2）。

表 2　2014 年医药流通上市公司业务构成及盈利能力

单位：万元，%

序号	公司名称	综合毛利率	分销业务收入	分销业务占比	分销业务毛利率	零售业务收入	零售业务占比	零售业务毛利率
1	国药控股	8.16	19146790	95.67	未披露	590416	2.95	未披露
2	上海医药	12.34	8200023	88.75	6.18	337645	3.65	19.38
3	九州通	7.10	3966026	96.57	6.58	74070	1.80	18.48
4	国药一致	8.15	2219581	92.66	5.35	—	—	—
5	南京医药	6.06	2195710	99.46	5.88	—	—	—
6	华东医药	21.98	1524021	80.43	6.94	—	—	—
7	中国医药	11.58	970133	54.33	6.48	—	—	—
8	英特集团	5.79	1402825	99.68	5.64	—	—	—
9	国药股份	7.91	1120273	97.09	6.90	—	—	—
10	瑞康医药	9.06	778433	99.98	9.05	—	—	—
11	柳州医药	8.85	527099	93.20	7.26	38137	6.74	30.14
12	嘉事堂	12.88	529911	95.10	11.44	13572	2.44	38.45
13	桐君阁	15.30	—	—	—	421271	88.71	11.62
14	一心堂	40.44	—	—	—	420867	95.04	40.15
15	海王星辰	41.70	—	—	—	295331	100.00	41.70
16	浙江震元	15.46	138729	66.66	7.01	36102	17.35	30.48
17	第一医药	15.88	69775	49.32	5.15	66490	47.00	21.03
平均/合计		14.63	42801345	89.79	—	2293901	4.81	—

资料来源：上市公司年报。

三　医药流通行业上市公司费用控制能力分析

从费用控制指标来看，2014 年 17 家医药流通行业上市公司平均销售费用率为 7.62%，管理费用率为 2.91%，财务费用率为 0.6%，三项费用率为 11.12%（见表 3）。

表3 2014年医药流通企业上市公司费用控制水平

单位：%

序号	公司名称	毛利率	销售费用占比	管理费用占比	财务费用占比	费用率占比
1	国药控股	8.16	2.56	1.77	1.06	5.40
2	上海医药	12.34	5.22	3.20	0.47	8.89
3	九州通	7.10	2.59	1.88	0.96	5.42
4	国药一致	8.15	2.18	1.98	0.51	4.67
5	南京医药	6.06	2.15	1.79	1.33	5.27
6	华东医药	21.98	11.23	3.26	0.81	15.31
7	中国医药	11.58	3.85	2.35	0.59	6.79
8	英特集团	5.79	1.76	1.78	0.84	4.37
9	国药股份	7.91	1.92	1.42	0.13	3.47
10	瑞康医药	9.06	3.01	1.69	0.99	5.69
11	柳州医药	8.85	2.06	1.72	0.90	4.68
12	嘉事堂	12.88	5.60	1.39	0.61	7.60
13	桐君阁	15.30	8.46	4.54	1.73	14.73
14	一心堂	40.44	25.38	5.38	0.09	30.84
15	海王星辰	41.70	37.18	4.25	-0.24	41.19
16	浙江震元	15.46	6.95	5.92	-0.28	12.59
17	第一医药	15.88	7.44	5.06	-0.36	12.13
	平均	14.63	7.62	2.91	0.60	11.12

资料来源：上市公司年报。

由于医药流通业是微利行业，费用控制能力显得非常重要，分销为主的企业，费用率一般控制在5%~8%，上海医药和华东医药因为工业比重较大，所以费用率相对较高。零售企业方面，因为租金成本和人工成本高启，所以费用率也相对较高，如海王星辰的费用率高达41.19%、一心堂为30.84%，桐君阁和第一医药因为零售业务比例较大，三项费用率均超过10%。

四 医药流通行业上市公司资本运营能力分析

医药流通企业因为承担着垫资的功能，所以高效的资金使用效率和低廉的融资成本对其的生存和发展而言尤为关键。

从相关的财务指标来看，以分销业务为主的企业，应收账款周转率较低，如国药控股、南京医药、瑞康医药和嘉事堂等，普遍为3~5次。而零售业务为主的企业，存货周转率较低，如海王星辰为 3.14 次，一心堂为 3.84 次。资产负债率高也是医药流通企业的一大特点，17 家医药流通上市公司的平均资产负债率为 60.01%，桐君阁甚至超过 80%。这些指标充分反映了当前医药流通企业的资金使用效率情况。

医药流通企业虽然属于传统行业，但由于未来存在巨大的整合空间和互联网化升级的潜力，资本市场给予其较高的估值水平，剔除海王星辰和桐君阁两只异常股票之后，市盈率平均在 40 倍左右。

2014 年底，17 家医药流通行业上市公司市值总值为 2593 亿元，平均市值为 152.54 亿元。市值 100 亿元以上的企业有 8 家，分别是国药控股、上海医药、九州通、国药一致、华东医药、中国医药、国药股份和一心堂，其中国药控股和上海医药市值均超过 400 亿元（见表 4）。

表 4　2014 年医药流通企业上市公司资本运营指标

单位：次，%，亿元

序号	公司名称	2014年应收账款周转率	2014年存货周转率	2014年资产负债率	2014年终市值	2013年终市值	2014年终PE
1	国药控股	3.39	9.93	71.79	607.35	449.27	21.13
2	上海医药	5.26	6.73	51.66	443.67	408.45	17.12
3	九州通	10.46	6.79	66.48	296.90	214.28	52.95
4	国药一致	3.77	10.59	62.19	173.08	169.02	26.53
5	南京医药	4.69	12.68	78.55	64.52	36.62	50.10
6	华东医药	6.57	8.38	72.04	228.36	201.10	30.18
7	中国医药	4.65	3.98	61.41	166.15	101.81	30.20
8	英特集团	6.16	10.56	73.77	44.33	22.05	67.73
9	国药股份	5.40	10.59	53.40	148.38	91.69	30.74
10	瑞康医药	3.82	19.10	65.28	70.45	55.22	38.92
11	柳州医药	3.60	9.72	68.57	57.83	—	34.05
12	嘉事堂	3.06	8.66	63.17	64.08	36.77	28.10
13	桐君阁	8.49	6.04	85.63	39.27	31.83	1012.17
14	一心堂	19.10	3.84	29.19	107.01	—	35.99
15	海王星辰	21.99	3.14	45.07	19.07	22.15	-138.47
16	浙江震元	5.43	6.04	32.18	33.91	25.53	86.78
17	第一医药	10.93	4.68	39.78	28.76	19.25	77.68
平均		7.46	8.32	60.01	152.54	125.67	88.35

注：市值分别按 2014 年、2013 年最后一个交易日的收盘价计算。

资料来源：上市公司年报。

2014年，有2家医药流通企业进行了IPO，分别是一心堂和柳州医药，分别募集资金7.94亿元和5.9亿元。有5家医药流通上市公司借助资本市场实施了再融资，共募集资金97.18亿元，分别是国药控股、九州通、南京医药、中国医药和瑞康医药，各自融资44.36亿元、20.62亿元、10.6亿元、9.6亿元和12亿元。以上增量资金的获得，为有关上市公司的发展注入了动力。

2014年，17家医药流通上市公司披露的对外投资活动共有79起，涉及金额54.89亿元，与上年同比基本持平。投资活动主要体现在上市公司对区域市场的布局方面。

2014年，随着新三板的日益活跃，先后有4家中小型医药流通企业成功在全国中小企业股份转让系统（新三板）挂牌。

（1）海欣医药（430699）于2014年5月5日正式在新三板成功挂牌。该公司2014年营业收入40079.52万元，同比增长4.56%；归属于挂牌公司股东的净利润308.21万元，同比增长63.49%，毛利率为5.1%。公司主要业务为上海部分区域市场的药品批发。

（2）先大药业（430730）于2014年5月6日正式在新三板成功挂牌。该公司2014年营业收入9230.46万元，同比增长61.32%；归属于挂牌公司股东的净利润450.44万元，同比增长118.96%，毛利率为24.28%。公司主要业务为药品、保健品和医疗器械的代理销售。

（3）康泽药业（831397）于2014年12月2日正式在新三板成功挂牌。该公司2014年营业收入45778.42万元，同比增长22.99%；归属于挂牌公司股东的净利润1593.07万元，同比增长137.36%，毛利率为10.73%。公司主要业务为粤东地区药品和医疗器械的批发和零售。

（4）华宏医药（831488）于2014年12月16日正式在新三板成功挂牌。该公司2014年营业收入34070.59万元，同比增长2.36%；归属于挂牌公司股东的净利润527.88万元，同比增长141.07%，毛利率为8.93%。公司主要业务为苏州、无锡和常州等地的药品和医疗器械的批发。

这4家企业在新三板挂牌后，计划通过定向发行的方式进行融资。它们在新三板的资本运作实践将为中小型医药流通企业的融资提供很好的借鉴。

除此之外，一些非上市公司也在积极寻求对接资本的方式。比如，药品电

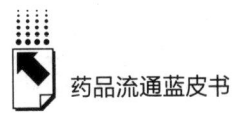

商企业借助互联网的风口获得了私募股权资本的青睐，据媒体披露，七乐康完成融资3亿元，壹药网完成融资4.5亿元。另外，康爱多和珍诚医药则选择和医药类上市公司（分别是太安堂和康恩贝）合作来进入资本市场。

五 医药流通行业上市公司战略实施情况分析

医药流通行业上市公司为了应对行业增速放缓、竞争日趋激烈、电商猛烈冲击等严峻形势，不断地进行着战略调整。

（一）拥抱互联网

在互联网大潮的冲击下，大多数的医药流通上市公司均选择了拥抱互联网。国药控股、上海医药、九州通、国药一致、国药股份、华东医药和第一医药等均开通了网上交易平台。国药股份的电商平台——国药商城先后筹建了电商微信、微博平台、C端微信服务平台和药店服务APP等，形成了多渠道的医药电商服务平台；九州通更是对电商进行了全面的布局，形成了包括九州通医药网（B2B）、九州通中药材电子商务有限公司（中药材B2B）、北京好药师大药房连锁有限公司线上业务和武汉九州通麦迪森电子商务有限公司（B2C、O2O等）等在内的多业态的医药电子商务平台。此外，一心堂计划通过大力建设官网、网上商城、官方微博、微信公众号来推进传播互联网化；通过建设官方网上商城、线上线下O2O、天猫淘宝平台来推进渠道互联网化；通过基于大数据分析消费者需求下的大规模定制商品来推进供应链互联网化；通过改进基于电商业务的组织、业务流程来推进经营思维的互联网化，最终推动公司的转型升级。

（二）优化供应链

供应链管理是医药流通企业核心的竞争要素，所以一直是医药流通上市企业每年的工作重点。比如，国药控股致力于打造一体化的医药供应链和先进的供应链管理模式，调整品种结构，优化客户结构，在拓展与整合全国性分销网络的同时，聚焦终端下沉，深挖基层网络价值。国药一致不断深化智慧型供应链的建设，全年新增VMI库存项目76家，新签约智能供应链项目8个，实现了供应链向上下游的全面延伸；票据平台、流向系统、库存分析平台上线的使用，实现了与广东省药交所的首营系统对接，供应链系统持续优化；建立起供应链效能指标考核体系，明确了智慧型供应链的量化标准，促进了供应链效率的提升。南京医药坚持推进与上下游客户间互信的战略合作伙伴关系建设，以市场化为导向，加强大数据背景下的数据分析和运用，将专业化、现代化的物流服务延伸至药品生产和终端销售环节，拓展增值服务深度和广度，全面整合健康产品与服务的集成化供应链，探索为上下游客户提供增值服务的收益，努力提升从上游到下游终端的整体服务价值，从而与业内竞争者形成差异化经营。

（三）探索新模式

新模式对医药流通企业而言意味着新的增长点。在传统模式竞争同质化和微利化的大背景下，新模式也是医药流通企业经营过程中关注的重点内容。比如，前些年南京医药推动的药房托管模式曾在医药流通行业中引起了较大的反响。近年来，药品流通企业仍在不断地进行着新模式的探索，如国药控股的PBM模式、嘉事堂的GPO（集中采购组织）运营模式、上海医药和柳州医药的DTC模式、浙江震元的中医坐诊的药店经营模式等。华东医药则全面推进商业模式的变革，逐步形成由健康体验馆、中药香文化、医疗美容、器械租赁、名医馆等组成的健康产业体系。

（四）构建能力圈

医药流通企业的核心是服务水平和效率。物流、信息化和组织能力是保障服务水平和效率的关键，也是医药流通企业的能力圈。在能力圈的构建上，医药流通行业上市公司可谓是不遗余力。比如，国药控股的全国一体化物流和信息化平台建设；上海医药强化全国分销物流的规划和建设；九州通在完善全国性物流配送体系和集团IT战略规划的基础上，把物流技术作为一项创收的业务进行输出；而国药一致、南京医药、国药股份、英特集团、华东医药、瑞康医药和嘉事堂等区域型公司则致力于完善区域型物流和信息化平台的建设。在组织方面，大部分医药流通上市公司根据业务的发展调整了组织结构，推进公司人力资源战略体系设计与规划及企业文化建设等。

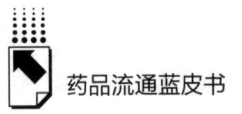

六 总结

随着行业的变迁,医药流通企业面临的竞争会越来越激烈,而竞争的制空权在资本市场。资本市场特别关注市场周期,从2013年开始的新一轮资本市场周期,包括创业板、中小板、主板和新三板的渐次繁荣,正全面影响着上市和非上市的医药流通企业。

未来几年,行业内以上市公司和领先企业为主导的并购整合,以及以互联网和成功嫁接了互联网的传统企业为主导的转型升级,将成为医药流通业两股重要的商业潮流。以并购方式完成对产业资源的集中占据、对产业链条的系统把持,实现产业集中和结构优化;以互联网方式完成对传统企业商业模式的改造、对消费者需求的准确把握,实现产业转型和系统升级,完成产业效率的快速提升。

作为有志成为医药流通产业龙头的企业,目前的核心命题是——如何利用资本市场周期,迅速增强自己的制空权,完成并购整合与互联网化升级,最终实现企业的跨越式发展。

B.19 医药流通的利益分配

肖汉山 杨烨辉 王 林*

摘 要： 本文首先对当前我国医药流通的利益分配模式进行了分析，发现其所存在的问题；进而以美国为例，介绍美国药品流通的运行机制，并从中得到其与中国药品流通运行模式的差异及可供中国借鉴的地方；针对当前药品流通环节存在的问题，本文在最后提出中国需要优化药品流通环节，降低药品成本和价格。

关键词： 药品流通 利益分配 医药分业

2013年我国药品流通行业销售额 13036 亿元，同比增长 16.7%（见图1），其中药品零售销售额 2607 亿元，同比增长 12%，较同期下降了 4 个百分点。这反映了流通市场规模稳步提高，但传统药店的零售行业因受到电商冲击而增速明显放缓。通过电商销售的药品量占比相对于传统的药品流通方式则是冰山一角，且电子商务领域的药品流通利益分配方式较为简单，为此，本文重点关注传统的药品流通利益分配，并详细介绍了我国和美国的药品流通模式，进一步以具体数据为支撑阐述我国医药流通利益分配中存在的问题。

---

* 肖汉山，华泰证券医药组研究员；杨烨辉，华泰证券医药组首席研究员；王林，中国社会科学院经济研究所博士后。

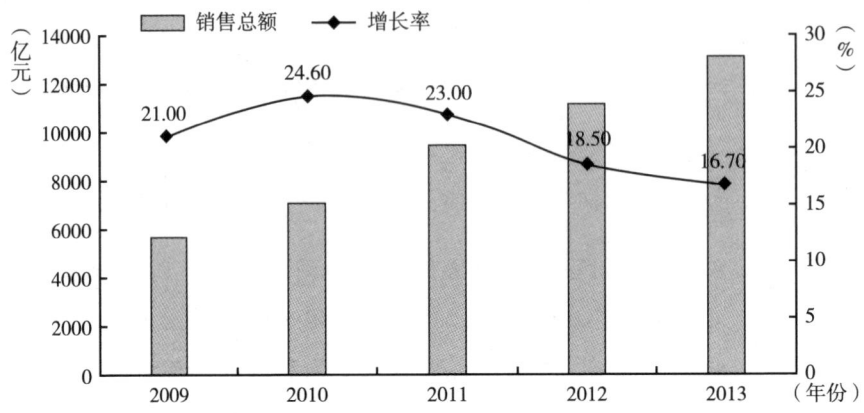

图1 我国药品流通行业销售额及增长率

资料来源：商务部，华泰证券研究所。

一 我国流通产业链利益分配及运行模式

医药流通产业链的参与主体包括工业企业、代理商、分销商、医药终端和消费者。工业企业主要负责研发、生产、营销和销售（部分规模较小的企业由代理商全权负责销售）。代理商主要负责销售（部分代理商还负责营销工作）和分销商的选择。分销商主要负责药品的配送。医药终端有三类，即大型医院、药店和农村及社区用药市场，其中医疗机构具有处方权，负责指导患者用药消费，其销售量的占比高达药品零售量的80%。然而，在现如今的药品集中招标采购政策下，医院不能直接通过代理商采购药品，而是通过所在省份、自治区、直辖市统一的药品招标采购平台来采购药品，所以代理商和一部分参与药品投标的工业企业的销售环节发生了变化。

代理商一般以底价代理的模式从厂商获得药品经销权，出厂价一般只包含少量利润（15%的利润空间）。代理商一般需要参与投标，以获得更大的药品销售市场。代理商将药品调拨给下一级的分销商，终端销售价格则是出厂价的数倍，其中包含市场费用、代理商和分销商利润（代理商有15%的利润空间，分销商有50%左右的利润空间）。部分大型代理商下设分销公司，既是代理商

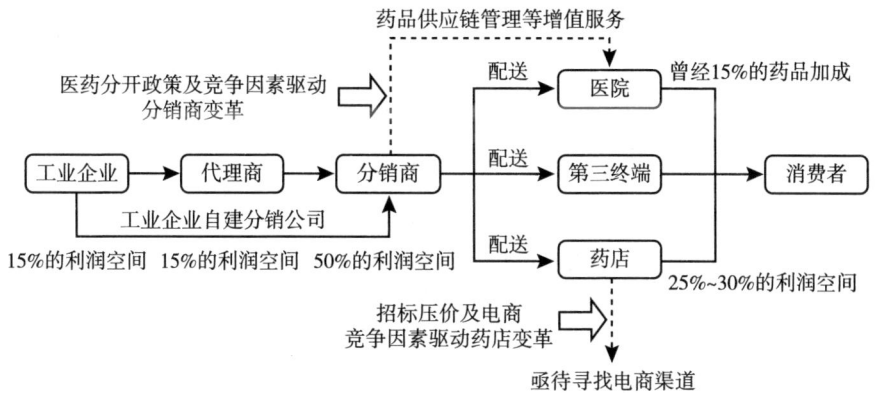

图 2　医药流通产业链各环节及变革方向

资料来源：华泰证券研究所。

又是分销商，此类商业公司覆盖的市场较广，一般是区域性甚至是全国性的。部分实力较强的工业企业向下游拓展，自建分销公司和销售队伍，增强了市场话语权和竞争力。目前，我国的药品销售市场中，处于中间环节的代理商、分销商数量多，且业务也相对分散。

传统的药品销售中，医院在三大药品销售终端中占据了最大的份额。药品通过经销商配送至医院库存，药品所有权属于医院，为此医院需要消耗管理成本、人力成本对药品进行管理并送达到患者手中。药品收入是我国公立医院收入的主要来源之一，占40%左右，医院在上级行政单位投入逐年递减的情况下，以自负盈亏的方式运营，在医疗服务定价偏低的情况下，势必会通过药品销售来增加收入。医院及医生通过过度医疗及开出提成较高的药品来获得额外收入，即人们熟知的"以药养医"，通过多销售药品获得额外收入对医院和医生的诊疗行为进行补贴，这些补贴一部分通过明确可见的药品销售顺加加成率15%获得，另一部分则是通过较为隐蔽的渠道返还给医院、医生，图3以我国公立医院为例分解其收入。

除了上述通过医院销售药品外，通过药房也是药品销售的主要途径之一。截至2012年底，全国连锁药店3107家，下辖门店15.26万个，单体药店27.11万个，零售药店门店总数为42.37万个，连锁率达36.01%（见图4）。零售行业的集中度缓慢提高，这是未来零售行业的发展趋势之一。随着药店数

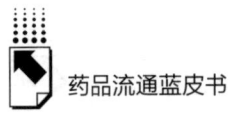

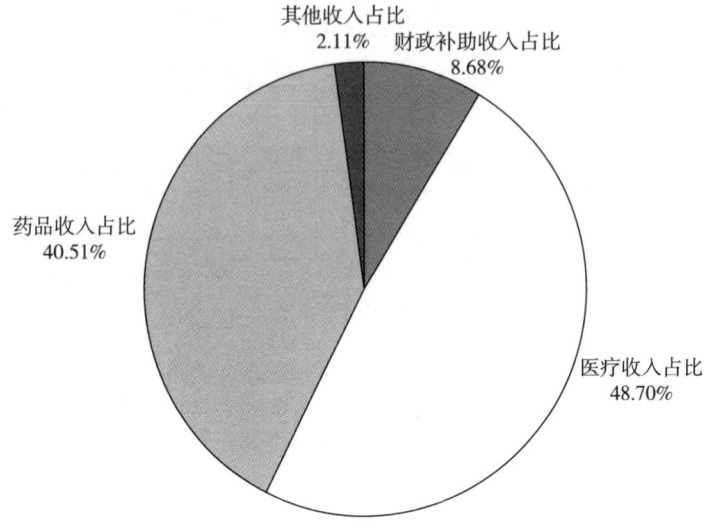

图 3　我国公立医院收入结构

资料来源：Wind，华泰证券研究所。

量的逐年增加和电商的快速扩张，药品零售行业的竞争日趋激烈，加之医疗机构实施药品零加成后药店价格失去优势，药品零售行业从最早100%以上的行业暴利，降低至现在的25%~30%的利润空间。

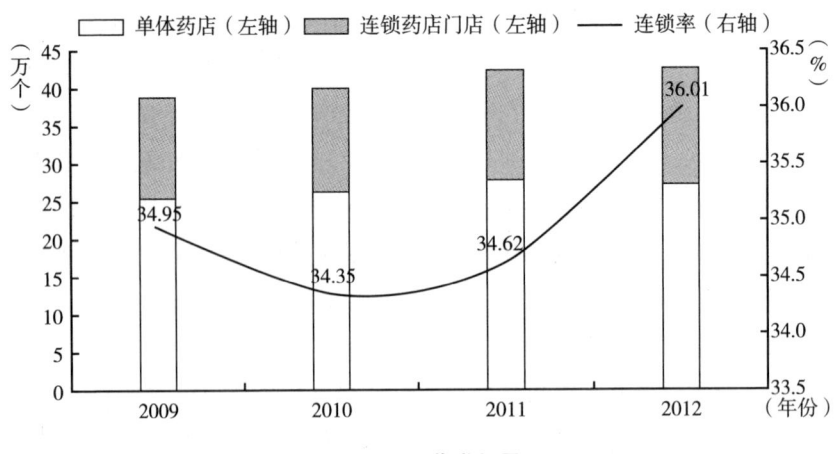

图 4　我国药店数量

资料来源：商务部，华泰证券研究所。

二 美国的药品流通机制

相较于我国医院占药品销售终端最大比重,美国实行明晰的医药分离机制,患者凭借医生处方在药店购买处方药,医院等医疗机构占比不足1/3,药店和零售商占据了60%左右的市场份额。此外邮购也成为药品流通的新兴渠道。实行医药分离,有效切断了医疗机构与药品销售之间的利益联系,患者持医生处方在药店根据自身承受能力选择不同品牌的药品。在同品种药品多家生产的情况下,市场竞争机制发挥了作用。

美国的药品流通行业市场化程度很高,70%以上的药品都通过中介组织(GPOs)采购,可获得比单体采购更低的价格,通过长期稳定的合作,使得GPOs获得来自工业企业的回扣和低价,同时也降低了整个行业的交易成本。这一政策看起来类似我国现行的药品集中招标采购,通过全省范围内较大的采购量换取低价,但是因采购政策的实施者和政策实施背景的不同而与我国的药品集中采购政策有着较大的区别。GPOs一般属于医疗机构,而非我国招标采购的执行者卫生行政部门,GPOs接受多家医疗机构的委托形成较大的药品采购订单后,代替医疗机构会员同药品生产商或批发商谈判,从而获得比医疗机构分散采购更低的价格,同时也把医疗机构从烦琐的采购事务中解放出来。平均每家医院会参加2~4个GPOs,通过GPOs的采购方式,可替医疗机构节省10%~15%的非劳动力成本。GPOs的收入来源主要是向工业企业收取管理费用,同时GPOs也为工业企业提供交易管理并打通医疗机构销售渠道的服务。此外,上述美国不同于我国"医药不分"的医药分业的大环境也为中介组织采购的有效性起到了强有力的保证作用。

部分批发商也进行药品福利管理(PBM)业务,为医疗保险公司和政府保险项目提供审方和医保控费服务,这样的好处是增强了对工业企业的话语权,同时也掌握了大量的用药数据,为新业务开发和贴近患者进行健康管理等业务积累了极大优势。PBM具有制定处方集的权利,医生根据处方集的范围开方,使得用药合理性和经济性得到保障,进入处方集目录的药品也更容易放量销售。PBM业务对医保控费的效果十分显著,各支付方零售处方药支出增速逐年呈下降趋势,其中患者自付部分和私人医疗保险部分的处方药支出增速基本低于零售处方药的总增速。

由于美国的医疗保险付费机制是住院服务以按病种付费为主的预先支付方式，药品费用包含在预先确定的总费用中，因此医院有动力借助 GPOs 来降低采购成本。医疗保险公司和社会医疗保险项目则借助 PBM 来管理门诊病人的药品费用。

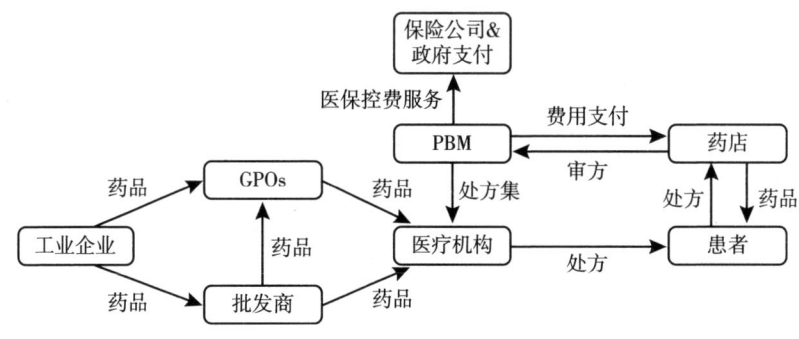

图 5　美国药品流通模式

资料来源：华泰证券研究所。

据统计，美国患者获得每个处方药的平均价格为 50.17 美元，其中，工业企业获得 37.93 美元（75.6% 的利润空间），批发商获得 1.67 美元（3.33% 的利润空间），零售药店获得 10.57 美元（21.07% 的利润空间）。

高度市场化的环境和行业集中度高使得美国药品流通成本较低。美国药品流通中间环节很少，几家巨头批发商就占据了大部分的流通市场份额，三家全国性寡头控制了 90% 的处方药批发市场份额，其他小型的批发商逐渐转型做专业药品批发业务。巨头批发商之所以获得规模效益，得益于美国医药行业的重组兼并活动频繁，行业集中度高。同时，高度市场化的环境使得各类企业间竞争充分，上下游企业间大都是合同协议的关系，很少有政府的干预行为，由于企业间相互制约明显，流通成本显著下降，医保支付增速和单个患者承担的药品费用得到控制。

三　优化流通环节有助于降低药品价格

随着医保覆盖率、城镇化率的提升和人口老龄化，我国医保支出逐年增长，已远远高于同期 GDP 增速。由于我国医保支出缺乏有效监管，即使是医院的医保科，由于人员编制问题也无法实现对医疗费用支出的合理审核。医保作为医药费用的最大支付方，支付前端缺乏类似于美国市场化的 PBM 组织提供医保控费服务，单纯依靠行政力量很难取得理想的控费效果。

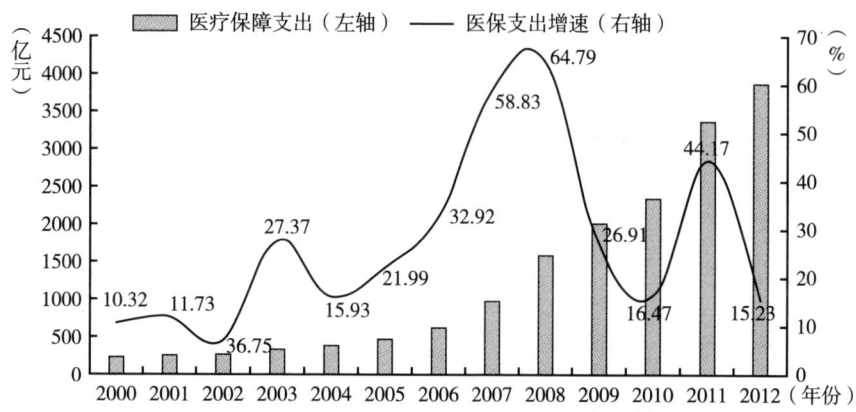

图 6　我国政府医疗保障支出及增速

资料来源：Wind，华泰证券研究所。

我国门诊病人和出院病人的人均药费逐年增长，虽然近年增速放缓，但从出院病人人均药费占年人均可支配收入的比重来看，药费支出还是占了较大的比重，对于普通人群来说是一项较沉重的负担。

降低药品价格已成为遏制医保费用高速增长的必然手段之一，虽然基层医疗机构和部分试点医院已取消了 15% 的药品加成，但药品在入院之前价格就已经产生水分，因此取消加成并不能达到降低药价的目的。单纯依靠招标等手段降低药价只能部分挤压药品流通环节的价格水分，并不是标本兼治的手段，而药品价格高企则来自于由流通环节冗长和效率低下所导致的高流通成本。药品流通行业存在如下问题。

1. 行业集中度低，中小型批发商过多，流通服务水平低下

在行业集中度方面，截至 2012 年底，全国共有药品批发企业 1.63 万家，其中 90% 为地方性的小型药品流通企业。排名前 100 位的大型药品流通企业的主营业务收入占同期全国医药市场规模的 64.3%。行业集中度与发达国家相比差距很大，前三强市场占有率不到美国的 1/3，这直接导致了地方性的小

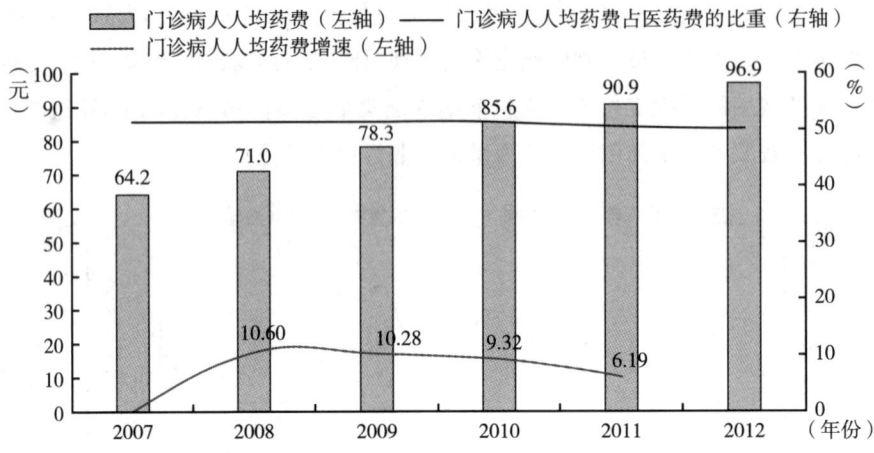

图7　我国门诊病人人均药费情况

资料来源：Wind，华泰证券研究所。

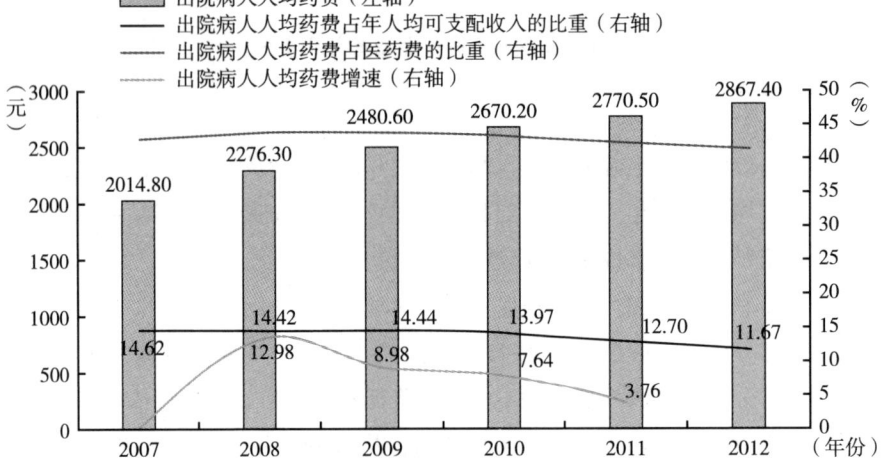

图8　我国出院病人人均药费情况

资料来源：Wind，华泰证券研究所。

型流通企业重复建设，资源浪费严重。

而美国、日本、德国、英国等发达国家的药品批发企业的分散情况与我国有着天壤之别。上述国家的药品批发企业的数量较我国少之又少，且市场份额高度集中。通过市场化的方式形成少数拥有较大的药品流通市场份额的批发企业，药品销售的规模效应得以更好地展现。

此外，上述四个发达国家拥有一个并未在表1中呈现的共同点，即均采取了医药分业政策，正是该政策促进了批发企业集中度的提高，日本在执行医药分业政策前后药品销售情况能够较为准确地反映该政策的必要性。日本厚生省采取了一系列措施促进"医药分业"。这些措施可归结为三个方面：降低对药品分发的补偿、对医生开处方但不分发药品给予经济激励、鼓励独立药房的发展。从批发药品流向来看，医药分开的比重在逐年加大的同时，药品市场的集中度也逐渐提升，1987年，前十大医药批发商的市场份额之和为27.3%；1997年，这一比重达到37.1%；进入21世纪之后，前四大批发商MediPal、Alfresa、Suzuken、Toho占据80%以上的市场份额。

表1 中国与发达国家药品批发企业集中度比较

国家	批发企业数量(家)	前三强市场占有率
美国	70	96%
日本	147	74%
德国	10	60%~70%
英国	20	85%
中国	16000	30%

资料来源：华泰证券研究所。

我国药品市场集中程度近年来也呈现提升的趋势。2013年主营收入100亿元以上的药品批发企业有12家，50亿~100亿元的有11家，10亿~50亿元的有75家。规模较大的药品批发企业的市场份额较往年有所提升，小型批发企业的市场份额下降，市场集中度逐渐提升。如何进一步提升我国药品流通市场的集中程度，则需拓宽视角，更多地关注医药分业。在我国现行的以药养医的体制下，对药品销售人员的需求更大，这一明显的例子则是与英国地理疆域上相当且药品销售网络具有可比性的日本，在未医药分业的情况下日本制药公司销售代表与医生的比例高达1∶4，英国这一比例为1∶34。在医药未分业的情况下，多数药品流通企业存在较大的生存空间，企业间的兼并重组则变得较为困难。

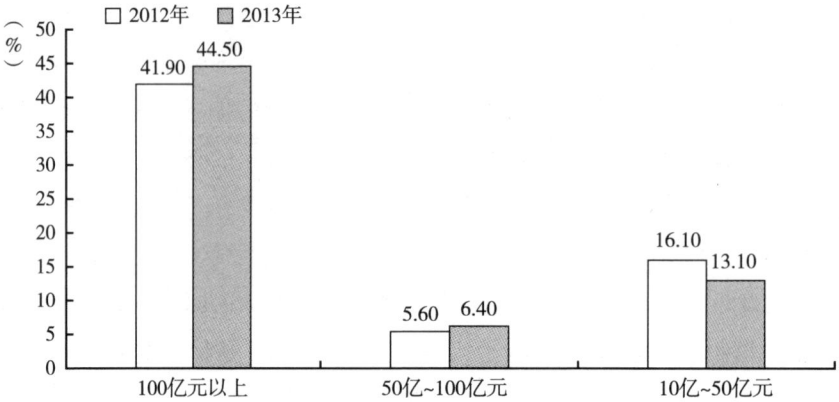

图 9　我国不同规模药品批发企业市场份额

资料来源：商务部，华泰证券研究所。

2. 流通环节冗杂，所有权多次转让，降低了流通效率，增加了流通成本

在流通效率方面，由于我国药品在流通环节加价较多，批发企业的毛利率因收入规模的扩大而远高于发达国家，实际上流通环节冗杂、营销和公关成本较高，使得费用率很高、利润率明显低于发达国家水平。在表2所列示的国家中，我国的药品流通费用率为7%左右，平均而言是美国、日本药品流通费用率的5~7倍，这一费用率使得我国药品流通企业即使具有美国、日本毛利率2~4倍时，利润率也远远低于美国、日本。

表 2　中国与发达国家药品流通效率比较

国家	批发企业数量(家)	毛利率	费用率	利润率
美国	70	2.5%~4.0%	1.0%~1.5%	1.5%~2.5%
日本	147	2.0%~3.0%	1.0%~1.5%	1.0%~1.5%
中国	16000	8.2%	7.0%~7.6%	0.6%~1.2%

资料来源：华泰证券研究所。

以我国几家大型的药品流通企业的费用率为例，并与美国McKesson公司的费用率进行对比。McKesson是北美最大的医药批发商，最大业务部分为药品批发，通过其分布在全美各地的30多个分销中心向全美50个州批发药品、保健及化妆品、医疗用品及设备。与我国药品批发商相比，不难发现，

McKesson的费用率明显低于我国几大批发商,这说明我国药品流通行业的成本较高,且效率明显低于以美国为代表的同类企业。

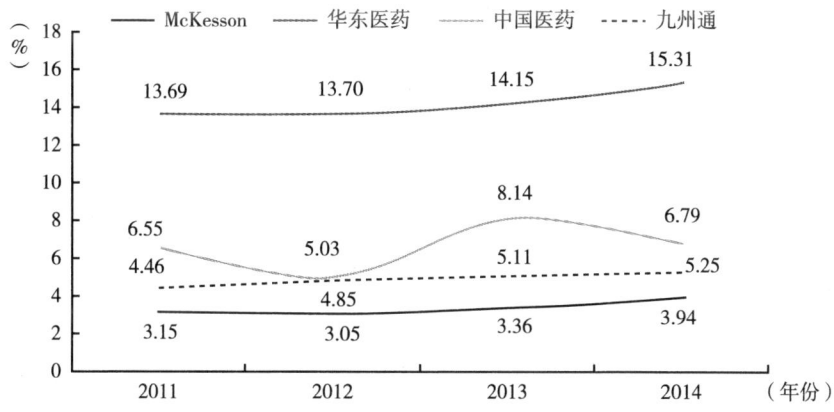

图10 不同药品批发商费用率比较

资料来源:Wind,华泰证券研究所。

流通环节的冗杂、营销和公关成本较高,使得药品价格居高不下,这在造成大量的资源浪费的同时,推升了药品价格。如何破除流通环节费用率居高不下的问题,一个标本兼治的办法依旧是上文提到的医药分业。通过医药分业,使得医生丧失开大处方、高价药的激励机制,同时给予患者更多的自由选择权,通过市场化的竞争机制促使药品批发商自行降低其费用率。

3. 我国药品流通具有地方性分销商过多的特点

这些企业小且散,物流系统的重复建设造成资源浪费。现今,我国的药品流通企业分散化程度较高的特点,直接造成了物流配送系统的资源浪费。在传统的药品流通模式下,物流配送系统的服务终端多是医院和药房,在医药不分家的情况下,医院是药品经销商的最大客户,每一次进、存药品的量都很大。药品经销商只需在推销之后,将大量的药品送到各医院即可,物流成本不高。但在我国由于分销商过多、企业小而分散的特点,每个地区不得不建造多家物流系统,医药不分家在物流配送方面的优势在我国也被重复建设的物流配送所削弱。

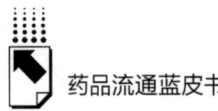

前面所述我国药品流通行业存在的问题的解决办法是破除现行的医药不分家，医药分业后势必会对现行的物流配送企业提出更高的要求。已经历医药分业改革的日本在这方面可以为我国提供较好的借鉴。在日本，医药分家之后，药品的销售面对众多分散的小型零售药店，配送点和配送线路呈百倍千倍地增加，且由于零售药店用药量相较于以前的医院不可同日而语，经销商必须小批量、高频次地对大量零售药店进行送货服务。传统的物流方式已不能适应新形势，物流成本飞涨。为此，大阪物流配送中心及时进行物流改革，采用信息化、自动化的方式来适应这种小批量、高频度、多配送点的物流方式。

B.20 国药控股赛飞供应链云服务平台的建设与发展

国药控股股份有限公司赛飞项目组

摘 要： 本文从"赛飞"平台的建设背景和建设使命出发，详细介绍了"赛飞"平台的创新解决方案、在线供应链优化引擎、技术创新点及未来可扩展功能。"赛飞"平台促使国药物流成为中国医药流通领域的市场领导者，为行业、供应链上下游客户创造多元价值。

关键词： 国药物流 "赛飞"平台 供应链服务体系 多元价值

国药控股股份有限公司（以下简称"国药控股"）是中国医药集团总公司所属核心企业，自2003年1月成立以来始终保持着近40%的年均复合增长率，是中国最大的医疗健康集成服务提供商，2009年9月23日在香港上市。成立10余年来，公司的经营规模不断扩大，经济运行质量不断提高，盈利能力持续增长，已发展成为中国最大的药品、医疗保健产品分销商及领先的供应链服务提供商，拥有并经营中国最大的药品分销及配送网络，形成了药品分销、物流配送、零售连锁、药品制造、医疗器械、化学试剂、医疗健康产业等相关业态协同发展的一体化产业链，迄今公司市值名列全球医药分销企业第四位。2005年以来，公司连续蝉联中国医药商业企业销售额榜首；2011年，荣膺"国内首家医药流通业务超千亿元"的企业；2014年，公司销售额更是突破2000亿元大关，销售规模雄居亚洲医药批发企业之首，强势保持着中国最大的药品及医疗保健产品分销商及领先的供应链服务商的市场地位。

截至2014年底,公司拥有350家全资及控股子公司(含国药股份、一致药业两家境内上市公司),经营配送网络覆盖全国大陆所有31个省、自治区、直辖市。在物流业务方面,国药控股以下属全资子公司国药集团医药物流有限公司(以下简称"国药物流")为载体,正在着力打造中国健康物流产业最具知名度的供应链交付服务公司。国药物流于2004年5月注册成立,注册资本为3亿元,是国药控股供应链管理服务执行实体。国药物流的战略目标是依托国药控股的网络资源,对内优化供应链管理、创新服务,提高国药控股核心业务的竞争力;对外提供专业物流和供应链管理增值服务。当前,公司正着力打造基于"赛飞(SAVE)供应链云服务平台"(以下简称"赛飞"平台)的专业医药供应链交付服务体系。通过国药物流开拓新的赢利模式,提升国药控股可持续的竞争能力。

一 "赛飞"平台的建设背景

2011年5月5日,商务部正式发布《全国药品流通行业发展规划纲要(2011~2015年)》(以下简称《纲要》)。《纲要》明确指出要大力发展现代医药物流,提高药品流通效率。以信息化带动现代医药物流发展;推动医药物流服务专业化发展;鼓励药品流通企业的物流功能社会化,实施医药物流服务延伸示范工程,引导有实力的企业向医疗机构和生产企业延伸现代医药物流服务。

基于对医改大背景下行业变革的思考,结合国药控股大网络、多业态、"国家药网"的发展定位,国药控股制定了相应的"十二五"规划,明确了成为"全球医药企业在中国最佳供应链合作伙伴"和"智慧供应链的最佳实践者"的企业目标;通过服务产品创新、服务手段创新,打造"健康之星"现代医药流通供应链服务平台(见图1)。

"健康之星"平台的价值是通过应用互联网、电子商务和云平台等技术,为医药供应链上下游及相关方提供全新的服务交付模式,推动行业供应链的扁平化,实现医药流通模式的全面创新,为配合新医改背景下的药品流通及配送优化做出应有的贡献。而支撑"国家药网"和"健康之星"建设和运营的核心能力之一,便是智能化的供应链体系和信息系统。

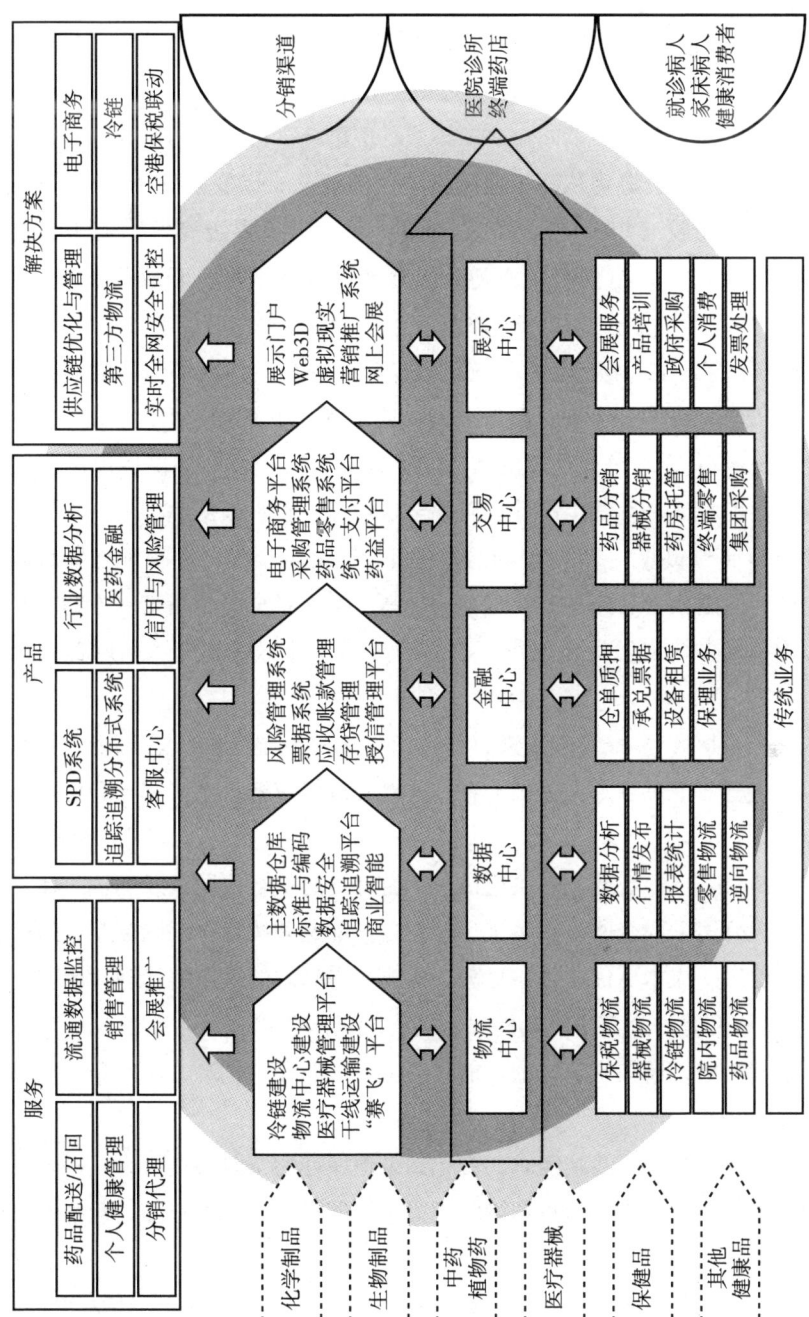

图 1 "健康之星"现代医药流通供应链服务平台结构

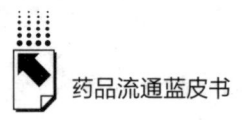

二 "赛飞"平台的特点与功能

国药物流遵循国药控股高起点、新模式、更融合、再跨越的指导方针,以国药控股的全国网络资源为依托,遵循供应链的理念,以安全(Save)、可及(Accessibility)、可视(Visible)、高效(Efficient)的世界级专业物流服务能力,为健康产业精心打造横跨上下游、纵连产品线、中立、开放的"赛飞"(英文缩写"SAVE")供应链云服务平台。

"赛飞"平台是国药物流信息系统建设的核心内容,体现了国药物流向社会提供的"安全、可及、可视、高效"的供应链管理服务能力及其承诺。

安全(Save):以冷链为代表的质量安全保障管理。公司提供冷库温度验证、冷藏车温度验证、冷藏箱设计、温度全程跟踪、验收依据。

可及(Accessibility):及时准确的信息可及、覆盖全国的分拨配送物流网络可及。公司向国家食品药品监督管理局申请了第一张全国药品第三方物流经营资质,为实现多仓配送优化取得了合规资质,保障分拨、配送两网覆盖全国。

可视(Visible):多维管理要素,如在库在途和温湿度的状态可视、物流资源可视、运营效率可视等。公司为合作伙伴实现供应链体系可视化和可追溯管理。

高效(Efficient):智能实现供应链上下游计划与执行协同以及运输一体化运作及优化。公司采取全网多仓多级运营,分拨配送调拨运输全网覆盖,送达更快、覆盖更广、成本更优、效益显著,达成客户高效的供应链管理目标。

"赛飞"平台是一个需求驱动的供应链管理云服务平台。它不仅仅满足物流运作的管理功能,还在供应链的智能管理上有着明显的优势,主要表现在以下几个方面。

实时库存优化管理:终端需求的变化和渠道库存的实时对接,为同一产品的不同货主提供实时的库存信息,同时还提供智能分析,为供应商进行合理订货提供决策依据。

配送集单的优化:系统对各物流点需要补货的预测,可以指导货物移库过程中的智能配载,加大整件发送,优化运输资源。

库区智能选择:"赛飞"系统分布式订单管理功能将生产地和配送地之间的物流关系进行优化,使产品在出厂时的分布最接近市场需求,以避免渠道过程中逆向运输,减少运输成本。

"赛飞"平台的智能化功能让信息的获取、集成、分析和决策更加科学和智能化,将智慧采购、智慧仓储、智慧配送及智能医院信息系统等贯穿于整个产业链,真正实现上下游间的增值服务和提供个性化的解决方案。

三 "赛飞"平台的创新解决方案

(一)"赛飞"供应链运作体系

区别于单体物流公司的运作以及一家物流公司几个仓库的协同运作,"赛飞"平台可将不同公司的仓库、车辆等设施设备通过仓储与运输管理系统进行信息化管理,形成规模化的物流资源池,并且将这些资源进行互联网化的整合。任何一个点不再是一个孤立的点,而是一张可以协同化运作的物流网络。"赛飞"的资源池将不仅仅包括国控物流体系内的资源,符合条件的外部第三方仓储资源及运输资源也可以纳入"赛飞"的资源池。整个资源池将作为"赛飞"供应链平台提供区域或全国物流服务的基础,为管理其协同运作的运作中心所配置使用。而运作中心也不再只是一个单一公司或部门。运作中心的构成取决于其服务的对象,如第三方货主、一个物流公司的多个仓储中心等都可以是其服务对象;根据运作中心服务的对象,可以跨公司或跨部门组成一个业务实体来为服务对象提供供应链及物流服务。以下是运作中心的一般职责:

对物流内外部资源实行货主的统一协同和管理;

对外部物流资源的采购、价格管理和计费结算;

对货主的业务拓展、报价和合同签订;

对货主的接入、日常管理和服务,包括订单管理、流程管理、货主计费收费、增值服务、客户服务管理等。

通过客户自己的运作中心或为客户提供服务的运作中心是供应链管理、执行体系的核心,利用 SAVE 供应链服务平台的供应链建模、订单管理功能实现符合 GSP 的多仓同步运营。

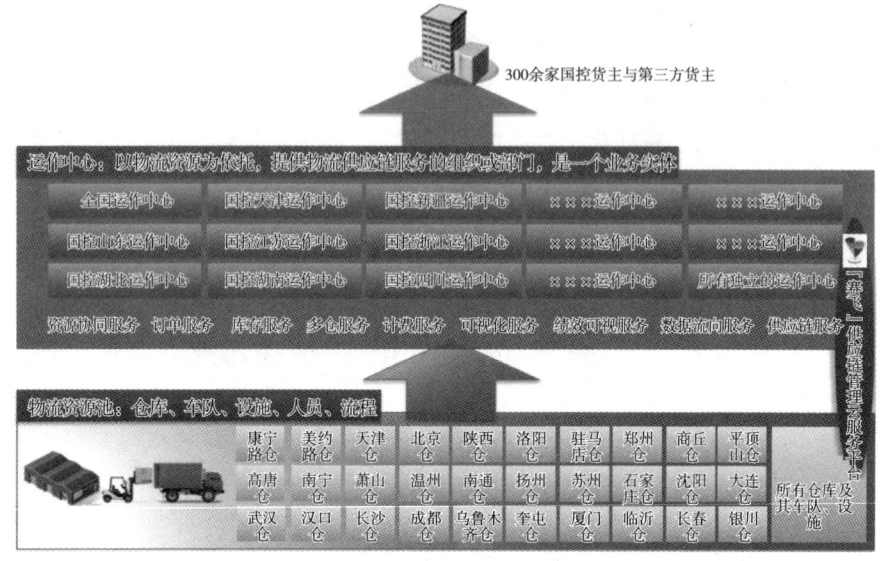

图2 "赛飞"平台资源池结构

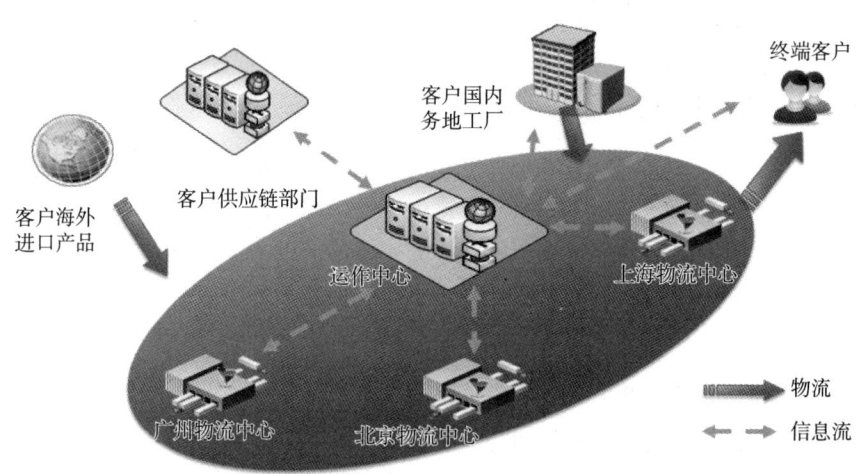

图3 多仓同步运营结构

"赛飞"平台提供分布式订单管理以及与 WMS 和 TMS 的协同,以实现就近收货、就近发货、多点储备、分段接力运输,这将成为货主供应链网络建成后最常规化的运作模式。而这种运作模式通过系统的支持可以避免迂回运输，降低运营成本，减少在途风险，在提高配送效率方面的效果将会非常显著，将会大大提高药品供应的准确性、及时性、安全性。

（二）"赛飞"供应链物流服务体系

目前各类物流系统中，有的已经提供了很多物流作业节点的动态数据，为客户对作业执行的监控提供"可视化"。而"可视"作为"赛飞"平台的一个重要理念，除了完整体现订单在整个生命周期内的状态变化和对异常事件的跟踪外，更重要的是体现药品等对质量管理要求非常高的商品的温湿度的全程跟踪。同时，不仅是对冷链药品的监管，也可以对一般药品在夏季或冬季等气候条件下的监管，从而更有力地保障药品物流的安全性。

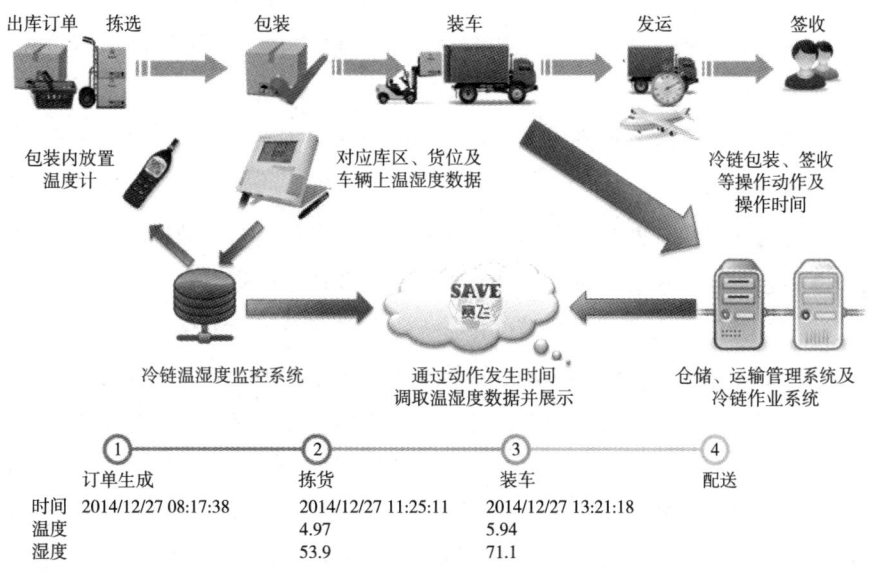

图4 "赛飞"供应链物流体系示意

"赛飞"平台通过 WMS 与 TMS 所记录的实时作业动作以及时间，调用对应库区库位的温湿度监控探头以及出库箱内的温湿度跟踪仪的读数，最终汇总形成整个订单作业过程各个节点的温湿度完成情况。通过"赛飞"门户网站对外展现，确保对物流执行过程的整个"透明化"监控。

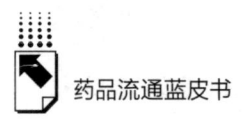

通过"赛飞"平台，可以实现仓储与运输的有效协同。根据订单对仓配的不同协同要求，"赛飞"平台可按不同订单分发先调度还是先拣配的顺序，从而让运输运力有效配合仓储拣配集货的时间窗口。同时，让承运商在派车前能事先知晓货物件数、重量、体积等情况，安排最合适的车辆完成运输任务。

在全国多仓运营的场景下，"赛飞"平台提供统一的GSP质量管理标准以及主数据服务，不仅使平台下所有的物流服务提供商具备一致的物流服务水平，同时也为全局的数据管理、分析打下有效的基础。

（三）赛飞供应链数据服务体系

"赛飞"平台可为货主提供完整的数据服务功能，具体包括以下几个方面：

KPI绩效展现（资料来源于底层执行系统，如从WMS、TMS等提取）；

计费结算、成本分析（通过可配置性的货主计费模板实现）；

商业流向数据（产品、产品组维度、各层级库存、入出库量、在途数量均可纳入统计）；

数据分析、专取、挖掘服务（通过GIS服务得到医院布点、药房布点、销售热区等数据）。

同时，通过数据共享可以达到出库箱条码与电子监管码数据全面共享，大大提高多仓运营调拨的收货效率，减少仓库作业动作，降低作业成本。

1. "赛飞"平台在线供应链优化——分布式订单管理引擎

"赛飞"分布式订单管理以销售应答引擎、高级补货引擎及推式入库引擎实现对终端销售订单的实时应答、各级仓库间的连续补货、采购订单的及时入库，构建以终端需求为驱动的实时供应链价值网络。

分布式订单引擎的主要内容包括需求预测、分布式入库策略和分布式出库策略、自动补货。通过分布式订单引擎，可以实现对物流资源的整合计划和灵活调度，实现对物流订单的分布执行，并为货主提供销售需求预测、订单承诺及补货建议等增值服务。

分布式订单管理通过提高客户订单满足率，提高客户服务水平；通过库存管理和多层次的供应链可视化，减低销售损失和缺货；通过需求驱动的供应链价值网络，降低库存水平；通过将货物在正确的时间以正确的数量送到正确的地点，降低运营成本；通过多方参与、多层次工作流、许可管理和可视化，改

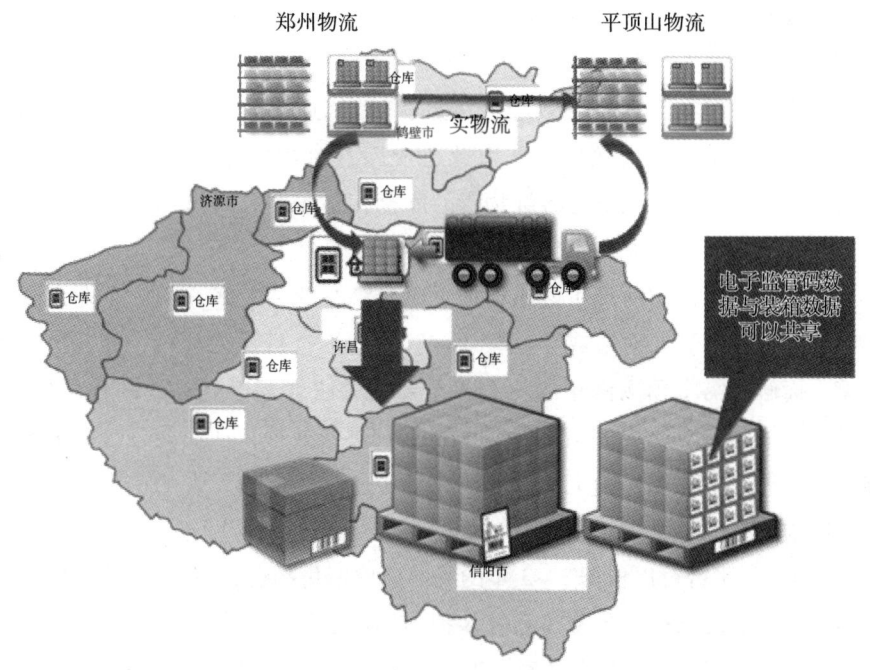

图5 "赛飞"供应链数据服务体系示意

善供应链的敏捷性。

2. 分布式订单管理的资料来源

对于分布式订单管理而言,最重要的是,要有正确的供应链模型加上准确的库存策略和库存信息。

有了正确的供应链模型,系统和用户能够知道供应链是如何连接的。当订单需要从供给推送到需求的地方时,知道移动货物到哪里。当订单生成来拉动货物时,知道到哪里去拉存货。当订单需要承诺时,知道货物在哪里可以发送到消费地点。

如果有正确的库存策略和在库库存的数据,部署订单和推送订单可以了解推送到的正确的数量和位置。为了自动生成补货订单,补货策略和在库库存是关键数据。

3. 需求预测

通过分布式订单管理实现终端需求拉动、逐级汇总的需求驱动模式。分布式订单引擎通过终端历史销售数据来实现终端销售需求预测,并依据修正

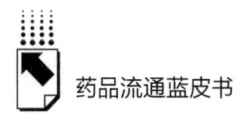

的销售预测结果进行库存调整、补货调整，实现需求驱动的实时销售订单应答。

供应链中存在的"牛鞭效应"，造成终端信息在向上游传递过程中出现信息扭曲并逐级被放大效应，并由此造成库存流动停滞和库存短缺同时存在。一方面，整体供应链上各级物资的库存存量较高，所占用的资金成本也较高；另一方面，因对终端信息的传递和有效反馈变慢而导致商品短缺，无法有效满足客户需求所产生的销售损失以及潜在的丢失客户和对企业商誉的影响。因此，有必要对造成"牛鞭效应"的原因进行深入分析，并找出应对之策。而解决需求预测修正的一个很重要的方法就是建立有效的预测模型，并基于预测模型对历史的销售（需求）信息进行处理，从而能较准确地预测未来一段时间的需求，为上游供应链成员传递相对准确无误的信息，以避免"牛鞭效应"。

"赛飞"平台可以根据 2~3 年的终端历史销售数据，采用 BOX - Jenkins、指数平滑、曲线求和、专家预测等多种预测方法，实现对终端消费需求的短期、中期、长期预测，并将预测结果以图表形式展示、对比等，供货主参考、修改和审核；经货主审核的需求预测可以转化成预测的销售订单，并可依据此预测订单生成采购计划进行库存调整；在需求预测及库存调整的基础上，进行终端销售应答（发货）和仓间补货。

4. 分布式入库策略——推式入库引擎

分布式订单管理基于供应链的配置，将入库订单移动到下游位置，通过推式引擎实现对未指定入库仓库的采购订单的入库建议。当入库订单来到时寻找有效的下游位置，评估下游的安全库存，解决低库存问题。如果有可以推送的剩余量，可按比例推到下游的库存中心。

对于货主已指定入库仓库的采购订单，直接在"赛飞"平台上进行正常的入库流程。

对于货主未指定入库仓库的采购订单，推式引擎可以通过计算备选入库仓库（枢纽中心、物流中心等）的库容、库存、安全库存及运输成本指定采购订单的入库仓库，以维持不同仓库间合理的稳定库存水平。推式引擎不仅可以实现从供应商仓库到枢纽中心的部署，还可以实现从枢纽中心到区域物流中心的部署。

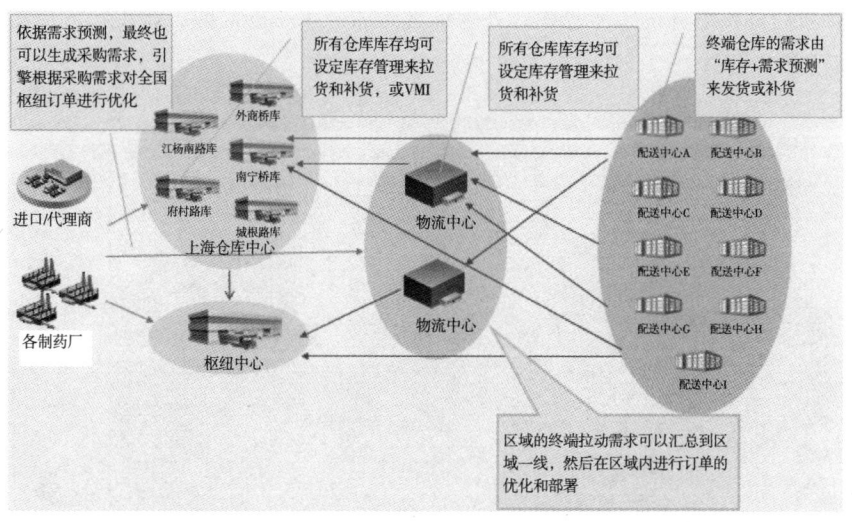

图6 "赛飞"平台需求预测与应用结构示意

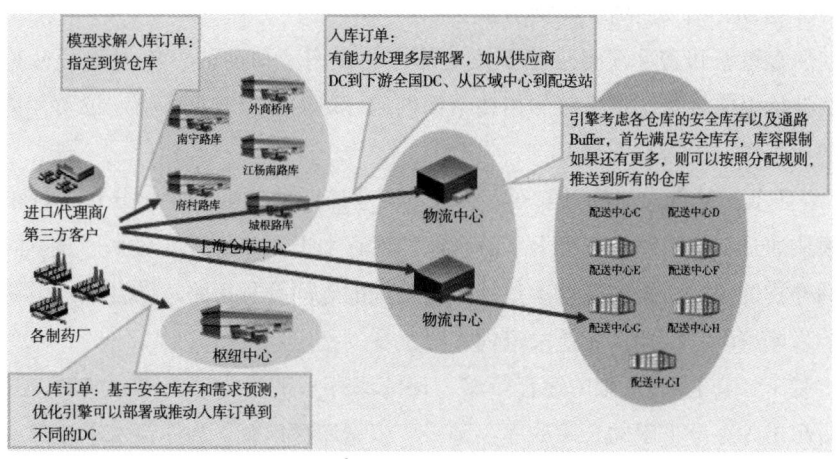

图7 "赛飞"平台分布式入库策略示意

5. 分布式出库策略——销售应答引擎

分布式订单管理可以通过销售应答引擎，实现对销售订单的实时应答。销售应答引擎根据各出库仓库的库存水平、仓库至客户的运输成本、运输提前期等参数计算出最优的出库仓库，在保证客户服务水平的同时，实现物流成本的降低。

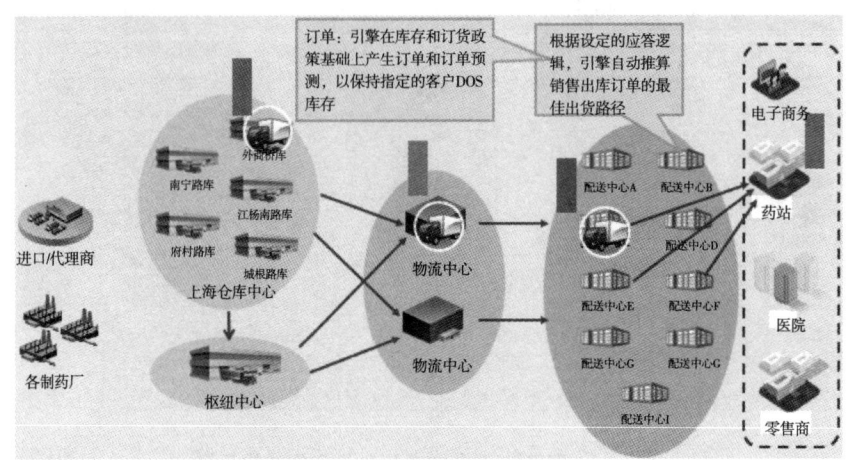

图8　"赛飞"平台分布式出库策略

6. 自动补货——高级补货引擎

库存策略和需求预测是基于拉动的订单，用于拉动的订单引擎是补货引擎。补货引擎将基于供应链的拓扑结构创建订单。每个节点将指定拉动存货场所的优先级（寻源优先级）。

"赛飞"分布式订单引擎可以实现不同仓库间货物的调拨。分布式订单管理模块通过补货引擎，依据上下游仓库的库存上下限、每日库存水平、不同仓库间补货的成本、提前期等参数计算出最优的仓间补货策略，结合推式引擎的采购入库策略，维持供应链渠道内库存水平的稳定。

基于各仓上限/下限的库存策略，保证库存水平在合理范围内波动，并实现对超出库存上下限的仓库的库存预警。依据库存预警，当库存水平达到或低于库存下限时，系统将自动生成一个拉式补货订单，移动库存水平达到最高水平；对于库存水平高于库存上限水平的仓库，进行移库出库操作。

与传统的供应链管理软件不同，"赛飞"的分布式订单管理帮助客户充分利用未来需求信息和目前商品库存、在途和生产过程中的数量，自动实现订单的出入库应答，进而实现供应商管理库存（VMI）、客户管理库存（CMI）、寄售等，形成多样的供应链解决方案。

国药控股赛飞供应链云服务平台的建设与发展

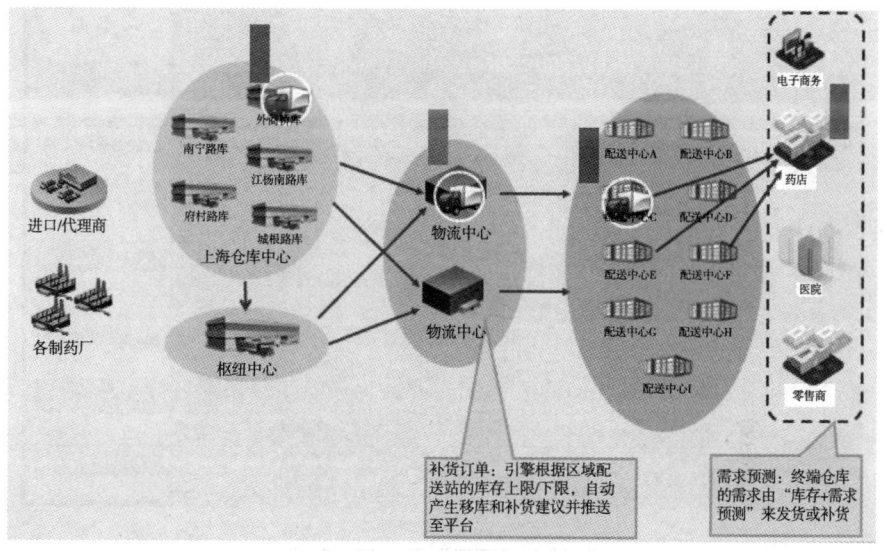

图9 "赛飞"平台自动补货示意

四 "赛飞"平台技术创新点

作为云服务平台,"赛飞"平台由标准的 IaaS 服务、PaaS 平台和基于前两者开发的 SaaS 服务构成。

"赛飞"平台的技术架构设计采取分层、分割、分布式、集群、缓存、冗余、异步处理等原则。

在服务请求接入时,首先会在混合分发网络(简称 CDN)进行静态页面和静态数据的加载,以快速进行客户端的页面刷新。对于动态的页面和数据请求,通过反向代理、负载均衡服务器转向后台的应用服务器。应用服务按照业务领域分布式部署,各业务服务集群件通过消息队列异步传输数据。

为了减轻应用服务器的压力,减少对数据库的读取操作,引入分布式缓存,缓存一些非核心业务数据。对于海量的文件、商品图片等,采取分布式文件系统进行存储。数据库也不再选择大型关系型数据库,而是采取 share-nothing 架构的分布式数据库,一主多从的集群模式,数据分块冗余多份存

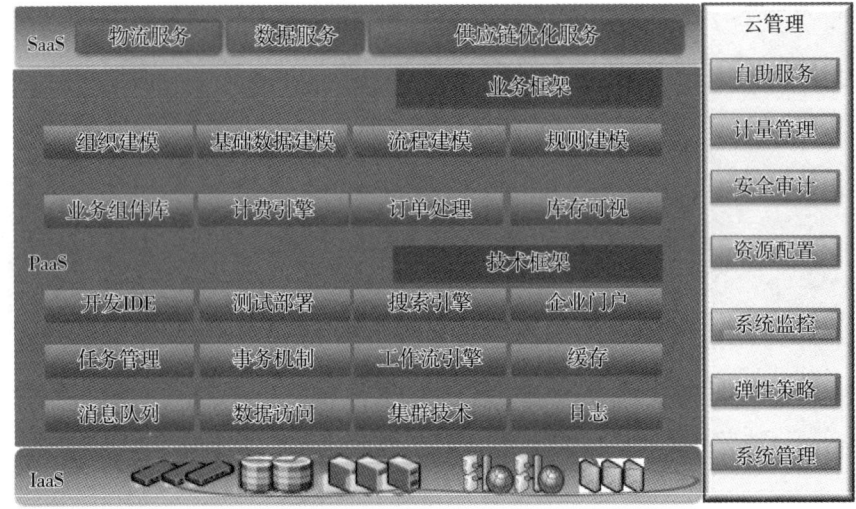

图10 "赛飞"平台技术架构

放,读取时多点并行处理,既提高数据存储的可靠性,又能提升数据读取的效率。

为了分散应用服务器的接入量,同时保持业务之间的独立维护性,需要将负责的业务流程拆分为若干小的业务,再分别部署在不同的应用服务集群中;应用集群间通过消息队列进行异步消息传递,减少应用间的耦合度。

关键技术创新点主要有以下几个方面。

(一)读写分离

考虑到平台将来大量数据可能对数据库造成的压力、影响系统性能,平台需要实现对数据库的读写分离,即业务数据库与热读数据库分离。平台业务数据库使用Oracle集群。热度库选用了具有高效复杂统计和分析能力的列存储关系型数据库管理系统GBase 8a。

(二)数据归档

防止业务库数据量过大可能对数据库造成的压力,平台需要定期将业务数据库中冷数据备份转移清理,保证业务数据库的数据压力不会太大。

（三）文件归档

从安全、高效等角度考虑，采用分布式文件管理技术来搭建国药物流"赛飞"文件管理平台，并且对不同类型的文件分别采用不同的管理方案。

（四）消息服务

"赛飞"平台中需要与外系统进行消息交互与系统对接。为方便接口统一管理及扩展，结合云平台的理念，在"赛飞"平台中使用 JMS 消息中间件（activeMQ）实现系统间的统一集成。搭建分布式消息平台，提供可靠的传递消息及数据的消息服务，实现平台间的消息传递。

（五）分布式缓存

在 SAVE 平台中，应用对某一类数据有频繁读取的需求（这类数据主要包括基础档案、货品主档、货主主档、仓库、物流中心等），由于访问量较大，如果每次读取都从数据库获取会极大地增加数据库压力，也会导致服务变慢，解决办法是将数据预先加载到高速缓存服务器中，应用程序通过访问这些高速缓存服务器来获取相应数据，这样就能减少对数据库的访问次数，提高系统性能。经过详细论证和对比，"赛飞"平台选用了 Memcached 作为分布式缓存系统。

通过技术架构的创新和优化，"赛飞"不仅具备了满足各类异构系统的对接及大数据的处理能力，而且有效地保障了数据的安全性和高效的执行。

五 "赛飞"平台未来扩展功能

"赛飞"平台未来还将扩展功能以便提供以下服务。

（一）电商支持服务

电商支持服务包括商品寻源撮合服务、物流资源寻源撮合服务、DTC 服务、代收货款服务。

（二）物流金融服务

物流金融服务包括代收垫付信息服务、仓单质押信息服务、保兑仓信息服务。

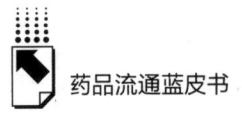

（三）公共信息服务

公共信息服务包括公共药事查询服务、药品真伪查询、重大安全事件公布、药品追溯服务、药监局监管查询服务。

同时基于"赛飞"的 PaaS 平台提供的技术和业务组件，可扩展更多的基于供应链与物流的 SaaS 服务，以满足平台上不同的服务方与被服务方。"赛飞"的 SaaS 服务同样不只局限在由国控进行开发扩展，也可由第三方基于赛飞的 PaaS 平台技术标准进行开发，以满足日新月异的物流供应链需求的变化。

六 "赛飞"平台为客户、为行业创造多元价值

在"赛飞"平台的基础上，国药物流建立了以"技术能力、管理能力、服务能力"为主体的核心能力，通过营销联盟、信息平台、标准体系和运营体系为供应链客户创造多元价值。比如，国药物流基于客户的冷链营销战略，整合客户、国药物流冷链系统内外部冷链资源，再造和优化冷藏供应链，从冷链包装设计到集成订单处理和集约储运安排全过程构建区别于竞争对手的冷藏供应链管理体系，为渠道关键客户提供与营销计划配套的冷链技术和培训支持，形成区别于竞争对手的特色服务体系，为客户创造独特价值。再如，国药物流立足于上海，对接全球医药供应链；聚焦行业，打造国际医药港平台，公司目前拥有面积为 7000 平方米的保税物流中心，可实现保税和完税药品的存储、分包装及装运业务，为客户提供一站式进口解决方案，包括接收客户订单、完成进口操作并清关完税、存储服务与客户定制化增值服务、完税后商品发运至外高桥物流中心非保税库或直接发送至国内客户等。

国药物流正在以供应链设计的视野来谋划建设专业的医药供应链服务体系。供应链设计包括多层级库存解决方案、网络运输解决方案、供应链运营设计方案及流程设计方案等全方位、立体式的设计方案。例如，可根据客户需求将多级库存和网络运输解决方案进行综合设计，在保证一定的服务水平基础上对成本、采购和运输时间等条件进行综合分析，与网络优化相结合来确定优化的库存规划，同时根据成本优化自有车队、整车、零担的使用率，确定网络运

输细节方案。

"赛飞"平台打造了国药物流具有国际竞争力的"网络化布局、一体化运营"的全国物流及冷链配送网络，推进全国多仓多级存储节点的协同，形成了跨区域的干线配送网和区域内支线配送网的全面配送，构建了布局科学、技术先进、节能环保、便捷高效、安全有序的专业医药供应链服务体系。"赛飞"平台促使国药物流成为中国医药流通领域的市场领导者、中国医药行业的资源整合者和价值提升者，为供应链上下游客户创造多元价值。

作为中央企业的子公司、医药物流行业的标杆企业，国药物流履行国家命令，肩负社会责任。"赛飞"平台正推进国药物流中国第一药网的建设。中国第一药网承载着医药物流标准化平台、第四方供应链管理服务平台、药品紧急调拨配送平台、国家医药储备可视化监控平台、重大事故追溯平台、疫情预警平台及国家人才培养平台等诸多社会行业功能，将持续为行业创造多元价值。

"赛飞"平台正在助推中国医药产业的变革。国药物流全国多仓多级运营，调拨运输分拨配送全网覆盖，送达更快、覆盖更广、成本更优、效益更显著，国药物流成为国家药监局批准的首家全国范围内统一获得多仓联网运营GSP认证的第三方医药物流企业，国家药监局批准首批将全国16家子公司仓库地址加入公司《药品经营许可证》的仓库地址中，解决了公司全国物流多仓网络协同过程中的政策瓶颈，从而得以促进公司全面开展面向供应链的高效、优化的多仓物流服务。第一，药品生产企业可以直接委托国药物流多点储存，销售时生产企业可以直接面对当地客户销售，满足医改环境下生产企业扁平化管理的市场需求。第二，国药物流是在中国首个获得SFDA批准的专业第三方医疗器械物流服务资质企业，以"赛飞"平台打造的开放的供应链管理增值服务平台可为客户提供一整套药品和医疗器械的综合物流解决方案，包括：一站式进口和保税物流服务、中文贴签服务、基本药品贴签扫码服务及上传服务、严格合规管理的温控仓储服务、专业验证的冷链包装和运输管理、个性化IT Interface信息系统开发、车载GPS接收器和可视化管理系统系统、紧急医院配送能力、企业异地增设第三方物流仓库的申报和管理、全国多仓操作和服务管理。

"赛飞"平台还将带动与促进中国医药流通行业的良性发展。首先，国药

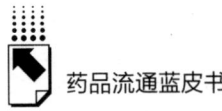

物流整合全产业、全业态、全品种的物流资源,通过"赛飞"平台打造全国医药物流云模式的优势资源,提供价值链物流服务,并带动医药物流全行业发展。横向推动信息、人才和产品等水平整合,纵向实现对供应链上游技术和下游市场的垂直整合,打造医药物流经济优势产业链。其次,"赛飞"平台的建立将促进国药物流标准的输出,带动整个行业的作业规范化和标准化。对整个医药行业来说,标准化和规范化是加强内部管理、降低成本、提高服务质量的有效措施;对于消费者而言,享受标准化和规范化的物流服务是消费者权益的更好体现。

B.21
九州通医药电子商务发展的实践及成果

九州通医药集团有限公司

摘　要： 本文主要阐述九州通医药集团作为传统的医药物流企业，在互联网技术飞速发展的情况下如何开展医药电子商务活动。重点介绍了医药传统供应链与电子商务B2B、B2C业务的结合，以及利用电子商务促进传统业务发展的手段和方案。

关键词： 九州通医药集团　医药物流　电子商务　处方药

当今世界是一个信息化时代，互联网的迅猛发展改变着人们的生活方式和传统的商业模式，电子商务作为这个信息化时代的代表性商业模式影响着各行各业。工信部规划司发布的《电子商务"十二五"发展规划》指出，到2015年我国电子商务交易额将突破18万亿元。其中，网上销售占销售总额的比重超过20%，经常性应用电子商务的中小企业达中小企业总数的60%以上，网络零售交易额突破3万亿元，占社会消费品零售总额的比例超过9%。在这一时代背景下，医药电子商务已经成为不可逆转的趋势。

九州通医药集团有限公司是一家以药品、医疗器械、生物制品、保健品等产品批发、零售连锁、药品生产与研发及有关增值服务为核心业务的大型企业集团，是中国医药商业领域具有全国性网络的企业之一；已连续多年居于中国医药商业企业前列、中国民营医药商业企业第一位，入围中国企业500强，并于2010年11月2日在上海证券交易所挂牌上市（股票简称："九州通"，证券代码：600998），是中国医药商业行业处于领先地位的上市公司。

为打造企业核心竞争力，九州通早在2000年就开展了医药电子商务业务，创办了九州通医药网，并在同行中率先获得《互联网药品交易服务资格证书》

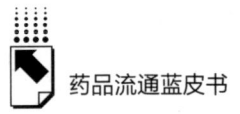

（B2B）。2009年，北京九州通医药有限公司又顺利通过电子商务B2C的认证。截至2010年，九州通集团旗下13个二级公司、30余家三级子公司均已实现药品B2B网上交易网上支付一体化网上交易流程，九州通B2B交易系统已覆盖全国80%的行政区域、5万家在线会员，居国内首位。2011年7月，九州通医药集团与电子商务巨头京东商城进行战略合作，携手打造"京东好药师网"，通过互联网以电子商务方式出售药品、保健品及其他公司营业执照规定的产品，从而开启了九州通在医药电子商务（B2C）领域的战略发展新模式。在第九届中国国际电子商务大会上，九州通被授予"电子商务应用成功典范""优秀企业会员"两项大奖，九州通电子商务模式被评为"典型应用案例"并收录于《中国电子商务案例汇编》。

九州通医药集团的B2C平台流量主要依赖京东商城，流量渠道比较单一。为拓展新的流量渠道，获取更多的客户订单，提升集团垂直电商的销售额，九州通整合线上、线下的资源，取长补短，成功实现医药O2O电子商务模式，建立集医药线上查询与导购系统、现代仓储物流配送、线下实体连锁药房于一体的新型医药O2O在线导购服务平台，将线上与线下功能进行分工，线上部分作为订单处理中心，接收和拦截顾客订单；线下部分提供体验、配送或自提等一系列落地服务。线上发挥订单流优势，集中力量获得消费者的订单，线下发挥落地优势，不仅满足了顾客线下体验、线上订货的需求，也大大节约了由物流公司配货所需的昂贵的物流成本。

九州通医药在线导购平台以O2O模式运营，对九州通医药集团具有非常重要的战略意义。第一，O2O模式将九州通现有的电商资源（B2B、B2C、POP店）进行了有效整合，可将B2B平台的终端客户（药店）导入导购平台，成为线下的自提点或服务体验店；导购平台将非处方药的流量导入B2C，进而提升B2C的销量，而B2C将处方药的流量引导至导购网站，经导购至线下药店进行购买。第二，融合了分销与零售，实现九州通从大分销向大零售（互联网零售与终端零售）的根本转变。第三，实现销售闭环，导购带来顾客，顾客带动终端，终端带动分销，分销带动厂家，以此形成良性循环；终端及厂家入驻导购，并签订进货协议，集团同时具备更大的议价能力。

由于国家法律法规的限制，处方药并不能在线购买，而大量用户同时具备处方药的需求，为此O2O导购平台将担负接纳处方药的流量，并将此流量引导至线下药店进行购买。同时，导购平台也把非处方药的流量带到 B2C 平台，极大地提高用户满意度。

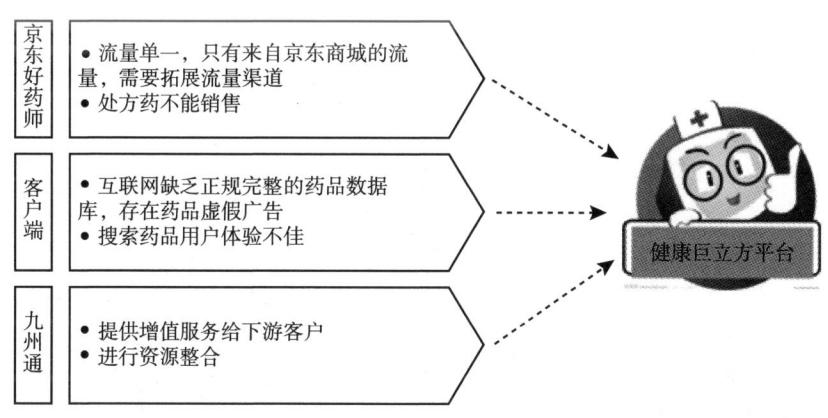

图 1　九州通健康巨立方平台介绍

虽然我国政府非常重视药品食品安全和相关信息安全，但互联网依然充斥着大量药品类虚假广告以及无数伪劣低质药品信息类网站，给广大网民和用户带来极大的损失和困扰，造成精神和物质的"双重创伤"。为了让广大网民及用户查询权威、完整的药品信息，并给用户提供平价优质的药品，建立一个药品品类齐全、药品信息真实权威并能查询附近的药店与所需药品的有售药店的库存及价格信息，通过在线访问查询就能获取相关药品的精准信息和附近的有售药店平台很有必要。鼠标一点就能与药师在线互动、医师问诊，订购既能享受足不出户的购药体验，也给那些喜欢线下体验的用户提供一个信息和价格透明的信息交流平台，给用户带来时间、空间上的各种便利。

同时，为了满足上游供应商开展互联网业务的需求及下游分销商和零售药店开设 B2C 业务的需求，九州通研究和建设了基于 B2B 电子商务平台并延伸到零售（B2C）和分销业务（平台 B2B）的平台系统——九州通健康产品电子商务业务引擎平台。该平台涵盖健康产品的批发、分销、零售业务模块，"三位一体"，不仅提升了九州通自身产品的销售能力，而且为上下游客户提供了一套电子商务的解决方案，大大促进了电子商务行业的繁荣与发展。

九州通电子商务业务引擎平台主要针对的是"即将涉足网络分销"或

"正在使用B2C系统运营批发生意和零售的商家"。依托九州通的资源、技术、渠道和运营经验优势,帮助广大处于电子商务初期的商家以"零成本"进入,快速建设自己的网络分销平台。

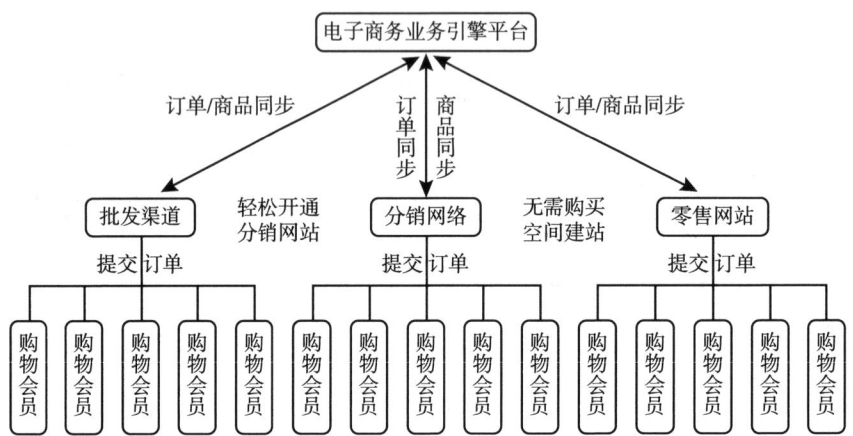

图2 九州通健康产品电子商务业务引擎平台模式

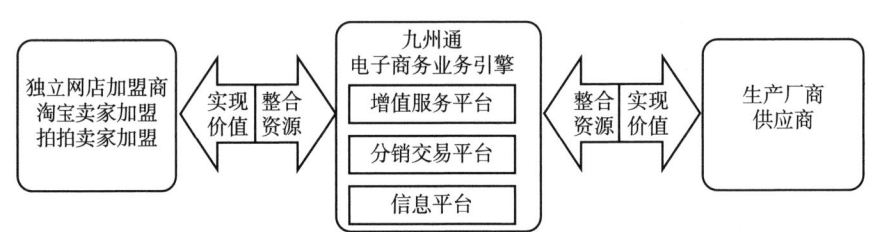

图3 九州通电子商务业务引擎平台价值模型

B.22 社会物流在医药流通领域的参与现状与对医药物流质量影响因素分析

陶琛*

摘 要：	本文针对社会物流在医药流通领域的参与现状，探讨了如何正确评估社会物流在医药流通领域的优势和劣势，提出了在医药流通领域选择社会物流的合理策略，深入分析了医药流通领域的物流质量影响因素，包括航空运输、冷链与温控、毒麻精放类管控、时效控制、破损与丢失、保险与理赔、增值服务等，并给出了具有针对性的风险控制建议和政策引导建议。
关键词：	社会物流　医药流通　风险控制　冷链与温控

中国物流行业经过近30年的高速发展，社会物流体系逐渐成熟，社会物流已脱离传统的货运承运人与承运代理角色，逐步向合约物流发展。在几乎全部的工商业领域，社会物流作为第三方物流的基石起到了决定性的作用。由于医药流通领域的特殊性，目前社会物流参与医药流通行业运输的比重和其他行业相比还较低，是否选择社会物流参与医药流通行业运输以及如何选择和管理社会物流，是提升药品运输服务质量工作的重要组成部分。

---

* 陶琛，上海晟通医药供应链管理有限公司。

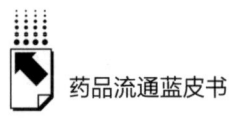

一 选择社会物流在医药流通领域的优势和劣势

（一）社会物流的优势

第一，社会物流由于存在规模效应，运输成本通常低于药商企业的自有物流体系。

第二，社会物流在集成多种运输方式方面具备明显优势，可通过不同运输方式的组合，满足各类药品的运输时效，而药商企业在物流方式的选择上存在一定的局限性。

第三，社会物流的服务网点分布的密度和广度远高于药商企业，在最后一公里的服务能力和成本方面相较于药商企业有巨大的优势。

第四，社会物流在不同的运输方式的专业性上高于药商企业，与不同运输方式所涉及的承运人间的协调与控制能力通常高于药商企业。

（二）社会物流的劣势

社会物流对药品的运输属性的熟悉程度远远低于药商企业，对GSP标准的理解和执行也容易产生偏差，因此对于有特定运输属性要求的药品（如冷链药品与疫苗、怕冻品、毒麻精放等特殊管制类药品、易碎易损类药品和医疗设备），大多数社会物流企业无法有效地控制运输质量。

社会物流对于有特定运输属性要求的药品通常缺乏有效的应急处置方案，容易在此类药品的运输中产生事故，引发较大损失。

社会物流通常的运输线路为固定的工程设计，其路径与时效是按照最大多数物流需求所制定的，因此部分线路和时效无法满足医药企业的特殊需求，尤其在冷链药品和紧急药品运输中更为明显。

社会物流通常提供的服务是标准化的取转派业务，因此对于医药企业的高度增值服务需求往往无法满足，尤其是在温控包装、温度计读取、药检单匹配与校验、电子签收单返回、货物验收辅助、与医药销售代表协调、逆向物流等方面，服务质量参差不齐。

社会物流对于货物的危险属性甄别能力有限，而医药运输中常见的涉危类别主要为6.1项——毒性物质、6.2项——传染性物质、7项——放射性危险品、9项——杂项危险品（干冰、锂电池），如果社会物流采用航空运输模式时，由于航空承运商对危险品有严格的管控规则，涉危运输风险并不大，但如果采取其他运输方式，运输过程中的涉危性难以得到控制。

社会物流的价格体系是与运输成本呈线性相关，因此当运输地域的社会物流体系发达时，社会物流会产生很大的成本优势，但当运输地域属于边远地区时，成本将陡然升高，缺乏成本转移支付的能力。

二 医药流通领域在选择社会物流中的合理策略

（一）运输需求类别划分

从医药企业的运输需求类别划分，主要分为以下三大类。

1. B2B 运输

医药流通企业传统的运输模式，以医药流通企业的 RDC 为起点，同企业其他 RDC、各级分销商、卫生机构和医院为终点的正向与逆向物流。

2. B2C 运输

医药流通企业进入电商化转型后，传统的分销渠道发生很大变化，药品的物流流向不再仅通过分销商、卫生机构和医院进行分销，直销模式将逐步推广开来，因此 B2C 运输模式的需求也逐渐增大。

3. 样本运输

随着中国医药研发领域的长足发展，为医药研发所配套的物流需求也大幅增加，部分医药流通企业也开始涉足该领域；样本运输通常在 CRO、医药生产与研发机构、医院间产生正向与逆向物流，与 B2B 运输相比，单批运输量非常小，但流向分散，同时具备极高的时效、温控和增值服务要求。

（二）运输模式类别划分

从社会物流的运输模式类别划分，目前参与医药流通的社会物流主要分为以下三大类。

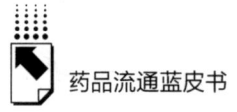

1. 平台型物流企业

平台型物流企业指在地区或全国范围内，提供标准的物流产品，相对统一的服务时效、价格和服务内容，如顺丰、德邦、天地华宇等企业。

平台型物流企业通常在服务网点分布范围上具备巨大优势，因此在最后一公里的覆盖密度和成本上具备其他类型的物流企业无法企及的优势，而根据不同平台型企业的战略定位和转运模式，不同企业在不同的重量段具备各自的优势。平台型物流企业的服务质量与是否属于直营网络有密切关联，通常直营性的平台型物流企业（如顺丰、德邦）具备稳定的服务质量，但加盟性的平台型物流企业（如"四通一达"）服务质量很难实现统一和稳定。

平台型物流企业的转运模式是采取轴辐射模式，即运输路径是通过各个转运中心相连，每个转运中心的准运时间都按照工程设计严格执行，因此转运过程中具备很强的成本优势，但运输时效往往是固定的，无法根据客户特定的时效要求改变运输时效。同时，由于平台型物流企业所提供的是标准物流产品，无法实现客户的定制化增值服务要求。

2. 网络型物流企业

网络型物流企业指在地区或全国范围内，由自营的众多分公司建立物流网络，通过物流网络为合约项目客户提供有一定增值服务内容的物流服务，并根据合约承担运输风险和合约项目客户要求的KPI指标，如中邮、嘉里大通、民航快递等企业。

网络型物流企业通常在服务网点分布范围上具备一定优势，但在最后一公里的覆盖密度和成本上相较于平台型物流企业缺乏优势。通常此类企业由于属于自营网络，具备一定的质量管理能力，但各分公司承接合约项目客户的个性化增值服务和KPI指标各不相同，而自营网络内的内部结算体系相对固定，因此各分公司从自身收益与成本角度考虑，对实现合约项目客户的个性化增值服务和KPI指标的运营资源投入度也各不相同，容易增加各分公司间的协调难度，对于增值服务和KPI要求很高的需求常出现各分公司质量保障水平不统一的情况。

网络型物流企业主流的转运模式也是采取轴辐射模式，即运输路径是通过各个转运中心相连，每个转运中心的准运时间都按照相对严格的工程设计执行，因此转运过程中具备较强的成本优势，但运输时效往往也是固定的，当需根据客户特定的时效要求改变运输时效则需使用外部供应商的方式满足。

3. 供方管理型物流企业

供方管理型物流企业指通过建立供应商管理的方式，在全国范围内建立由供应商组成的物流网络，通过供应商网络为合约项目客户提供个性化增值服务内容的物流服务，并根据合约承担运输风险和合约项目客户要求的 KPI 指标，如 DHL（中国区）、CEVA、TNT（中国区）等企业。大部分外资物流企业在中国采取这种模式，此外部分本土货代企业或专线企业向合约物流转型后也采取这种模式。

供方管理型物流企业通常在项目管理和供应商管理上具备较强优势，部分此类企业有非常明确的行业定位，如针对服装、电子、医药、化工等特定行业，因此往往对行业的熟悉程度非常高。由货代或专线企业转型而来的供方管理型物流企业通常在其转型前所主营的运输方式上有极强的运输能力，但在最后一公里的覆盖密度和成本上则明显处于劣势。通常此类企业通过强化供应商管理手段保障质量水平，通过与供应商间的结算和 KPI 挂钩的方式，确保供应商的服务品质达到合约项目客户的个性化增值服务和 KPI 指标要求，因此往往能有效地实现客户极具个性化的增值服务要求，也不存在网络内部协调的难度，一旦网络出现质量波动可快速通过更换供应商的方式迅速修复网络质量。但此类企业在实现客户的高个性化增值服务的同时，项目运营成本处于较大的劣势。

与其他类型物流企业不同，供方管理型物流企业的转运模式是采取点对点模式，即运输路径是从始发地直接到目的地，中途不经过转运中心，因此在时效上可快速响应、快速调整、多重时效同步执行，其工程设计完全按照合约客户不断变化的时效需求随时调整，在满足高时效、多重时效的同时，大幅弱化了成本优势。

表1 三种类型的社会物流企业特性

类型	服务网点分布	最后一公里成本	转运方式	转运成本	增值服务能力	时效	质量控制水平	特殊物流能力	目标行业熟悉度
平台型	强	低	轴辐射	低	无	低	低	无	无
网络型	较强	较低	轴辐射	较低	较高	低	一般	一般	一般
供方管理型	弱	高	点对点	高	很高	高	高	高	高

因此，药商企业在选择社会物流参与运输的过程中，可根据其物流需求类别，选择最为匹配的社会物流类型。通过不同社会物流类型的组合，重复实现最佳的物流效率。

表2 合理的选择策略

药商物流 需求类型	专业化 要求	时效 要求	成本 因素	匹配的社会 物流类型	建议的 运输方式
B2B运输——普通药品运输	一般	一般	高	网络型	公路
B2B运输——冷链药品运输	高	高	低	供方管理型	航空、公路（冷藏车）
B2B运输——特种药品运输（毒麻精放、高价）	高	一般	低	供方管理型	航空、公路
B2B运输——紧急药品运输	一般	高	低	供方管理型	航空、高铁
B2C运输	低	一般	高	平台型	公路
样本运输	高	高	低	供方管理型	航空、高铁

三 医药物流质量影响因素分析

（一）航空运输

航空运输模式可有效解决医药物流的时效问题，并可及时控制在途运输风险，尤其公路运输中的货物全损风险，因此是解决长距离药品冷链运输、紧急药品运输、样本运输和高价值药品运输的重要途径。但航空运输的局限性也制约着医药物流质量的提升，主要体现在以下方面。

（1）航空运输由于存在较高的拉货概率，①且受机故、天气、管制、备降等因素影响，货物的实际出港时间往往有一定的不确定性，尤其在空运旺季（每年9月至次年1月），由于拉货、分批等因素导致的时效不稳定性问题更为集中。对于班次频率较高的航线，拉货可利用后续航班补配；而对于频率低

---

① 这里的"拉货"是指船舶、飞机等在离港时，船舶公司或航空货代公司因为舱满或其他问题，并没有将实际应该装船或装机的货物装船或装机，随船或随飞机运送，而是将货物留在了码头、场站，下同。

的航线，一旦拉货就会造成较长时间的延误。

（2）航空运输的环节很多，通常需经过始发地空港货站、始发地空港机坪、航班、目的地空港机坪、目的地空港货站等环节，装卸货物次数较多，货物破损率在不同运输模式下是最高的。也正是由于航空运输的环节众多，错发等事故难以得到有效控制，一旦错发，物流商需具备完善的应急处置预案和处置能力。

（3）航空运输实行严格的非危管理，通常每个品名的药品必须提供始发空港认可的第三方出具的非危险品证明，如果是温控药品，随货的温度计也必须出具锂电池非危证明，因此对药商企业来说，额外产生了大量第三方非危险品鉴定成本。

（4）航空运输属于危险类别的药品时，需始发地空港货站、目的地空港货站、航空公司都具备此类危险类别的处理资质，同时货物按照危险品类别对应的例外包装标准完成特定运输包装，且托运人员具备对应类别的危险品托运资质方可运输，因此属于危险类别的药品在采用航空运输时需专业性的物流商才能完成。

（5）航空运输的价格在一年之内的波动幅度巨大，部分航线甚至可能出现2~3倍的波幅，因此采用航空运输，药商的成本管理与控制面临挑战。

因此，针对航空运输目前的瓶颈，建议在以下几个方面推动改进。

（1）鉴于医药货物的时效要求源于其社会责任属性，应推动医药货物在空港货站的独立交接与操作平台，提升装卸环节的操作规范，降低对医药货物的拉货概率，并及时通报拉货信息和航班变化信息，使医药物流商可第一时间有效启动应急预案。

（2）推动药商向空港货站的整体品名的非危备案制度，降低每个品名都需向指定第三方检测机构申请非危险品检测给药商带来的巨大成本压力。

（3）由航空运输的特性所造成的高破损率，药商在计划采用航空运输时建议对药品采取与陆运方式不同的运输包装，以最大程度增加货物的抗冲击力，有效降低运输破损率。

（4）针对药品在全年运输量通常不存在大幅波动的特点，推动航空公司针对医药货物建立全年稳定的运输价格体系，以避免运价大幅波动给医药流通企业造成的成本控制困难。

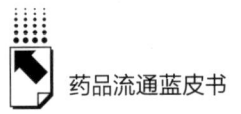

（二）冷链与温控控制

冷链与温控控制是医药物流区别于其他行业物流的重要环节。通常冷链控制采取冷藏车运输和温控包装运输两种模式，其中冷藏车运输主要应用于大批量温控运输，但医药行业的订单特征往往是多频率、小批量，因此温控包装运输是医药行业冷链运输的重要方式，其温控难度比冷藏车运输要高得多。

影响冷藏车运输温控质量的主要因素是冷藏车本身的温度校验和车况，以及冷藏车在途出现异常时是否有临时冷藏车资源进行紧急应急响应，而影响温控包装的温控质量因素复杂得多。

首先，国内的温控包装的冷媒主要采取制冷剂和蓄冷剂控制环境温度和内部温度，制冷剂的作用是在蓄冷剂外提供稳定的环境温度，并提供蓄冷剂所需的能量；蓄冷剂的作用是调节内部的温度范围，使冷媒能在一定时间内稳定实现所需温度范围。因此，制冷剂和蓄冷剂的排放位置及蓄冷剂的质量，决定了温控包装在实际使用中是否能达到理论值，一旦排放错位或蓄冷剂本身的质量出现问题将直接导致温控失败。

其次，当环境温度低于零度时，制冷剂的能量叠加效应会使蓄冷剂所收到的能量过大，造成内部温度低于蓄冷剂的控制范围，因此冬季使用温控包装时，需在运输过程做好防冻措施，全程避免温控包装长时间暴露在零度以下的环境下。

最后，目前国内的温控包装通常可保持48小时的温度控制，因此如果48小时内未到达目的地的冷库，则将导致温控包装的控制时效内部温度发生超温。因此，一旦在运输过程中出现异常情况，导致运输全程超过48小时，则必须启动应急模式，通过冷藏车辅助或更换冷媒的方式来实现温控时效的延长。而对于这种高度精准的时效控制要求和专业的应急启动模式，通常社会物流不具备相应的能力，只有少数专门从事医药冷链物流项目的社会物流企业有对应的控制经验和应急处置能力，同时涉及温控包装运输的社会物流企业必须在全国范围内的重要城市具备可利用的冷藏车资源或更换冷媒的网络体系，以应对应急处置所需的专业要求。

根据GSP要求，目前大型药商企业已开始采用温度记录设备全程实时记录内部温度数据,因此在医药冷链物流领域的非专业社会物流由于无法实现对温控包装的精确控制和应急处置能力,将会逐渐在该领域被淘汰。

(三)毒麻精放类药品管控

有毒类药品本身就属于危险品6.1类,因此在运输过程中需按照危险品的管理要求执行,尤其在航空运输领域需按照航空危险品的操作标准使用对应的例外包装作为运输包装,并由具备资质的发运人按照航空公司和始发地、目的地空港的危险品处理资质进行运输。

放射类药品如果高于危险品第7类标准的辐射剂量,则需按照第7类标准执行,运输流程参照有毒类药品。

精麻类药品本身通常对运输安全不存在重大威胁,但由于精麻类药品处在国家严格监管下,在运输过程中需严格避免货物遗失或破损、造成药品非正常渠道流向社会。精麻类药品在运输过程中的每个交接环节记录管理、封箱标签或铅封等防盗措施以及中性运输包装措施等,都是规避精麻类药品运输风险的重要措施。

(四)时效管控

医药物流需高速时效的类别主要为温控包装的冷链药品和紧急药品,这两种类别的药品一旦时效出现失控,将会造成灾难性的后果。提升医药物流行业的时效保障能力,主要需在以下四个方面引入新的思维、改变传统业态。

(1)对于高时效要求的运输,可实现的途径通常只有航空和高铁运输。鉴于目前国内的高铁货运网络尚不成规模,因此运输方式首选航空方式。但航空方式存在航班延误、取消或拉货等因素,因此选择航班频率高的航空公司执行运输是提高时效保障的重要方法。同时,对于航班的配载信息变动及时跟踪,及时了解航班变化和货物拉货信息,也是启动应急方案的重要前提。

目前国内航空公司虽然都可提供及时的航班变动信息,但依然有相当数量的航空公司无法对货物是否被拉货提供准确和及时的查询信息,这给控制运输时效和启动应急方案带来了一定的困难。因此,加强各地航空公司物流信息的及时反馈与查询机制,是提高医药行业物流时效保障的核心环节。

此外,通常航空公司从运输的附加价值考量,在航班的配载优先顺序中,目前医药货物是和普货处于同一保障序列，远远低于邮件、急件、鲜活等高优先序列类别。而冷链药品和紧急药品有很强的社会责任属性，如果得不到航空公司的优先舱位与配载保障，也会给时效控制带来很大的困难。

（2）提升时效管理水平的另一个关键因素是运输预报的及时性和准确性。航空运输通常需提前一天订舱，而医药流通企业的截止到下单时限往往是当日下午，甚至傍晚，这会造成即使取得运输预报，其预报的信息也并不准确，尤其是重量信息，直接影响是否可订到对应的舱位。因此，如何通过药商企业的销售周期波动预测可能的下单量，以及如何在产生下单的同时实时产生重量预报，并使预报及时对接到物流服务商，是提升时效稳定性的重要环节。

（3）目前医药流通企业的截单时间和出库时间一般根据内部流程的高效性和商业销售的便利性设计，但往往和物流环节的工程设计发生严重冲突。作为医药流通企业，越晚的截单时间和出库时间可带来越大的销售便利性，但由于不考虑整个物流环节的工程设计时间，常导致当日出库的订单错过了夜间发运的截止时间。如果是错过当日空运发运的截止时间，物流环节将不得不采用次日早航班发运，目的港落地配的时间将从晚航班发运时的 8 小时压缩到 2~3 小时，严重影响全程物流配送时效，并在短时间内占用大量落地配的车辆与人员资源，且早航班较其他航班价格往往倍翻，最终导致物流环节时效极易失控，且大幅增加物流成本。如果是错过当日公路干线或零担的发运截止时间，则运输时效必然延迟一天，且除陆转空外无任何弥补措施。通常在短期博弈中，物流服务商竞标时并不清楚截单与出库时间，成本预算是按照最佳的物流工程设计来计算，但在长期博弈中物流服务商必然重新计算实际的工程设计，造成提价或主动降低时效达成率的结果，而医药流通企业的对应措施也往往是更换物流服务商，最终导致大量资源的浪费。因此，医药流通企业在设计截单时间和出库时间时，如果能与物流服务商进行物流工程设计的对接，产生双赢的节点设计，将会大幅提高时效控制的有效性。

（4）如果不考虑航班延误、拉货等物流服务商的非可控因素，影响时效的核心因素是：①订舱的有效性；②落地配的峰值时间分布与配送目的地的分散程度。

首先，订舱的有效性取决于订舱量的准确性，但由于医药流通企业的下单性质，使物流服务商在订舱时不可能获得真实的运输预报，而获得真实运输预报时已处于临时订舱时间，无法有效地获得舱位，物流服务商只有通过预估运输量的方式进行订舱。根据大数原则，如果物流服务商所服务的医药流通企业越少，这种预估的准确性就越差，但如果能鼓励各个医药流通企业在选择物流服务商的过程中，加强联动机制，建立共享的社会物流供应商资源库，使运输服务商相对集中，则可使运输服务商在取得舱位的过程中产生大数效应，通过不同的物流服务商间的订单波动相互对冲，最大限度地消除预报不准确产生波动对预估舱位的影响。

其次，落地配的峰值时间分布越集中，时效达成率就越低。同样，配送目的地越分散，时效达成率就越低。如果在单一的医药流通企业分销体系下，改善落地配的峰值时间是依靠截单时间和出仓时间的设计与物流的工程设计如何匹配来实现的，但配送目的地分布是刚性的（在 B2B 模式下）。在这种情况下，最佳的策略是鼓励社会物流落地配资源的共同配送，即在同一区域的落地配尽量集中，从而分摊每个配送目的地的成本。因此，作为医药流通企业也应引导社会物流服务商的落地配网络进行集中，在每个城市主推一两家有实力的落地配企业作为全国医药物流服务商的供应商，实现落地配成本的大幅降低和落地配时效的保障率提升。

（五）破损与丢失

医药物流由于其特殊性，运输过程面临的最大困境并不是货物丢失，而是破损。由于 GSP 的规则，药品的销售包装在运输过程中一旦有任何褶皱都被视为药品损坏，药品的收货规则和其他行业相比有本质的不同。药品的主要类型为片剂、针剂和液剂，前者销售包装由于无内衬支撑，任何较小的外界冲击力都会造成销售包装变形，后者一旦破损极易造成大面积的相互污染，药品运输的运输破损率远远高于其他行业。

由于社会物流的操作方式是针对大多数行业的运输需求来设计的，社会物流的从业人员往往没有经过严格的搬运标准培训，也缺乏和医药行业相匹配的破损管理措施，况且承运环节众多，许多环节不受社会物流服务商的控制，解决破损率的关键是运输包装的设计与实施。

作为不同的运输模式，外界冲击力的成因各不相同。例如，影响陆运的因素主要是堆垒高度产生对底层货物的静态压力（陆运中箱式货车的内径高度

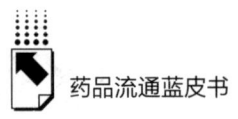

为2.4米,而安全的堆垒高度通常为1.6米,底层货物的静态压力极易超过运输包装的设计抗压能力);而影响空运的主要因素是装机和卸机过程的瞬间撞击力,尤其在卸机环节,不同机场不同机型的卸机设备不同,宽体机的升降设备、传送带和舷梯对货物的瞬间撞击力完全不同,因此破损率也截然不同。同时,影响破损率的另一个因素是非托盘运输时(如窄体机或公路零担)货物的单件自重因素,单件自重超过单人人工搬运能力(20~30公斤)时,货物的野蛮装卸概率大幅上升。通常,航空运输的破损率远高于公路运输。而上述特征也使两者的运输包装防护特征截然不同。

因此,如果医药流通企业在设计与实施运输包装的过程中,根据不同运输模式采取相应的运输包装方案,则可大幅降低运输破损率。同时,社会物流服务商如果能更进一步了解药品的商业包装特征,也更易于在运输前利用有效的防护措施降低破损率。

(六)保险与理赔

医药货物在保险环节中,与其他行业最大的差异是保险业的理赔标准中通常不包含温度超温或低温造成的货物损失,而医药行业最容易在物流环节产生恶性风险的恰恰是温度失控问题。这个悖论使医药流通企业往往承担了大量本可由保险环节所覆盖的风险,同时部分风险也以合约的方式由社会物流企业共同承担,这在很大程度上影响了社会物流企业参与医药流通企业的物流服务水平,并使该行业处于风险失控状态。

因此,如何逐步引导保险行业正确认识温度问题的整体风险水平,从而将温度失控风险纳入保险行业的管理范畴,是有效改善医药物流行业的发展水平、提升GSP标准实施的重要因素。

(七)增值服务水平与标准

医药物流行业的增值服务的需求水平远远高于社会物流体系,货物的流转过程通常伴随着复杂的签收标准、签收单据反馈标准、异常信息反馈标准、药检证明文件匹配标准、药监码管理规则、温度跟踪设备管理标准、运输准运标准、温控操作标准、信息系统对接标准及逆向物流能力,甚至还包括一定的订单管理标准。因此,社会物流常见的取转派服务和签收单据管理水平往往无法满足医药物流行业的整体需求。社会物流体系通常难以理解医药物流行业复杂的增值服务需求，在执行过程中也常出现项目管理能力缺失。因此，如何提炼医药物流行业增值服务的共性，对共性需求制定相对通用的 SOP，是有效提升社会物流体系与医药物流行业需求间对接能力的重要方法。

目前，通常医药流通企业在选择社会物流时，其增值服务标准往往依据自身的流程实践而设定。如果能按照不同药品的物流属性执行相应的增值服务指导标准，如按照冷链温控、防冻品、急件、毒麻精放、样本等类别制定引导性的增值服务标准，并使这种标准具备尽可能广泛的通用性，则可有效地培养社会物流对医药流通企业的服务能力匹配度，同时也可作为医药流通企业有效选择合格的社会物流服务商的重要考量标准，促成全社会的医药物流水平的提升。

四 总结

根据以上分析，可以得出以下总结。

社会物流具备极大的规模优势，如果加以正确地引导和管理，社会物流有效参与医药物流后可大幅降低医药物流成本。

社会物流根据类别不同，在医药物流的不同领域具备各自的优势，因此医药流通企业应根据不同的物流属性合理选择社会物流组合，而不是选择单一的社会物流企业作为单纯的运输外包商。合理的社会物流组合可有效提升医药物流的效率，而单纯的运输外包模式往往达不到医药流通企业的物流需求。

医药流通企业在自身的截单时间、出仓时间、运输包装等环节的设计，应结合社会物流的工程设计特点和运输模式特征。只有将社会物流特征列入医药流通企业内部操作流程的考量因素后，才能产生最理想的对接，从而最大程度消除时效、破损、温控等核心风险因素的影响。

医药物流企业在选择社会物流服务商时，应建立药商企业间的供应商管理共享机制，使社会物流服务商相对集中，进而降低物流成本，提高社会物流参与医药流通企业的专业程度；同时，医药流通企业通过引导落地配的共同配送机制，使参与落地配的社会物流企业或下级供应商尽可能集中，通过共同配送降低物流成本。

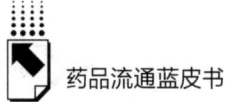

应倡议和推动航空公司、机场公司等承运人在其流程和管理中,充分理解医药物流所承担的社会责任,使其资源与管理规则向医药物流的需求倾斜,为医药物流创造更便利的干线运输环境。

应倡议和推动保险行业将温度风险纳入风险管理的范畴,切实体现保险行业对医药物流行业的第三方风险管理职能,降低医药物流行业的系统性风险。

希望社会物流体系在医药流通行业和政策法规的制定与管理部门的有效引导和管控下,发挥社会物流体系的规模效应,提升社会物流体系与医药物流需求间的匹配程度,最终带来医药物流行业的成本降低和效率提升,为中国医药行业的发展发挥更大的作用。

B.23
移动互联趋势下的智慧健康生态圈

付 钢*

摘　要：	中国健康产业突出的问题在于还没有形成医—医—患之间稳定的社群关系，随机挂号式诊疗不仅让医生的治疗没有连续性，也使民众的健康缺少系统的专业指导和管理。移动互联网，不仅让医—医—患社群化成为可能，还可以通过大数据、云计算甚至智能化应用帮助医生更好地提供诊疗服务。百洋健康网通过八年的积累，搭建了符合电子商务标准的新版GSP平台并向全行业开放；其运用内置HOTA软件的智能健康手机将医院、医生、患者、药店、企业、政府等要素链接成云服务平台，构成了支持健康产业创新的智慧健康生态圈。
关键词：	百洋医药集团　医—医—患社群化　智慧健康生态圈

中国健康产业正在进入快速发展和巨大变革的历史时期，发展的驱动力主要来自三个方面：一是人民群众日益增长的健康需求，二是国家需要新的经济可持续发展的增长点，三是移动互联技术的快速发展给健康产业格局重组、优化及跨越式发展带来可能。如何在这样的历史背景下把握好机遇，本文认为业界同人应该在以下三个方面有清醒的认识。

---

* 付钢，百洋医药集团有限公司董事长、总裁。

一 要正确认识中国健康产业的格局和问题所在

如图1所示,中国健康产业可以分为预防(还没有生病且不想生病的人)、诊断(想知道是否生病或生了什么病的人)、治疗(已知生病并想尽快痊愈的人)和康复(生过病想恢复正常且不想再生病的人)四个部分。

图1　中国健康产业的市场分割及竞争

在预防领域,由于中国尚未建立起覆盖全民的家庭医生体系,居民对健康产品的选择不是来自专业医生的推荐而是来自传销或广告。如果由医生先根据每个人的特点开出运动处方,再开营养处方,确诊后再开药物处方,会很大程度上延缓疾病的发生并提升健康产业的效率。在诊断领域,由于政府和企业的重视,近年来体检人数大幅提升,但多属非特异性普查性质,在重大疾病早期诊断、即时性床边诊断(POCT)和疑难病专项确诊等方面还存在很大的改进空间。在治疗领域,中国部分优秀的医生由于医患之间未建立起有序的医疗资源分配和双向转诊体系,大医生有时还要看小病,而小医生不看病,造成优秀医生的效率偏低而年轻医生培养困难,医生的治疗方案不仅没有连续性,医患之间短时间内难以建立起信任关系使得医患纠纷不断。在康复领域,中国较为落后,医院之间信息交流不畅,慢性病复诊、病例追踪的诊后管理体系尚未建立,导致70%门诊量被复诊病人占据。大量重复检查不仅带来巨大的浪费,也给患者带来很多不便。

综上所述,中国健康产业的根本问题在于医生和患者之间未能建立起稳定有序的链接关系。未来的趋势是医—医—患社群化基础上的全民预防、广泛筛查、专家确诊、专科治疗和系统康复(见图2)。

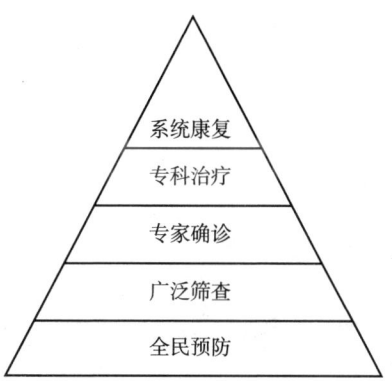

图 2 中国健康产业的未来格局分工

二 要高度重视移动互联网给社会结构带来的改变和机遇

人类正在从信息技术（Information Technology，IT）时代向数据技术（Data Technology，DT）时代发展，而未来的趋势是重组技术（Recombination Technology，RT）。2014 年是中国移动互联元年，用手机上网的人数首次超过了 PC 端。移动互联网给社会带来的第一个变化是让人与人的连接更加便捷，人类社会的结构因此呈现去中心化的趋势。需要强调的是，"去中心化"并非均匀分布，而是呈现"群落化"的格局，无数群落通过"六度链接"构成了社群化的社会。移动互联网带来的第二个变化是大数据、云计算提升了人类对社会的认知能力。小到基因组学，大到宇宙外太空，大数据的应用为人们提供了无限认识的可能性，多层次、多维度的数据也可以将人类思维活动的过程更加清晰地展现出来（见图 3）。移动互联网带来的第三个变化是智能化升级。数据都是表象，找到这些表象背后深层次的因果规律则是智慧，运用这些智慧可以更高效地开展各种社会活动（见图 4），也是在推动社会资源的优化和重组。特别是技术分层化后（见图 5），基于云计算的智能化应用其实是人类知识沉淀与互联网、物联网结合后的能力提升。

通过对移动互联网影响社会结构的分析，我们发现中国正处在多维度的"结群窗口期"：长期以来信息闭塞导致的沟通需求反弹和海量噪声带来的信任需

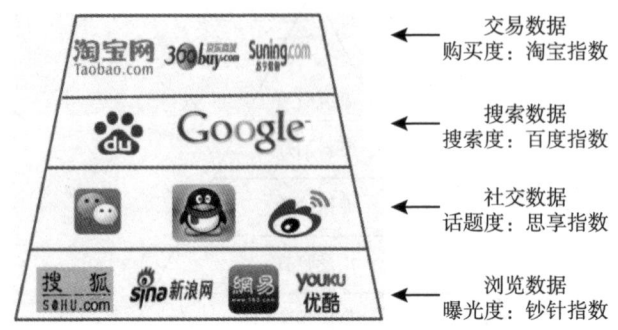

图 3　大数据分类与指数监测

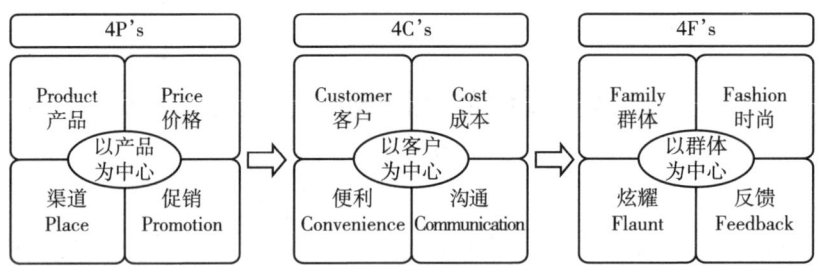

图 4　营销的未来：从 P 型思维到 F 型思维

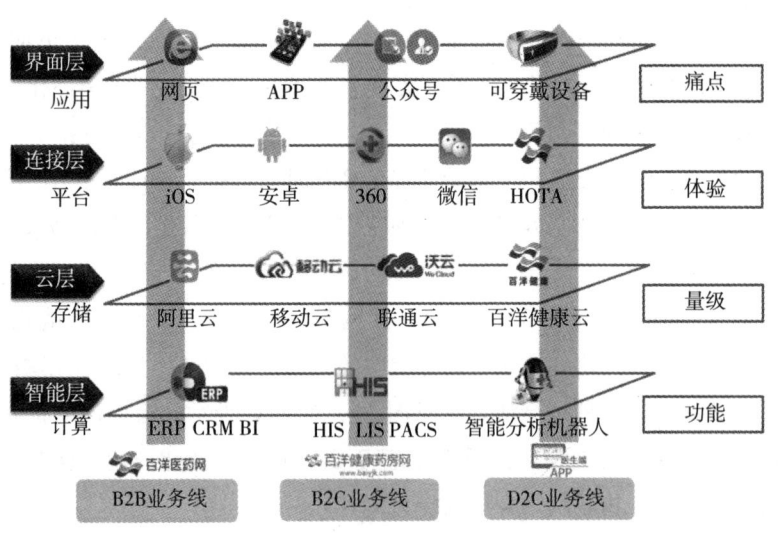

图 5　移动互联网的分层式技术开发

求爆发,都促使人们运用形形色色的移动通信工具连接成群。一旦窗口期过去,人们会在相对稳定的群体中进行沟通,而以"健康"这个高关注维度的集结将是最可持续和稳定的群体之一。

三 要正确认识智慧生态圈对中国健康产业的影响

健康产业的智慧生态圈包括医院、医生、患者、药店、企业和政府六个部分(见图6),其在移动互联的技术浪潮中都有很大的改进空间。中国医院目前使用的 HIS 系统多为1.0版本,即以 PC 端登录系统;2.0版本则可以移动端登录,并且可以链接院外患者及双向转诊;HIS 3.0 配有智能化支持系统,能对诊疗过程中的风险及可能性给予及时的提醒和建议。医生使用了可以随时链接智能云服务的移动终端则成为"智能医生",既可以方便获取云端数据支持,又可以实现双向转诊、多点执业,并与长期服务的患者形成稳定的"医—医—患社群"。相较于传统医生,智能医生学习速度更快、工作能力更强。随着老龄化程度加剧,越来越多的中国家庭需要便捷的床边诊断工具,如血糖仪、心电监测仪和体位监测仪等。这些设备都可以通过智能健康手机内置的 HOTA(Health Over – the – Air)软件将健康数据即时上传至云端,可以由

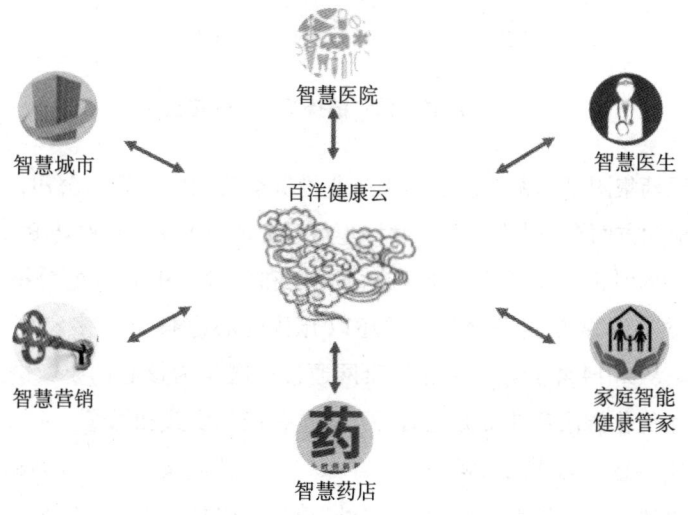

图 6 以智慧生态圈优化医疗资源

家庭医生随时监督指导,这种个性化的家庭健康解决方案被称作"家庭智能健康管家"。对于遍布全国的40多万家药店而言,其目前主要的收入来自零售差价。未来这些门店将不仅是销售中心,更是服务中心,它们可以通过云平台所提供的客户关系管理系统(CRM)为周边的居民提供全面周到的健康咨询和服务。对于生产和流通企业来说,中间环节差价过高已经饱受诟病。在信息透明的环境下,无论生产还是流通企业在中国都会大幅减少,毛利率会恢复理性,而过去很多因数据不全而导致的混乱和浪费也会被逐步清除。至于政府在健康领域的责任,主要是确保规范安全和成本可控,这一切都必须依赖于链接充分后数据对决策的即时支撑(见图7)。

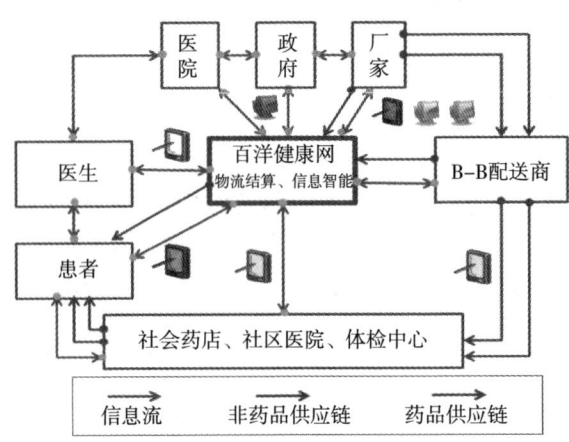

图7 百洋健康网:链接要素、优化资源

百洋医药集团是一家专注于健康产业投资运营的资产管理公司,在医药行业互联网应用方面有很大的投入。集团不仅投资了中国第一批医药B－B、B－C信息平台,同时也建立了符合电子商务标准和新版GSP标准的分拣平台并向全行业开放。依靠专业平台,百洋还以开放的心态投资了多家创新型企业(见图8)。从2014年开始,百洋健康网通过以医生为核心的要素链接正在以互联网应用优化健康产业资源方面展开大量积极的实践和探索。

在搭建智慧生态圈的过程中,百洋深刻体会到建立一个适合创新的生态环境是非常重要的。创新型企业的发展如同植物在树林中生长,资金如水、平台如土、智慧如光、同伴如林、机制如温。为此,集团专门筹集了支持健康互联

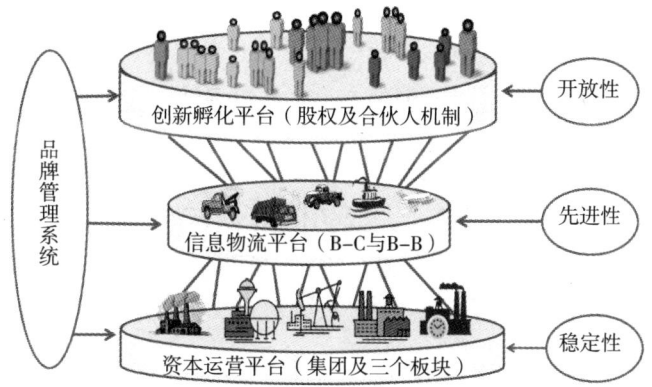

图 8　百洋以平台打造健康产业创新生态圈

网应用创新的天使基金，将搭建起来特别费时费力的物流和结算平台直接与创新企业共享，帮助创业者梳理企业法人治理结构和完善薪酬体系，将相关企业聚集起来定期交流，并为创业者提供宽松包容的投资者关系（见图9）。

创新型企业	初创期	发展期	成长期	成熟期	再成长期
主要目标	模式建立	快速复制	市场地位	盈利能力	资源优化
关键点	可行性	成长性	领先性	持续性	垄断性
投资人角色	教练	陪练	啦啦队	观众	经纪人
企业家角色	潜力运动员	新星	明星	巨星	投资人
分配机制	同甘苦	给政策	细规则	守信誉	市盈率

图 9　创新型企业的生命周期管理

医药行业不仅是一个行业，而且是人命关天的慈善事业，过度追求利润的短期行为很可能会害人性命。健康产业投资回报周期长、成长慢的特点与互联网行业门槛低、迭代快的特点有着天然的冲突，这也正是从事医药互联网应用的企业所面临的最艰巨的挑战。所以，集团将始终以予乐拔苦的慈悲心为前进的动力，以开放的心态团结各路精英，不断探索更加优化的资源整合方案，以智慧成就健康，在中华民族伟大复兴的浪潮中贡献自己的力量。

案例篇

Cases

B.24

凝心服务　聚力创新

——上海医药集团股份有限公司商业发展的特色路径

上海医药集团股份有限公司

摘　要： 上海医药倡导"创新、诚信、合作、包容、责任"的企业核心价值观，致力于持之以恒提升民众的健康生活品质，努力打造受人尊敬、拥有行业美誉度的领先品牌药制造商和健康领域服务商。经过多年耕耘，上海医药已发展成为中国规模最大、网络最广、实力最强的医药经营企业之一。面对新常态，迎接新挑战，上海医药"一手抓精益，一手抓创新"，扎扎实实地提升软实力。

关键词： 上海医药　服务创新　SPD

上海医药集团股份有限公司（以下简称"上海医药"或"上药"）是一家总部位于上海的全国性医药产业集团。公司主营业务覆盖医药研发与制造、分销与零售，2014年实现营业收入923.99亿元，其中分销业务实现收入820亿元，同比增长20.57%。根据2014年中国企业联合会评定的中国企业500强排名，公司综合排名位居全国医药行业第二。上海医药在分销网络的战略构建中，以中国经济最发达的华东、华北、华南三大重点区域为中心，依托上药分销控股、上药科园信海、广州中山医三大平台，推进重点区域布局围合，并向全国拓展。依据商务部公布的2013年药品流通行业运行统计分析报告中2013年批发企业主营业务收入前100位排序，公司分销业务规模排名荣列全国第三位。

上海医药分销业务以医院药品纯销为主，医药零售、高端药品直送、国际进出口、物流配送等多业态协同发展。公司下属药品分销企业77家，直接覆盖北京、上海、广东、浙江等15个省、直辖市、自治区，服务医疗机构15200余家，覆盖华东地区所有的三甲医院。上海市场占有率近50%，华东六省一市合计市场占有率位居全国第一，华南、华北市场占有率也保持全国领先地位。

上海医药零售业务以华氏大药房为核心，销售规模位居全国前列，旗下拥有零售药房1800余家，覆盖全国14个省份，其中既包括"华氏""雷允上""余天成""宏仁堂""黄庆仁栈"等中华老字号品牌，也云集了国风大药房、人寿天药房、雷蒙大药房、四明大药房等后起之秀。

近年来，药品流通行业利润不断下行，经营压力陡升。在这样的时代背景下，上海医药以服务创新作为切入点，率先吹响向现代医药分销企业转型的号角。公司以服务创新驱动转型升级，精益管理，锐意求新，在疫苗、高端耗材、DTP及SPD（医药物流管理技术）、跨境电子商务、临床试验用药等新业务领域成长迅速，多点开花。其中DTP业务以上海医药众协药业有限公司为整合平台，2014年实现收入22.82亿元，同比增长超30%，总计拥有26家DTP定点药房，已覆盖全国22个城市，占有率居全国之首。2015年3月公司决定与下属上海医药众协药业有限公司总经理季军共同投资设立上海医药大健康云商股份有限公司，并占其70%股份。新设公司将着力打造线上平台和线下网络，定位于为患者提供处方药O2O销售、健康管理的服务及贸易型电商。

作为中国历史悠久的老牌药企，上海医药倡导"创新、诚信、合作、包容、责任"的企业核心价值观，致力于持之以恒提升民众的健康生活品质，努力打造受人尊敬、拥有行业美誉度的领先品牌药制造商和健康领域服务商，

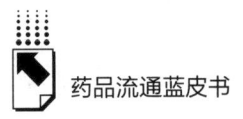

经过多年耕耘，上海医药已发展成为中国规模最大、网络最广、实力最强的医药经营企业之一，并以其稳健自信的步伐逐步走出了一条"以创新为本、以客户为本、以价值为本"的特色化经营道路。

一 院内物流延伸深入推进，服务创新激发新活力

上海医药以"为客户创造价值"为己任，坚持不懈地创新服务模式，深化经营内涵。自上海市政府实施民生实事项目、上海郊区三级综合性医院建设"5+3"工程开展以来，公司紧跟新医改发展方向，为客户提供以供应链延伸和临床支持为核心的医院现代服务的解决方案（SPD）。公司成立了专门的部门，组建了一支专业过硬、经验丰富的团队，将专业化服务从院外延伸至院内，内容涵盖院内物流项目咨询、总体设计、现场实施、流程优化、库存优化、供应渠道优化、运营管理等业务。公司SPD团队通过为每家医院量身设计信息系统，打通医药供应链的上下游，实现了医疗物资的全程高度信息化，满足全程质量监控与电子化管理，更好地强化了医院在药品及医疗物资使用上的全程监控；通过梳理优化医院原有物流程序，为医院打造更专业、更个性化、更符合医院实际医疗需求的工作模式和流程。大量的自动化设备和先进的物联网技术的应用，显著提高了医院精益管理水平和工作效率，减轻了医院财务压力，降低了综合成本。

上海医药的SPD供应链服务开创了大型医院药品、耗材物流外包管理现代化的新模式，带来了良好的社会效益。医院所涉药品及物资的供应链管理工作由上药专业的服务团队承担，释放了医护人员的生产力，提升了医疗服务质量，提高了患者满意度。近年来，上药SPD项目在全国多地重点医院顺利推进，呈现上海引领、多地开花的好势头，收获了医院客户的一致好评，并成功塑造出多家行业标杆医院：上海市市一南院为国内第一家在多院区实施药品耗材及辅料一体化集成服务的大型三级医院、第一家自主实施（而非外包）且具有自主知识产权的外包案例，上海市国妇婴为三级专科性医院样本，北京清河医院成为北京第一家实现药房、耗材一体化外包的样板医院。除此之外，上药SPD品牌标杆还树立于湖北、山东、浙江、广东等区域，为全国医药商业企业创新服务模式发挥了积极的示范带动作用。

二 践行服务承诺，履行社会责任

上药深刻地认识到，作为健康服务提供商，要以提供优质、安全的药品、提升医疗服务水平为目标，坚持做好对两大客户群的服务承诺，提升客户体验。对医疗机构的"四大承诺"：一是标准化、个性化，多维度全面提升物流服务质量；二是品牌品种、紧缺品种、急救品种，根据医院需要满足供应；三是应对医改新政，推进院内药品供应服务外包；四是携手医院，全力支持和促进医院建设与发展。另外，为保证配送客户急救药品需求，公司开通24小时800急救药品专线，常年坚持急救药品市内24小时配送到位，紧急订单2小时急送，加送订单当日下午送达。对供应商的"四大承诺"：一是持续保持稳健的财务政策，保有对供应商付款的充足资金保障；二是关注新医改的政策方向，协助供应商拓展销售渠道；三是提升服务品质的可衡量性，做到服务项目菜单化、扩展仓储建设、全面提升物流服务质量；四是创建高效的供应链服务平台，使服务向医院药事管理、日常运作延伸，通过提升供应商服务进一步强化与供应商之间相互依存的伙伴关系。公司旗下上药分销控股荣获2013~2014年全国药品流通行业"最佳对供应商服务奖"。

公司为医疗机构提供快捷的药品配送、优质的售后服务以及极具"上药特色"的药品供应链优化及院内物流解决方案，并建立24小时急救药品配送响应机制，在多个省市被当地政府评定为应急储配药品定点储备、配送单位。依靠强大的终端网络和增值服务，公司确立了显著的区域领先优势，

公司下属上药分销控股承担了中央药品储备、上海市政府药品储备、总后勤部军用药品企业代储、南京军区上海警备区战时药品动员需求任务，承储药品总金额达5000万元。2003年抗击非典，上药分销控股派出全国首辆药品运送车辆抵达北京；在2008年汶川地震、2013年雅安地震、2014年昆山爆炸事故、2014年埃博拉援助非洲等事件中，上药下属各单位都是第一时间启动应急响应，全员严阵以待，全效保证紧急医疗物资的有序供应，并在最短的时间内将紧急医药物品送达灾区，展示"上海速度"与"上海精神"。

上海医药自成立以来，大力倡导"以厚民之心关爱生命，以正身之德兼济天下"，在发展自身的同时不忘回报社会。公司下属广州中山医医药有限公

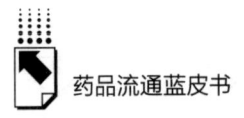

司先后荣获"广东省抗震救灾模范集体""广东省药学院教学基地"等称号。上药科园信海子公司北京科园信海医药有限公司长期致力于玉树州称多县爱心帮扶计划，为构建和谐社会奉献力量。

2015年3月"上药控股服务为荣"微信公众号正式发布，客户、供应商可以通过微信服务号实时获取公司下属上药分销控股提供的多种服务。除了解企业最新信息和行业最新资讯外，还可以直接查询上药分销控股各业务线的通信方式及业务办理流程。

三 恪守质量责任，守护百姓健康

药品作为一种特殊商品，质量直接关系百姓的生命安全。公司始终坚持"以人为本、创造健康；以质取胜，追求卓越"的质量方针，努力追求成品一次交验、国家监督抽查合格率的"双百"目标，实现质量认证检查、例行监督检查严重缺陷项的"双零"目标。公司定期组织各级管理人员及基层工作者接受法律、内部控制等专题培训，使质量责任深根于每位员工心中。

同时，公司进一步完善质量信息报告制度。不定期通过网络收集药品质量市场抽检、GMP认证、产品注册和再注册申报等有关的质量信息，对经营产品的质量进行动态跟踪。公司还与上海市药品不良反应监测中心签订《药品使用风险信息服务合同》，及时将信息与涉及的企业进行沟通，及时进行风险监控及控制。

近年来，随着民众对生物冷链制品需求的加大，冷链药品的质量控制引起了社会及药监部门的普遍关注。2012年4月国家卫生部发布了《药品经营质量管理规范》征求意见稿，对药品冷链管理提出较高要求，江苏、浙江等省也相继出台了冷链管理的地方标准，医药冷链验证成为行业新热点，而大多数企业在此领域尚属空白。上药十分注重冷链药品的全程质量控制，并在药品冷链管理领域一直走在行业前列，在2012年之前公司质量团队先后完成了"冷链运输包装的验证""冷链药品冬季运输包装的验证""冷藏车运输温度分布的验证"，在药品质量监管领域获得了多项奖项的同时赢得了业内的一致认可与好评。

为强化药品冷链管理，上海医药采用全程冷链管理，对所有的冷链设施设备的性能和使用方法进行使用前验证、定期验证及停用时间超过规定时限的验证，并已相继完成了冷链包装验证、冷藏车验证、冷库温湿度验证等多项工作。上药有信心创立和国际接轨的冷链系统，确保药品安全，为业内的冷链管理做出表率。

四 全国化布局稳步前进，参与大健康产业

上海医药深入贯彻落实商务部《全国药品流通行业发展规划纲要（2011~2015年）》的发展目标与主要任务，在分销网络的全国化布局中积极致力于提升流通组织化与现代化水平，优化行业发展布局，规范流通秩序。

2014年，为进一步完善上海医药的全国化战略布局，加强对北方区域的重点覆盖，公司成功收购了多家医药商业公司（分别位于北京、河南、陕西、内蒙古、山东、辽宁、湖北等地）。上海医药积极寻求多元化分销布局，以创新型并购模式拥抱大健康。2014年12月为进一步拓展医疗器械业务的发展，布局并深耕医疗服务市场，打造医疗器械业务的核心竞争力，公司收购星泉环球有限公司51%股权协议，进而控股广东桑尼克医疗科技有限公司。同时，为配合上药科园信海构筑新的医疗器械管理平台，并以之作为投资主体在创新型并购方面迈出实质性的一步，真正实现业务发展的外延性扩张，上海医药完成了上药医疗器械（北京）公司和上药医疗器械（江苏）公司的设立。另外，公司不断加紧DTP药房的网络建设步伐，在北京、湖北、天津等地持续推进DTP业务，通过并购整合了河南、陕西两地的DTP药店。

公司十分重视并购企业的整合。为快速、高效地将并购企业融入到上药体系，公司管理层以"稳定、融合、发展"为目标，全力组织落地"百日融合计划"，从战略融合、业务运营融合、财务管理融合、风险内控管理融合、信息系统融合、组织人事融合、企业文化融合、物流管理融合八个方面着手进行并购整合，并制定详细的"百日融合计划"时间进度表，定期汇报确保并购企业高效、快速、稳定地完成过渡。

公司医药零售力求多元化、多渠道深耕大健康市场，已逐步形成连锁药店、合办药房、DTP（高值药品直送）专业药房等多种业态，大胆"触网"拓展新领域，积极推进实体店、虚拟网络以及增值服务的三者结合，并以现代

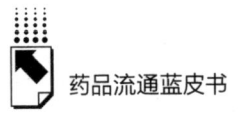

信息技术为载体，拓展天猫旗舰店、科园信海微店、远程视频药学咨询、医药零售网、自助购药机等新的健康服务模式。

五 精益管理全面推进，运营效率显著提升

作为中国最早提供第三方医药物流服务的公司，目前，上海医药在全国范围内设立现代化物流中心超过60个，总仓储面积达50万平方米，可支持跨区域、跨库区运作。从国外经验来看，医药流通企业从单一的物流服务商转向整体方案提供商、从传统商业购销模式转向现代全产业链服务模式是大势所趋。现代化的物流能力是构成流通企业未来竞争力的关键因素，而运营效率则是物流能力的基本前提与重要保证。从2013年起，上海医药全面建立精益六西格玛持续改进体系，以顾客需求为导向，围绕绩效提升、流程优化两大主题，应用精益六西格玛方法论和工具，实施对供应链流程的优化和完善。公司着眼全国运营一体化，推进多仓联动一体化、多业态物流网络一体化、供应链服务一体化，加快建设全国物流项目，构筑全国物流信息平台、全国运输管理平台、全国订单配送管理平台，并实施物流资源共享优化项目，启动物流标准化体系建设。

2013年，公司下属上药分销控股有限公司率先在物流中心试点精益六西格玛管理，精选七大项目，内外联合，全流程、全要素践行精益管理。试点成效达到预期，运营效率明显改善，物流成本显著降低，客户满意度大幅提升，为全面深入推进打下了扎实基础。项目推广首年即节约物流费用180万元。在物流成功经验的基础上，上药分销控股深化并扩大试点范围，将精益管理延伸至供应链全流程，扩展至经营管理工作、企业文化理念中，鼓励员工参与其中、分享其中。上药科园信海由骨干人员带头，分阶段践行精益六西格玛管理，全面推进项目落地见实效。一期项目共设十大课题，涉及物流、采购、财务、运营及销售等部门，从建立多仓联动机制、降低市内物流成本、降低外埠冷链物流成本、提升仓储作业效率、降低缺断货率、制定国内厂商服务策略、提升医院客户满意度、提升流程审批效率等方面层层突破，狠抓落实，成效卓著。

六西格玛作为精益管理工具，其核心是持续改进、系统改善、消除浪费、保证服务品质。上海医药将精细化管理提升到精益管理的层次，并作为核心战

略主张常抓不懈。精益管理在内部供应链管理上进行流程优化和变革的同时，在采购端，通过选择供应商服务策略项目提高了客户满意度，通过增加送货频次项目减少了库存量，通过预约送货项目减少了供应商送货等待时间；在医院客户端，实施改变客户的下单时间以均衡作业、改变客户的回款周期以减少资金压力、改变客户退货流程使库存更为准确等项目，敢于创新，勇于变革，大大提高了医药服务企业的服务水平和运营效率。

六 推进国际化布局，积极开拓国际市场

上海医药积极推进国际化布局，不断提升国际业务价值创造力和市场竞争力，一体两翼，南北并进。南方以上药分销控股国际总部为进出口业务的拓展平台，创新性开展货物与技术进出口、保税物流与增值服务、产品注册与国际合同制造、海外生产与销售、转口贸易与境外服务等业务，拥有境内外分子公司5家，经营业务已遍布全球各大洲。北方上药科园信海在基础国际业务中不断寻求发展新思路，2014年积极探索并开展了北京海关跨境直邮、"5+1"口岸跨境电商等创新性新业务。上海医药国际业务坚持特色化经营，具有多项领先的服务优势，包括快速实现货物通关、具备医疗器械第三方物流经营资质、跨境电商、瑞士SGS公司GDP认证（药品分包）、一对一专人式的客户服务、通关及药检进度信息周报服务、保税区加工及物流服务、生物制品冷链运输解决方案、药品检验优先通过服务等，同时提供个性化定制，满足客户多样化需求。

过去的岁月，见证了上海医药从区域龙头到全国医药流通领军企业的发展轨迹。当前，医改迈向纵深化，互联网医药大潮来袭，医药经济步入了发展新常态。未来，上海医药将致力于打造基于价值创造的健康生态体系，以创新、服务、效率作为三大战略基石，着力构建国家级供应链服务平台，建设现代健康服务企业。上药将以医院智慧供应链项目、医院合办药房、DTP专业电商为创新窗口，深化嵌入式合作关系，构建真正意义上的"智慧医院"，实现从产品批发商向产品集成供应商转变。以患者为中心，将服务触角从供应链外包向医技及诊疗领域延伸，实现服务集成商的转型。上海医药公司将以"夯实基础、蓄力发展"为主题，变革求进，攻坚克难，创新发展，在全国化征途上坚定前行，为实现九年上药梦续写华章。

B.25 服务转型是医药商业发展的必由之路

——广州医药有限公司立志做医药供应链最佳服务商

广州医药有限公司

摘　要： 随着医疗卫生体制改革的深化和医药市场竞争的加剧，药品流通行业已经进入"微利"时代，传统的药品进销差盈利模式已不能为医药流通企业提供足够的生存空间。2008年，广州医药有限公司在药品流通行业率先提出"转型升级"的概念，以信息化为手段，积极开展管理、服务的转型升级，提升供应链服务水平，推动传统药品进销差盈利模式转向以核心服务能力建设而形成的供应商服务、物流供应链服务、信息化服务、增值管理服务及互联网服务等供应链多维服务价值创造模式，实现企业的可持续发展。

关键词： 广州医药　医药流通供应链　医药商业

广州医药有限公司（以下简称"广州医药"）是中国药品流通行业最大的中外合资企业，也是世界500强沃尔格林博姿联合公司的成员企业，多年来一直保持华南地区龙头企业的地位。广州医药年销售规模超过300亿元，是覆盖广东、湖北等8个省，拥有18家成员企业的全国性集团化企业。广州医药坚持"立足广东、布控华南、辐射全国"的网络战略，为分布在31个省、自治区、直辖市的25800多家医院、分销、零售客户提供全方位的药品供应服务，经营包含中西成药、化学药品、医疗器械及保健药品等5万多个品规。

面对新的国家政策和行业形势，广州医药深刻认识到：企业的盈利模式将从单纯进销差价模式进入到以核心服务能力建设而形成的供应商服务、物流供应链服务、信息化服务、增值管理服务及互联网服务等供应链多维服务价值创造模式，从而实现企业的可持续发展。为此，广州医药提出做"中国医药供应链最佳服务商"的企业愿景，成为业内最早提出服务转型升级的企业之一。

2008年，广州医药率先提出医药商业"转型升级"的概念，获得行业认可。2009年，广州医药以敏锐的触觉，率先对供应商的个性需求做出反应，深入推进"合约销售"模式，培育以产品服务为导向的专业销售团队，引导业界服务模式新革命。2011年，广州医药顺应行业发展，积极推进供应链延伸服务，在广州市社区医疗机构开展的药房信息化改造项目被总结为"荔湾模式"，入选商务部首批47个现代医药物流服务延伸示范项目。2014年，由广州医药打造的广东省第二人民医院"智慧药房"项目成为全国行业同类标杆项目，清远市人民医院、顺德桂洲医院、广医口腔医院等同类项目也在同步实施中。2015年1月，广州医药与广东省综合规模排名第三的南方医科大学南方医院签订战略合作协议，推进药品供应链服务延伸项目。

广州医药开展服务转型的主要做法有以下几个方面。

一 开展对医院服务延伸，为服务转型闯新路

开展对医院服务延伸指具有较强医药流通经营管理能力的医药企业将现代医药物流的信息化系统、自动化技术和设备以及管理方法延伸到医院药房药库，为医院药房药库提供信息化、智能化、自动化的综合管理解决方案。国家商务部于2011年颁布的《全国药品流通行业发展规划纲要（2011~2015年）》提出，"鼓励药品流通企业的物流功能社会化，实施医药物流服务延伸示范工程，引导有实力的企业向医疗机构和生产企业延伸现代医药物流服务"。在国家政策的指导下，广州医药积极响应，迅速开展供应链服务延伸项目的探索和实践。目前合作开展服务延伸项目的医院共15家，包括大中型医院、二甲医院及多家社区服务中心，积累了丰富的经验。

广州医药始终以客户为中心，针对不同的医院为其打造出最适应各院院情的全方位、多维度、多领域的模式。针对大中型医院药房场地受限、药房管理压力大、病人排队现象较严重的情况，广州医药打造了国内先进的"智慧药房"模式。比如，为广东省第二人民医院打造的"智慧药房"项目已经成为

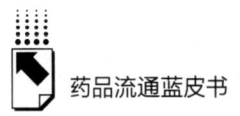

行业标杆,仅用45天就实现了医院中西药房的整体改造并成功上线运行,创下了全国同行业同类项目的最快纪录。改造后的药房更加整洁明亮,并设置人性化的患者取药等候区。通过装置集滚动屏显于一体的自动叫号系统,打破传统的排队取药模式,让患者能够在舒适的环境中安静有序地快速取药。改造后,医院药房人员减少10%,库房合一减少医院药品储存用房50%,成本降低10%,差错率下降至几乎为0,效率提升30%。

针对有些大医院场地大、各科室间隔较远、医护人员奔波于各个科室之间运输药品不仅工作强度大而且效率低下的情况,广州医药为其引入国内先进的智能化轨道小车物流传输系统。通过特定的水平和垂直轨道连接设定在各科室和各病区之间,由运载小车沿着固定的轨道运输,实现临床科室之间、病区之间、医技科室之间、医院管理部门之间立体的、点到点的物品运输,有效解决了医院的物流传输问题,规范了医院物流管理系统,大大减轻了医护人员的工作强度。

针对大中型医院药品需求量大的特点,广州医药为其打造快速验收流程,通过采用流程优化、RF配合验收等方法,使得验收效率大大提高;同时,增加配送药品的频率,从而减少每次配送的药品数量,使得验收更加顺畅和高效。

针对小型医院及社区医院规模较小、人手短缺、患者容纳量较低等特点,广州医药为其引进一系列智能化设备以及经国际认证的信息化专利系统。改造前,药师忙于药品的拣选,患者取药时间长达10~15分钟;改造后,通过引入小型散剂分包机、智能配发系统、拆零分包机、智能存取等系统,由机器自动进行药品拣选,使药师处方处理速度提升3倍,从而基本药品实现患者取药即到即取。改造前,医院的静配中心排药流程仍然停留于手工操作阶段;改造后,通过引入统排机、全自动识别盘点机、高危药品管理系统、IOS智能扫描终端系统等智能化静配中心设备,大大提高排药效率,从而提高了医院对病人的接待能力。通过引入小型散剂分包机与医院HIS系统对接来传送医嘱信息,将一次药量的药片自动包入同一个药袋内。针对儿童用药分量少,实现单个药片自动研粉后按剂量分包,达到准确给药的效果,同时有利于简化核对药品的流程,提高配药和发药的准确率和效率。

同时,针对医院基础药品品种较多、药品需求种类多等特点,广州医药将先进的物流管理及 GSP 质量管理服务延伸到药房，保证药品供应的稳定、可控，从而确保医院的药品供应安全。

二 创新供应商增值服务，为服务转型添动力

为了满足供应商的深度需求，广州医药除提供传统的物流配送服务外，还为供应商提供全方位、高品质的增值服务，包括进口支持、政府事务支持、广东省定价、库存控制、数据管理、渠道政策的制定、渠道管理、医院招投标、快速清关、非目标市场拓展等。同时，广州医药敏锐地捕捉到新兴渠道上下游的客户需求，创新开发了合约销售、电子商务、DTC（药品直送客户）等新型服务，既满足了客户需求，又开创了新的盈利增长模式，实现了服务延伸到客户的服务转型目标。

（一）市场准入服务——拓展市场又好又快

广州医药组建了专门的医院 KA、县级医院团队和社区医疗、第三终端团队及以合约销售为代表的非目标市场覆盖团队，通过流程改造、考核引导和管理升级来支持供应商的市场准入需求，与供应商开展医院入药项目和非目标市场拓展项目。2012 年，广州医药与九家供应商开展医院用药项目和非目标市场拓展项目合作，成功申请医院用药品规数百个，管理水平及业绩表现在业内领先。

（二）进口增值服务——进口进度即时查询

广州医药的进口业务始于 20 世纪 70 年代，是中国最早开展进口药品业务的公司之一，在进口操作方面积累了丰富的经验，形成了一套严谨透明的工作流程，为帮助供应商的产品更快速、安全、可控地进口到中国提供了优良的保障。广州医药还为供应商提供一系列与进口相关的增值服务，如价格备案支持、招投标、样品管理和再包装等。

（三）物价支持服务——抢占市场先机

广州医药经多方调研，于 2009 年 5 月向广东物价局提交了《广州医药有

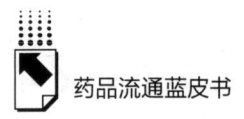

限公司关于进口药品情况的汇报和建议的报告》。该报告比较了北京、上海、广州口岸在药品进口的通关环境、物价政策等方面的差异。报告内容翔实、数据准确、论述充分，受到了政府领导的高度重视，政府随后于2009年8月出台了鼓励企业自主创新、促进地方发展进口药品的价格政策——《广东省物价局关于运用价格杠杆促进医药业发展的意见》。广州医药充分利用广东省物价局的定价支持政策，为需要申请定价的供应商提供服务，支持供应商新品上市及在招投标中抢占市场先机。

（四）招投标支持服务——提高进口品种中标率

广州医药为供应商提供自营进口和代理进口产品的招标全过程跟踪支持，包括招标信息的收集、文件的准备、传递，报价及中标结果的确认等。近年来，广州医药自营进口品种的中标率也一直处于行业领先水平。为方便供应商查询招标进度，广州医药创新服务，实现通过网络支持供应商按产品、省份、时间段查询投标的进度、资料申报日期、递交日期、负责人、报价日期、确认情况和中标结果。

（五）合约销售业务服务——低成本开拓非目标市场

2009年，广州医药根据"服务转型升级"的战略要求，与部分业绩领先、管理规范、理念先进的重点供应商开创性地合作开展合约销售业务。合约销售业务为供应商提供全面、深入和高素质的服务，着眼于满足供应商开拓市场的需求，以较低成本帮助供应商拓展非目标市场。项目开展至今，合约销售业务区域不断扩大，覆盖网络涵盖零售、第三终端、社区等客户类型，参与项目人员达百人。

三 打造全方位电子商务服务，为服务转型筑平台

依托于良好的信息管理基础积累，2010年广州医药网上售药平台"广药健民网"成功上线，该系统具有强大的现代医药电子商务功能，可提供24小时全方位、不间断服务，客户不仅可以通过平台直接下订单，还可自定义查询品种目录、采购价格等信息。2011年广州医药取得B2B网上药品销售证照，

是当时全国同时拥有B2C和B2B《互联网药品交易服务资格证书》的5家企业之一，获得了"第二届中国医药电子商务10强金质服务奖"。

2012年5月，广州医药正式进驻天猫医药馆，筹建电子商务组，自主运营健民大药房旗舰店，在短时间内上线1000多个品种，定期推出促销组合，品类涉及OTC、医疗器械、计生用品、隐形眼镜、保健品等。2014年，广州医药电子商务实现飞跃增长，总营收突破亿元大关，2011~2014年年均复合增长率达183%。

顺应互联网发展的浪潮，健民连锁还试水O2O微信营销，通过关注"健民生活馆"的微信公众号即可享受查询药价等服务。健民微信商城也即将上线，届时消费者可以享受到全天24小时的在线咨询和购药服务。下一步，送药服务将是发展的重点。

广州医药还针对供应商的不同需求，提出了多平台、多渠道、一体化的电子商务解决方案，实践了整体运作天猫医药馆、生活馆、超市、呼叫中心、DTC、健民网等多个平台的能力。通过多平台协作，让供应商集中资源投入市场活动策划，同时借助渠道归拢的资源优势，简化库存、价格等管理的难度，实现各平台之间的资源共享，降本增效。目前，广州医药B2C业务在天猫平台上线品种达2400多个。未来，各平台将引入更多的合作伙伴。

2014年，广州医药成为广州海关跨境电商试点企业，并相继成立广州医药（香港）有限公司及健民国际有限公司开展跨境电商业务。随着广州医药电子商务业务的发展，跨境电商业务将为公司开辟一个新的增长点。

四　打造全新药店零售模式，为服务转型谋布局

2012年以来，广州医药与联合博姿共同组建了国际化专业零售团队，以广州医药的全资子公司——健民医药连锁有限公司为平台，打造全新的现代社区连锁药店。2014年7月，第一家"健民现代社区药房项目"形象店——健乐店正式上线运营。该店借鉴联合博姿在连锁药店方面的先进经验，突破传统药店随意改革的问题，按照专业化、标准化、规范化的方向进行改造，布局合理、设计美观、品种齐全、陈列科学，突出社区店的便利，注重消费者的购物体验，将处方药区域缩小并内移，突出了保健品、OTC、药妆和保健品的陈

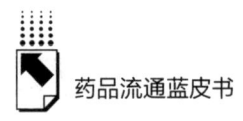

列,为顾客提供整洁舒适的环境和一流的购物体验,还向顾客提供免费健康检测、健康知识交流、产品咨询等服务。9月,景泰店上线运营。截至2014年底,两家试点店销售同比出现明显上升趋势,为下一步推进零售模式创新奠定了基础。

五 全面信息化强化管理,为服务转型奠根基

广州医药锻造了一支由行业业务专家、信息技术专家、管理运营专家及IT技术人员构成的过百人技术团队,形成一套可复制的高效快速整合流程。目前,已能够在45天内完成一家新并购企业的信息、管理、业务整合工作,具备自主设计、开发、实施等能力,完全自主的专利技术超过10项。2013年7月,广州医药启动信息一体化规划项目,与华南理工大学合作,对公司的信息化规划进行诊断和咨询,制订集团信息一体化中期规划,推进信息一体化管理进程。针对医院服务延伸模式,广州医药自主开发了"手持医院库存管理软件""医院库存管理平台""医疗集中采购平台""药事管理系统"等软件系统,并应用于医院物流服务延伸项目,实现了广州医药现代医药物流的信息化、智能化、自动化与医院实践应用的高度融合,取得了极佳的效果。

近10年来,在进行并购整合、逐步向集团型企业的转变过程中,广州医药依靠全面信息化的基础管理扎实开展工作,已经从单一企业走向了集团管控、跨区域、网络化的管理。2014年3月,广州医药通过了国家工业化和信息化局的审核,成为国家2014年两化融合管理体系贯标试点企业之一。

六 自主建设现代医药物流系统,为服务转型作保障

广州医药在现代物流系统的基础上,将企业先进的现代物流管理服务延伸到医药供应链上下游,开拓新型的医药物流供应链体系模式,运用企业资源计划管理系统(ERP)、供应链管理等新型管理方法,使用无线射频(RFID)、全球卫星定位(GPS)、无线通信、温度传感等物联网技术,配备自动分拣、立体仓库、冷链物流等先进设备,从传统商业购销模式向现代全产业链服务模式转变,将专业化、现代化的物流服务延伸到了药品生产和终端销售环节,建

立新型供应链体系模式。

广州医药首创医药物流标准化与医药流通信息化充分结合的专业物流模式，打造集广阔物流配送网络、强大物流配送能力、专业物流解决方案、现代物流管理信息系统于一身的一体化综合物流服务平台，拥有药品的第三方物流配送资格。广州医药黄金围现代（药品）物流中心是满足终端分销业务的专业物流中心，仓容面积3万平方米，可储存商品16万件，日均进出商品约2万件。2013年投入使用的狮山物流中心已成为广州医药的物流枢纽。该物流中心定位为"未来5年国内最大的单体医药物流中心"，选址在佛山市南海区狮山红沙高新区，共分两期建设，总面积达29656平方米，两期合计新增托盘货位33万个以上，新增商品存储能力70万件以上。仓内综合运用了物联网技术、穿梭车货架系统、窄巷道高位存储系统、亮灯拣选系统、输送和自动分拣系统等业界最先进的物流技术，是目前国内单体最大、最先进的药品仓库。

同时，广州医药将进驻广药集团在广州市白云区的大型医药工业园区，打造新的白云医药物流园，并结合省内外子公司的物流网络扩展，形成以白云医药物流园为中心，以黄金围和狮山物流中心为支撑，联同多个异地二级配送点，快速响应、专业配送、高水平服务的物流体系。

广州医药自主研发的医药物流WMS、TMS、物流一体化平台，全面满足国家药品监管法规要求，实现了把监管法规的要求分解到物流信息系统各大功能模块中，使药品物流管理标准都得到充分体现的目标，并通过可扩展性系统设计实现了策略式管理，自主研发信息系统的柔性化特征凸显，业务管理团队可灵活制定策略对不同情形进行最合理的处理。

广州医药在全国率先完善了药品流通冷链管理体系，通过建立温湿度监控系统中心平台，实现了商品从进货到配送全环节全过程温湿度的实时监控，可为各地客户提供各仓库、各次冷链运输的温湿度数据，使得广州医药的冷藏药品在收、发、存、配送全过程各环节中始终处于规定的温湿度环境下，有效地保证了药品的质量。

七 企业管理延伸到客户，为服务转型增成效

在企业服务转型升级的大背景下，广州医药将各职能部门的工作进行转型

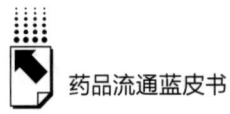

升级。以往限于公司内部的服务，现在主动将服务对象延伸到供应商、经销商、医院等。公司的信息中心主要负责公司内部的系统开发、系统维护、设备维护等一系列内部信息化工作，但在一系列服务延伸项目开展后，信息中心的服务开始从公司内部延伸到客户。比如，根据院方的需求制定系统开发方案，参与信息系统软件等的招投标工作；完成系统开发环境的搭建及相关基础数据的准备，做好与院方系统及公司系统的对接工作，软件系统开发、测试、上线的工作等。

公司的后勤和安全管理过往的工作主要是围绕公司日常的后勤供应、财产管理、人员安全等来开展，项目开展后部门成员有更多的时间投入到与医院合作项目的实施工作中。同时，公司的财务管理也逐步将服务延伸到客户，为客户制定和审议项目费用申请及支付流程，核算成本并制定费用标准；人力资源部也根据客户的需求为其做好人员招聘、人员调任、接收和相关岗前培训等一系列人力资源工作。

B.26
服务大众健康　发展智慧经济
——华东医药投身大健康产业

华东医药股份有限公司

摘　要： 随着人民生活水平的不断提高，老百姓对健康产品和健康服务的需求正呈现新一轮增长趋势。健康服务业作为新兴朝阳产业，将在未来10年内快速发展。华东医药股份有限公司创新商业模式，在继西药、中药、医疗器械产业后打造了第四板块——健康产业，积极探索新形势下医药商业企业新的增长方式。公司依托强大专业的医药资源背景，以"让健康没有阻碍"为理念，打造以"智慧、健康"为主题的多元化服务，提供"线下体验、线上购买"的智能生活产品及居家养老解决方案。

关键词： 华东医药　健康服务业　医药商业

随着中国经济与社会的发展，以及人口老龄化的加速，人们的健康观念与需求正在发生翻天覆地的变化——从医疗救治延伸至预防、保健、康复，这种变化既关系民生，又是新兴产业孕育的摇篮。

健康服务覆盖面广、产业链长，传统医药企业涉足健康服务具有天然的优势，但在切入点的选择与商业模式的设计上，因企业优劣势与区域特点而有所差异，必须慎重决策。

华东医药股份有限公司（以下简称"华东医药"）发展健康产业，扎根于百姓的日常需求，从公众的需求中挖掘商机。比如，健康体验馆聚焦于居家康复，通过健康管理系统将系统化的移动穿戴设备与人性化的照料看护相结合，

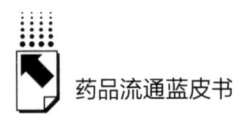

更好地满足社会与时代需求；中药香文化在传统香囊、熏香产品及文化的基础上，针对其存在的不足，依托现代中医药理论和制剂技术，开发功能性产品，包括香囊、熏香两条产品线，定位于流行病预防、驱蚊、防蛀等接地气的健康产品。

一 我国健康产业具有广阔的发展空间

健康是人类的幸福追求。随着生活水平的提高，人们对健康服务的需求持续增长。"健康"不再简单地被理解为躯体健康，而是涵盖了心理、心灵、行为、智力、道德、社会及环境健康的整体健康。这种大健康观念的形成是人类文化发展的重要组成部分，是生态文化不断进步的产物，同时也是健康产业快速发展的源动力。

健康产业是指与维持健康、修复健康、促进健康相关的一系列有规模的产品生产、服务提供和信息传播等相关产业的统称。健康产业包括健康服务业与健康制造业两大领域，其中健康服务业包含"医疗服务、健康管理、养生保健、康复护理、健康信息"，健康制造业包括"医药器械、健康食品"。健康产业关乎民生幸福与社会和谐，具有广阔的应用前景、巨大的市场潜力。美国著名经济学家保罗·皮尔泽在其著作《财富第五波》中将健康产业称为继IT产业之后的全球"财富第五波"。阿里巴巴董事局主席马云表示："下一个能超过我的人，一定出现在健康产业里。"据统计，目前全球股票市值中，健康产业相关股票的市值约占总市值的13%。美国把健康产业作为仅次于新能源产业的第二大投资重点，日本将健康产业与新能源、节能环保产业列为未来经济发展的战略重点，德国将医疗健康产业作为经济刺激计划中的重点投资方向。每年在健康领域的花费美国已占其年GDP的15%，而加拿大、德国、日本约占10%。目前我国的服务业（包括健康服务业）产值在GDP中的占比虽然还不高，只占5%～6%，但已显示出良好的发展态势。中国医药保健进出口商会副会长刘张林介绍，2013年我国大健康产业规模接近2万亿元，到"十二五"末预计接近3万亿元。中国拥有13亿人口，又处于健康与财富的交叉点，其庞大的健康市场空间可想而知。

从世界健康产业的发展历程来看，当一个国家人均GDP达到1500～3000

美元时，健康产业就会崛起；当人均 GDP 达到 5000 美元时，健康产业将会得到迅速发展。2013 年，我国人均 GDP 达到 6905 美元，已进入健康产业的快速发展期。根据国务院 2013 年发布的《关于促进健康服务业发展的若干意见》，到 2020 年中国健康服务业总规模将在 8 万亿元以上（其中，浙江省的健康服务业总产出将达到 6000 亿元，全产业链达到 1 万亿元），基本建立覆盖全生命周期、内涵丰富、结构合理的健康服务业体系。战略性政策支持大健康产业发展，随着国家对健康产业、健康服务业和养老服务业颁布的一系列政策付诸实施，发展大健康产业的大幕真正开启了。国内部分城市率先培育发展健康产业，广州国际健康产业城、武汉中国健康谷、成都国际医学城、大连国际生命健康城、南京生命科技城等正在推进建设。成都市、宁波市、深圳市、青岛市均编制了健康产业专项规划，以生命信息、高端医疗、健康管理、照护康复、养生保健、健身休闲等为重点，推进健康产业发展。

二　华东医药股份有限公司参与健康产业发展的情况

华东医药股份有限公司成立于 1993 年，1999 年 12 月公司在深交所成功发行 5000 万 A 股股票。公司主要从事抗生素、中成药、化学合成药、基因工程药品的生产销售，以及中西药、中药材、医疗器械等的批零经销业务，是一家集医药研发、制药工业、药品分销、医药物流为一体的大型综合性医药上市公司，承担着国家、省市政府药品特储任务。公司注册资本 4.34 亿元，现有职工 5000 余人。

在医药商业经销领域，公司是浙江省规模最大、实力最雄厚的综合性大型医药商业企业。从 2004 年起，公司连续 10 年在浙江省医药商业排名第一位。2013 年，公司实现营业收入 167.18 亿元，在全国医药商业企业中排名第 8 位。2014 年，公司上榜财富中国 500 强，列第 287 位，并被评为"2014 年度最具投资价值医药上市公司 10 强"。

围绕医药业务的发展，在创造企业经济效益的同时，公司坚持"济世、诚正、执着、务实"的核心价值观，努力打造了第四板块——健康产业，形成了以健康馆、医院健康分馆、医疗美容、器械租赁、中药香文化、名医馆等为核心的健康产业体系，积极探索新形势下医药商业企业新的增长方式。

健康为最好的天赋，知足为最大的财富，信任为最佳的品德。华东医药健康产业的推进，对大众健康观念从治疗为主向预防、保健、康复延伸，依托公司强大专业的医药资源背景，以"让健康没有阻碍"为理念，打造以"智慧、健康"为主题的多元化服务，提供"线上购买、线下体验"的智能生活产品及居家养老解决方案。主要有以下五大业务板块。

（一）健康产业板块一：悦行优品健康馆（健康分馆）

1. 悦行优品健康馆四大目标定位

（1）展示国际最新的居家健康电子产品，高科技改变生活与健康习惯，对慢病人群和亚健康人群进行检测，并进行数据采集、分析和反馈，后台专人负责数据监控管理，实现居家实时健康监测，达到自我健康管理。

（2）提供康复理疗设备，让患者实现居家康复。

（3）提供居家养老生活解决方案，提高老年人生活自理能力，降低护理工作量。

（4）线上购买，线下体验。

2. 悦行优品健康馆三大发展方向

（1）在店体验，包括健康电子产品、居家康复设施、睡眠呼吸体验、助听器验配、爬楼机等。

（2）社区合作，包括日间照料护理和社区医院医养护一体化。

（3）养老地产（居家养老设施、设备的提供者）。

3. 悦行优品健康专营店（健康分馆）目标定位

结合医院医疗力量，实现"医院治疗—居家康复—日常保健"的连接，以及增加患者和医院的黏度；同时，以医院健康分馆为媒介承接医院后勤服务项目。计划到2019年在浙江省成立25家医院健康分馆。

（二）健康产业板块二：悦可医疗美容医院

杭州悦可医疗美容医院隶属华东医药股份有限公司，以"精细、前沿、学术"为定位，是杭城首家专注于面部五官精细整形、自体脂肪移植、抗衰老的高端专科美容机构，引进和拥有一系列国际高精尖医疗设备和资深的医疗专家团队，给顾客带来全新美丽体验。

华东医药作为省内行业排名第一的三甲医院等药品及设备供应商，以及顶级美容设备美国科医人浙江省总代理商，携手著名整形外科专家高寿松，布局杭城为爱美人士带来全新美丽体验。悦可充分尊重中国女性审美取向，突出个性、和谐、自然的美感。高寿松院长是原中国协和医科大学中国医学科学院整形外科医院资深专家，尤其擅长面部五官综合整形、眼部整形、自体脂肪移植技术及面部微雕美容。

悦可尊崇人的"自然之美"，根据个人特点，通过专业分析，选择个性化的整体形象设计，达到自然、和谐的标准。机构下设整形美容、激光美容、微整形、抗衰老、失败手术修复等项目。

悦可专注探索医学美容科技前沿，让美丽渗透到知识女性的工作、生活、养生、美容各个领域，"悦己、悦美丽"。

（三）健康产业板块三：捷赁家用医疗器械租赁

捷赁家用医疗器械租赁以"租生活、助健康"为服务宗旨，引进国外先进医疗器械设备，导入日本器械租赁模式和清洗消毒技术，为短期使用及购前试用的用户提供便捷服务。

所提供的租赁产品，包括轮椅、制氧机、呼吸机、代步车、骨科器具等。

（四）健康产业板块四：采薇坊中药香文化

华东医药采薇坊拓展中药材外延，从医院延伸至家庭，致力于中国香文化的传承和弘扬，涉足中国本草香文化产业的创意、研发及生产、经销等全产业链开发。按照四季流行病谱，设计组方中药材，结合文化创意，让中药保健渗透至百姓生活之中。

采薇坊以设计创意为依托、中药养生为核心，进行多样化、专业化延伸。产品规划为三条品牌线：第一条为香囊产品线，品牌——采薇；第二条为薰香产品线，品牌——云界；第三条为精品产品线，品牌——采薇坊，可提供量身定制的产品解决方案和送货上门服务。

采薇坊正在筹建浙江本草香文化研究中心（中药香粉配伍专家队伍）、采薇本草香文化生产基地、本草香文化创意设计中心、市场营销中心四大管理模块，打造香囊产业全产业链。

（五）健康产业板块五：名医馆

（1）名医馆1：杭州张同泰名医馆（中医门诊部）

华东医药旗下品牌——"张同泰"始创于1805年，占地1400余平方米，是杭州现存最古老、连续在原址经营时间最长、市中心古建筑唯一保留完整的国医国药号，70余位国家级、省级等名老中医现场坐诊，经营道地药材、中西成药、参燕银耳，以"道地药材""岐黄正传"闻名遐迩，属国家商务部首批认定的中华老字号。张同泰"道地药材文化"列入第二批浙江省非物质文化遗产名录和传承基地，张同泰为杭州市文物保护单位、杭州十大金牌老字号，是省市两级医保定点机构、药店。

创始人张梅自创业之时，就立下"悉遵古法务尽其良，货真价实存心利济"的祖训，坚持"择药尤精、选料尤佳、选工尽善"的用药原则，世代相传，以此取信于世。历经几代人的诚信经营，颇具规模，成为杭州最著名的国药号之一。

（2）名医馆2：杭州汤养元名医馆（中医门诊部）

华东医药旗下品牌——"汤养元"始建于清同治八年（1869年），以"自运官燕高丽洋参，采集各省道地药材"为楹联，青龙招牌上书"养正延龄、花草精神、培元益寿、山川灵秀"。

汤养元创始人夏氏，祖籍浙省慈溪，创立之始立下"抉择精良、虔诚修制"的祖训，倡导"存仁济世，以汤养元、花草强身健体"的立业宗旨，拣选诸药，虔诚修合，精制行世，声誉杭城。民国期间，孙夏宝麟承业，为人精明，亲自看样订货，搜罗宏富，采撷精华，被药界视为上乘主顾。同时，聘请有名气的"郎中先生"坐堂门诊，医药合一，行医济世，名盛一时。新中国成立后，老树新枝，岁月沧桑，移号长春药店数十载，唯先人存仁之志不容少懈，袭精制美人耳目。

如今，适逢重振南宋御街昔日辉煌之际、彰显中山路民族商业文化之时，传承先贤诚信经营之道，重启医馆悬壶济世之德，吾辈责无旁贷。今天的"汤养元"在原址上修复如旧，门庭风貌如初，又恢复了原来的金字招牌。

作为浙江省规模最大的医药商业企业，华东医药股份有限公司将继续积极发挥行业龙头作用，积极探索行业的创新模式，引导行业向着科学化、规范化方向发展。

B.27
内涵式增长与外延式发展的成功之路
——浙江英特集团股份有限公司

浙江英特药业有限责任公司

摘　　要：	英特集团秉承"创造价值、追求卓越"的核心价值理念，立志成为客户满意、员工欣赏、股东喜欢、政府放心、社会尊重的优秀企业，努力实现企业经济效益与社会责任的有机统一，以"内涵式增长、外延式扩张、整合式发展、创新式提升"为举措，为成为中国最优秀的医药健康服务商而不懈努力。
关键词：	英特集团　内涵式增长　医药健康服务商

浙江英特集团股份有限公司（以下简称"英特集团"）是中国区域性医药流通龙头企业，销售网络覆盖浙江、辐射华东，2014年公司主营业务收入超140亿元，2013年列中国医药流通行业第11位。英特集团以药品、中药、生物器械三大业务为主营业务，以医药专业分销、现代物流、电子商务、生产加工和终端零售为主要经营业态，下属成员企业包括浙江英特药业有限责任公司、浙江英特医药药材有限公司、浙江省医疗器械有限公司等20余家公司。英特集团以"致力于人类的健康事业"为使命，秉承"创造价值、追求卓越"的核心价值理念，立志成为客户满意、员工欣赏、股东喜欢、政府放心、社会尊重的优秀企业，努力实现企业经济效益与社会责任的有机统一，以"内涵式增长、外延式扩张、整合式发展、创新式提升"为举措，为成为中国最优秀的医药健康服务商而不懈努力。

1998～2013年，是英特集团快速成长的15年，英特集团在员工人数增长

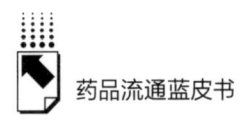

9倍的情况下,实现了销售收入增长20多倍(1998年5.5亿元,2012年突破百亿元大关,2013年达到123亿元)、经营性利润增长21倍、总资产增长24倍、所有者权益增长26倍的业绩。

一 实施内涵式增长与外延式发展的战略

2008年英特集团确定了"业务转型达成内涵式增长、购并扩张实现外延式发展"的两大战略发展思路,全方位开展战略投资并购工作,在短短三四年时间内取得了丰硕的成果。

(一)省内布局,全面完善

2009年以来,英特相继完成了宁波、温州、湖州、嘉兴、永康、金华、绍兴等区域医药流通企业的投资购并工作,组建了各区域专业子公司,基本完成了浙江省内的战略布局。依托英特药业在品牌、技术、管理、资金、市场等方面的优势,同时结合区域公司在区域市场上独特优势,有效实现了强强联合。区域公司的整合提升了配送时效、服务水平及属地市场开拓能力,为实现营销网络下沉和终端覆盖奠定了坚实的基础。同时,集团总部与区域公司明确了市场的差异化开发战略方向,加强了英特在基层医疗市场的竞争力,有效巩固了其行业地位。

(二)走出浙江,辐射华东

2012年,英特完成了首例跨省并购——公司投资控股福建盛健药业有限公司,成功组建福建英特盛健,实现了跨出浙江的第一步,为英特集团同省外资源对接与合作提供了全新的发展平台。

(三)领域拓展,专业专注

在完成省内战略布局、走出浙江的同时,英特集团在各细分领域也开展了全面投资并购工作,组建了英特疫苗、英特中药饮片、英特医疗科技(专注器械耗材)等细分领域的专业公司,并与公司原有业务进行了资源整合,在巩固药品分销业务核心地位的同时,加强了对中药业务、生物疫苗业务、医疗器械业务的拓展力度。

（四）管理对接，高效协同

公司在完成全省战略布局、开拓周边市场、完善细分领域业务的同时，不断加强总部与各地子公司管理对接与整合提升工作，在物流仓储、风险控制、信息化建设、人力资源、市场营销、网络拓展、品种建设、财务管理等方面予以协同和支持，进一步提升了子公司的管理水平，依托精益管理、战略采购、互动交流和资源共享实现业务经营联动，有效提高公司整体管理质量。

二 构建"互联网+"的新型业态

英特集团下属英特药业紧抓互联网经济发展的契机，为提升行业效率、更好地满足需求、提升客户服务响应速度，于2010年获得《互联网药品交易服务资格证书》（B证），注册域名为英特药谷（www.drugoogle.com），2011年实现浙江省内区域公司电子商务平台集成。作为国内率先实现统一集团化运作的医药电商平台，英特药谷不断推陈出新，交易金额屡创新高，同时完成了"药店在线"系统上线。目前，英特电子商务依托英特现有业务，快速扩大B2B业务规模，现已覆盖药品、中药（药材）等业务。

（一）打造英特药谷

英特电子商务平台具有领先的设计理念，将"供应链管理"思维引入电子商务，贯穿药品采购到配送的所有过程，通过医药流通供应链优化，以最少的成本与最优的质量将药品准确无误的配送至客户手中。英特药谷平台通过建立一体化的信息化管理体系，实现了企业上、下游资源及企业内部资源的协同运营，支持多公司业务交易，提供信誉额度、支付宝、多家银行网上支付接口等多种付款方式，客户可享受合同、销售单、出库单等订单跟踪查询的信息服务。2013年实现成交金额突破100亿元，成交笔数超200万笔，注册客户超万个的良好业绩。

英特药谷平台发挥了多业务、多应用整合平台的作用，集成公司内部各系统，实现与ERP平台的同步联动。平台为上游客户提供流向集成服务、订单集成服务、供应链集成、合同上传、库存预警、在线打印、信息提醒等多样的

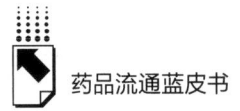

增值服务,在实现流向查询的基础上,新增了合同上传及在线打印,并推出到货通知与付款短信通知,同时增加了对证照到期信息在线提醒的功能,为供应商提供全面一站式服务,综合提升服务品质。另外,英特药谷内含定制的个性化服务模块,针对特殊慢性病患者,设计开发新的增值服务流程,探索健康管理模式。

英特药谷后台按照客户类型,根据用户功能不同设置相应的权限,同时针对不同客户需求定制结算报表查询等功能。为缓解庞大的数据流信息,平台还对数据库实行定期全表备份,并按需更新数据库服务器,实现双机热备,提高访问速度,减轻数据库压力,保证数据库状态优良以提供优质服务。

(二)建立药店在线平台

英特电子商务之"药店在线"(www.ydzxlm.com)是一种新型的联盟形式,借助独立电子商务平台的形式,为药店提供进销存管理、线上下单和入库对接。支持"药店在线"成员专业化、特色经营,共同探索专科药房、健康药房、品牌药房、网络药店B2C等新型经营模式,从而形成共同发展的特色平台。

"药店在线"是国内首家基于云计算的药店管理软件,面向所有药品零售终端(包括连锁药店、单体药店、个体诊所等)提供进销存和GSP管理共享管理平台,以及供应链增值服务。药店在线平台改变传统的模式,将"SAAS"平台模式引入电子商务。平台具有基本功能完备、易用性强、集中部署、运维成本低、需求响应快等众多特色优势,与英特药谷实现接口互联,方便药店采购。

药店在线平台是一套可视化追溯和中央指挥系统,与"药品电子监管网"、省局监管平台、其他政府机构对接,集成GIS地图和各种监管功能。另外,药店在线平台构建了新型监管系统,具有药品监控、药师签到记录、药师在岗查询、含麻黄碱类复方制剂等药品销售控制等监管功能。

集团化呼叫中心是英特电子商务发展与企业转型升级的必要条件。呼叫中心作为电商与客户的重要联络平台,"以服务为中心",全面服务于药品生产、营销、仓储配送、资金结算、终端客户服务等众多业务环节,形成产业链上众多企业的互联互通、信息共享。目前,呼叫中心已成为集团电子商务标准配置，价值凸显，未来电子商务与呼叫中心将成为公司运营管理的枢纽平台。

英特电子商务通过PDA移动互联、物流GPS定位、供应链金融等先进技术的应用，实现企业互联网转型，逐步将英特药业打造成一家专注于医药健康产业的互联网公司；通过创立"e英特"概念，稳步实现"分销物流电子商务一体化"的互联网O2O运营模式，将电子商务与信息技术服务打造成为英特集团创新业务的驱动轮。

三 大力发展现代医药物流

英特集团下属英特物流是集药品储存、验收养护、物流加工、装卸搬运、中转配送和信息服务六大功能于一体的现代化医药物流平台，实现了强大的物流能力与现代化信息技术的完美结合。目前集团拥有物流中心仓储面积达14万平方米，冷库达6500立方米（2℃~8℃与-20℃低温冷库、-40℃超低温冷库），库区实现恒温控制，并配备双路供电，公司以"优质、安全、准确、高效"为理念，帮助客户将有限的人力、财力、物力资源集中于核心业务，降低物流运营成本，按GSP要求为客户提供规范的医药物流服务，解决医药企业物流管理的后顾之忧。整个英特物流供应链体系呈现了现代化、信息化、时效化、精细化的特点。

（一）引进先进物流设备，增强现代化"硬实力"

英特物流引进了国际先进的托盘提升机、螺旋输送机、自动分拣系统等自动化物流设施，极大地提高了工作效率。目前英特的物流能力可以支持客户终端30000个、日发货量12000件、日处理订单行20000行、储存品规15000个、库存35万件、销售200亿元以上、年吞吐量1200万件以上的物流能力，整体提升了供应链的价值。

（二）建立信息系统，打造物流管理平台

现代化物流的管理主要体现在物流信息化的开发与应用上。英特物流使用英特集团自行设计开发的ERP、WMS、第三方物流系统、二维条码、办公自动化系统（OA）等信息系统，在库内成功地应用了温湿度自动监测技术、无

线射频技术（RF）、电子标签技术、消防安保红外监控报警技术等。

英特物流于2011年投资建设了信息调度指挥中心。调度指挥中心是集温湿度监控、GPS车辆管理系统、作业管控、安防监控、远程视频会议、应急指挥六大功能于一体的信息化管理平台，实现了英特物流全局作业的"统一监控、统一调度、统一指挥"，同时实现整个物流供应链管理的"可视、可控、可追溯"。

（三）重视客户服务，发展物流创新的原动力

现代物流是客户服务型物流，客户服务是物流创新的原动力。当今经营管理理念的重心已从产品制造转向市场营销和客户服务，英特物流一直秉承"客户至上"的服务理念，注重对下游客户与上游供应商的服务质量与服务内容的延伸。

英特物流现有的配送网络覆盖浙江省内及华东周边地区乡镇卫生院和社区医疗服务站，可保证杭州市内药品配送4~8小时送达，浙江省内药品配送24小时送达，周边省市及浙江省乡镇48小时送达。针对客户的特殊需求，公司同时推出药急送业务、冷链药品自送业务。在做好配送业务的同时英特物流还提供个性化服务。在验收区设立客户休息区，针对资料齐全及经常合作的供应商设立VIP收货验收通道。另外，公司为第三方客户提供包装、喷码服务，为腹透液客户提供送货到家，为大医院客户提供货品上架等延伸性服务。

（四）推进物流一体化进程，打造"大英特"物流管理体系

为实现第三方物流业务的拓展、企业物流向行业物流转型、现代物流商业模式的创新以及搭建承担英特集团百亿元业务的物流平台等战略目标，英特着力于打造"营运一体化、服务专业化、运营市场化、运作标准化、全程信息化、管理规范化"的现代化专业医药物流平台。通过管理和配送层级的划分，在一体化进程中，在杭州总部的统筹管理下，形成以"杭州库、金华库"为中心，"宁波库、温州库"为区域分库，其余六大区域公司为配送站的"1226"格局，分阶段进行仓库布局调整，通过整合与合理分配物流资源，提高效率、降低成本、优化服务。

2014年投入建成的英特物流金华分公司作为两个中心库的重要组成部分，

极具战略意义。金华分公司地理条件优越，是浙江省第7家、金华市第1家拥有第三方药品物流业务资质的企业。公司集现代营销、专业物流、流通加工和电子商务于一体，符合国家GSP相关规定，具备采购、存储、配送、信息服务等功能，拥有自动分拣、温湿度监控等现代物流设施设备，引用物流信息管理技术，可通过医药电子商务平台直接进行网上下单。

未来英特物流将会根据业务的发展分阶段建设与完善物流一体化体系，最终实现"大英特"物流一体化管理。

四 布局大健康产业

健康产业是国家重大战略性产业，产业的发展不仅获得政策的连续"红利"及资金扶持，也必将成为国民经济增长新的着力点。英特集团正积极探索大健康及文化产业创新转型之路，依托英特历史沉淀、中医药理论和文化，挖掘中医药健康服务和文化产业的内涵，整合医疗器械、终端零售、医药物流、健康管理、信息服务等着力布局大健康产业。

2014年11月，杭州市下城区首个健康服务产业园落户英特集团，12月，英特健康服务项目被浙江省发改委列为省重点健康服务业发展推介项目。健康服务产业园的成立，将有效地推动英特集团医疗服务、中药养生、移动医疗、诊断技术等业务的发展。

2015年1月，英特成立了浙江英特健康文化有限公司，将涉足中医药诊疗、中医药养生、中医药健康服务、中医药文化传播等多个业务板块，致力于"传播健康文化，成就美好生活"。公司将从健康产品、健康服务入手，丰富中医药健康产品线，深化大健康服务内涵，依托"钱王会山""钱王至宝"品牌，以中医药等中国传统文化为主线，打造自有品牌产品，提升品牌内涵及价值。同时，公司将打造中药香袋这一核心产品，不断开发、完善香袋的多种类别与功能，提高药效及使用价值，致力于成为业内最具特色的中药香袋企业。公司还将与高校或专业机构合作，开发更多的中药衍生产品和传统文化产品，结合产品背后文化的推广，让消费者在传统文化的雅俗共赏中建立对产品的信赖与喜爱。

在健康产品的经营上，公司将围绕英特集团大健康发展战略，结合集团医疗器械健康护理业务、终端零售健康管理业务，将健康服务和产品做出品质、做出特色，共同打造英特大健康品牌。一方面积极引进国内外高品质、无污染、无添加的食品和日用品，走高端消费品路线；另一方面借助钱王康桥生产基地，提高"钱王会山"品牌养生食品的研发和生产能力，推出具有中医药传统养生特色的健康食品。

同时，公司将借助"互联网+"的概念，通过"线上电子商务、线下健康服务"打开中医药健康服务和产品的销售市场，开辟业务发展新渠道，借助于网站、微信等新媒介，传播健康文化，以文化促营销、以网络促传播、以特色促发展、以品质建品牌。

五 积极履行社会责任

在不断地创造经济效益的同时，英特始终以企业公民的高度使命感和责任感回馈社会，在抗击非典、抗震救灾、防治甲型H1N1流感与手足口病中发挥了主力军作用，有力地保障了人民群众的生命健康安全，同时组织参与了一系列社会公益活动，传递正能量，传播了英特积极良好的社会形象，弘扬了公司责任文化，不懈推动经济效益与社会效益的和谐共生。

英特还以保障医药供应链安全为第一要义，不断总结自身冷链物流运作经验，从规范行业管理的角度，牵头制定了我国首个《药品冷链物流运作管理规范》地方标准，填补了国内冷链药品物流运作管理的空白。该标准于2012年经国家标准委的批准，由英特牵头修订后升格为国家标准，为提高中国医药冷链物流服务质量、推动医药流通行业健康可持续发展做出了积极贡献。

多年来，英特通过内外兼修，打造鲜明的企业品牌形象，不断提高企业品牌的知名度与美誉度。公司连续多年荣获"中国医药流通百强企业""浙江省重点流通企业""浙江省医药商业十强企业""浙江省服务业百强""中国服务业五百强""中国医药商业企业信用AAA级信用企业""中国电子商务医药行业龙头企业""浙江省服务业重点企业""浙江省信用管理示范企业"等荣誉称号。

附录

Appendix

B.28 药品流通行业相关统计数据

中国医药商业协会

表1 2010～2014年药品流通行业销售统计

单位：亿元

年份	2010	2011	2012	2013	2014
销售额	7084	9426	11174	13036	15021

表2 2014年药品流通行业区域总销售排序

单位：万元，%

序号	地区	销售总额	药品类销售占比	中成药类销售占比	中药材类销售占比
1	北京	13012360	69.84	13.85	7.09
2	上海	12078396	79.15	10.69	4.26
3	广东	11927336	72.71	16.67	5.26
4	浙江	11647542	73.88	15.60	4.92
5	江苏	10963208	77.89	13.54	3.11
6	安徽	10470143	68.82	14.37	6.18

续表

序号	地 区	销售总额	药品类销售占比	中成药类销售占比	中药材类销售占比
7	山 东	8338387	78.41	16.16	1.16
8	重 庆	6140614	80.47	9.50	3.62
9	河 南	6071157	76.43	9.11	5.09
10	云 南	5881600	82.52	10.27	1.26
11	湖 北	5351772	60.54	29.63	0.35
12	四 川	5306786	73.03	7.14	10.81
13	湖 南	5149674	71.03	13.30	4.05
14	天 津	5035349	45.55	30.68	0.54
15	河 北	4010143	74.25	14.40	4.99
16	陕 西	3427359	57.39	20.78	5.91
17	福 建	3157038	84.79	8.21	2.14
18	辽 宁	2967585	79.16	17.06	1.11
19	山 西	2944125	74.90	18.45	1.56
20	黑龙江	2452100	82.68	4.03	1.13
21	广 西	2187875	73.26	19.80	2.61
22	吉 林	2183381	90.50	7.10	0.59
23	江 西	2181252	69.82	21.88	1.56
24	贵 州	1806434	71.00	17.68	2.49
25	海 南	1715126	86.50	7.34	0.33
26	新 疆	1375203	84.05	13.49	0.10
27	甘 肃	1058422	63.99	20.17	10.08
28	内蒙古	604927	86.43	7.69	1.12
29	西 藏	378981	99.53	0.30	0.02
30	宁 夏	288869	75.17	19.02	0.85
31	青 海	100936	67.73	21.85	3.15
	全国总计	150214078	73.76	14.58	4.00

资料来源：商务部药品流通行业统计系统。

表3 2014年药品类区域销售统计

单位：万元，%

序号	地区	药品类销售总额	区域销售比重
	全国总计	110799678	100.00
1	上海	9559720	8.63
2	北京	9087872	8.20
3	广东	8672765	7.83
4	浙江	8605161	7.77
5	江苏	8539426	7.71
6	安徽	7205201	6.50
7	山东	6538362	5.90
8	重庆	4941401	4.46
9	云南	4853319	4.38
10	河南	4640290	4.19
11	四川	3875348	3.50
12	湖南	3657842	3.30
13	湖北	3240121	2.92
14	河北	2977502	2.69
15	福建	2676725	2.42
16	辽宁	2348998	2.12
17	天津	2293367	2.07
18	山西	2205243	1.99
19	黑龙江	2027397	1.83
20	吉林	1975929	1.78
21	陕西	1967060	1.78
22	广西	1602875	1.45
23	江西	1522887	1.37
24	海南	1483659	1.34
25	贵州	1282554	1.16
26	新疆	1155887	1.04
27	甘肃	677261	0.61
28	内蒙古	522814	0.47
29	西藏	377186	0.34
30	宁夏	217145	0.20
31	青海	68360	0.06

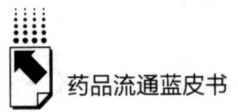

表4 2014年中成药类区域销售统计

单位：万元，%

序号	地区	中成药类销售总额	区域销售比重
	全国总计	21901284	100.00
1	广东	1987778	9.08
2	浙江	1816687	8.29
3	北京	1802488	8.23
4	湖北	1585801	7.24
5	天津	1544746	7.05
6	安徽	1504998	6.87
7	江苏	1484282	6.78
8	山东	1347235	6.15
9	上海	1291188	5.90
10	陕西	712357	3.25
11	湖南	684829	3.13
12	云南	603935	2.76
13	重庆	583658	2.66
14	河北	577398	2.64
15	河南	552971	2.52
16	山西	543109	2.48
17	辽宁	506166	2.31
18	江西	477316	2.18
19	广西	433302	1.98
20	四川	379106	1.73
21	贵州	319328	1.46
22	福建	259293	1.18
23	甘肃	213462	0.97
24	新疆	185468	0.85
25	吉林	155119	0.71
26	海南	125831	0.57
27	黑龙江	98769	0.45
28	宁夏	54943	0.25
29	内蒙古	46535	0.21
30	青海	22054	0.10
31	西藏	1136	0.01

表5 2014年中药材类区域销售统计

单位：万元，%

序号	地区	中药材类销售总额	区域销售比重
	全国总计	6007397	100.00
1	北京	922805	15.36
2	安徽	646570	10.76
3	广东	627696	10.45
4	四川	573682	9.55
5	浙江	572621	9.53
6	上海	514864	8.57
7	江苏	341077	5.68
8	河南	308796	5.14
9	重庆	222147	3.70
10	湖南	208378	3.47
11	陕西	202507	3.37
12	河北	200218	3.33
13	甘肃	106654	1.78
14	山东	97128	1.62
15	云南	73934	1.23
16	福建	67450	1.12
17	广西	57209	0.95
18	山西	45869	0.76
19	贵州	44936	0.75
20	江西	34050	0.57
21	辽宁	32920	0.55
22	黑龙江	27782	0.46
23	天津	27104	0.45
24	湖北	18646	0.31
25	吉林	12842	0.21
26	内蒙古	6782	0.11
27	海南	5614	0.09
28	青海	3179	0.05
29	宁夏	2452	0.04
30	新疆	1391	0.02
31	西藏	94	0.00

表6 2014年医疗器械类区域销售统计

单位：万元，%

序号	地区	医疗器械类销售总额	区域销售比重
	全国总计	5418809	100.00
1	安徽	587847	10.85
2	河南	418975	7.73
3	陕西	385049	7.11
4	北京	382580	7.06
5	广东	350951	6.48
6	浙江	344521	6.36
7	四川	341115	6.30
8	湖南	314727	5.81
9	重庆	292155	5.39
10	湖北	264166	4.87
11	黑龙江	256062	4.73
12	山东	225913	4.17
13	江苏	212514	3.92
14	上海	203642	3.76
15	河北	149182	2.75
16	山西	106015	1.96
17	云南	105568	1.95
18	天津	76791	1.42
19	福建	67333	1.24
20	海南	57406	1.06
21	辽宁	40159	0.74
22	贵州	38906	0.72
23	广西	37347	0.69
24	江西	35178	0.65
25	新疆	32457	0.60
26	吉林	32327	0.60
27	甘肃	28497	0.53
28	内蒙古	14065	0.26
29	宁夏	12373	0.23
30	青海	4872	0.09
31	西藏	115	0.00

表7 2010～2013年药品流通行业企业数量统计

单位：家

年份	2010	2011	2012	2013
批发企业数量	13500	13900	16300	14900
零售连锁企业数量	2310	2607	3107	3570
零售单体药店	262000	277100	271100	274415

注：2014年药品流通企业数量尚未公布。
资料来源：国家食品药品监督管理总局。

表8 2014年药品流通行业区域企业数量统计

单位：家

序号	区域	企业数量		
		企业总数	其中:批发企业数	其中:零售企业数
1	北京	5540	272	5268
2	天津	3214	182	3032
3	河北	12500	647	11853
4	内蒙古	11376	184	11192
5	辽宁	17854	419	17435
6	吉林	13775	414	13361
7	上海	3571	124	3447
8	江苏	22792	423	22369
9	安徽	11079	464	10615
10	福建	9417	270	9147
11	江西	10000	261	9739
12	山东	26175	620	25555
13	河南	17930	343	17587
14	湖北	12709	702	12007
15	湖南	4007	385	3622
16	广东	56710	1629	55081
17	广西	16102	389	15713
18	海南	2837	376	2461
19	重庆	13692	426	13266
20	四川	7963	1092	6871
21	贵州	8962	182	8780
22	甘肃	6782	448	6334
23	新疆	8081	245	7836
	合计	303068	10497	292571

资料来源：商务部药品流通行业统计系统，部分取自省药监局。

表 9 2014 年药品流通行业区域零售企业门店及医保定点门店数量统计

单位：家，%

项目	企业数 零售企业总数	其中:连锁企业数	门店数 门店总数	门店同比增长	上年同期	其中:单体门店数	其中:连锁门店数	医保定点门店数	医保门店占比
北京	5268	53	5215	-4.54	5463	3959	1256	91	1.74
天津	3032	32	3700	3.67	3569	3000	700	318	8.59
河北	11853	1074	12173	-7.98	13228	9710	2463	6985	57.38
内蒙古	11192	95	10856	2.73	10568	8527	2329	2860	26.34
辽宁	17435	181	17435	4.46	16691	10728	6707	2252	12.92
吉林	13361	72	13289	0.00	13289	11279	2010	4808	36.18
上海	3447	43	3447	2.13	3375	489	2958	490	14.22
江苏	22369	161	22208	-6.31	23703	16068	6140	592	2.67
安徽	10615	198	13955	7.11	13029	10417	3538	8000	57.33
福建	9147	92	9055	3.83	8721	6817	2238	3491	38.55
江西	9739	103	9492	0.00	9492	7400	2092	1092	11.50
山东	25555	785	33003	1.38	32553	14770	18233	—	—
河南	17587	188	17545	0.03	17539	10588	6957	5232	29.82
湖北	12007	101	12581	19.07	10566	8647	3934	8936	71.03
湖南	3622	63	18475	-1.26	18710	13640	4835	5436	29.42
广东	55081	240	54841	-48.73	106975	41378	13463	885	1.61
广西	15713	194	15519	-0.19	15548	6522	8997	—	—
海南	2461	25	3171	0.13	3167	2436	735	—	—
重庆	13266	28	13211	-2.90	13605	832	12379	—	—
四川	6871	338	40501	-4.16	42261	6533	33968	—	—
贵州	8780	62	11118	9.77	10128	8718	2400	5980	53.79
甘肃	6334	60	7107	15.30	6164	5428	1679	2507	35.28
新疆	7836	80	7836	0.60	7789	5471	2365	600	7.66
合计	292571	4268	355733	-12.41	406133	213357	142376	60555	17.02

资料来源：商务部药品流通行业统计系统，部分取自省药监局。

表10 2014年典型药品零售企业门店及医保定点门店数量统计

单位：家，平方米

序号	企业名称	门店数			营业面积
		总数	直营店	医保定点门店	
1	重庆桐君阁大药房连锁有限责任公司	8656	1356	2624	656000
2	湖北同济堂药房有限公司	4804	229	4804	360300
3	云南鸿翔一心堂药业(集团)股份有限公司	2623	2623	2039	285055
4	国药控股国大药房有限公司	2096	1747	1397	321448
5	四川太极大药房连锁有限公司	2014	99	1260	150914
6	深圳市海王星辰医药有限公司	1980	1980	1146	230188
7	云南东骏药业有限公司	1880	405	977	473181
8	中国北京同仁堂(集团)有限责任公司	1804	1804	304	224160
9	成都百信药业连锁有限责任公司	1607	46	1200	93050
10	大参林医药集团股份有限公司	1602	1602	915	159085
11	北京同仁堂健康药品经营有限公司	1369	1369	29	25478
12	重庆桐君阁股份有限公司	1356	1356	1339	131000
13	云南健之佳健康连锁店股份有限公司	1134	1134	768	160000
14	老百姓大药房连锁股份有限公司	999	999	725	208387
15	辽宁成大方圆医药连锁有限公司	926	767	782	195581
16	益丰大药房连锁股份有限公司	810	810	472	122072
17	绵阳太极大药房连锁有限责任公司	745	57	50	40949
18	广东国药医药连锁企业有限公司	681	3	16	44265
19	江西黄庆仁栈华氏大药房有限公司	595	595	—	37600
20	济南漱玉平民大药房有限公司	550	550	111	52254
21	上海复美益星大药房连锁有限公司	496	63	50	32777
22	重庆鑫斛大药房连锁有限责任公司	493	90	115	26010
23	深圳中联大药房控股有限公司	468	468	234	35492
24	深圳市南北药行连锁有限公司	460	30	30	30200
25	山东立健医药城连锁有限公司	443	443	350	53000
26	绵阳天源堂医药连锁有限公司	437	4	80	19638
27	湖南千金大药房连锁有限公司	435	190	330	41110
28	北京同仁堂商业投资集团有限公司	422	422	271	188292
29	吉林大药房药业股份有限公司	395	395	284	59322
30	湖南千金沙大药房连锁有限责任公司	389	81	380	—
31	山东燕喜堂医药连锁有限公司	369	369	295	37700

续表

序号	企业名称	门店数			营业面积
		总数	直营店	医保定点门店	
32	南京国药医药有限公司	358	214	192	40713
33	广西一心医药集团有限责任公司	356	27	65	33734
34	天津天士力医药营销集团有限公司	349	257	244	42159
35	四川太星药业有限公司	342	2	30	16000
36	吉林省益和大药房有限公司	320	320	240	48500
37	北京金象大药房医药连锁有限责任公司	319	126	4	38753
38	哈尔滨人民同泰医药连锁店	319	319	319	67463
39	赤峰雷蒙大药房连锁有限公司	297	67	297	9190
40	上海雷允上药品连锁经营有限公司	290	12	41	19610
41	广西福中堂药业有限公司	275	6	82	4500
42	西安怡康医药连锁有限责任公司	256	256	256	35279
43	石家庄新兴药房连锁有限公司	241	241	138	31330
44	河南张仲景大药房股份有限公司	228	228	228	40012
45	甘肃德生堂大药房连锁经营有限公司	226	226	180	46489
46	襄阳天济大药房连锁有限责任公司	212	212	187	26000
47	上海国大药房连锁有限公司	203	96	37	24087
48	中山市中智大药房连锁有限公司	201	201	85	22664
49	重庆万和大药房有限公司	198	198	175	22585
50	上海华氏大药房有限公司	194	194	66	26255
51	嘉兴市万寿堂医药连锁有限公司	194	49	40	9930
52	山西亨通医药批发有限公司	186	10	21	9800
53	先声再康江苏药业有限公司	182	182	61	21840
54	河北华佗药房医药连锁有限公司	181	181	164	23000
55	杭州海王星辰健康药房有限公司	168	168	129	13440
56	日照真诚大药房有限公司	162	135	87	10530
57	赤峰人川大药房连锁有限公司	155	155	140	17137
58	湖北独活药业股份有限公司	150	150	145	24000
59	金华市太和堂医药连锁有限公司	149	23	—	11928
60	江西萍乡市昌盛大药房连锁有限公司	147	147	68	17052
61	云南白药大药房有限公司	147	147	141	24939
62	湖南恒康药品零售连锁有限公司	146	—	140	16800
63	柳州桂中大药房连锁有限责任公司	145	145	47	18383
64	恒泰人民(江苏)大药房连锁有限公司	145	138		21276

续表

序号	企业名称	门店数			营业面积
		总数	直营店	医保定点门店	
65	好药师大药房连锁有限公司	142	33	100	11840
66	泸州圣杰药业有限公司	135	135	111	23460
67	上海益丰大药房有限公司	133	133	12	21421
68	章丘健民医药有限公司	130	130	25	6880
69	北京嘉事堂连锁药店有限责任公司	126	126	8	20317
70	廊坊市一笑堂医药零售连锁有限公司	126	126	61	16775
71	贵州福安康医药连锁有限公司	123	50	64	8185
72	江苏大众医药连锁有限公司	121	121	81	13500
73	福建惠好四海医药连锁有限责任公司	118	118	68	14743
74	海南广安堂药品超市连锁经营有限公司	113	113	—	25000
75	山西荣华大药房连锁有限公司	112	112	55	16745
76	浙江瑞人堂医药连锁有限公司	108	108	15	12395
77	湖北中联大药房连锁有限公司	107	107	90	12903
78	德州颐寿医药连锁有限公司	105	3	96	6800
79	河北神威大药房连锁有限公司	104	104	78	16761
80	金华柏康大药房连锁有限公司	101	99	10	6400
81	武汉东明药房连锁有限公司	99	21	85	11385
82	济宁新华鲁抗大药房有限公司	98	85	85	8601
83	山东国大仁和堂药房连锁有限公司	97	97	93	10200
84	贵州一树连锁药业有限公司	96	96	82	25411
85	宁夏国大药房连锁有限公司	95	95	95	10282
86	湖南国大民生堂药房连锁有限公司	92	92	85	14111
87	云南龙马药业有限公司	92	92	90	13340
88	国药河北乐仁堂医药连锁有限公司	90	90	72	21885
89	西双版纳迪升药业有限责任公司	89	89	—	7565
90	山西长城药品零售连锁有限公司	86	86	42	5630
91	内蒙古成大方圆医药连锁有限公司	86	86	83	10755
92	山西临汾竹林大药房连锁有限公司	85	34	34	6441
93	山西仁和大药房连锁有限公司	85	77	44	17700
94	浙江华通医药连锁有限公司	85	85	61	8941
95	海南养天和大药房连锁经营有限公司	85	85	—	7225
96	浙江天天好大药房连锁有限公司	84	84	74	17305
97	淄博众生医药有限公司	83	83	8	8300

续表

序号	企业名称	门店数			营业面积
		总数	直营店	医保定点门店	
98	青岛国风大药房连锁有限公司	82	82	82	8200
99	金华市九德堂医药连锁有限公司	81	11	11	6500
100	浙江丽水便民药店连锁有限公司	81	3	—	—
101	上海养和堂药业连锁经营有限公司	80	80	18	8112
102	安徽丰原大药房连锁有限公司	80	80	45	12447
103	国药控股国大药房广西连锁有限公司	79	71	41	8776
104	宁波市正源大药房有限公司	78	34	25	6630
105	陕西众信医药超市有限公司	78	78	65	14120
106	老百姓大药房连锁(浙江)有限公司	76	—	49	27060
107	金华市老百姓医药连锁有限公司	75	35	30	12000
108	武汉马应龙大药房连锁有限公司	74	74	74	9983
109	贵州一品药业连锁公司	74	74	68	7740
110	浙江震元医药连锁有限公司	73	69	57	9810
111	常德市九芝堂医药有限公司	71	51	71	10399
112	北京同仁堂连锁药店有限责任公司	70	70	11	20610
113	浙江滋福堂得心医药零售连锁有限公司	70	70	30	4200
114	浙江湖州华圣医药零售连锁有限公司	69	13	19	5580
115	山东利民大药店连锁有限公司	68	68	68	10721
116	黑龙江泰华医药连锁销售有限公司	67	67	33	5000
117	菏泽牡丹大药房有限公司	67	67	62	5290
118	湖北天力医药有限公司	67	30	35	8500
119	苏州礼安医药连锁总店有限公司	66	66	47	6120
120	金华市泰来医药零售连锁有限公司	66	42	5	4000
121	云南昊邦医药销售有限公司	66	66	50	8200
122	老百姓大药房连锁(天津)有限公司	65	65	11	25893
123	福建国大药房连锁有限公司	65	65	50	5914
124	山东益寿堂药业有限公司	63	63	46	5510
125	浙江华联医药连锁有限公司	61	61	56	5790
126	上海余天成药业连锁有限公司	60	60	19	7720
127	江苏仁济医药连锁有限公司	60	51	37	3159
128	杭州九洲大药房连锁有限公司	60	60	58	23900
129	海南广安大药堂连锁经营有限公司	60	—	—	—
130	海宁市老百姓大药房有限责任公司	59	42	38	33940

续表

序号	企业名称	门店数			营业面积
		总数	直营店	医保定点门店	
131	怀化怀仁大药房连锁有限公司	57	57	57	9290
132	贵州吉大夫药房连锁有限公司	57	57	—	2850
133	广西南宁朝阳大药房连锁有限责任公司	56	16	24	7209
134	上海医药嘉定大药房连锁有限公司	55	29	10	2828
135	国药控股浙江有限公司	54	26	24	4589
136	郑州仟禧堂医药有限责任公司	54	18	45	15645
137	湖南康一馨大药房零售连锁有限公司	54	54	52	4320
138	云南省玉溪医药有限责任公司	54	54	28	5508
139	宁波四明大药房有限责任公司	53	53	35	4957
140	黄石新医药有限公司	53	18	49	6200
141	苏州雷允上国药连锁总店有限公司	52	52	38	5322
142	东阳市爱心大药房连锁有限公司	52	19	3	7060
143	贵州芝林大药房零售连锁有限公司	51	45	51	2963
144	青岛祥泰药庄连锁有限公司	50	50	42	3256
145	广东康泽药业连锁有限公司	50	50	31	4000
146	华润昆山医药有限公司	49	49	45	12046
147	四川杏林医药连锁有限责任公司	49	49	40	7970
148	江南益寿堂医药连锁有限公司	48	29	23	5249
149	舟山里肯医药连锁有限公司	47	47	10	2800
150	马鞍山宝芝林大药房连锁有限公司	46	46	4	—
151	桐庐桐君堂大药房连锁有限公司	45	45	12	3000
152	开封市百氏康医药连锁有限公司	45	45	43	6924
153	上海一德大药房连锁经营有限公司	43	38	11	6892
154	杭州天生堂医药连锁有限公司	43	7	29	—
155	浙江洪福堂医药连锁有限公司	43	43	10	4870
156	东营益生堂药业连锁有限公司	43	43	37	1220
157	上海雷允上北区药业股份有限公司	42	31	10	3550
158	杭州华东武林大药房有限公司	42	9	40	—
159	上海南汇华泰药店连锁总店	41	41	17	3806
160	上海汇丰大药房有限公司	40	40	11	5246
161	杭州萧山医药有限公司	40	38	17	3392
162	桐乡市颐寿堂医药有限公司	40	20	14	2400
163	恩施市元昌医药有限责任公司	39	8	10	3140

续表

序号	企业名称	门店数			营业面积
		总数	直营店	医保定点门店	
164	陕西医药控股集团派昂医药有限责任公司	39	39	28	3825
165	义乌市创世德医药连锁有限公司	38	38	1	—
166	德阳市德园堂零售连锁药业有限公司	38	36	37	2380
167	西安双鹤大药房连锁有限责任公司	38	35	31	6000
168	上海得一大药房有限公司	37	37	10	3800
169	眉山市眉州药业连锁有限公司	37	1	34	4800
170	上虞市医药有限责任公司	35	35	27	5200
171	绍兴华虞大药房有限公司	35	35	27	5200
172	广西梧州百姓大药房连锁有限公司	35	35	21	2200
173	上海联华复星药房连锁经营有限公司	34	34	3	2532
174	嵊州市易心堂大药房有限公司	34	34	25	5552
175	德清天润大药房有限公司	34	4	23	3380
176	贵州华氏大药房延安连锁有限公司	34	34	34	3371
177	甘肃河西三州武威医药连锁有限责任公司	34	34	10	2000
178	上海云湖医药连锁经营有限公司	33	33	14	2640
179	马鞍山旭日曼迪新连锁有限公司	33	33	33	8326
180	浙江国药大药房有限公司	32	28	—	2797
181	国药控股国大药房内蒙古有限公司	31	29	28	7733
182	浙江大德药业集团浙江医药公司	31	21	17	3100
183	新疆康泰东方医药连锁有限公司	31	31	31	12128
184	北京医保全新大药房有限责任公司	30	22	1	4629
185	北京医保中洋大药房有限公司	30	30	—	5078
186	长治市昂生大药房零售连锁有限公司	30	16	16	3200
187	吉林省合兴健康药房连锁有限公司	30	30	25	2731
188	金华市尖峰大药房连锁有限公司	30	15	9	5776
189	广西嘉进医药连锁经营有限责任公司	30	30	20	290
190	呼伦贝尔市同致药业有限责任公司	29	29	28	2644
191	上海第一医药股份有限公司	29	29	16	5358
192	上海药房连锁有限公司	29	29	5	3000
193	广州健民医药连锁有限公司	29	29	25	5376
194	广西玉林市至真药业连锁有限公司	29	29	29	1302
195	重庆医药北碚医药有限公司	29	29	29	2487
196	北京永安复星医药股份有限公司	28	28	4	6900

续表

序号	企业名称	门店数			营业面积
		总数	直营店	医保定点门店	
197	临安市钱王大药房有限公司	28	27	7	3360
198	江西开心人大药房连锁有限公司	28	28	28	5388
199	晋中市天诚药房有限责任公司	27	27	25	3900
200	上海童涵春堂药业连锁经营有限公司	27	27	11	8597
201	杭州华东大药房连锁有限公司	27	27	27	2580
202	北京永安堂医药连锁有限责任公司	26	26	3	5760
203	上海雷允上西区药品零售有限公司	26	26	6	2867
204	福州回春医药连锁有限公司	26	26	23	3142
205	北京京卫元华医药科技有限公司	23	23	2	3000
206	河北圣诺新特药连锁有限公司	23	23	14	3000
207	海盐县健民大药房有限公司	23	23	23	2026
208	杭州三九医药连锁有限公司	23	23	20	3322
209	诸暨市隆基医药连锁有限公司	23	23	3	2205
210	江西青春康源大药房连锁有限公司	23	23	18	4200
211	全洲药业集团有限公司	23	1	—	—
212	嘉兴市华氏兰台大药房连锁有限公司	22	22	19	1992
213	四川省蜀康医药连锁有限公司	22	22	22	3330
214	常州人寿天医药连锁有限公司	21	21	14	7100
215	浙江源生医药连锁有限公司	21	21	18	1785
216	老百姓大药房连锁(山东)有限公司	21	21	9	5000
217	宜宾天天康大药房零售连锁有限责任公司	21	18	19	2400
218	石药集团河北中诚医药有限公司	20	20	12	2010
219	吉林省中东医药有限公司	20	20	20	5420
220	浙江英特怡年药房连锁有限公司	20	18	13	2013
221	浙江英特药业有限责任公司	20	18	13	2013
222	兰溪市云龙大药房连锁有限公司	20	17	11	1505
223	宜宾市康健堂大药房零售连锁有限公司	20	20	17	1720
224	葫芦岛市医药有限责任公司	19	19	19	4379
225	东辽县医药药材有限责任公司	19	19	19	3000
226	江西汇仁集团医药科研营销有限公司	19	19	16	4315
227	贵州赤水黔北医药有限公司	19	19	18	4240
228	陕西康健医药连锁有限公司	19	17	13	2523
229	灵石县药业有限责任公司	18	—	18	950

续表

序号	企业名称	门店数			营业面积
		总数	直营店	医保定点门店	
230	杭州胡庆余堂国药号有限公司	18	18	10	4650
231	浙江信安慈恩堂医药零售连锁有限公司	18	—	11	—
232	金湖县医药有限公司	17	17	14	840
233	德清万民大药房有限公司	16	14	8	1435
234	余姚市宏济堂大药房有限公司	16	16	15	1904
235	淳安健民药店连锁有限公司	16	16	14	1480
236	四川遂宁市全泰堂药业有限公司	16	16	16	3210
237	成都九鼎药房连锁有限责任公司	16	16	16	2688
238	阿拉善盟医药有限责任公司	15	15	15	1100
239	遂川县医药公司	15	15	15	2280
240	国药控股湖州有限公司	14	9	8	1950
241	东营市医药公司	14	14	10	3600
242	四川回春堂药业连锁有限公司	14	14	14	1120
243	内蒙古万民药房连锁有限公司	12	12	6	4175
244	湖州百姓缘药品零售连锁有限公司	12	12	3	2800
245	德清县老百姓大药房有限公司	12	—	7	1300
246	成都锦通药业连锁有限公司	12	12	6	1000
247	攀枝花市明生堂医药连锁有限公司	12	2	12	811
248	贵州省医药(集团)和平药房连锁有限公司	12	12	11	772
249	云南省宣威医药(站)有限责任公司	12	12	12	1000
250	宁夏众欣联合方泽医药有限公司	12	12	12	3159
251	江苏省润天生化医药有限公司	10	10	2	1222
252	浙江省诸暨市人民药店医药连锁公司	10	10	1	580

注：仅提取门店总数在10家以上的企业。
资料来源：商务部药品流通行业统计系统。

表11 2014年药品流通行业批发企业主营业务收入前100位排序

单位：万元

序号	企业名称	主营业务收入
1	中国医药集团总公司	22336047
2	华润医药商业集团有限公司	8844615
3	上海医药集团股份有限公司	8537600
4	九州通医药集团有限公司	4099875

续表

序号	企业名称	主营业务收入
5	广州医药有限公司	2874929
6	重庆医药(集团)股份有限公司	2320205
7	南京医药股份有限公司	2201828
8	华东医药股份有限公司	1894738
9	中国医药健康产业股份有限公司	1785737
10	四川科伦医药贸易有限公司	1545769
11	安徽华源医药股份有限公司	1473307
12	浙江英特药业有限责任公司	1404596
13	天津天士力医药营销集团有限公司	1255825
14	云南省医药有限公司	1120000
15	康德乐(上海)医药有限公司	1000073
16	中国北京同仁堂(集团)有限责任公司	786792
17	山东瑞康医药股份有限公司	781676
18	山东海王银河医药有限公司	729594
19	哈药集团医药有限公司	727163
20	鹭燕(福建)药业股份有限公司	631071
21	天津中新药业集团股份有限公司医药公司	620021
22	石药集团河北中诚医药有限公司	600975
23	天津医药集团太平医药有限公司	600202
24	广西柳州医药股份有限公司	565235
25	嘉事堂药业股份有限公司	553416
26	重庆桐君阁股份有限公司	474878
27	江苏省医药公司	409681
28	浙江省医药工业有限公司	404189
29	陕西医药控股集团派昂医药有限责任公司	387685
30	武汉人福医药有限公司	386501
31	同济堂医药有限公司	381513
32	江西南华医药有限公司	381298
33	江西汇仁集团医药科研营销有限公司	380605
34	重庆长圣医药有限责任公司	364430
35	云南东骏药业有限公司	350212
36	常州药业股份有限公司	343223
37	浙江瑞海医药有限公司	335663

续表

序号	企业名称	主营业务收入
38	修正药业集团营销有限公司	289088
39	广州采芝林药业有限公司	288559
40	陕西华远医药集团有限公司	284579
41	湖南博瑞新特药有限公司	279515
42	辽宁省医药对外贸易有限公司	258244
43	安徽省医药(集团)股份有限公司	250670
44	罗欣医药集团有限公司	247970
45	回音必集团有限公司	231798
46	礼来贸易有限公司	222771
47	康德乐(中国)医药有限公司	212662
48	山东康惠医药有限公司	212634
49	福建省医药集团有限责任公司	209766
50	连云港康缘医药商业有限公司	209575
51	浙江震元股份有限公司	206611
52	浙江珍诚医药在线股份有限公司	203294
53	青岛百洋医药科技有限公司	200254
54	昆明制药集团医药商业有限公司	200120
55	河南省康信医药有限公司	196524
56	海尔施生物医药股份有限公司	188313
57	浙江来益医药有限公司	184572
58	江苏先声药业有限公司	182802
59	浙江嘉信医药股份有限公司	177266
60	江苏省润天生化医药有限公司	175688
61	西安藻露堂药业集团有限责任公司	174842
62	云南医药工业股份有限公司	171330
63	上海康健进出口有限公司	167655
64	南京华东医药有限责任公司	164882
65	海南康宁药业有限公司	163008
66	吉林省天和医药科技有限公司	162913
67	安徽卓泓健康产业有限责任公司	162247
68	江苏柯菲平医药股份有限公司	155234
69	山东康诺盛世医药有限公司	154535
70	浙江恩泽医药有限公司	153864

续表

序号	企业名称	主营业务收入
71	湖南达嘉维康医药有限公司	152714
72	杭州凯仑医药股份有限公司	152539
73	云南同丰医药有限公司	150018
74	东北制药集团供销有限公司	144952
75	江苏恩华和润医药有限公司	144608
76	徐州医药股份有限公司	144569
77	兰州西城药业有限责任公司	144284
78	海南天祥药业有限公司	143946
79	山西亚宝医药经销有限公司	142531
80	河北省金仑医药有限公司	140834
81	北京恒生海康医药有限公司	139090
82	浙江华通医药股份有限公司	137886
83	广东广弘医药有限公司	135729
84	山东省医药集团有限公司	129702
85	陕西怡康医药有限责任公司	128638
86	兰州强生医药有限责任公司	128540
87	西藏神威药业有限公司	128383
88	福建省福州市惠好药业有限公司	127014
89	重庆科渝药品经营有限责任公司	125750
90	四川本草堂药业有限公司	122949
91	山西康美徕医药有限公司	122571
92	成都市蓉锦医药贸易有限公司	121509
93	贵州康心医药有限公司	120621
94	宁波市鄞州医药药材有限公司	120524
95	贵州科开医药有限公司	120510
96	上海市医药保健品进出口公司	120024
97	常熟建发医药有限公司	119575
98	山东新华医药贸易有限公司	118698
99	上海外高桥医药分销中心有限公司	117836
100	民生药业集团河南德尔康药业有限公司	117610
	合　　计	84599099

资料来源：商务部药品流通行业统计系统。

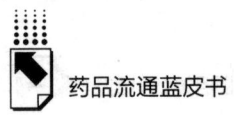

表12 2014年药品流通行业零售企业销售总额前100位排序

单位：万元

序号	企业名称	销售总额
1	国药控股国大药房有限公司	735207
2	中国北京同仁堂(集团)有限责任公司	605795
3	重庆桐君阁大药房连锁有限责任公司	562144
4	大参林医药集团股份有限公司	519479
5	云南鸿翔一心堂药业(集团)股份有限公司	490310
6	老百姓大药房连锁股份有限公司	445000
7	深圳市海王星辰医药有限公司	339639
8	辽宁成大方圆医药连锁有限公司	319534
9	上海华氏大药房有限公司	288107
10	益丰大药房连锁股份有限公司	250764
11	湖北同济堂药房有限公司	189604
12	云南健之佳健康连锁店股份有限公司	182843
13	成都百信药业连锁有限责任公司	159870
14	济南漱玉平民大药房有限公司	134218
15	哈尔滨人民同泰医药连锁店	113162
16	南京国药医药有限公司	96473
17	甘肃德生堂大药房连锁经营有限公司	96208
18	深圳中联大药房控股有限公司	90976
19	河南张仲景大药房股份有限公司	88800
20	吉林大药房药业股份有限公司	88691
21	四川太极大药房连锁有限公司	86476
22	北京金象大药房医药连锁有限责任公司	76010
23	上海第一医药股份有限公司	75517
24	先声再康江苏药业有限公司	75158
25	贵州一树连锁药业有限公司	65630
26	杭州九洲大药房连锁有限公司	65432
27	云南东骏药业有限公司	65157
28	江西黄庆仁栈华氏大药房有限公司	64800
29	北京医保全新大药房有限责任公司	64385
30	上海复美益星大药房连锁有限公司	63668
31	河北华佗药房医药连锁有限公司	63000
32	石家庄新兴药房连锁有限公司	56095
33	湖南千金大药房连锁有限公司	55000

续表

序号	企业名称	销售总额
34	山东燕喜堂医药连锁有限公司	53497
35	重庆鑫斛大药房连锁有限责任公司	52183
36	云南白药大药房有限公司	47879
37	苏州礼安医药连锁总店有限公司	46220
38	山东立健医药城连锁有限公司	46129
39	恒泰人民（江苏）大药房连锁有限公司	46000
40	柳州桂中大药房连锁有限责任公司	44036
41	安徽丰原大药房连锁有限公司	39414
42	襄阳天济大药房连锁有限责任公司	39199
43	浙江震元医药连锁有限公司	39062
44	广西一心医药集团有限责任公司	37841
45	杭州胡庆余堂国药号有限公司	37213
46	吉林省益和大药房有限公司	36368
47	赤峰人川大药房连锁有限公司	35748
48	江苏大众医药连锁有限公司	35027
49	中山市中智大药房连锁有限公司	34858
50	廊坊市一笑堂医药零售连锁有限公司	34821
51	西安怡康医药连锁有限责任公司	33541
52	重庆市万和药房连锁有限公司	33485
53	宁波四明大药房有限责任公司	31752
54	上海余天成药业连锁有限公司	30465
55	山西荣华大药房连锁有限公司	29787
56	新疆康泰东方医药连锁有限公司	28680
57	陕西众信医药超市有限公司	28567
58	广州健民医药连锁有限公司	28359
59	浙江天天好大药房连锁有限公司	28218
60	湖南恒康药品零售连锁有限公司	28216
61	上海养和堂药业连锁经营有限公司	27446
62	河北神威大药房连锁有限公司	26406
63	上海童涵春堂药业连锁经营有限公司	26327
64	浙江瑞人堂医药连锁有限公司	26085
65	马鞍山旭日曼迪新连锁有限公司	25596
66	怀化怀仁大药房连锁有限公司	24991
67	贵州芝林大药房零售连锁有限公司	24656
68	宁夏众欣联合方泽医药有限公司	24494

续表

序号	企业名称	销售总额
69	四川德仁堂药业连锁有限公司	23988
70	福建惠好四海医药连锁有限责任公司	22685
71	北京京卫元华医药科技有限公司	22277
72	上海医药嘉定大药房连锁有限公司	22038
73	海南广安堂药品超市连锁经营有限公司	21860
74	武汉东明药房连锁有限公司	21554
75	江西萍乡市昌盛大药房连锁有限公司	21129
76	浙江华通医药连锁有限公司	20387
77	绵阳太极大药房连锁有限责任公司	20298
78	江西开心人大药房连锁有限公司	20102
79	泸州圣杰药业有限公司	19894
80	常州人寿天医药连锁有限公司	19735
81	四川杏林医药连锁有限责任公司	19079
82	上海药房连锁有限公司	18908
83	济宁新华鲁抗大药房有限公司	18376
84	贵州一品药业连锁公司	18080
85	黑龙江泰华医药连锁销售有限公司	18042
86	湖南同健大药房连锁有限公司	17862
87	葫芦岛市医药有限责任公司	16481
88	北京嘉事堂连锁药店有限责任公司	15744
89	赤峰雷蒙大药房连锁有限公司	15722
90	浙江华联医药连锁有限公司	15651
91	上海一德大药房连锁经营有限公司	14766
92	常德市九芝堂医药有限公司	14572
93	嵊州市易心堂大药房有限公司	14456
94	上海南汇华泰药店连锁总店	14173
95	山东利民大药店连锁有限公司	13848
96	山西长城药品零售连锁有限公司	13560
97	大庆医药有限责任公司	13400
98	杭州华东武林大药房有限公司	13166
99	武汉马应龙大药房连锁有限公司	12945
100	金华市太和堂医药连锁有限公司	12422
合 计		8452915

资料来源：商务部药品流通行业统计系统，部分取自中国医药商业协会。

表 13 2014年药品销售总额前100位零售企业门店统计

单位:家,%

序号	企业名称	门店总数	直营门店数量	直营门店占比	加盟店数量	加盟店占比
1	国药控股国大药房有限公司	2096	1747	83	349	17
2	中国北京同仁堂(集团)有限责任公司	1804	1804	100	0	0
3	重庆桐君阁大药房连锁有限责任公司	8656	1356	16	7300	84
4	大参林医药集团股份有限公司	1602	1602	100	0	0
5	云南鸿翔一心堂药业(集团)股份有限公司	2623	2623	100	0	0
6	老百姓大药房连锁股份有限公司	999	999	100	0	0
7	深圳市海王星辰医药有限公司	1980	1980	100	0	0
8	辽宁成大方圆医药连锁有限公司	926	767	83	159	17
9	上海华氏大药房有限公司	194	194	100	0	0
10	益丰大药房连锁股份有限公司	810	810	100	0	0
11	湖北同济堂药房有限公司	4804	229	5	4575	95
12	云南健之佳健康连锁店股份有限公司	1134	1134	100	0	0
13	成都百信药业连锁有限责任公司	1607	46	3	1561	97
14	济南漱玉平民大药房有限公司	550	550	100	0	0
15	哈尔滨人民同泰医药连锁店	319	319	100	0	0
16	南京国药医药有限公司	358	214	60	144	40
17	甘肃德生堂大药房连锁经营有限公司	226	226	100	0	0
18	深圳中联大药房控股有限公司	468	468	100	0	0
19	河南张仲景大药房股份有限公司	228	228	100	0	0
20	吉林大药房药业股份有限公司	395	395	100	0	0
21	四川太极大药房连锁有限公司	2014	99	5	1915	95
22	北京金象大药房医药连锁有限责任公司	319	126	39	193	61
23	上海第一医药股份有限公司	29	29	100	0	0
24	先声再康江苏药业有限公司	182	182	100	0	0
25	贵州一树连锁药业有限公司	96	96	100	0	0
26	杭州九洲大药房连锁有限公司	60	60	100	0	0
27	云南东骏药业有限公司	1880	405	22	1475	78
28	江西黄庆仁栈华氏大药房有限公司	595	595	100	0	0
29	北京医保全新大药房有限责任公司	30	22	73	8	27
30	上海复美益星大药房连锁有限公司	496	63	13	433	87
31	河北华佗药房医药连锁有限公司	181	181	100	0	0
32	石家庄新兴药房连锁有限公司	241	241	100	0	0
33	湖南千金大药房连锁有限公司	435	190	44	245	56

续表

序号	企业名称	门店总数	直营门店数量	直营门店占比	加盟店数量	加盟店占比
34	山东燕喜堂医药连锁有限公司	369	369	100	0	0
35	重庆鑫斛大药房连锁有限责任公司	493	90	18	403	82
36	云南白药大药房有限公司	147	147	100	0	0
37	苏州礼安医药连锁总店有限公司	66	66	100	0	0
38	山东立健医药城连锁有限公司	443	443	100	0	0
39	恒泰人民(江苏)大药房连锁有限公司	145	138	95	7	5
40	柳州桂中大药房连锁有限责任公司	145	145	100	0	0
41	安徽丰原大药房连锁有限公司	80	80	100	0	0
42	襄阳天济大药房连锁有限责任公司	212	212	100	0	0
43	浙江震元医药连锁有限公司	73	69	95	4	5
44	广西一心医药集团有限责任公司	356	27	8	329	92
45	杭州胡庆余堂国药号有限公司	18	18	100	0	0
46	吉林省益和大药房有限公司	320	320	100	0	0
47	赤峰人川大药房连锁有限公司	155	155	100	0	0
48	江苏大众医药连锁有限公司	121	121	100	0	0
49	中山市中智大药房连锁有限公司	201	201	100	0	0
50	廊坊市一笑堂医药零售连锁有限公司	126	126	100	0	0
51	西安怡康医药连锁有限责任公司	256	256	100	0	0
52	重庆市万和药房连锁有限公司	198	198	100	0	0
53	宁波四明大药房有限责任公司	53	53	100	0	0
54	上海余天成药业连锁有限公司	60	60	100	0	0
55	山西荣华大药房连锁有限公司	112	112	100	0	0
56	新疆康泰东方医药连锁有限公司	31	31	100	0	0
57	陕西众信医药超市有限公司	78	78	100	0	0
58	广州健民医药连锁有限公司	29	29	100	0	0
59	浙江天天好大药房连锁有限公司	84	84	100	0	0
60	湖南恒康药品零售连锁有限公司	146	0	0	146	100
61	上海养和堂药业连锁经营有限公司	80	80	100	0	0
62	河北神威大药房连锁有限公司	104	104	100	0	0
63	上海童涵春堂药业连锁经营有限公司	27	27	100	0	0
64	浙江瑞人堂医药连锁有限公司	108	108	100	0	0
65	马鞍山旭日曼迪新连锁有限公司	33	33	100	0	0
66	怀化怀仁大药房连锁有限公司	57	57	100	0	0
67	贵州芝林大药房零售连锁有限公司	51	45	88	6	12

续表

序号	企业名称	门店总数	直营门店数量	直营门店占比	加盟店数量	加盟店占比
68	宁夏众欣联合方泽医药有限公司	12	12	100	0	0
69	四川德仁堂药业连锁有限公司	—	—	—	—	—
70	福建惠好四海医药连锁有限责任公司	118	118	100	0	0
71	北京京卫元华医药科技有限公司	23	23	100	0	0
72	上海医药嘉定大药房连锁有限公司	55	29	53	26	47
73	海南广安堂药品超市连锁经营有限公司	113	113	100	0	0
74	武汉东明药房连锁有限公司	99	21	21	78	79
75	江西萍乡市昌盛大药房连锁有限公司	147	147	100	0	0
76	浙江华通医药连锁有限公司	85	85	100	0	0
77	绵阳太极大药房连锁有限责任公司	745	57	8	688	92
78	江西开心人大药房连锁有限公司	28	28	100	0	0
79	泸州圣杰药业有限公司	135	135	100	0	0
80	常州人寿天医药连锁有限公司	21	21	100	0	0
81	四川杏林医药连锁有限责任公司	49	49	100	0	0
82	上海药房连锁有限公司	29	29	100	0	0
83	济宁新华鲁抗大药房有限公司	98	85	87	13	13
84	贵州一品药业连锁公司	74	74	100	0	0
85	黑龙江泰华医药连锁销售有限公司	67	67	100	0	0
86	湖南同健大药房连锁有限公司	7	7	100	0	0
87	葫芦岛市医药有限责任公司	19	19	100	0	0
88	北京嘉事堂连锁药店有限责任公司	126	126	100	0	0
89	赤峰雷蒙大药房连锁有限公司	297	67	23	230	77
90	浙江华联医药连锁有限公司	61	61	100	0	0
91	上海一德大药房连锁经营有限公司	43	38	88	5	12
92	常德市九芝堂医药有限公司	71	51	72	20	28
93	嵊州市易心堂大药房有限公司	34	34	100	0	0
94	上海南汇华泰药店连锁总店	41	41	100	0	0
95	山东利民大药店连锁有限公司	68	68	100	0	0
96	山西长城药品零售连锁有限公司	86	86	100	0	0
97	大庆医药有限责任公司	27	27	100	0	0
98	杭州华东武林大药房有限公司	42	9	21	33	79
99	武汉马应龙大药房连锁有限公司	74	74	100	0	0
100	金华市太和堂医药连锁有限公司	149	23	15	126	85
	合　计	46357	25886	56	20471	44

资料来源：商务部药品流通行业统计系统。

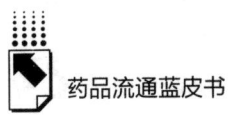

表 14 2014 年药品流通企业物流仓储面积前 100 位排序

单位：平方米，个，辆

序号	企业名称	仓储面积	自有配送中心数量	自有配送车辆数
1	九州通医药集团有限公司	1200000	56	1088
2	中国医药集团总公司	379764	130	1479
3	四川科伦医药贸易有限公司	180400	47	610
4	重庆医药(集团)股份有限公司	124542	31	186
5	南京医药股份有限公司	116326	20	184
6	浙江英特药业有限责任公司	104469	3	115
7	天津天士力医药营销集团有限公司	88895	8	69
8	鹭燕(福建)药业股份有限公司	80799	13	82
9	吉林省天和医药科技有限公司	80000	1	19
10	新龙药业集团	78556	5	144
11	安徽华源医药股份有限公司	64500	1	67
12	重庆桐君阁股份有限公司	63258	6	140
13	河南省康信医药有限公司	60000	1	17
14	武汉人福医药有限公司	58012	15	127
15	石药集团河北中诚医药有限公司	55340	6	130
16	江西汇仁集团医药科研营销有限公司	54500	7	52
17	华东医药股份有限公司	50500	2	40
18	山东瑞康医药股份有限公司	50431	2	60
19	华润湖南医药有限公司	50381	14	42
20	安徽卓泓健康产业有限责任公司	48465	13	85
21	华润医药商业集团有限公司	47236	4	54
22	贵州康心医药有限公司	46889	1	37
23	云南昊邦医药销售有限公司	45000	1	14
24	上海医药分销控股有限公司	44815	3	106
25	华润山东医药有限公司	42267	0	52
26	云南东骏药业有限公司	42000	10	139
27	哈药集团医药有限公司	41800	1	90
28	嘉事堂药业股份有限公司	41476	1	33
29	天津中新药业集团股份有限公司医药公司	41000	15	62
30	陕西医药控股集团派昂医药有限责任公司	40012	1	67
31	上海华宇药业有限公司	37930	2	19
32	山东海王银河医药有限公司	36000	16	68
33	广州医药有限公司	35000	2	150

续表

序号	企业名称	仓储面积	自有配送中心数量	自有配送车辆数
34	全洲药业集团有限公司	35000	1	7
35	广西柳州医药股份有限公司	33000	1	65
36	浙江珍诚医药在线股份有限公司	32000	1	27
37	徐州医药股份有限公司	32000	1	13
38	江苏省医药公司	30000	1	28
39	北京科园信海医药经营有限公司	29434	1	64
40	中国北京同仁堂(集团)有限责任公司	29312	9	32
41	宁波市鄞州医药药材有限公司	27500	1	15
42	浙江华通医药股份有限公司	27295	1	13
43	华润辽宁医药有限公司	27000	1	59
44	同济堂医药有限公司	25000	1	65
45	上海雷允上药业有限公司	25000	1	32
46	安徽省医药(集团)股份有限公司	24000	1	36
47	华润吉林康乃尔医药有限公司	23478	2	25
48	浙江震元股份有限公司	23400	1	13
49	厦门宏仁医药有限公司	21800	2	26
50	云南省医药有限公司	20000	1	45
51	天津医药集团太平医药有限公司	20000	1	12
52	浙江嘉信医药股份有限公司	20000	1	20
53	江苏大众医药连锁有限公司	20000	1	19
54	青岛天合医药集团股份有限公司	20000	9	86
55	四川天寿药业有限公司	20000	2	32
56	浙江省余姚市医药药材有限公司	20000	0	5
57	西安京西双鹤医药贸易有限公司	19000	1	4
58	兰州强生医药有限责任公司	18000	0	50
59	上海浦东新区医药药材有限公司	18000	1	15
60	四川太星药业有限公司	18000	1	18
61	贵州意通医药有限责任公司	17500	0	0
62	东北制药集团供销有限公司	17286	1	27
63	达州市天泰药业集团有限公司	17000	1	32
64	云南佳能达医药有限公司	16800	1	58
65	广州中山医医药有限公司	16352	2	23
66	江苏恩华和润医药有限公司	16269	1	30
67	山东省医药集团有限公司	16046	5	21

续表

序号	企业名称	仓储面积	自有配送中心数量	自有配送车辆数
68	合肥市迪迈医药有限公司	16000	2	30
69	广东振东泰捷医药物流有限公司	16000	1	35
70	华润牡丹江天利医药有限公司	16000	1	9
71	华润河南医药有限公司	15778	1	18
72	河北省金仑医药有限公司	15616	1	7
73	山东康诺盛世医药有限公司	15181	1	23
74	湖南达嘉维康医药有限公司	15000	1	8
75	兰州西城药业有限责任公司	15000	5	52
76	上海复星药业有限公司	15000	1	28
77	云南同丰医药有限公司	15000	1	40
78	湖南千金医药股份有限公司	14585	1	0
79	遂宁市西部华源医药有限公司	14300	1	9
80	连云港康缘医药商业有限公司	14171	1	15
81	山东康惠医药有限公司	14120	1	40
82	华润苏州礼安医药有限公司	14000	1	25
83	淄博众生医药有限公司	14000	2	18
84	赤峰雷蒙药品经销有限公司	14000	1	0
85	宁波市镇海医药药材有限责任公司	13400	1	6
86	上药山禾无锡医药股份有限公司	13350	2	11
87	张家口华佗医药经营有限公司	13333	1	31
88	上虞市医药有限责任公司	13200	1	8
89	广州采芝林药业有限公司	13085	1	21
90	陕西华远医药集团有限公司	13000	1	55
91	日照医药集团	12446	3	16
92	浙江鸿汇医药物流有限公司	12319	1	14
93	湖南博瑞新特药有限公司	12100	1	48
94	重庆长圣医药有限责任公司	12000	1	15
95	世一堂百川医药商贸有限公司	12000	1	61
96	四川本草堂药业有限公司	12000	1	35
97	河北东盛英华医药有限公司	12000	0	0
98	南通礼安医药有限公司	12000	1	6
99	宁波宝瑞达医药有限公司	12000	1	12
100	江西上饶医药股份有限公司	12000	1	10
	合计	4760019	534	7350

注：由于华润医药商业集团有限公司未提供集团汇总口径数据，故其子公司体现在排序中。
资料来源：商务部药品流通行业统计系统。

表15 2014年区域药品流通批发企业主营业务收入前50位排序

序号	企业名称	序号	企业名称
北京		35	北京金鑫然医药有限责任公司
1	中国医药集团总公司	36	北京西单医药有限责任公司
2	华润医药商业集团有限公司	37	康阳先锋(北京)生物医药有限公司
3	中国医药健康产业股份有限公司	38	北京同仁堂药材有限责任公司
4	北京科园信海医药经营有限公司	39	北京国康兄弟医药有限公司
5	国药集团药业股份有限公司	40	北京市海森医药进出口有限公司
6	国药控股北京有限公司	41	北京康明济生医药有限公司
7	中国北京同仁堂(集团)有限责任公司	42	北京恒创佳益医药有限公司
8	嘉事堂药业股份有限公司	43	北京世仁堂医药有限公司
9	中国中药公司	44	北京鹤鸣堂医药有限责任公司
10	国药控股北京天星普信生物医药有限公司	45	北京广安医药联合中心
11	北京九州通医药有限公司	46	北京安捷利尔医药销售中心
12	国药控股北京华鸿有限公司	47	北京市昌平药材总公司
13	北京同仁堂健康药品经营有限公司	48	国药药材股份有限公司
14	华润普仁鸿(北京)医药有限公司	49	北京汇安康医药科技有限公司
15	北京美康永正医药有限公司	50	北京世纳康医药有限公司
16	康德乐(中国)医药有限公司	天津	
17	华润新龙(北京)医药有限公司	1	天津天士力医药营销集团有限公司
18	北京上药爱心伟业医药有限公司	2	国药控股天津有限公司
19	华润国康(北京)医药有限公司	3	天津中新药业集团股份有限公司医药公司
20	北京双鹤药业经营有限公司	4	天津医药集团太平医药有限公司
21	北京恒生海康医药有限公司	5	国药控股(天津)东方博康医药有限公司
22	红惠医药有限公司	6	国药控股天津北方医药有限公司
23	北京金象复星医药股份有限公司	7	天津市跃康医药批发有限公司
24	北京安和康医药有限公司	8	天津中新药业集团股份有限公司乐仁堂销售分公司
25	北京悦康源通医药有限公司		
26	北京丰瑞龙翔医药有限公司	9	天津联合医药有限公司
27	国药健坤(北京)医药有限责任公司	10	天津北药大通医药有限公司
28	北京燃烽医药有限责任公司	11	天津世纪滨海生物医药有限公司
29	北京凯宏鑫医药有限责任公司	12	天津康瑞达医药有限公司
30	北京宝泽康医药有限公司	13	天津领先新跃医药有限公司
31	北京恒和康建医药有限公司	14	天津智合峰医药贸易有限公司
32	北京万维医药有限公司	河北	
33	北京金阳利康医药有限公司	1	国药乐仁堂医药有限公司
34	北京市亚华医药有限公司	2	石药集团河北中诚医药有限公司

续表

序号	企业名称	序号	企业名称
3	河北省金仑医药有限公司		辽宁
4	河北东盛英华医药有限公司	1	国药控股沈阳有限公司
5	张家口市华佗医药经营有限公司	2	华润辽宁医药有限公司
6	河北智同医药有限公司	3	辽宁省医药对外贸易有限公司
	山西	4	东北制药集团供销有限公司
1	国药集团山西有限公司	5	辽宁九州通医药有限公司
2	国药控股山西有限公司	6	国药控股大连有限公司
3	山西亚宝医药经销有限公司	7	辽宁万隆医药有限公司
4	山西康美徕医药有限公司	8	沈阳铸盈药业有限公司
5	山西振东医药有限公司	9	大连中大药业有限公司
6	山西亨通医药批发有限公司	10	辽宁北药百草医药有限公司
7	运城市城区药材有限公司	11	辽宁天一药业有限责任公司
8	国药控股山西长治有限公司	12	沈阳金贸医药集团有限公司
9	山西通盛集团医药物流有限公司	13	沈阳医药贸易大厦有限责任公司
10	山西福康源药业有限公司	14	沈阳会通医药有限公司
11	山西安盛源药业有限公司	15	本溪市医药总公司
12	晋中市新都药业有限公司	16	辽宁生物制品有限公司
13	山西省长治医药有限公司	17	海城市福缘堂药业有限责任公司
14	长治市昂生医药物流有限公司	18	大连金虎药业有限公司
15	山西省阳泉市医药药材公司	19	沈阳奥昌医药有限公司
16	长治市潞城市民康药业有限公司		吉林
	内蒙古	1	修正药业集团营销有限公司
1	国药控股内蒙古有限公司	2	国药控股吉林有限公司
2	内蒙古九州通医药有限公司	3	华润吉林医药有限公司
3	赤峰雷蒙药品经销有限公司	4	吉林省天和医药科技有限公司
4	赤峰颈复康药业有限公司	5	上药科园信海医药吉林有限公司
5	内蒙古天和医药有限责任公司	6	华润吉林康乃尔医药有限公司
6	呼伦贝尔市同致药业有限责任公司	7	吉林省东龙医药物流配送有限公司
7	包头市医药有限责任公司	8	吉林省北方医药有限公司
8	内蒙古凯蒙药品经销有限责任公司	9	长春市长恒药业有限公司
9	赤峰丹龙医药有限公司	10	吉林省北药医药股份有限公司
10	内蒙古大金九药业有限公司	11	通化同德堂医药药材有限公司
11	呼和浩特京丰药业有限责任公司	12	吉林省博宁医药有限公司
12	内蒙古医药有限责任公司	13	东辽县医药药材有限公司

续表

序号	企业名称	序号	企业名称
14	吉林省三精医药有限责任公司	20	上海童涵春堂药业股份有限公司
15	康美新开河(吉林)药业有限公司	21	上海信谊联合医药药材有限公司
16	吉林亚泰万联医药有限公司	22	上海美罗医药有限公司
17	长春永新迪瑞药业有限公司	23	上海信谊天一药业有限公司
18	吉林亚泰华氏医药有限公司	24	上海雷允上北区药业股份有限公司
19	吉林省吉林市医药有限责任公司	25	上海中西三维医药有限公司
20	延边高丽医药有限公司	26	上海新时代药业有限公司
21	松原市神光医药有限公司	27	上海龙威医药有限公司
22	敦化市药品经销有限责任公司	28	上海汇丰医药药材有限公司
23	吉林省辉南长龙药品经销有限责任公司	29	上海市药材有限公司
黑龙江		30	上海浦东新区医药药材有限公司
1	哈药集团医药有限公司	31	国药控股和记黄埔医药(上海)有限公司
2	华润牡丹江天利医药有限公司	32	上海南汇药材医药总公司
3	绥化市医药有限公司	33	上海余天成医药有限公司
上海		34	上海海欣医药股份有限公司
1	上海医药分销控股有限公司	35	上海医药嘉定药业有限公司
2	康德乐(上海)医药有限公司	36	上海新世纪药业有限公司
3	上海雷允上药业有限公司	37	上海云湖医药药材股份有限公司
4	上海康健进出口有限公司	38	上海金石医药药材有限公司
5	上海九州通医药有限公司	39	上海汇仁医药有限公司
6	上海申威医药有限公司	40	上海古华药业(集团)有限公司
7	上海市医药保健品进出口公司	41	上海药房股份有限公司
8	上海外高桥医药分销中心有限公司	42	上海康恩贝医药有限公司
9	国药集团化学试剂有限公司	43	上海得一医药有限公司
10	上海虹桥药业有限公司	44	上海市农工商长征医药有限公司
11	上海复星药业有限公司	45	上海医工院医药有限公司
12	上海信谊医药有限公司	46	利丰医药商贸(上海)有限公司
13	上海华宇药业有限公司	47	上海闵行区药材医药有限公司
14	上海海吉雅医药有限公司	48	上海常富药业有限公司
15	华润国康(上海)医药有限公司	49	上海科泽医药有限公司
16	上海罗达医药公司	50	上海雷允上南翔医药有限公司
17	上海新先锋华康医药有限公司	江苏	
18	上海东虹医药有限公司	1	南京医药股份有限公司
19	上海雷允上药业西区有限公司	2	华润苏州礼安医药有限公司

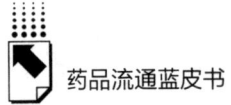

续表

序号	企业名称	序号	企业名称
3	江苏省医药公司	37	常熟市医药工业供销有限公司
4	常州药业股份有限公司	38	江苏华美医药有限责任公司
5	上药山禾无锡医药股份有限公司	39	洪泽县医药有限责任公司
6	礼来贸易有限公司	40	江苏百瑞医药有限公司
7	连云港康缘医药商业有限公司	41	宿迁市医药有限公司
8	江苏先声药业有限公司	42	南京市江宁医药总公司
9	江苏省润天生化医药有限公司	43	南京新澳康医药有限公司
10	国药控股无锡有限公司	44	丰县医药总公司
11	南通市医药经销有限公司	45	南京三精医药有限公司
12	南京华东医药有限责任公司	46	金湖县医药有限公司
13	江苏柯菲平医药股份有限公司		浙江
14	华润昆山医药有限公司	1	华东医药股份有限公司
15	中健之康供应链服务有限责任公司	2	浙江英特药业有限责任公司
16	江苏恩华和润医药有限公司	3	宁波医药股份有限公司
17	徐州医药股份有限公司	4	浙江省医药工业有限公司
18	常熟建发医药有限公司	5	国药控股浙江有限公司
19	苏州恒祥进出口有限公司	6	浙江瑞海医药有限公司
20	国药控股镇江有限公司	7	国药控股温州有限公司
21	盐城百科药业有限公司	8	回音必集团有限公司
22	江苏大众医药连锁有限公司	9	浙江震元股份有限公司
23	南通华氏佳源医药有限公司	10	浙江珍诚医药在线股份有限公司
24	南通苏中医药物流有限公司	11	海尔施生物医药股份有限公司
25	南通礼安医药有限公司	12	浙江来益医药有限公司
26	南京市银达医药有限公司	13	温州华东惠仁医药有限公司
27	张家港市百禾医药有限公司	14	浙江嘉信医药股份有限公司
28	南京同济堂医药有限公司	15	浙江恩泽医药有限公司
29	无锡汇生药品经营公司	16	台州上药医药有限公司
30	扬州医药集团广宁医药有限公司	17	杭州凯仑医药股份有限公司
31	苏州天顺医药有限公司	18	华润衢州医药有限公司
32	江苏淮阴医药有限公司	19	浙江华通医药股份有限公司
33	江苏科诚医药有限公司	20	温州市英特药业有限公司
34	无锡东方药业有限公司	21	宁波市鄞州医药药材有限公司
35	启东市医药药材有限公司	22	华东医药宁波有限公司
36	江苏同济医药有限公司	23	宁波英特药业有限公司

续表

序号	企业名称	序号	企业名称
24	国药控股台州有限公司	7	安徽天禾药业有限公司
25	浙江英诺珐医药有限公司	8	安徽省安天医药有限公司
26	杭州萧山医药有限公司	9	上海海阔全椒药业有限公司
27	浙江大德药业集团浙江医药公司	10	安徽国立医药集团有限公司
28	金华市医药有限公司	11	上海医药股份有限公司黄山华氏有限公司
29	浙江华圣医药有限公司	12	南京医药滁州天星药事服务有限公司
30	上虞市医药有限责任公司	13	滁州市天成药业有限公司
31	宁波药材股份有限公司	14	淮北医药有限公司
32	宁波宝瑞达医药有限公司	15	来安瑞林医药有限公司
33	浙江省新昌县医药药材有限公司	16	安徽华创医药有限公司
34	杭州桐君堂医药药材有限公司	17	安徽海通医药股份有限公司
35	华东医药丽水有限公司	18	安徽康时利医药有限公司
36	东阳市医药药材有限公司		福建
37	建德市医药药材有限公司	1	鹭燕(福建)药业股份有限公司
38	温州时代医药有限公司	2	国药控股福建有限公司
39	温州新特医药有限公司	3	福建同春药业股份有限公司
40	浙江大宇医药有限公司	4	福建省医药集团有限责任公司
41	浙江温州医药商业集团有限公司	5	福建九州通医药有限公司
42	国药控股湖州有限公司	6	福建省福州市惠好药业有限公司
43	临安市医药药材有限公司	7	福建中鹭医药有限公司
44	浙江省诸暨市医药药材有限公司	8	国药控股福州有限公司
45	嘉兴市盛康医药有限公司	9	厦门宏仁医药有限公司
46	国药控股金华有限公司	10	国药控股龙岩有限公司
47	台州市健达医药有限公司	11	福建新力量医药有限公司
48	宁波市镇海医药药材有限责任公司	12	片仔癀(漳州)医药有限公司
49	浙江海派药业有限公司	13	福建东南医药有限公司
50	舟山市普陀医药药材有限公司	14	国药控股宁德有限公司
	安徽	15	宁德鹭燕医药有限公司
1	安徽华源医药股份有限公司	16	福建省惠明医药有限公司
2	南京医药合肥天星有限公司	17	国药控股泉州有限公司
3	安徽省医药(集团)股份有限公司	18	福建广药洁达医药有限公司
4	安徽卓泓健康产业有限责任公司	19	厦门中鹭医药有限公司
5	合肥市迪迈医药有限公司	20	厦门绿金谷国际健康产业股份有限公司
6	淮南新欣药业股份有限公司	21	厦门钜翔医药有限公司

续表

序号	企业名称	序号	企业名称
22	福建省泉州市医药有限责任公司	14	青岛天合医药集团股份有限公司
23	国药控股南平有限公司	15	菏泽牡丹医药有限责任公司
24	国药控股漳州有限公司	16	山东聊城利民药业集团有限公司
25	福建省古田远航医药有限公司	17	山东正大医药有限公司
26	国药控股三明有限公司	18	威海市天福医药有限公司
27	福建鸿越医药有限公司	19	山东省德州泰康药业有限公司
28	福建惠好药业有限公司	20	东营市医药公司
29	厦门卫健医药有限公司	21	山东威高医药有限公司
30	国药控股莆田有限公司	22	日照医药集团
31	国药控股怀德居医药(厦门)有限公司	23	山东省莱芜市医药公司
	江西	24	国药控股聊城有限公司
1	江西南华医药有限公司	25	山东滨州圣慷药业有限公司
2	江西汇仁集团医药科研营销有限公司	26	山东鸿杰药业有限公司
3	江西仁翔药业有限公司		河南
4	江西康成药业有限公司	1	国药控股河南股份有限公司
5	江西上饶医药股份有限公司	2	华润河南医药有限公司
6	江西华晨医药科技有限公司	3	河南九州通医药有限公司
7	江西天顺医药有限公司	4	河南省医药有限公司
8	江西饶信医药有限公司	5	河南省康信医药有限公司
9	遂川县医药公司	6	世一堂百川医药商贸有限公司
	山东	7	民生药业集团河南德尔康药业有限公司
1	山东瑞康医药股份有限公司	8	商丘新先锋药业有限公司
2	山东海王银河医药有限公司	9	河南省博济光明医药有限公司
3	华润山东医药有限公司	10	河南省新华药业有限公司
4	国药控股山东有限公司	11	三门峡华为药品有限责任公司
5	山东九州通医药有限公司		湖北
6	罗欣医药集团有限公司	1	九州通医药集团有限公司
7	山东康惠医药有限公司	2	国药控股湖北有限公司
8	青岛百洋医药科技有限公司	3	新龙药业集团
9	山东康诺盛世医药有限公司	4	同济堂医药有限公司
10	山东省医药集团有限公司	5	武汉人福医药有限公司
11	山东新华医药贸易有限公司	6	南京医药湖北有限公司
12	青岛上药国风医药有限公司	7	湖北格林药业有限公司
13	淄博众生医药有限公司	8	华润湖北金马医药有限公司

续表

序号	企业名称	序号	企业名称
9	武汉医药集团股份有限公司	19	湖南新汇医药有限公司
10	湖北独活药业股份有限公司	20	安化县医药总公司
11	宜昌市康鑫医药经销有限公司	广东	
12	武汉东明药房连锁有限公司	1	广州医药有限公司
13	宜昌市瑞康医药有限责任公司	2	国药控股广州有限公司
14	国药控股黄冈有限公司	3	广东九州通医药有限公司
15	湖北天力药业有限公司	4	广州采芝林药业有限公司
16	湖北中融达医药有限公司(仙桃)	5	广东广弘医药有限公司
17	鄂州吴都医药有限公司	6	深圳中联广深医药(集团)股份有限公司
18	恩施自治州恒信药业有限责任公司	7	惠州市卫康中西药业有限公司
19	新龙药业集团恩施有限公司	8	广东振东泰捷医药物流有限公司
20	湖北孝感中药材有限公司	9	珠海安生医药有限公司
21	宜昌万和医药有限责任公司	10	广东龙康医药有限公司
22	孝感市孝南中药材公司	11	国药控股韶关有限公司
23	湖北聚隆药业有限公司(荆门)	12	深圳市健华医药有限公司
湖南		13	广州市金长风药业有限公司
1	国药控股湖南有限公司	14	汕头高新区华天药业有限公司
2	华润湖南医药有限公司	广西	
3	湖南博瑞新特药有限公司	1	广西柳州医药股份有限公司
4	华润湖南瑞格医药有限公司	2	国药控股广西有限公司
5	湖南达嘉维康医药有限公司	3	广西桂玉医药有限责任公司
6	湖南天士力民生药业有限公司	4	广西梧州市杰迅医药有限公司
7	湖南千金医药股份有限公司	5	广西梧州百姓医药有限责任公司
8	国中医药湖南九华有限公司	6	广西福中堂药业有限公司
9	湖南九芝堂医药有限公司	7	广西嘉进医药批发有限公司
10	怀化龙源药业有限责任公司	海南	
11	湖南众昊药业有限责任公司	1	海南康宁药业有限公司
12	邵阳九福药业有限公司	2	海南天祥药业有限公司
13	湖南德海医药有限公司	3	海南鲁海医药有限公司
14	衡阳瑞源药业有限公司	4	海南康永药品有限公司
15	邵阳药业有限公司	5	海南广药晨菲医药有限公司
16	衡阳市同德祥医药有限公司	6	国药控股海南有限公司
17	湖南汇鑫医药有限公司	7	神威药业(海南)有限公司
18	湖南长锋医药有限公司	8	海南力强医药有限公司

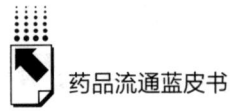

续表

序号	企业名称	序号	企业名称
9	海南德义堂药业有限公司	44	海南泰之和药业有限公司
10	国药控股海南鸿益有限公司	45	海南健友药业有限公司
11	上海延安医药洋浦有限公司	46	海南盛南药业有限公司
12	洋浦京泰药业有限公司	47	海南创优医药有限公司
13	海南华健药业有限公司	48	海南快康药业有限公司
14	上药科园信海医药有限公司	49	海南天虹医药有限公司
15	海南臣邦药业有限公司	50	海南中兴元医药有限公司
16	海南百运医药化工有限公司		重庆
17	海南凯叶医药有限公司	1	重庆医药(集团)股份有限公司
18	海南四环医药有限公司	2	重庆桐君阁股份有限公司
19	海南裕康药业有限公司	3	重庆长圣医药有限责任公司
20	海南海力医生药业集团有限公司	4	国药控股(重庆)有限责任公司
21	海南康众药业有限公司	5	重庆科渝药品经营有限责任公司
22	海斯莱福药业(海南)有限公司	6	重庆恒韵医药有限公司
23	海南华拓诺康药业有限公司	7	重庆医药工业有限责任公司
24	海南中大药业有限公司	8	重庆朗诺医药有限责任公司
25	海南凯健医药有限公司	9	重庆渝进药业有限公司
26	海南海神药业集团股份有限公司	10	重庆万力医药有限公司
27	海南东鑫药业有限公司	11	重庆鑫盛医药有限公司
28	海南振誉药业有限公司	12	重庆博纳泽医药有限公司
29	海南裕鑫昌药业有限公司	13	重庆开县三正药业有限责任公司
30	海南祝安医药有限公司	14	重庆巫峡医药有限责任公司
31	海南博生元医药有限公司		四川
32	海南紫竹林药业有限公司	1	四川科伦医药贸易有限公司
33	海南京卫药业有限公司	2	国药四川医药集团有限公司
34	海南新通用药业有限公司	3	国药集团西南医药有限公司
35	海南世诚医药有限公司	4	四川本草堂药业有限公司
36	海南康涞医药有限公司	5	成都市蓉锦医药贸易有限公司
37	海南全康医药有限公司	6	四川绵阳科伦医药贸易有限公司
38	海南国丹药业有限公司	7	成都禾创药业有限公司
39	海南海邦药业有限公司	8	四川省绵阳药业集团公司
40	海南飞利药业有限公司	9	四川省南充药业(集团)有限公司
41	海南同心浩药业有限公司	10	四川南充科伦医药贸易有限公司
42	海南长石医药有限公司	11	达州市天泰药业集团有限公司
43	海南国康医药开发有限公司	12	四川海棠医药有限公司

续表

序号	企业名称	序号	企业名称
13	四川遂宁市全泰堂药业有限公司	18	贵州容大康医药有限公司
14	四川天寿药业有限公司	19	贵州东南药业有限公司
15	遂宁市西部华源医药有限公司	20	贵州斯瑞医药有限责任公司
16	成都蓉风药械有限公司	21	贵州慈惠医药有限公司
17	自贡市医药有限公司	22	贵州大明医药实业有限责任公司（毕节）
18	四川知仁医药有限责任公司	23	贵州省药材公司
19	和平泰康资阳药业有限责任公司	24	贵州弘一医药有限责任公司
20	泸州本草堂医药有限公司	25	贵州省毕节市医药有限公司
21	江安县药业有限责任公司	26	扬子江药业集团贵州医药有限公司
22	四川雅安康盛中药材有限责任公司	27	遵义医药有限公司
23	重庆医药自贡有限责任公司	28	贵州紫凡药品有限公司
24	四川太星药业有限公司	29	黔南州华康医药有限责任公司
25	四川南充鹤鸣堂药品经营有限公司	30	贵州泰忆药品有限公司
26	国药集团西南公司	31	六盘水济生药业有限公司
27	凉山州中药材有限责任公司	32	贵州吉康药业有限公司
28	成都中新药业自贡有限公司	33	贵州希尔康医药有限公司
29	自贡瑞德祥药业有限公司	34	贵州铜仁梵天药业有限公司
30	宜宾致远药业有限公司	35	贵州赤水黔北医药有限公司
31	四川酒都医药有限公司	36	毕节大众医药有限公司
32	凉山洲西部医药有限责任公司	37	贵州家诚医药销售有限公司
33	四川久泰医药贸易有限公司	38	贵州华圣医药工业有限公司
贵州		云南	
1	贵州省医药（集团）有限责任公司	1	云南省医药有限公司
2	国药控股贵州有限公司	2	云南东骏药业有限公司
3	贵州康心医药有限公司	3	昆明制药集团医药商业有限公司
4	贵州科开医药有限公司	4	云南医药工业股份有限公司
5	贵州腾济医药有限公司	5	国药控股云南有限公司
6	贵州互强药业有限公司	6	云南同丰医药有限公司
7	贵州意通医药有限责任公司	7	云南东昌医药股份有限公司
8	贵州科渝奇鼎药品有限公司	8	云南省久泰药业有限公司
9	黔西南州天地药业贸易有限公司	9	云南佳能达医药有限公司
10	贵州鼎圣药业有限公司	10	昆明滇虹药业销售有限公司
11	贵州强生医药有限公司	11	云南昊邦医药销售有限公司
12	贵阳市医药有限公司	12	云南恩红（集团）有限公司
13	贵州光正医药销售有限公司	13	云南嘉德瑞克药业有限公司
14	贵州中鑫医药有限公司	14	云南省玉溪医药有限责任公司
15	贵州和谐医药有限责任公司	15	昆明积大药品销售有限公司
16	贵州民生药业有限公司	16	云南盘龙云海药品经营有限公司
17	国药控股安顺有限公司	17	昆明云中药业有限责任公司

续表

序号	企业名称	序号	企业名称
18	云南新世纪药业有限公司	2	西藏天圣医药贸易有限公司
19	云南怡江医药有限公司	陕西	
20	云南济生药业有限公司	1	陕西医药控股集团派昂医药有限责任公司
21	昆明贝克诺顿药品销售有限公司		
22	云南粤康医药有限公司	2	陕西华远医药集团有限公司
23	云南名扬药品销售有限公司	3	西安藻露堂药业集团有限责任公司
24	昆明东南亚药业有限公司	4	陕西广药康健医药有限公司
25	云南省药品科技开发经营有限公司	5	陕西怡康医药有限责任公司
26	昭通市雄风药业有限公司	6	西安双鹤医药股份有限公司
27	云南吉鸿麟医药器械有限公司	7	华润西安医药有限公司
28	昆明圣火医药有限公司	8	西安京西双鹤医药贸易有限公司
29	云南联顿医药有限公司	9	陕西省汉中市药材总公司
30	昆明鑫源堂医药有限公司	10	渭南医药集团有限公司
31	云南绿野生物医药有限公司	11	咸阳市医药总公司
32	云南泰康医药经济发展有限公司	甘肃	
33	云南龙马药业有限公司	1	兰州西城药业有限责任公司
34	云南双鹤医药有限公司	2	兰州强生医药有限公司
35	云南省保山市医药有限责任公司	3	国药控股甘肃有限公司
36	云南腾药药品经营有限公司	4	甘肃普禾医药有限公司
37	云南康济药业有限公司	5	甘肃莱美医药投资有限公司
38	云南省宣威药业有限公司	6	天水西城药业有限公司
39	云南省建水县兴达医药有限公司	7	甘肃步天医药有限公司
40	云南金辉药业有限公司	8	兰州旭康药业有限公司
41	昆明三汇通医药有限公司	9	礼县春天药业有限责任公司
42	云南腾瑞医药有限公司	青海	
43	红河州佳宇药业有限公司	1	青海省富康医药集团有限责任公司
44	云南新生命药业有限公司	2	青海省新绿洲医药集团有限公司
45	云南省开远三发医药经贸公司	3	青海力升药业有限公司
46	云南药品第三方物流有限公司	宁夏	
47	云南康禾医药有限公司	1	国药控股宁夏有限公司
48	云南杰康药业有限公司	2	宁夏华源耀康医药有限公司
49	云南靖兴药业集团有限公司	3	闽宁医药有限公司
50	云南通用药业有限公司	4	宁夏众欣联合方泽医药有限公司
西藏		新疆	
1	西藏神威药业有限公司	1	国药集团新疆新特药业有限公司

注：区域排序不足50位的地区以已上报直报企业位列。
资料来源：商务部药品流通行业统计系统。

表16　2014年区域药品流通零售企业主营业务收入前50位排序

地区	企业名称	地区	企业名称
北京		3	山西临汾竹林大药房连锁有限公司
1	北京同仁堂连锁药店有限责任公司	4	山西仁和大药房连锁有限公司
2	北京金象大药房医药连锁有限责任公司	5	晋中市天诚药房有限责任公司
3	北京京卫元华医药科技有限公司	6	长治市昂生大药房零售连锁有限公司
4	北京同仁堂崇文门药店有限责任公司	7	灵石县药业有限责任公司
5	北京医保全新大药房有限责任公司	8	祁县阳光医药有限公司
6	北京嘉事堂连锁药店有限责任公司	内蒙古	
7	北京永安复星医药股份有限公司	1	赤峰人川大药房连锁有限公司
8	北京同仁堂参茸有限责任公司	2	国药控股国大药房内蒙古有限公司
9	北京同仁堂南三环中路药店有限公司	3	赤峰雷蒙大药房连锁有限公司
10	北京永安堂医药连锁有限公司	4	内蒙古成大方圆医药连锁有限公司
11	北京鹤年堂医药有限公司	5	内蒙古万民药房连锁有限公司
12	北京怡然堂药店	6	包头市神农医药保健品有限责任公司
13	北京市顺义医药药材公司	7	阿拉善盟医药有限责任公司
14	北京安康百利医药有限公司	辽宁	
15	北京市京隆堂医药有限公司	1	辽宁成大方圆医药连锁有限公司
16	北京王府井医药商店有限责任公司	2	葫芦岛市医药有限责任公司
17	北京医保中洋大药房有限公司	吉林	
18	北京昌药医药连锁经营有限公司	1	吉林大药房药业股份有限公司
19	北京市济安堂药店	2	吉林省益和大药房有限公司
20	北京牡丹苑金象大药房	3	吉林省中东医药有限公司
21	北京百信仁康大药房有限公司	4	吉林省合兴健康药房连锁有限责任公司
22	北京宝树堂药品经营有限公司	5	吉林省吉深医药实业有限公司
天津		黑龙江	
1	老百姓大药房连锁（天津）有限公司	1	哈尔滨人民同泰医药连锁店
河北		2	黑龙江泰华医药集团有限公司
1	河北华佗药房医药连锁有限公司	3	黑龙江泰华医药连锁销售有限公司
2	石家庄新兴药房连锁有限公司	4	大庆医药有限责任公司
3	国药河北乐仁堂医药连锁有限公司	上海	
4	廊坊市一笑堂医药零售连锁有限公司	1	国药控股国大药房有限公司
5	河北神威大药房连锁有限公司	2	上海华氏大药房有限公司
6	河北圣诺新特药有限公司	3	上海国大药房连锁有限公司
山西		4	上海益丰大药房有限公司
1	山西荣华大药房连锁有限公司	5	上海复美益星大药房连锁有限公司
2	山西长城药品零售连锁有限公司	6	上海雷允上药品连锁经营有限公司

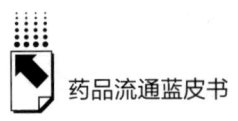

续表

地区	企业名称	地区	企业名称
7	上海余天成药业连锁有限公司	16	杭州华东武林大药房有限公司
8	上海养和堂药业连锁经营有限公司	17	浙江滋福堂得心医药零售连锁有限公司
9	上海童涵春堂药业连锁经营有限公司	18	金华市九德堂医药连锁有限公司
10	上海医药嘉定大药房连锁有限公司	19	金华市尖峰大药房连锁有限公司
11	上海汇丰大药房有限公司	20	金华市老百姓医药连锁有限公司
12	上海药房连锁有限公司	21	嘉兴市华氏兰台大药房连锁有限公司
13	上海一德大药房连锁经营有限公司	22	宁波市正源大药房有限公司
14	上海南汇华泰药店连锁总店	23	绍兴华虞大药房有限公司
15	上海得一大药房有限公司	24	浙江洪福堂医药连锁有限公司
16	上海云湖医药连锁经营有限公司	25	舟山里肯医药连锁有限公司
17	上海雷允上西区药品零售有限公司	26	东阳市爱心大药房连锁有限公司
18	上海联华复星药房连锁经营有限公司	27	浙江国药大药房有限公司
19	上海金石大药房有限公司	28	杭州方回春堂国药馆有限公司
江苏		29	浙江湖州华圣医药零售连锁有限公司
1	南京国药医药有限公司	30	浙江延福堂医药连锁有限公司
2	苏州礼安医药连锁总店有限公司	31	舟山存德堂医药零售有限公司
3	常州人寿天医药连锁有限公司	32	海盐县健民大药房有限公司
4	苏州雷允上国药连锁总店有限公司	33	德清天润大药房有限公司
5	江苏仁济医药连锁有限公司	34	浙江江山百草堂医药有限公司
浙江		35	德清县老百姓大药房有限公司
1	浙江大生医药有限公司	36	嘉兴市万寿堂医药连锁有限公司
2	杭州九洲大药房连锁有限公司	37	余姚市宏济堂大药房有限公司
3	老百姓大药房连锁（浙江）有限公司	38	浙江温州医药商业集团老香山连锁有限公司
4	浙江震元医药连锁有限公司		
5	杭州胡庆余堂国药号有限公司	39	金华市泰来医药零售连锁有限公司
6	宁波四明大药房有限责任公司	40	金华柏康大药房连锁有限公司
7	杭州海王星辰健康药房有限公司	41	台州方同仁医药连锁有限公司
8	浙江天天好大药房连锁有限公司	42	淳安健民药店连锁有限公司
9	浙江瑞人堂医药连锁有限公司	43	江南益寿堂医药连锁有限公司
10	浙江华通医药连锁有限公司	44	浙江省诸暨市人民药店医药连锁公司
11	杭州华东大药房有限公司	45	浙江源生医药连锁有限公司
12	浙江华联医药连锁有限公司	46	浙江英特怡年药房连锁有限公司
13	嵊州市易心堂大药房有限公司	47	杭州天生堂医药连锁有限公司
14	海宁市老百姓大药房有限责任公司	48	义乌市三溪堂国药馆有限公司
15	温州叶同仁医药连锁有限公司	49	义乌市创世德医药连锁有限公司

续表

地区	企业名称	地区	企业名称
50	松阳县老百姓大药房连锁有限公司	湖北	
安徽		1	湖北同济堂药房有限公司
1	安徽丰原大药房连锁有限公司	2	襄阳天济大药房连锁有限责任公司
2	马鞍山旭日曼迪新连锁有限公司	3	湖北中联大药房连锁有限公司
3	马鞍山宝芝林大药房连锁有限公司	4	武汉马应龙大药房连锁有限公司
福建		5	黄石新医药有限公司
1	福建惠好四海医药连锁有限责任公司	6	好药师大药房连锁有限公司
2	北京同仁堂福建药业连锁有限公司	7	恩施市元昌医药有限责任公司
3	福建国大药房连锁有限公司	8	湖北天和堂医药有限公司（仙桃）
4	福州回春医药连锁有限公司	湖南	
江西		1	老百姓大药房连锁股份有限公司
1	江西黄庆仁栈华氏大药房	2	益丰大药房连锁股份有限公司
2	江西萍乡市昌盛大药房连锁有限公司	3	湖南千金金沙大药房连锁有限责任公司
3	江西开心人大药房连锁有限公司	4	湖南恒康药品零售连锁有限公司
4	江西青春康源大药房连锁有限公司	5	怀化怀仁大药房连锁有限公司
山东		6	常德市九芝堂医药有限公司
1	济南漱玉平民大药房有限公司	7	湖南国大民生堂药品连锁有限公司
2	山东燕喜堂医药连锁有限公司	8	湖南康一馨大药房零售连锁有限公司
3	山东立健医药城连锁有限公司	广东	
4	山东国大仁和堂药房连锁有限公司	1	广东大参林连锁药店有限公司
5	济宁新华鲁抗大药房有限公司	2	深圳市海王星辰医药有限公司
6	山东利民大药店连锁有限公司	3	深圳中联大药房控股有限公司
7	青岛祥泰药庄连锁有限公司	4	广州健民医药连锁有限公司
8	东营益生堂药业连锁有限公司	5	中山市中智大药房连锁有限公司
9	青岛国风大药房连锁有限公司	6	广东康泽药业有限公司
10	老百姓大药房连锁（山东）有限公司	7	深圳市南北药行连锁有限公司
11	日照真诚大药房有限公司	8	广东国药药品连锁企业有限公司
12	德州颐寿医药连锁有限公司	广西	
13	山东益寿堂药业有限公司	1	柳州桂中大药房连锁有限责任公司
14	菏泽牡丹大药房连锁有限公司	2	广西一心医药集团有限责任公司
河南		3	国药控股国大药房广西连锁有限公司
1	河南张仲景大药房股份有限公司	4	广西南宁朝阳大药房连锁有限责任公司
2	开封市百氏康医药连锁有限公司	5	广西梧州百姓大药房连锁有限公司
3	郑州仟禧堂医药有限责任公司	6	广西玉林市至真药业连锁有限公司
4	河南大药房连锁经营有限公司	7	广西嘉进医药连锁经营有限责任公司

续表

地区	企业名称	地区	企业名称
海南		18	眉山市眉州药房连锁有限公司
1	海南广安堂药品超市连锁经营有限公司	19	攀枝花市明生堂医药连锁有限公司
2	海南养天和大药房连锁经营有限公司	20	阿坝州壤塘县民族贸易医药有限责任公司
3	海南广安大药堂连锁经营有限公司	贵州	
4	海南寿南山医药有限公司	1	贵州一树连锁药业有限公司
重庆		2	贵州芝林大药房零售连锁有限公司
1	重庆桐君阁大药房连锁有限责任公司	3	贵州一品药业连锁公司
2	重庆万和大药房连锁有限公司	4	贵州吉大夫药房连锁有限公司
3	重庆鑫斛大药房连锁有限责任公司	5	贵州省医药(集团)和平药房连锁有限公司
4	重庆医药北碚医药有限公司	6	贵州华氏大药房延安连锁有限公司
四川		7	贵州福安康医药连锁有限公司
1	成都百信药业连锁有限责任公司	云南	
2	四川德仁堂药业连锁有限公司	1	云南鸿翔一心堂药业(集团)股份有限公司
3	泸州宝光医药有限公司	2	云南健之佳健康连锁店股份有限公司
4	四川杏林医药连锁有限公司	3	云南白药大药房有限公司
5	泸州圣杰药业有限公司	4	昆明福林堂药业有限公司
6	四川太极大药房连锁有限公司	5	西双版纳迪升药业有限责任公司
7	绵阳太极大药房连锁有限公司	陕西	
8	四川健之佳福利大药房连锁有限责任公司	1	西安怡康医药连锁有限公司
9	宜宾天天康大药房零售连锁有限公司	2	陕西众信医药超市有限公司
10	成都锦通药业连锁有限公司	3	西安双鹤大药房连锁有限责任公司
11	成都九鼎药房连锁有限责任公司	4	陕西康健医药连锁有限公司
12	绵阳天源堂医药连锁有限公司	甘肃	
13	四川回春堂药业有限公司	1	甘肃德生堂大药房连锁经营有限公司
14	四川康贝大药房有限公司	2	甘肃同济药业有限责任公司
15	德阳市德园堂零售连锁药业有限公司	3	甘肃河西三州武威医药连锁有限公司
16	四川省蜀康医药连锁有限公司	宁夏	
17	乐山市沙湾区民康大药房	1	宁夏国大药房连锁有限公司

注：区域排序不足50位的地区以已上报直报企业位列。
资料来源：商务部药品流通行业统计系统。

表17 2014年具有互联网药品交易服务资格证书的药品流通企业名单

第三方交易服务平台

序号	企业名称	证书编号
1	北京汉宁恒丰医药科技股份有限公司	国A20130004
2	北京京东叁佰陆拾度电子商务有限公司	国A20140006
3	北京先锋环宇电子商务有限责任公司	国A20070001
4	成都市易纪元科技有限公司	国A20140002
5	广州八百方信息技术有限公司	国A20140001
6	海南卫虹医药电子商务有限公司	国A20060002
7	合肥快易捷医药电子商务有限公司	国A20070002
8	河北慧眼医药科技有限公司	国A20130003
9	江西金利达电子商务有限公司	国A20130001
10	玖玖叁玖网络技术(北京)有限公司	国A20140004
11	民生医药配送中心有限公司	国A20090001
12	纽海电子商务(上海)有限公司	国A20140003
13	上海伊邦医药信息科技有限公司	国A20110001
14	长沙市凯纳网络技术有限公司	国A20140005
15	中国通用医药电子商务有限公司	国A20060001
16	重庆药品交易所股份有限公司	国A20130002

与其他企业进行药品交易

序号	企业名称	证书编号
1	安徽华源医药股份有限公司	皖B20140001
2	保定市保北医药药材有限责任公司	冀B20140002
3	北京九州通医药有限公司	京B20130002
4	成都拜欧药业有限公司	川B20110002
5	成都一零一医药有限公司	川B20130001
6	澄江县正飞中药材有限责任公司	滇B20110003
7	东北制药集团供销有限公司	辽B20140001
8	东莞市新文医药有限公司	粤B20110001
9	鄂尔多斯市亿利医药有限责任公司	蒙B20140002
10	甘肃惠森药业发展有限公司	甘B20110001
11	广东百氏福药业有限公司	粤B20140001
12	广东二天堂药业有限公司	粤B20120001
13	广东康之家药业有限公司	粤B20130001
14	广州医药有限公司	粤B20110002
15	国药集团药业股份有限公司	京B20130001

续表

序号	企业名称	证书编号
	与其他企业进行药品交易	
16	国药控股广州有限公司	粤 B20120002
17	国药控股河南股份有限公司	豫 B20120001
18	国药控股浙江有限公司	浙 B20140006
19	杭州沃奇医药有限公司	浙 B20140001
20	河南九州通医药有限公司	豫 B20140001
21	湖南商康医药电子商务有限公司	湘 B20110001
22	湖南时代阳光医药健康产业有限公司	湘 B20130001
23	湖南泰阳医药发展有限公司	湘 B20140001
24	湖南医电园网络科技有限公司	湘 B20130002
25	华东医药股份有限公司	浙 B20110002
26	华润河南医药有限公司	豫 B20110001
27	江苏澳洋医药物流有限公司	苏 B20130002
28	江苏康缘药业股份有限公司	苏 B20140002
29	江苏康之捷医药有限公司	苏 B20120002
30	江苏柯菲平医药股份有限公司	苏 B20130003
31	江苏可一医药有限公司	苏 B20090001
32	江苏阳生物工程有限公司	苏 B20120003
33	江西开心人医药物流有限公司	赣 B20110001
34	九州通医药集团股份有限公司	鄂 B20110001
35	康美药业股份有限公司	粤 B20110003
36	昆明鑫源堂医药有限公司	滇 B20110002
37	南京聚力医药科技有限公司	苏 B20120004
38	青岛百洋医药科技有限公司	鲁 B20130001
39	瑞阳制药有限公司	鲁 B20140001
40	山东大舜医药物流有限公司	鲁 B20100002
41	山东瑞康医药股份有限公司	鲁 B20100001
42	上海地狗医疗器械有限公司	沪 B20140003
43	上海复迅医疗器械有限公司	沪 B20130001
44	上海欧思蔚奥医疗器材有限公司	沪 B20140002
45	上海天呈医流科技股份有限公司	沪 B20140001
46	石药集团河北中诚医药有限公司	冀 B20140001
47	四川合纵医药有限责任公司	川 B20130002
48	四川科伦医药贸易有限公司	川 B20100001
49	四川省多邦医药贸易有限公司	川 B20140002

续表

与其他企业进行药品交易		
序号	企业名称	证书编号
50	四川省科欣医药贸易有限公司	川 B20140001
51	四川省医药股份有限公司	川 B20110001
52	苏州康民医药有限公司	苏 B20140003
53	台州上药医药有限公司	浙 B20140003
54	无锡市凯顺医疗器械制造有限公司	苏 B20120001
55	徐州淮海药业有限公司	苏 B20100001
56	徐州医药股份有限公司	苏 B20130001
57	药药好(杭州)网络科技有限公司	浙 B20140004
58	云南东骏药业有限公司	滇 B20120001
59	云南东融滇西中药材物流经营有限公司	滇 B20120002
60	云南佳能达医药有限公司	滇 B20120003
61	云南省医药有限公司	滇 B20110001
62	云南太阳鸟药业有限公司	滇 B20140001
63	浙江佰和医药有限公司	浙 B20140002
64	浙江海派医药有限公司	浙 B20130003
65	浙江鸿汇医药物流有限公司	浙 B20110001
66	浙江尽心医药有限公司	浙 B20140005
67	浙江康恩贝医药销售有限公司	浙 B20130001
68	浙江英特药业有限责任公司	浙 B20150001
69	浙江珍诚医药在线股份有限公司	浙 B20120001
70	郑州中原医疗器械城股份有限公司	豫 B20090002
71	中健之康供应链服务有限责任公司	苏 B20140001
72	重庆桐君阁股份有限公司	渝 B20140002
73	重庆医药(集团)股份有限公司	渝 B20140003
向个人消费者提供药品		
序号	企业名称	证书编号
1	四川仁博药房连锁有限公司	川 C20100001
2	武汉马应龙大药房连锁有限公司	鄂 C20100001
3	广州七乐康药业连锁有限公司	粤 C20100005
4	北京德威治医药连锁有限责任公司	京 C20100002
5	北京京卫元华医药科技有限公司	京 C20110001
6	济宁新华鲁抗大药房有限公司	鲁 C20110001
7	北京养生堂药店有限公司	京 C20110002
8	上海药房连锁有限公司	沪 C20110001

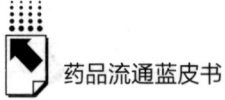

续表

向个人消费者提供药品		
序号	企业名称	证书编号
9	贵州吉大夫药房连锁有限公司	黔C20110001
10	青岛利群药品经营有限公司	鲁C20100001
11	安徽立方连锁药房有限公司	皖C20110001
12	深圳市亚洲大药房连锁有限公司	粤C20110002
13	益丰大药房连锁股份有限公司	湘C20110001
14	宁波四明大药房有限责任公司	浙C20110001
15	广州百济新特药业连锁有限公司	粤C20110003
16	广东康之家医药连锁有限公司	粤C20110004
17	深圳市一德堂医药连锁有限公司	粤C20110005
18	江西金盛大药房连锁有限公司	赣C20110001
19	青岛百洋健康药房连锁有限公司	鲁C20120003
20	云南白药大药房有限公司	滇C20120002
21	河北神兴医药连锁有限公司	冀C20120001
22	安徽百秀大药房连锁有限公司	皖C20130001
23	上海复美益星大药房连锁有限公司	沪C20130001
24	金华市老百姓医药连锁有限公司	浙C20130002
25	温州叶同仁医药连锁有限公司	浙C20130001
26	广东本草药业连锁有限公司	粤C20130001
27	杭州益万家药房连锁有限公司	浙C20130004
28	浙江云开亚美大药房连锁有限公司	浙C20130003
29	怀化怀仁大药房连锁有限公司	湘C20130001
30	云南白药集团股份有限公司	滇C20130001
31	北京德开医药科技有限公司	京C20130001
32	四川拜欧大药房连锁有限公司	川C20130001
33	大参林医药集团股份有限公司	粤C20130002
34	无锡汇华强盛医药连锁有限公司	苏C20130002
35	江苏普泽大药房连锁有限公司	苏C20130003
36	常州市恒泰医药连锁有限公司	苏C20130001
37	福建惠好医药连锁有限公司	闽C20130001
38	广东宝家康药业有限公司	粤C20130003
39	广东金康药房连锁有限公司	粤C20130004
40	贵州省医药(集团)意通兴业大药房连锁有限公司	黔C20130001
41	重庆桐君阁大药房连锁有限责任公司	渝C20130001
42	江西赣药大药房连锁有限公司	赣C20130001

续表

向个人消费者提供药品		
序号	企业名称	证书编号
43	广州一笑堂医药连锁有限公司	粤 C20130006
44	中山市中智大药房连锁有限公司	粤 C20130005
45	上海市第一医药商店连锁经营有限公司	沪 C20130002
46	国药河北乐仁堂医药连锁有限公司	冀 C20130001
47	浙江长红大药房连锁有限公司	浙 C20130005
48	海南广安堂药品超市连锁经营有限公司	琼 C20130001
49	海南永敬堂药业连锁经营有限公司	琼 C20130002
50	江苏一可医药连锁有限公司	苏 C20130005
51	连云港康济大药房连锁有限公司	苏 C20130004
52	南京金陵大药房有限责任公司	苏 C20130006
53	山东燕喜堂医药连锁有限公司	鲁 C20130001
54	桐庐好邻居大药房连锁有限公司	浙 C20130006
55	重庆加加林医疗器械连锁有限公司	渝 C20130002
56	无锡星洲百姓人家药店连锁有限公司	苏 C20130007
57	湖北中联大药房有限公司	鄂 C20130001
58	北京同仁堂广州药业连锁有限公司	粤 C20130008
59	广东康泽药业连锁有限公司	粤 C20130007
60	温州张和堂医药连锁有限公司	浙 C20130008
61	辽宁成大方圆医药连锁有限公司	辽 C20130001
62	柳州桂中大药房连锁有限责任公司	桂 C20130001
63	四川德仁堂药业连锁有限公司	川 C20130002
64	烟台中医世家医药连锁有限公司	鲁 C20130002
65	广州华安医药连锁有限公司	粤 C20130009
66	杭州华东武林大药房有限公司	浙 C20130009
67	杭州东仁堂医药零售连锁有限公司	浙 C20130010
68	河北神威大药房连锁有限公司	冀 C20130002
69	广州二天堂大药房连锁有限公司	粤 C20110006
70	先声再康江苏药业有限公司	苏 C20110001
71	韶关市乡亲药房连锁有限公司	粤 C20110007
72	河北华佗药房医药连锁有限公司	冀 C20110001
73	北京金象大药房医药连锁有限责任公司	京 C20110003
74	东莞市汇店通医药有限公司	粤 C20110008
75	云南健之佳健康连锁店股份有限公司	滇 C20110001
76	哈尔滨人民同泰医药连锁店	黑 C20110001

续表

向个人消费者提供药品		
序号	企业名称	证书编号
77	山西荣华大药房连锁有限公司	晋 C20120001
78	长治市昂生大药房零售连锁有限公司	晋 C20100001
79	深圳市万泽医药连锁有限公司	粤 C20120001
80	四川昇和医药连锁有限公司	川 C20120001
81	南京上元堂医药股份有限公司	苏 C20120001
82	云南鸿翔一心堂药业(集团)股份有限公司	滇 C20120001
83	甘肃德生堂大药房连锁经营有限公司	甘 C20120001
84	镇江存仁堂医药连锁有限责任公司	苏 C20120003
85	宁波彩虹大药房有限公司	浙 C20120001
86	济南漱玉平民大药房有限公司	鲁 C20120002
87	徐州恩华统一医药连锁销售有限公司	苏 C20120004
88	深圳市中联大药房有限公司	粤 C20120002
89	南京医药百信药房有限责任公司	苏 C20120005
90	杭州九洲大药房连锁有限公司	浙 C20100001
91	重庆和平药房连锁有限责任公司	渝 C20100001
92	广州健民医药连锁有限公司	粤 C20100002
93	北京嘉事堂连锁药店有限责任公司	京 C20100001
94	广东壹号大药房连锁有限公司	粤 C20100001
95	广州中医药大学大药房养和医药连锁有限公司	粤 C20100003
96	安徽省天健国药堂健康服务有限公司	皖 C20100001
97	扬州市百信缘医药连锁有限公司	苏 C20140003
98	常熟市建发医药零售连锁有限公司	苏 C20140004
99	淮安广济医药连锁有限公司	苏 C20140005
100	江苏仁济医药连锁有限公司	苏 C20140006
101	吉林修正堂药房连锁经营有限公司	吉 C20140002
102	国药控股国大药房上海连锁有限公司	沪 C20140002
103	重庆鑫斛药房连锁有限公司	渝 C20140002
104	北京同仁堂山西连锁药店有限责任公司	晋 C20140001
105	湖南好护士医疗器械连锁经营有限公司	湘 C20140003
106	北京护生堂大药房	京 C20140002
107	唐山市唐人医药商场有限公司	冀 C20140005
108	缙云县老百姓医药连锁有限公司	浙 C20140009
109	民生药业集团河南民生大药房有限公司	豫 C20140003
110	河南张仲景大药房股份有限公司	豫 C20140002

续表

序号	企业名称	证书编号
	向个人消费者提供药品	
111	安徽省国泰瑞福堂医药连锁有限公司	皖C20140004
112	临沂市仁和堂医药(连锁)有限公司	鲁C20140005
113	合肥天星药品零售连锁有限公司	皖C20140002
114	漳州片仔癀国药堂医药连锁有限公司	闽C20140004
115	成都泉源堂大药房连锁有限责任公司	川C20140003
116	福建省聚善堂医药连锁有限公司	闽C20140005
117	江苏百佳惠苏禾大药房连锁有限公司	苏C20140008
118	赣州市仁心大药房连锁有限公司	赣C20140003
119	珠海市嘉宝华健康药房连锁股份有限公司	粤C20140004
120	深圳市立丰大药房有限公司	粤C20140005
121	辽宁天士力大药房连锁有限公司	辽C20140002
122	西安泰生医药连锁有限公司	陕C20140001
123	温州延生堂医药连锁有限公司	浙C20140006
124	嘉兴市万寿堂医药连锁有限公司	浙C20140012
125	广州市仁耀堂药业连锁有限公司	粤C20140013
126	北京凯尔康大药房有限责任公司	京C20140005
127	淄博奉生堂医药销售有限公司	鲁C20140007
128	山东中邮医药连锁有限公司	鲁C20140006
129	广州名药汇医药有限公司	粤C20140014
130	深圳市瑞草堂大药房有限公司	粤C20140016
131	广东百源堂医药连锁有限公司	粤C20140015
132	深圳市瑞康大药房连锁有限公司	粤C20140017
133	保定市一笑堂医药零售连锁有限责任公司	冀C20140008
134	新乡市佐今明大药房连锁有限责任公司	豫C20140004
135	苏州健生源医药连锁有限公司	苏C20140010
136	广东亿生康医药连锁有限公司	粤C20140018
137	贵州幸福村大药房零售连锁有限公司	黔C20140001
138	广州集和堂大药房连锁有限公司	粤C20130010
139	浙江瑞人堂医药连锁有限公司	浙C20130011
140	江苏百佳惠瑞丰大药房连锁有限公司	苏C20130008
141	黑龙江省金天集团金天慈济医药连锁有限公司	黑C20130002
142	伊春市平安百姓医药连锁有限责任公司	黑C20130001
143	北京福瑞宏达大药房有限公司	京C20130002
144	重庆市万和药房连锁有限公司	渝C20130003

续表

序号	向个人消费者提供药品	
	企业名称	证书编号
145	上海华氏大药房有限公司	沪C20130003
146	四川回春堂药业连锁有限公司	川C20130003
147	老百姓大药房连锁股份有限公司	湘C20130002
148	广州市宝芝林大药房连锁有限公司	粤C20130012
149	清远市海马王药业有限公司	粤C20130011
150	厦门鹭燕大药房有限公司	闽C20130002
151	天津瑞澄大药房连锁有限公司	津C20130001
152	上海得一大药房连锁有限公司	沪C20130004
153	北京市利君堂大药房连锁有限公司	京C20130003
154	大连市阳光大药房医药连锁有限公司	辽C20130002
155	四川省巴中怡和药业连锁有限责任公司	川C20130004
156	辽宁博康天天好大药房连锁有限公司	辽C20130003
157	福州逸仙医药连锁有限公司	闽C20130004
158	四川好医生连锁药房有限公司	川C20130005
159	广东爱心大药房连锁有限公司	粤C20130013
160	广州平民药业连锁有限公司	粤C20130014
161	深圳市文华医药有限公司	粤C20130015
162	深圳市众生堂药房有限公司	粤C20130016
163	深圳市都市大药房连锁有限公司	粤C20130017
164	上海雷允上北区药品零售有限公司	沪C20130005
165	阜阳市聚缘堂药品零售连锁有限公司	皖C20130002
166	海南源安隆药品超市连锁有限公司	琼C20130003
167	四川省华安堂药业零售连锁有限公司	川C20130006
168	湖南千金大药房连锁有限公司	湘C20130003
169	浙江同一大药房有限公司	浙C20130012
170	吉林大药房药业股份有限公司	吉C20140001
171	北京诚安堂医药有限公司	京C20140001
172	云南盘龙云海药品经营有限公司	滇C20140003
173	辽宁盛生堂药房连锁有限公司	辽C20140001
174	上海宝岛大药房连锁有限公司	沪C20140006
175	北京医保中洋大药房有限公司	京C20140006
176	浙江天天好大药房连锁有限公司	浙C20140013
177	广西康全药业连锁有限公司	桂C20140001
178	广西嘉进医药连锁经营有限责任公司	桂C20140002

续表

向个人消费者提供药品		
序号	企业名称	证书编号
179	广东康爱多连锁药店有限公司	粤 C20110001
180	湖南全兴医药连锁有限公司	湘 C20140001
181	宁波新城彩虹大药房有限公司	浙 C20140001
182	广东康美之恋大药房连锁有限公司	粤 C20140003
183	常州中诚医药连锁有限公司	苏 C20140002
184	江西天顺大药房连锁有限公司	赣 C20140002
185	四川杏林医药连锁有限责任公司	川 C20140002
186	南通济生堂大药房连锁有限公司	苏 C20140007
187	上海九和堂国药连锁有限公司	沪 C20140003
188	金华市太和堂医药连锁有限公司	浙 C20140004
189	安徽国胜大药房连锁有限公司	皖 C20140001
190	重庆同生药房连锁有限公司	渝 C20140001
191	重庆江岸大药房连锁有限公司	渝 C20140004
192	焦作市国控大药房连锁有限公司	豫 C20140001
193	滁州百姓缘药品零售连锁有限公司	皖 C20140003
194	湖南本草纲目医药连锁有限公司	湘 C20140004
195	温州市布衣大药房连锁有限公司	浙 C20140007
196	广东健客医药有限公司	粤 C20140009
197	沧州迎宾大药房连锁有限公司	冀 C20140006
198	四川东升大药房连锁有限责任公司	川 C20140004
199	吉林省恒爱大药房连锁有限公司	吉 C20140003
200	大庆福瑞邦药房连锁有限公司	黑 C20140003
201	厦门市百泰医药有限公司	闽 C20140006
202	厦门市健康八五医药有限公司	闽 C20140007
203	西安怡康医药连锁有限责任公司	陕 C20140002
204	广州博爱智谷医药连锁有限公司	粤 C20140006
205	广州慈济药业连锁有限公司	粤 C20140007
206	揭阳市汇康医药连锁有限公司	粤 C20140008
207	江西开心人大药房连锁有限公司	赣 C20140004
208	天津医药集团世一堂连锁股份有限公司	津 C20140002
209	肇庆天天邦健医药连锁有限公司	粤 C20140010
210	天津市启东金象大药房医药连锁有限公司	津 C20140001
211	广州东兴堂大药房连锁有限公司	粤 C20140011
212	广州正和药业连锁有限公司	粤 C20140012

续表

	向个人消费者提供药品	
序号	企业名称	证书编号
213	上海雷允上西区药品零售有限公司	沪C20140004
214	北京好药师大药房连锁有限公司	京C20140004
215	宁波市正源大药房有限公司	浙C20140008
216	宿迁佳和医药连锁有限公司	苏C20140009
217	山东幸福人医药连锁有限公司	鲁C20140002
218	青岛医保城药品连锁有限公司	鲁C20140001
219	昆明福林堂药业有限公司	滇C20140001
220	哈尔滨市建国医药连锁有限公司	黑C20140002
221	河北石药大药房连锁有限公司	冀C20140001
222	好药师大药房连锁有限公司	鄂C20140001
223	杭州医百大药房连锁有限公司	浙C20140003
224	厦门市莲福堂药店有限公司	闽C20140003
225	青岛海诺大药房有限公司	鲁C20140003
226	淄博新华大药店连锁有限公司	鲁C20140004
227	石家庄以岭药堂大药房连锁有限公司	冀C20140004
228	衡水为民药房连锁有限公司	冀C20140003
229	河北狮城百姓大药房连锁有限公司	冀C20140002
230	武汉隆泰大药房有限公司	鄂C20140002
231	内蒙古鸿茅健康大药房连锁有限责任公司	蒙C20140003
232	上海医药嘉定大药房连锁有限公司	沪C20140005
233	沈阳东北大药房连锁有限公司	辽C20140003
234	石家庄新兴药房有限公司	冀C20140007
235	天津天士力大药房连锁有限公司	津C20140003
236	福建康佰家大药房连锁有限公司	闽C20140008
237	北京同仁堂唐山连锁药店有限责任公司	冀C20140010
238	唐山市仁善堂医药连锁有限公司	冀C20140009
239	重庆健康之家医疗器械连锁有限公司	渝C20140005
240	重庆华烨康年医药连锁有限公司	渝C20140006

续表

	向个人消费者提供药品	
序号	企业名称	证书编号
241	泰州市隆泰源医药连锁有限公司	苏 C20130009
242	成都华夏药业连锁有限责任公司	川 C20140001
243	赤峰人川大药房连锁有限公司	蒙 C20140001
244	山东立健医药城连锁有限公司	鲁 C20130005
245	淄博众康医药连锁有限公司	鲁 C20130004
246	章丘市健民医药有限公司	鲁 C20130003
247	镜拓光学科技（上海）有限公司	沪 C20140001
248	江西昌盛大药房有限公司	赣 C20140001
249	东台市种善堂大药房有限公司	苏 C20140001
250	广州林芝参药业连锁有限公司	粤 C20130018
251	广州市好信医药科技有限公司	粤 C20140002
252	潮州市千禧贸易有限公司	粤 C20140001
253	哈尔滨健康医药连锁有限公司	黑 C20140001
254	长治市昂生医药物流有限公司	晋 C20100002
255	福建惠好四海医药连锁有限责任公司	闽 C20140001
256	泉州市东南医药连锁有限公司	闽 C20140002
257	浙江维康医药零售有限公司	浙 C20140002
258	金昌市德生堂医药连锁有限责任公司	甘 C20140002
259	甘肃众友健康医药连锁有限公司	甘 C20140001
260	兰州惠仁堂药业连锁有限责任公司	甘 C20130001
261	陕西医药孙思邈大药房连锁有限公司	陕 C20130001
262	陕西同一医药连锁有限责任公司	陕 C20110001
263	湖南养天和大药房企业集团有限公司	湘 C20140002
264	富阳春天医药连锁有限公司	浙 C20140005

资料来源：国家食品药品监督管理总局官方网站，统计截止日期 2014 年 12 月 31 日。

法律声明

"皮书系列"(含蓝皮书、绿皮书、黄皮书)之品牌由社会科学文献出版社最早使用并持续至今,现已被中国图书市场所熟知。"皮书系列"的LOGO(　)与"经济蓝皮书""社会蓝皮书"均已在中华人民共和国国家工商行政管理总局商标局登记注册。"皮书系列"图书的注册商标专用权及封面设计、版式设计的著作权均为社会科学文献出版社所有。未经社会科学文献出版社书面授权许可,任何使用与"皮书系列"图书注册商标、封面设计、版式设计相同或者近似的文字、图形或其组合的行为均系侵权行为。

经作者授权,本书的专有出版权及信息网络传播权为社会科学文献出版社享有。未经社会科学文献出版社书面授权许可,任何就本书内容的复制、发行或以数字形式进行网络传播的行为均系侵权行为。

社会科学文献出版社将通过法律途径追究上述侵权行为的法律责任,维护自身合法权益。

欢迎社会各界人士对侵犯社会科学文献出版社上述权利的侵权行为进行举报。电话:010-59367121,电子邮箱:fawubu@ssap.cn。

社会科学文献出版社

权威报告·热点资讯·特色资源

皮书数据库
ANNUAL REPORT(YEARBOOK) DATABASE

当代中国与世界发展高端智库平台

WWW.PISHU.COM.CN

皮书俱乐部会员服务指南

1. 谁能成为皮书俱乐部成员？
   - 皮书作者自动成为俱乐部会员
   - 购买了皮书产品（纸质书/电子书）的个人用户

2. 会员可以享受的增值服务
   - 免费获赠皮书数据库100元充值卡
   - 加入皮书俱乐部，免费获赠该纸质图书的电子书
   - 免费定期获赠皮书电子期刊
   - 优先参与各类皮书学术活动
   - 优先享受皮书产品的最新优惠

3. 如何享受增值服务？

（1）免费获赠100元皮书数据库体验卡

第1步 刮开附赠充值的涂层（右下）；
第2步 登录皮书数据库网站（www.pishu.com.cn），注册账号；
第3步 登录并进入"会员中心"—"在线充值"—"充值卡充值"，充值成功后即可使用。

（2）加入皮书俱乐部，凭数据库体验卡获赠该书的电子书

第1步 登录社会科学文献出版社官网（www.ssap.com.cn），注册账号；
第2步 登录并进入"会员中心"—"皮书俱乐部"，提交加入皮书俱乐部申请；
第3步 审核通过后，再次进入皮书俱乐部，填写页面所需图书、体验卡信息即可自动兑换相应电子书。

4. 声明

解释权归社会科学文献出版社所有

皮书俱乐部会员可享受社会科学文献出版社其他相关免费增值服务，有任何疑问，均可与我们联系。

图书销售热线：010-59367070/7028
图书服务QQ：800045692
图书服务邮箱：duzhe@ssap.cn

数据库服务热线：400-008-6695
数据库服务邮箱：database@ssap.cn
兑换电子书服务热线：010-59367204

欢迎登录社会科学文献出版社官网
（www.ssap.com.cn）
和中国皮书网（www.pishu.cn）
了解更多信息

社会科学文献出版社 皮书系列
SOCIAL SCIENCES ACADEMIC PRESS (CHINA)

卡号：280756590395
密码：

子库介绍
Sub-Database Introduction

中国经济发展数据库

涵盖宏观经济、农业经济、工业经济、产业经济、财政金融、交通旅游、商业贸易、劳动经济、企业经济、房地产经济、城市经济、区域经济等领域，为用户实时了解经济运行态势、把握经济发展规律、洞察经济形势、做出经济决策提供参考和依据。

中国社会发展数据库

全面整合国内外有关中国社会发展的统计数据、深度分析报告、专家解读和热点资讯构建而成的专业学术数据库。涉及宗教、社会、人口、政治、外交、法律、文化、教育、体育、文学艺术、医药卫生、资源环境等多个领域。

中国行业发展数据库

以中国国民经济行业分类为依据，跟踪分析国民经济各行业市场运行状况和政策导向，提供行业发展最前沿的资讯，为用户投资、从业及各种经济决策提供理论基础和实践指导。内容涵盖农业，能源与矿产业，交通运输业，制造业，金融业，房地产业，租赁和商务服务业，科学研究，环境和公共设施管理，居民服务业，教育，卫生和社会保障，文化、体育和娱乐业等 100 余个行业。

中国区域发展数据库

以特定区域内的经济、社会、文化、法治、资源环境等领域的现状与发展情况进行分析和预测。涵盖中部、西部、东北、西北等地区，长三角、珠三角、黄三角、京津冀、环渤海、合肥经济圈、长株潭城市群、关中—天水经济区、海峡经济区等区域经济体和城市圈，北京、上海、浙江、河南、陕西等 34 个省份。

中国文化传媒数据库

包括文化事业、文化产业、宗教、群众文化、图书馆事业、博物馆事业、档案事业、语言文字、文学、历史地理、新闻传播、广播电视、出版事业、艺术、电影、娱乐等多个子库。

世界经济与国际政治数据库

以皮书系列中涉及世界经济与国际政治的研究成果为基础，全面整合国内外有关世界经济与国际政治的统计数据、深度分析报告、专家解读和热点资讯构建而成的专业学术数据库。包括世界经济、世界政治、世界文化、国际社会、国际关系、国际组织、区域发展、国别发展等多个子库。

权威·前沿·原创

社会科学文献出版社

皮书系列

2016年

盘点年度资讯 预测时代前程

社会科学文献出版社 学术传播中心 编制

社长致辞

我们是图书出版者，更是人文社会科学内容资源供应商；

我们背靠中国社会科学院，面向中国与世界人文社会科学界，坚持为人文社会科学的繁荣与发展服务；

我们精心打造权威信息资源整合平台，坚持为中国经济与社会的繁荣与发展提供决策咨询服务；

我们以读者定位自身，立志让爱书人读到好书，让求知者获得知识；

我们精心编辑、设计每一本好书以形成品牌张力，以优秀的品牌形象服务读者，开拓市场；

我们始终坚持"创社科经典，出传世文献"的经营理念，坚持"权威、前沿、原创"的产品特色；

我们"以人为本"，提倡阳光下创业，员工与企业共享发展之成果；

我们立足于现实，认真对待我们的优势、劣势，我们更着眼于未来，以不断的学习与创新适应不断变化的世界，以不断的努力提升自己的实力；

我们愿与社会各界友好合作，共享人文社会科学发展之成果，共同推动中国学术出版乃至内容产业的繁荣与发展。

社会科学文献出版社社长
中国社会学会秘书长

2016年1月

社会科学文献出版社
SOCIAL SCIENCES ACADEMIC PRESS (CHINA)

社会科学文献出版社成立于1985年，是直属于中国社会科学院的人文社会科学专业学术出版机构。

成立以来，特别是1998年实施第二次创业以来，依托于中国社会科学院丰厚的学术出版和专家学者两大资源，坚持"创社科经典，出传世文献"的出版理念和"权威、前沿、原创"的产品定位，社科文献立足内涵式发展道路，从战略层面推动学术出版五大能力建设，逐步走上了智库产品与专业学术成果系列化、规模化、数字化、国际化、市场化发展的经营道路。

先后策划出版了著名的图书品牌和学术品牌"皮书"系列、"列国志"、"社科文献精品译库"、"全球化译丛"、"全面深化改革研究书系"、"近世中国"、"甲骨文"、"中国史话"等一大批既有学术影响又有市场价值的系列图书，形成了较强的学术出版能力和资源整合能力。2015年社科文献出版社发稿5.5亿字，出版图书约2000种，承印发行中国社科院院属期刊74种，在多项指标上都实现了较大幅度的增长。

凭借着雄厚的出版资源整合能力，社科文献出版社长期以来一直致力于从内容资源和数字平台两个方面实现传统出版的再造，并先后推出了皮书数据库、列国志数据库、"一带一路"数据库、中国田野调查数据库、台湾大陆同乡会数据库等一系列数字产品。数字出版已经初步形成了产品设计、内容开发、编辑标引、产品运营、技术支持、营销推广等全流程体系。

在国内原创著作、国外名家经典著作大量出版，数字出版突飞猛进的同时，社科文献出版社从构建国际话语体系的角度推动学术出版国际化。先后与斯普林格、博睿、牛津、剑桥等十余家国际出版机构合作面向海外推出了"皮书系列""改革开放30年研究书系""中国梦与中国发展道路研究丛书""全面深化改革研究书系"等一系列在世界范围内引起强烈反响的作品；并持续致力于中国学术出版走出去，组织学者和编辑参加国际书展，筹办国际性学术研讨会，向世界展示中国学者的学术水平和研究成果。

此外，社科文献出版社充分利用网络媒体平台，积极和中央和地方各类媒体合作，并联合大型书店、学术书店、机场书店、网络书店、图书馆，逐步构建起了强大的学术图书内容传播平台。学术图书的媒体曝光率居全国之首，图书馆藏率居于全国出版机构前十位。

上述诸多成绩的取得，有赖于一支以年轻的博士、硕士为主体，一批从中国社科院刚退出科研一线的各学科专家为支撑的300多位高素质的编辑、出版和营销队伍，为我们实现学术立社，以学术品位、学术价值来实现经济效益和社会效益这样一个目标的共同努力。

作为已经开启第三次创业梦想的人文社会科学学术出版机构，我们将以改革发展为动力，以学术资源建设为中心，以构建智慧型出版社为主线，将"整合、专业、分类、协同、持续"为各项工作指导原则，全力推进出版社数字化转型，坚定不移地走专业化、数字化、国际化发展道路，全面提升出版社核心竞争力，为实现"社科文献梦"奠定坚实基础。

经 济 类

经济类皮书涵盖宏观经济、城市经济、大区域经济，提供权威、前沿的分析与预测

经济蓝皮书
2016年中国经济形势分析与预测

李 扬 / 主编　　2015年12月出版　　定价：79.00元

◆ 本书为总理基金项目，由著名经济学家李扬领衔，联合中国社会科学院等数十家科研机构、国家部委和高等院校的专家共同撰写，系统分析了2015年的中国经济形势并预测2016年我国经济运行情况。

世界经济黄皮书
2016年世界经济形势分析与预测

王洛林　张宇燕 / 主编　　2015年12月出版　　定价：79.00元

◆ 本书由中国社会科学院世界经济与政治研究所的研究团队撰写，2015年世界经济增长继续放缓，增长格局也继续分化，发达经济体与新兴经济体之间的增长差距进一步收窄。2016年世界经济增长形势不容乐观。

产业蓝皮书
中国产业竞争力报告（2016）NO.6

张其仔 / 主编　　2016年12月出版　　估价：98.00元

◆ 本书由中国社会科学院工业经济研究所研究团队在深入实际、调查研究的基础上完成。通过运用丰富的数据资料和最新的测评指标，从学术性、系统性、预测性上分析了2015年中国产业竞争力，并对未来发展趋势进行了预测。

皮书系列 重点推荐 经济类

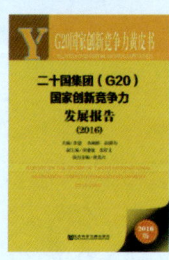

G20国家创新竞争力黄皮书
二十国集团（G20）国家创新竞争力发展报告（2016）

李建平 李闽榕 赵新力 / 主编　　2016年11月出版　　估价:138.00元

◆ 本报告在充分借鉴国内外研究者的相关研究成果的基础上，紧密跟踪技术经济学、竞争力经济学、计量经济学等学科的最新研究动态，深入分析G20国家创新竞争力的发展水平、变化特征、内在动因及未来趋势，同时构建了G20国家创新竞争力指标体系及数学模型。

国际城市蓝皮书
国际城市发展报告（2016）

屠启宇 / 主编　　2016年1月出版　　估价:79.00元

◆ 本书作者以上海社会科学院从事国际城市研究的学者团队为核心，汇集同济大学、华东师范大学、复旦大学、上海交通大学、南京大学、浙江大学相关城市研究专业学者。立足动态跟踪介绍国际城市发展实践中，最新出现的重大战略、重大理念、重大项目、重大报告和最佳案例。

金融蓝皮书
中国金融发展报告（2016）

李扬　王国刚 / 主编　　2015年12月出版　　定价:79.00元

◆ 本书由中国社会科学院金融研究所组织编写，概括和分析了2015年中国金融发展和运行中的各方面情况，研讨和评论了2015年发生的主要金融事件。本书由业内专家和青年精英联合编著，有利于读者了解掌握2015年中国的金融状况，把握2016年中国金融的走势。

农村绿皮书
中国农村经济形势分析与预测（2015～2016）

中国社会科学院农村发展研究所　国家统计局农村社会经济调查司 / 著
2016年4月出版　　估价:69.00元

◆ 本书描述了2015年中国农业农村经济发展的一些主要指标和变化，以及对2016年中国农业农村经济形势的一些展望和预测。

经济类 | 皮书系列 重点推荐

西部蓝皮书

中国西部发展报告（2016）

姚慧琴 徐璋勇/主编　2016年7月出版　估价:89.00元

◆ 本书由西北大学中国西部经济发展研究中心主编，汇集了源自西部本土以及国内研究西部问题的权威专家的第一手资料，对国家实施西部大开发战略进行年度动态跟踪，并对2016年西部经济、社会发展态势进行预测和展望。

民营经济蓝皮书

中国民营经济发展报告No.12（2015～2016）

王钦敏/主编　2016年1月出版　估价:75.00元

◆ 改革开放以来，民营经济从无到有、从小到大，是最具活力的增长极。本书是中国工商联课题组的研究成果，对2015年度中国民营经济的发展现状、趋势进行了详细的论述，并提出了合理的建议。是广大民营企业进行政策咨询、科学决策和理论创新的重要参考资料，也是理论工作者进行理论研究的重要参考资料。

经济蓝皮书夏季号

中国经济增长报告（2015～2016）

李扬/主编　2016年8月出版　估价:69.00元

◆ 中国经济增长报告主要探讨2015~2016年中国经济增长问题，以专业视角解读中国经济增长，力求将其打造成一个研究中国经济增长、服务宏微观各级决策的周期性、权威性读物。

中三角蓝皮书

长江中游城市群发展报告（2016）

秦尊文/主编　2016年10月出版　估价:69.00元

◆ 本书是湘鄂赣皖四省专家学者共同研究的成果，从不同角度、不同方位记录和研究长江中游城市群一体化，提出对策措施，以期为将"中三角"打造成为继珠三角、长三角、京津冀之后中国经济增长第四极奉献学术界的聪明才智。

皮书系列重点推荐　社会政法类

社会政法类

社会政法类皮书聚焦社会发展领域的热点、难点问题，提供权威、原创的资讯与视点

社会蓝皮书

2016年中国社会形势分析与预测

李培林　陈光金　张翼/主编　2015年12月出版　定价：79.00元

◆ 本书由中国社会科学院社会学研究所组织研究机构专家、高校学者和政府研究人员撰写，聚焦当下社会热点，对2015年中国社会发展的各个方面内容进行了权威解读，同时对2016年社会形势发展趋势进行了预测。

法治蓝皮书

中国法治发展报告No.14（2016）

李　林　田　禾/主编　2016年3月出版　估价：105.00元

◆ 本年度法治蓝皮书回顾总结了2015年度中国法治发展取得的成就和存在的不足，并对2016年中国法治发展形势进行了预测和展望。

反腐倡廉蓝皮书

中国反腐倡廉建设报告No.6

李秋芳　张英伟/主编　2017年1月出版　估价：79.00元

◆ 本书抓住了若干社会热点和焦点问题，全面反映了新时期新阶段中国反腐倡廉面对的严峻局面，以及中国共产党反腐倡廉建设的新实践新成果。根据实地调研、问卷调查和舆情分析，梳理了当下社会普遍关注的与反腐败密切相关的热点问题。

社会政法类　　皮书系列 重点推荐

生态城市绿皮书
中国生态城市建设发展报告（2016）
刘举科　孙伟平　胡文臻/主编　2016年6月出版　估价:98.00元

◆ 报告以绿色发展、循环经济、低碳生活、民生宜居为理念，以更新民众观念、提供决策咨询、指导工程实践、引领绿色发展为宗旨，试图探索一条具有中国特色的城市生态文明建设新路。

公共服务蓝皮书
中国城市基本公共服务力评价（2016）
钟君　吴正杲/主编　2016年12月出版　估价:79.00元

◆ 中国社会科学院经济与社会建设研究室与华图政信调查组成联合课题组，从2010年开始对基本公共服务力进行研究，研创了基本公共服务力评价指标体系，为政府考核公共服务与社会管理工作提供了理论工具。

教育蓝皮书
中国教育发展报告（2016）
杨东平/主编　2016年5月出版　估价:79.00元

◆ 本书由国内的中青年教育专家合作研究撰写。深度剖析2015年中国教育的热点话题，并对当下中国教育中出现的问题提出对策建议。

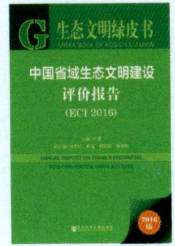

生态文明绿皮书
中国省域生态文明建设评价报告（ECI 2016）
严耕/主编　　2016年12月出版　估价:85.00元

◆ 本书基于国家最新发布的权威数据，对我国的生态文明建设状况进行科学评价，并开展相应的深度分析，结合中央的政策方针和各省的具体情况，为生态文明建设推进，提出针对性的政策建议。

行业报告类

行业报告类皮书立足重点行业、新兴行业领域，
提供及时、前瞻的数据与信息

房地产蓝皮书

中国房地产发展报告 No.13（2016）

魏后凯　李景国 / 主编　　2016 年 5 月出版　　估价：79.00 元

◆ 蓝皮书秉承客观公正、科学中立的宗旨和原则，追踪 2015 年我国房地产市场最新资讯，深度分析，剖析因果，谋划对策，并对 2016 年房地产发展趋势进行了展望。

旅游绿皮书

2015～2016 年中国旅游发展分析与预测

宋　瑞 / 主编　　2016 年 1 出版　　估价：98.00 元

◆ 本书中国社会科学院旅游研究中心组织相关专家编写的年度研究报告，对 2015 年旅游行业的热点问题进行了全面的综述并提出专业性建议，并对 2016 年中国旅游的发展趋势进行展望。

互联网金融蓝皮书

中国互联网金融发展报告（2016）

李东荣 / 主编　　2016 年 8 月出版　　估价：79.00 元

◆ 近年来，许多基于互联网的金融服务模式应运而生并对传统金融业产生了深刻的影响和巨大的冲击，"互联网金融"成为社会各界关注的焦点。本书探析了 2015 年互联网金融的特点和 2016 年互联网金融的发展方向和亮点。

行业报告类　皮书系列 重点推荐

资产管理蓝皮书
中国资产管理行业发展报告（2016）

智信资产管理研究院 / 编著　　2016年6月出版　　估价：89.00元

◆ 中国资产管理行业刚刚兴起，未来将中国金融市场最有看点的行业，也会成为快速发展壮大的行业。本书主要分析了2015年度资产管理行业的发展情况，同时对资产管理行业的未来发展做出科学的预测。

老龄蓝皮书
中国老龄产业发展报告（2016）

吴玉韶　党俊武 / 编著
2016年9月出版　　估价：79.00元

◆ 本书着眼于对中国老龄产业的发展给予系统介绍，深入解析，并对未来发展趋势进行预测和展望，力求从不同视角、不同层面全面剖析中国老龄产业发展的现状、取得的成绩、存在的问题以及重点、难点等。

金融蓝皮书
中国金融中心发展报告（2016）

王　力　黄育华 / 编著　　2017年11月出版　　估价：75.00元

◆ 本报告将提升中国金融中心城市的金融竞争力作为研究主线，全面、系统、连续地反映和研究中国金融中心城市发展和改革的最新进展，展示金融中心理论研究的最新成果。

流通蓝皮书
中国商业发展报告（2016）

荆林波 / 编著　　2016年5月出版　　估价：89.00元

◆ 本书是中国社会科学院财经院与利丰研究中心合作的成果，从关注中国宏观经济出发，突出了中国流通业的宏观背景，详细分析了批发业、零售业、物流业、餐饮产业与电子商务等产业发展状况。

皮书系列
重点推荐

国别与地区类

国别与地区类

国别与地区类皮书关注全球重点国家与地区，提供全面、独特的解读与研究

美国蓝皮书
美国研究报告（2016）

黄　平　郑秉文 / 主编　2016 年 7 月出版　估价：89.00 元

◆ 本书是由中国社会科学院美国所主持完成的研究成果，它回顾了美国 2015 年的经济、政治形势与外交战略，对 2016 年以来美国内政外交发生的重大事件以及重要政策进行了较为全面的回顾和梳理。

拉美黄皮书
拉丁美洲和加勒比发展报告（2015~2016）

吴白乙 / 主编　2016 年 5 月出版　估价：89.00 元

◆ 本书对 2015 年拉丁美洲和加勒比地区诸国的政治、经济、社会、外交等方面的发展情况做了系统介绍，对该地区相关国家的热点及焦点问题进行了总结和分析，并在此基础上对该地区各国 2016 年的发展前景做出预测。

日本经济蓝皮书
日本经济与中日经贸关系研究报告（2016）

王洛林　张季风 / 编著　2016 年 5 月出版　估价：79.00 元

◆ 本书系统、详细地介绍了 2015 年日本经济以及中日经贸关系发展情况，在进行了大量数据分析的基础上，对 2016 年日本经济以及中日经贸关系的大致发展趋势进行了分析与预测。

皮书系列 重点推荐

国别与地区类

俄罗斯黄皮书
俄罗斯发展报告（2016）
李永全 / 编著　2016 年 7 月出版　估价 :79.00 元

◆ 本书系统介绍了 2015 年俄罗斯经济政治情况，并对 2015 年该地区发生的焦点、热点问题进行了分析与回顾；在此基础上，对该地区 2016 年的发展前景进行了预测。

国际形势黄皮书
全球政治与安全报告（2016）
李慎明　张宇燕 / 主编　2015 年 12 月出版　定价 :69.00 元

◆ 本书旨在对本年度全球政治及安全形势的总体情况、热点问题及变化趋势进行回顾与分析，并提出一定的预测及对策建议。作者通过事实梳理、数据分析、政策分析等途径,阐释了本年度国际关系及全球安全形势的基本特点，并在此基础上提出了具有启示意义的前瞻性结论。

德国蓝皮书
德国发展报告（2016）
郑春荣　伍慧萍 / 主编　2016 年 6 月出版　估价 :69.00 元

◆ 本报告由同济大学德国研究所组织编撰，由该领域的专家学者对德国的政治、经济、社会文化、外交等方面的形势发展情况，进行全面的阐述与分析。

中欧关系蓝皮书
中欧关系研究报告（2016）
周弘 / 编著　2016 年 12 月出版　估价 :98.00 元

◆ 本书由欧洲所暨欧洲学会推出，旨在分析、评估和预测年度中欧关系发展态势。本报告的作者均为欧洲方面的专家，他们对欧洲与中国在各个领域的发展情况进行了深入地分析和研究，对读者了解和把握中欧关系是非常有益的参考。

地方发展类

地方发展类皮书关注中国各省份、经济区域，提供科学、多元的预判与资政信息

北京蓝皮书
北京公共服务发展报告（2015~2016）

施昌奎 / 主编　2016年1月出版　估价：69.00元

◆ 本书是由北京市政府职能部门的领导、首都著名高校的教授、知名研究机构的专家共同完成的关于北京市公共服务发展与创新的研究成果。

河南蓝皮书
河南经济发展报告（2016）

河南省社会科学院 / 编著　2016年12月出版　估价：79.00元

◆ 本书以国内外经济发展环境和走向为背景，主要分析当前河南经济形势，预测未来发展趋势，全面反映河南经济发展的最新动态、热点和问题，为地方经济发展和领导决策提供参考。

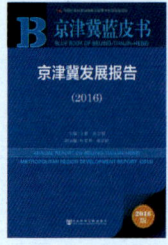

京津冀蓝皮书
京津冀发展报告（2016）

文魁　祝尔娟 / 编著　2016年4月出版　估价：89.00元

◆ 京津冀协同发展作为重大的国家战略，已进入顶层设计、制度创新和全面推进的新阶段。本书以问题为导向，围绕京津冀发展中的重要领域和重大问题，研究如何推进京津冀协同发展。

 文化传媒类　皮书系列 重点推荐

文化传媒类

文化传媒类皮书透视文化领域、文化产业，探索文化大繁荣、大发展的路径

新媒体蓝皮书
中国新媒体发展报告 No.7（2016）

唐绪军/主编　　2016年6月出版　　估价：79.00元

◆ 本书是由中国社会科学院新闻与传播研究所组织编写的关于新媒体发展的最新年度报告，旨在全面分析中国新媒体的发展现状，解读新媒体的发展趋势，探析新媒体的深刻影响。

移动互联网蓝皮书
中国移动互联网发展报告（2016）

官建文/编著　　2016年6月出版　　估价：79.00元

◆ 本书着眼于对中国移动互联网2015年度的发展情况做深入解析，对未来发展趋势进行预测，力求从不同视角、不同层面全面剖析中国移动互联网发展的现状、年度突破以及热点趋势等。

文化蓝皮书
中国文化产业发展报告（2016）

张晓明　王家新　章建刚/主编　　2016年4月出版　　估价：79.00元

◆ 本书由中国社会科学院文化研究中心编写。从2012年开始，中国社会科学院文化研究中心设立了国内首个文化产业的研究类专项资金——"文化产业重大课题研究计划"，开始在全国范围内组织多学科专家学者对我国文化产业发展重大战略问题进行联合攻关研究。本书集中反映了该计划的研究成果。

经济类

G20国家创新竞争力黄皮书
二十国集团（G20）国家创新竞争力发展报告（2016）
著(编)者：李建平 李闽榕 赵新力
2016年11月出版 估价：138.00元

产业蓝皮书
中国产业竞争力报告（2016）NO.6
著(编)者：张其仔 2016年12月出版 估价：98.00元

城市创新蓝皮书
中国城市创新报告（2016）
著(编)者：周天勇 旷建伟 2016年8月出版 估价：69.00元

城市蓝皮书
中国城市发展报告NO.9
著(编)者：潘家华 魏后凯 2016年9月出版 估价：69.00元

城市群蓝皮书
中国城市群发展指数报告（2016）
著(编)者：刘士林 刘新静 2016年10月出版 估价：69.00元

城乡一体化蓝皮书
中国城乡一体化发展报告（2015～2016）
著(编)者：汝信 付崇兰 2016年7月出版 估价：85.00元

城镇化蓝皮书
中国新型城镇化健康发展报告（2016）
著(编)者：张占斌 2016年5月出版 估价：79.00元

创新蓝皮书
创新型国家建设报告（2015～2016）
著(编)者：詹正茂 2016年11月出版 估价：69.00元

低碳发展蓝皮书
中国低碳发展报告（2016）
著(编)者：齐晔 2016年3月出版 估价：89.00元

低碳经济蓝皮书
中国低碳经济发展报告（2016）
著(编)者：薛进军 赵忠秀 2016年6月出版 估价：85.00元

东北蓝皮书
中国东北地区发展报告（2016）
著(编)者：马克 黄文艺 2016年8月出版 估价：79.00元

工业化蓝皮书
中国工业化进程报告（2016）
著(编)者：黄群慧 吕铁 李晓华 等
2016年11月出版 估价：89.00元

管理蓝皮书
中国管理发展报告（2016）
著(编)者：张晓东 2016年9月出版 估价：98.00元

国际城市蓝皮书
国际城市发展报告（2016）
著(编)者：屠启宇 2016年1月出版 估价：79.00元

国家创新蓝皮书
中国创新发展报告（2016）
著(编)者：陈劲 2016年9月出版 估价：69.00元

金融蓝皮书
中国金融发展报告（2016）
著(编)者：李扬 王国刚 2015年12月出版 定价：79.00元

京津冀产业蓝皮书
京津冀产业协同发展报告（2016）
著(编)者：中智科博（北京）产业经济发展研究院
2016年6月出版 估价：69.00元

京津冀蓝皮书
京津冀发展报告（2016）
著(编)者：文魁 祝尔娟 2016年4月出版 估价：89.00元

经济蓝皮书
2016年中国经济形势分析与预测
著(编)者：李扬 2015年12月出版 定价：79.00元

经济蓝皮书·春季号
2016年中国经济前景分析
著(编)者：李扬 2016年5月出版 估价：79.00元

经济蓝皮书·夏季号
中国经济增长报告（2015～2016）
著(编)者：李扬 2016年8月出版 估价：99.00元

经济信息绿皮书
中国与世界经济发展报告（2016）
著(编)者：杜平 2015年12月出版 定价：89.00元

就业蓝皮书
2016年中国本科生就业报告
著(编)者：麦可思研究院 2016年6月出版 估价：98.00元

就业蓝皮书
2016年中国高职高专生就业报告
著(编)者：麦可思研究院 2016年6月出版 估价：98.00元

临空经济蓝皮书
中国临空经济发展报告（2016）
著(编)者：连玉明 2016年11月出版 估价：79.00元

民营经济蓝皮书
中国民营经济发展报告NO.12（2015～2016）
著(编)者：王钦敏 2016年1月出版 估价：75.00元

农村绿皮书
中国农村经济形势分析与预测（2015～2016）
著(编)者：中国社会科学院农村发展研究所
国家统计局农村社会经济调查司
2016年4月出版 估价：69.00元

农业应对气候变化蓝皮书
气候变化对中国农业影响评估报告No.2
著(编)者：矫梅燕 2016年8月出版 估价：98.00元

经济类·社会政法类 皮书系列 2016全品种

企业公民蓝皮书
中国企业公民报告 NO.4
著(编)者:邹东涛　2016年1月出版 / 估价:79.00元

气候变化绿皮书
应对气候变化报告（2016）
著(编)者:王伟光　郑国光　2016年11月出版 / 估价:98.00元

区域蓝皮书
中国区域经济发展报告（2015～2016）
著(编)者:梁昊光　2016年5月出版 / 估价:79.00元

全球环境竞争力绿皮书
全球环境竞争力报告（2016）
著(编)者:李建平　李闽榕　王金南
2016年12月出版 / 估价:198.00元

人口与劳动绿皮书
中国人口与劳动问题报告 NO.17
著(编)者:蔡昉　张车伟　2016年11月出版 / 估价:69.00元

商务中心区蓝皮书
中国商务中心区发展报告 NO.2（2016）
著(编)者:魏后凯　李国红　2016年1月出版 / 估价:89.00元

世界经济黄皮书
2016年世界经济形势分析与预测
著(编)者:王洛林　张宇燕　2015年12月出版 / 定价:79.00元

世界旅游城市绿皮书
世界旅游城市发展报告（2016）
著(编)者:鲁勇　周正宇　宋宇　2016年6月出版 / 估价:88.00元

西北蓝皮书
中国西北发展报告（2016）
著(编)者:孙发平　苏海红　鲁顺元
2015年12月出版 / 估价:79.00元

西部蓝皮书
中国西部发展报告（2016）
著(编)者:姚慧琴　徐璋勇　2016年7月出版 / 估价:89.00元

县域发展蓝皮书
中国县域经济增长能力评估报告（2016）
著(编)者:王力　2016年10月出版 / 估价:69.00元

新型城镇化蓝皮书
新型城镇化发展报告（2016）
著(编)者:李伟　宋敏　沈体雁　2016年11月出版 / 估价:98.00元

新兴经济体蓝皮书
金砖国家发展报告（2016）
著(编)者:林跃勤　周文　2016年7月出版 / 估价:79.00元

长三角蓝皮书
2016年全面深化改革中的长三角
著(编)者:张伟斌　2016年10月出版 / 估价:69.00元

中部竞争力蓝皮书
中国中部经济社会竞争力报告（2016）
著(编)者:教育部人文社会科学重点研究基地
　　　　南昌大学中国中部经济社会发展研究中心
2016年10月出版 / 估价:79.00元

中部蓝皮书
中国中部地区发展报告（2016）
著(编)者:宋亚平　2016年12月出版 / 估价:78.00元

中国省域竞争力蓝皮书
中国省域经济综合竞争力发展报告（2015～2016）
著(编)者:李建平　李闽榕　高燕京
2016年2月出版 / 估价:198.00元

中三角蓝皮书
长江中游城市群发展报告（2016）
著(编)者:秦尊文　2016年10月出版 / 估价:69.00元

中小城市绿皮书
中国中小城市发展报告（2016）
著(编)者:中国城市经济学会中小城市经济发展委员会
　　　　中国城镇化促进会中小城市发展委员会
　　　　《中国中小城市发展报告》编纂委员会
　　　　中小城市发展战略研究院
2016年10月出版 / 估价:98.00元

中原蓝皮书
中原经济区发展报告（2016）
著(编)者:李英杰　2016年6月出版 / 估价:88.00元

自贸区蓝皮书
中国自贸区发展报告（2016）
著(编)者:王力　王吉培　2016年10月出版 / 估价:69.00元

社会政法类

北京蓝皮书
中国社区发展报告（2016）
著(编)者:于燕燕　2017年2月出版 / 估价:79.00元

殡葬绿皮书
中国殡葬事业发展报告（2016）
著(编)者:李伯森　2016年4月出版 / 估价:158.00元

城市管理蓝皮书
中国城市管理报告（2016）
著(编)者:谭维克　刘林　2017年2月出版 / 估价:118.00元

城市生活质量蓝皮书
中国城市生活质量报告（2016）
著(编)者:张连城　张平　杨春学　郎丽华
2016年7月出版 / 估价:89.00元

15

皮书系列 2016全品种 — 社会政法类

城市政府能力蓝皮书
中国城市政府公共服务能力评估报告（2016）
著(编)者:何艳玲　2016年7月出版 / 估价:69.00元

创新蓝皮书
中国创业环境发展报告（2016）
著(编)者:姚凯　曹祎遐　2016年1月出版 / 估价:69.00元

慈善蓝皮书
中国慈善发展报告（2016）
著(编)者:杨团　2016年6月出版 / 估价:79.00元

地方法治蓝皮书
中国地方法治发展报告 NO.2（2016）
著(编)者:李林　田禾　2016年1月出版 / 估价:98.00元

法治蓝皮书
中国法治发展报告 NO.14（2016）
著(编)者:李林　田禾　2016年3月出版 / 估价:105.00元

反腐倡廉蓝皮书
中国反腐倡廉建设报告 NO.6
著(编)者:李秋芳　张英伟　2017年1月出版 / 估价:79.00元

非传统安全蓝皮书
中国非传统安全研究报告（2015～2016）
著(编)者:余潇枫　魏志江　2016年5月出版 / 估价:79.00元

妇女发展蓝皮书
中国妇女发展报告 NO.6
著(编)者:王金玲　2016年9月出版 / 估价:148.00元

妇女教育蓝皮书
中国妇女教育发展报告 NO.3
著(编)者:张李玺　2016年10月出版 / 估价:78.00元

妇女绿皮书
中国性别平等与妇女发展报告（2016）
著(编)者:谭琳　2016年12月出版 / 估价:99.00元

公共服务蓝皮书
中国城市基本公共服务力评价（2016）
著(编)者:钟君　吴正杲　2016年12月出版 / 估价:79.00元

公共管理蓝皮书
中国公共管理发展报告（2016）
著(编)者:贡森　李国强　杨维富
2016年4月出版 / 估价:69.00元

公共外交蓝皮书
中国公共外交发展报告（2016）
著(编)者:赵启正　雷蔚真　2016年4月出版 / 估价:89.00元

公民科学素质蓝皮书
中国公民科学素质报告（2016）
著(编)者:李群　许佳军　2016年3月出版 / 估价:79.00元

公益蓝皮书
中国公益发展报告（2016）
著(编)者:朱健刚　2016年5月出版 / 估价:78.00元

国际人才蓝皮书
海外华侨华人专业人士报告（2016）
著(编)者:王辉耀　苗绿　2016年8月出版 / 估价:69.00元

国际人才蓝皮书
中国国际移民报告（2016）
著(编)者:王辉耀　2016年2月出版 / 估价:79.00元

国际人才蓝皮书
中国海归发展报告（2016）NO.3
著(编)者:王辉耀　苗绿　2016年10月出版 / 估价:69.00元

国际人才蓝皮书
中国留学发展报告（2016）NO.5
著(编)者:王辉耀　苗绿　2016年10月出版 / 估价:79.00元

国家公园蓝皮书
中国国家公园体制建设报告（2016）
著(编)者:苏杨　张玉钧　石金莲　刘锋 等
2016年10月出版 / 估价:69.00元

海洋社会蓝皮书
中国海洋社会发展报告（2016）
著(编)者:崔凤　宋宁而　2016年7月出版 / 估价:89.00元

行政改革蓝皮书
中国行政体制改革报告（2016）NO.5
著(编)者:魏礼群　2016年4月出版 / 估价:98.00元

华侨华人蓝皮书
华侨华人研究报告（2016）
著(编)者:贾益民　2016年12月出版 / 估价:98.00元

环境竞争力绿皮书
中国省域环境竞争力发展报告（2016）
著(编)者:李建平　李闽榕　王金南
2016年11月出版 / 估价:198.00元

环境绿皮书
中国环境发展报告（2016）
著(编)者:刘鉴强　2016年5月出版 / 估价:79.00元

基金会蓝皮书
中国基金会发展报告（2016）
著(编)者:刘忠祥　2016年4月出版 / 估价:69.00元

基金会绿皮书
中国基金会发展独立研究报告（2016）
著(编)者:基金会中心网　中央民族大学基金会研究中心
2016年6月出版 / 估价:88.00元

基金会透明度蓝皮书
中国基金会透明度发展研究报告（2016）
著(编)者:基金会中心网　清华大学廉政与治理研究中心
2016年9月出版 / 估价:85.00元

教师蓝皮书
中国中小学教师发展报告（2016）
著(编)者:曾晓东　鱼霞　2016年6月出版 / 估价:69.00元

社会政法类 — 皮书系列 2016全品种

教育蓝皮书
中国教育发展报告（2016）
著(编)者：杨东平　2016年5月出版 / 估价：79.00元

科普蓝皮书
中国科普基础设施发展报告（2016）
著(编)者：任福君　2016年6月出版 / 估价：69.00元

科学教育蓝皮书
中国科学教育发展报告（2016）
著(编)者：罗晖　王康友　2016年10月出版 / 估价：79.00元

劳动保障蓝皮书
中国劳动保障发展报告（2016）
著(编)者：刘燕斌　2016年8月出版 / 估价：158.00元

连片特困区蓝皮书
中国连片特困区发展报告（2016）
著(编)者：游俊　冷志明　丁建军
2016年3月出版 / 估价：98.00元

民间组织蓝皮书
中国民间组织报告（2016）
著(编)者：黄晓勇　2016年12月出版 / 估价：79.00元

民调蓝皮书
中国民生调查报告（2016）
著(编)者：谢耘耕　2016年5月出版 / 估价：128.00元

民族发展蓝皮书
中国民族发展报告（2016）
著(编)者：郝时远　王延中　王希恩
2016年4月出版 / 估价：98.00元

女性生活蓝皮书
中国女性生活状况报告 NO.10（2016）
著(编)者：韩湘景　2016年4月出版 / 估价：79.00元

汽车社会蓝皮书
中国汽车社会发展报告（2016）
著(编)者：王俊秀　2016年1月出版 / 估价：69.00元

青年蓝皮书
中国青年发展报告（2016）NO.4
著(编)者：廉思　等　2016年4月出版 / 估价：69.00元

青少年蓝皮书
中国未成年人互联网运用报告（2016）
著(编)者：李文革　沈杰　季为民
2016年11月出版 / 估价：89.00元

青少年体育蓝皮书
中国青少年体育发展报告（2016）
著(编)者：郭建军　杨桦　2016年9月出版 / 估价：69.00元

区域人才蓝皮书
中国区域人才竞争力报告 NO.2
著(编)者：桂昭明　王辉耀
2016年6月出版 / 估价：69.00元

群众体育蓝皮书
中国群众体育发展报告（2016）
著(编)者：刘国永　杨桦　2016年10月出版 / 估价：69.00元

人才蓝皮书
中国人才发展报告（2016）
著(编)者：潘晨光　2016年9月出版 / 估价：85.00元

人权蓝皮书
中国人权事业发展报告 NO.6（2016）
著(编)者：李君如　2016年9月出版 / 估价：128.00元

社会保障绿皮书
中国社会保障发展报告（2016）NO.8
著(编)者：王延中　2016年4月出版 / 估价：99.00元

社会工作蓝皮书
中国社会工作发展报告（2016）
著(编)者：民政部社会工作研究中心
2016年8月出版 / 估价：79.00元

社会管理蓝皮书
中国社会管理创新报告 NO.4
著(编)者：连玉明　2016年11月出版 / 估价：89.00元

社会蓝皮书
2016年中国社会形势分析与预测
著(编)者：李培林　陈光金　张翼
2015年12月出版 / 定价：79.00元

社会体制蓝皮书
中国社会体制改革报告（2016）NO.4
著(编)者：龚维斌　2016年4月出版 / 估价：79.00元

社会心态蓝皮书
中国社会心态研究报告（2016）
著(编)者：王俊秀　杨宜音　2016年10月出版 / 估价：69.00元

社会组织蓝皮书
中国社会组织评估发展报告（2016）
著(编)者：徐家良　廖鸿　2016年12月出版 / 估价：69.00元

生态城市绿皮书
中国生态城市建设发展报告（2016）
著(编)者：刘举科　孙伟平　胡文臻
2016年9月出版 / 估价：148.00元

生态文明绿皮书
中国省域生态文明建设评价报告（ECI 2016）
著(编)者：严耕　2016年12月出版 / 估价：85.00元

世界社会主义黄皮书
世界社会主义跟踪研究报告（2015～2016）
著(编)者：李慎明　2016年4月出版 / 估价：258.00元

水与发展蓝皮书
中国水风险评估报告（2016）
著(编)者：王浩　2016年9月出版 / 估价：69.00元

皮书系列 2016全品种 社会政法类·行业报告类

体育蓝皮书
长三角地区体育产业发展报告（2016）
著(编)者:张林　2016年4月出版 / 估价:79.00元

体育蓝皮书
中国公共体育服务发展报告（2016）
著(编)者:戴健　2016年12月出版 / 估价:79.00元

土地整治蓝皮书
中国土地整治发展研究报告 NO.3
著(编)者:国土资源部土地整治中心
2016年5月出版 / 估价:89.00元

土地政策蓝皮书
中国土地政策发展报告（2016）
著(编)者:高延利　李宪文　唐健
2016年12月出版 / 估价:69.00元

危机管理蓝皮书
中国危机管理报告（2016）
著(编)者:文学国　范正青　2016年8月出版 / 估价:89.00元

形象危机应对蓝皮书
形象危机应对研究报告（2016）
著(编)者:唐钧　2016年6月出版 / 估价:149.00元

医改蓝皮书
中国医药卫生体制改革报告（2016）
著(编)者:文学国　房志武　2016年11月出版 / 估价:98.00元

医疗卫生绿皮书
中国医疗卫生发展报告 NO.7（2016）
著(编)者:申宝忠　韩玉珍　2016年4月出版 / 估价:75.00元

政治参与蓝皮书
中国政治参与报告（2016）
著(编)者:房宁　2016年7月出版 / 估价:108.00元

政治发展蓝皮书
中国政治发展报告（2016）
著(编)者:房宁　杨海蛟　2016年5月出版 / 估价:88.00元

智慧社区蓝皮书
中国智慧社区发展报告（2016）
著(编)者:罗昌智　张辉德　2016年7月出版 / 估价:69.00元

中国农村妇女发展蓝皮书
农村流动女性城市生活发展报告（2016）
著(编)者:谢丽华　2016年12月出版 / 估价:79.00元

宗教蓝皮书
中国宗教报告（2016）
著(编)者:邱永辉　2016年5月出版 / 估价:79.00元

行业报告类

保健蓝皮书
中国保健服务产业发展报告 NO.2
著(编)者:中国保健协会　中共中央党校
2016年7月出版 / 估价:198.00元

保健蓝皮书
中国保健食品产业发展报告 NO.2
著(编)者:中国保健协会
　　　　中国社会科学院食品药品产业发展与监管研究中心
2016年7月出版 / 估价:198.00元

保健蓝皮书
中国保健用品产业发展报告 NO.2
著(编)者:中国保健协会
　　　　国务院国有资产监督管理委员会研究中心
2016年2月出版 / 估价:198.00元

保险蓝皮书
中国保险业创新发展报告（2016）
著(编)者:项俊波　2016年12月出版 / 估价:69.00元

保险蓝皮书
中国保险业竞争力报告（2016）
著(编)者:项俊波　2015年12月出版 / 估价:99.00元

采供血蓝皮书
中国采供血管理报告（2016）
著(编)者:朱永明　耿鸿武　2016年8月出版 / 估价:69.00元

彩票蓝皮书
中国彩票发展报告（2016）
著(编)者:益彩基金　2016年4月出版 / 估价:98.00元

餐饮产业蓝皮书
中国餐饮产业发展报告（2016）
著(编)者:邢颖　2016年4月出版 / 估价:69.00元

测绘地理信息蓝皮书
测绘地理信息转型升级研究报告（2016）
著(编)者:库热西·买合苏提　2016年12月出版 / 估价:98.00元

茶业蓝皮书
中国茶产业发展报告（2016）
著(编)者:杨江帆　李闽榕　2016年10月出版 / 估价:78.00元

产权市场蓝皮书
中国产权市场发展报告（2015～2016）
著(编)者:曹和平　2016年5月出版 / 估价:89.00元

产业安全蓝皮书
中国出版传媒产业安全报告（2016）
著(编)者:北京印刷学院文化产业安全研究院
2016年4月出版 / 估价:69.00元

产业安全蓝皮书
中国文化产业安全报告（2016）
著(编)者:北京印刷学院文化产业安全研究院
2016年4月出版 / 估价:89.00元

行业报告类 皮书系列 2016全品种

产业安全蓝皮书
中国新媒体产业安全报告（2016）
著(编)者：北京印刷学院文化产业安全研究院
2016年5月出版 / 估价：69.00元

大数据蓝皮书
网络空间和大数据发展报告（2016）
著(编)者：杜平　2016年2月出版 / 估价：69.00元

电子商务蓝皮书
中国电子商务服务业发展报告NO.3
著(编)者：荆林波 梁春晓　2016年5月出版 / 估价：69.00元

电子政务蓝皮书
中国电子政务发展报告（2016）
著(编)者：洪毅 杜平　2016年11月出版 / 估价：79.00元

杜仲产业绿皮书
中国杜仲橡胶资源与产业发展报告（2016）
著(编)者：杜红岩 胡文臻 俞锐
2016年1月出版 / 估价：85.00元

房地产蓝皮书
中国房地产发展报告NO.13（2016）
著(编)者：魏后凯 李景国　2016年5月出版 / 估价：79.00元

服务外包蓝皮书
中国服务外包产业发展报告（2016）
著(编)者：王晓红 刘德军
2016年6月出版 / 估价：89.00元

服务外包蓝皮书
中国服务外包竞争力报告（2016）
著(编)者：王力 刘春生 黄育华
2016年11月出版 / 估价：85.00元

工业和信息化蓝皮书
世界网络安全发展报告（2016）
著(编)者：洪京一　2016年4月出版 / 估价：69.00元

工业和信息化蓝皮书
世界信息化发展报告（2016）
著(编)者：洪京一　2016年4月出版 / 估价：69.00元

工业和信息化蓝皮书
世界信息技术产业发展报告（2016）
著(编)者：洪京一　2016年4月出版 / 估价：79.00元

工业和信息化蓝皮书
世界制造业发展报告（2016）
著(编)者：洪京一　2016年4月出版 / 估价：69.00元

工业和信息化蓝皮书
移动互联网产业发展报告（2016）
著(编)者：洪京一　2016年4月出版 / 估价：79.00元

工业设计蓝皮书
中国工业设计发展报告（2016）
著(编)者：王晓红 于炜 张立群
2016年9月出版 / 估价：138.00元

互联网金融蓝皮书
中国互联网金融发展报告（2016）
著(编)者：李东荣　2016年8月出版 / 估价：79.00元

会展蓝皮书
中外会展业动态评估年度报告（2016）
著(编)者：张敏　2016年1月出版 / 估价：78.00元

节能汽车蓝皮书
中国节能汽车产业发展报告（2016）
著(编)者：中国汽车工程研究院股份有限公司
2016年12月出版 / 估价：69.00元

金融监管蓝皮书
中国金融监管报告（2016）
著(编)者：胡滨　2016年4月出版 / 估价：89.00元

金融蓝皮书
中国金融中心发展报告（2016）
著(编)者：王力 黄育华　2017年11月出版 / 估价：75.00元

金融蓝皮书
中国商业银行竞争力报告（2016）
著(编)者：王松奇　2016年5月出版 / 估价：69.00元

经济林产业绿皮书
中国经济林产业发展报告（2016）
著(编)者：李芳东 胡文臻 乌云塔娜 杜红岩
2016年12月出版 / 估价：69.00元

客车蓝皮书
中国客车产业发展报告（2016）
著(编)者：姚蔚　2016年2月出版 / 估价：85.00元

老龄蓝皮书
中国老龄产业发展报告（2016）
著(编)者：吴玉韶 党俊武　2016年9月出版 / 估价：79.00元

流通蓝皮书
中国商业发展报告（2016）
著(编)者：荆林波　2016年5月出版 / 估价：89.00元

旅游安全蓝皮书
中国旅游安全报告（2016）
著(编)者：郑向敏 谢朝武　2016年5月出版 / 估价：128.00元

旅游绿皮书
2015～2016年中国旅游发展分析与预测
著(编)者：宋瑞　2016年1月出版 / 估价：98.00元

煤炭蓝皮书
中国煤炭工业发展报告（2016）
著(编)者：岳福斌　2016年12月出版 / 估价：79.00元

民营企业社会责任蓝皮书
中国民营企业社会责任年度报告（2016）
著(编)者：中华全国工商业联合会
2016年7月出版 / 估价：69.00元

皮书系列 2016全品种 — 行业报告类

民营医院蓝皮书
中国民营医院发展报告（2016）
著(编)者：庄一强　　2016年10月出版／估价：75.00元

能源蓝皮书
中国能源发展报告（2016）
著(编)者：崔民选　王军生　陈义和
2016年8月出版／估价：79.00元

农产品流通蓝皮书
中国农产品流通产业发展报告（2016）
著(编)者：贾敬敦　张东科　张玉玺　张鹏毅　周伟
2016年1月出版／估价：89.00元

期货蓝皮书
中国期货市场发展报告(2016)
著(编)者：李群　王在荣　　2016年11月出版／估价：69.00元

企业公益蓝皮书
中国企业公益研究报告（2016）
著(编)者：钟宏武　汪杰　顾一　黄晓娟　等
2016年12月出版／估价：69.00元

企业公众透明度蓝皮书
中国企业公众透明度报告(2016) NO.2
著(编)者：黄速建　王晓光　肖红军
2016年1月出版／估价：98.00元

企业国际化蓝皮书
中国企业国际化报告（2016）
著(编)者：王辉耀　　2016年11月出版／估价：98.00元

企业蓝皮书
中国企业绿色发展报告NO.2（2016）
著(编)者：李红玉　朱光辉　　2016年8月出版／估价：79.00元

企业社会责任蓝皮书
中国企业社会责任研究报告（2016）
著(编)者：黄群慧　钟宏武　张蒽
2016年11月出版／估价：79.00元

企业社会责任能力蓝皮书
中国上市公司社会责任能力成熟度报告（2016）
著(编)者：肖红军　王晓光　李伟阳
2016年11月出版／估价：69.00元

汽车安全蓝皮书
中国汽车安全发展报告（2016）
著(编)者：中国汽车技术研究中心
2016年7月出版／估价：89.00元

汽车电子商务蓝皮书
中国汽车电子商务发展报告（2016）
著(编)者：中华全国工商业联合会汽车经销商商会
　　　　　北京易观智库网络科技有限公司
2016年5月出版／估价：128.00元

汽车工业蓝皮书
中国汽车工业发展年度报告（2016）
著(编)者：中国汽车工业协会　中国汽车技术研究中心
　　　　　丰田汽车（中国）投资有限公司
2016年4月出版／估价：128.00元

汽车蓝皮书
中国汽车产业发展报告（2016）
著(编)者：国务院发展研究中心产业经济研究部
　　　　　中国汽车工程学会　大众汽车集团（中国）
2016年8月出版／估价：158.00元

清洁能源蓝皮书
国际清洁能源发展报告（2016）
著(编)者：苏树辉　袁国林　李玉崙
2016年11月出版／估价：99.00元

人力资源蓝皮书
中国人力资源发展报告（2016）
著(编)者：余兴安　　2016年12月出版／估价：79.00元

融资租赁蓝皮书
中国融资租赁业发展报告（2015～2016）
著(编)者：李光荣　王力　　2016年1月出版／估价：89.00元

软件和信息服务业蓝皮书
中国软件和信息服务业发展报告（2016）
著(编)者：洪京一　　2016年12月出版／估价：198.00元

商会蓝皮书
中国商会发展报告NO.5（2016）
著(编)者：王钦敏　　2016年7月出版／估价：89.00元

上市公司蓝皮书
中国上市公司社会责任信息披露报告（2016）
著(编)者：张旺　张杨　　2016年11月出版／估价：69.00元

上市公司蓝皮书
中国上市公司质量评价报告（2015～2016）
著(编)者：张跃文　王力　　2016年11月出版／估价：118.00元

设计产业蓝皮书
中国设计产业发展报告（2016）
著(编)者：陈冬亮　梁昊光　　2016年3月出版／估价：89.00元

食品药品蓝皮书
食品药品安全与监管政策研究报告（2016）
著(编)者：唐民皓　　2016年7月出版／估价：69.00元

世界能源蓝皮书
世界能源发展报告（2016）
著(编)者：黄晓勇　　2016年6月出版／估价：99.00元

水利风景区蓝皮书
中国水利风景区发展报告（2016）
著(编)者：兰思仁　　2016年8月出版／估价：69.00元

私募市场蓝皮书
中国私募股权市场发展报告（2016）
著(编)者：曹和平　　2016年12月出版／估价：79.00元

碳市场蓝皮书
中国碳市场报告（2016）
著(编)者：宁金彪　　2016年11月出版／估价：69.00元

行业报告类 — 皮书系列 2016全品种

体育蓝皮书
中国体育产业发展报告（2016）
著(编)者：阮伟 钟秉枢　2016年7月出版　估价：69.00元

投资蓝皮书
中国投资发展报告（2016）
著(编)者：谢平　2016年4月出版　估价：128.00元

土地市场蓝皮书
中国农村土地市场发展报告（2016）
著(编)者：李光荣 高传捷　2016年1月出版　估价：69.00元

网络空间安全蓝皮书
中国网络空间安全发展报告（2016）
著(编)者：惠志斌 唐涛　2016年4月出版　估价：79.00元

物联网蓝皮书
中国物联网发展报告（2016）
著(编)者：黄桂田 龚六堂 张全升
2016年1月出版　估价：69.00元

西部工业蓝皮书
中国西部工业发展报告（2016）
著(编)者：方行明 甘犁 刘方健 姜凌 等
2016年9月出版　估价：79.00元

西部金融蓝皮书
中国西部金融发展报告（2016）
著(编)者：李忠民　2016年8月出版　估价：75.00元

协会商会蓝皮书
中国行业协会商会发展报告（2016）
著(编)者：景朝阳 李勇　2016年4月出版　估价：99.00元

新能源汽车蓝皮书
中国新能源汽车产业发展报告（2016）
著(编)者：中国汽车技术研究中心
　　　　　日产（中国）投资有限公司 东风汽车有限公司
2016年8月出版　估价：89.00元

新三板蓝皮书
中国新三板市场发展报告（2016）
著(编)者：王力　2016年6月出版　估价：69.00元

信托市场蓝皮书
中国信托业市场报告（2015～2016）
著(编)者：用益信托工作室
2016年2月出版　估价：198.00元

信息安全蓝皮书
中国信息安全发展报告（2016）
著(编)者：张晓东　2016年2月出版　估价：69.00元

信息化蓝皮书
中国信息化形势分析与预测（2016）
著(编)者：周宏仁　2016年8月出版　估价：98.00元

信用蓝皮书
中国信用发展报告（2016）
著(编)者：章政 田侃　2016年4月出版　估价：99.00元

休闲绿皮书
2016年中国休闲发展报告
著(编)者：宋瑞
2016年10月出版　估价：79.00元

药品流通蓝皮书
中国药品流通行业发展报告（2016）
著(编)者：佘鲁林 温再兴
2016年8月出版　估价：158.00元

医药蓝皮书
中国中医药产业园战略发展报告（2016）
著(编)者：裴长洪 房书亭 吴滌心
2016年3月出版　估价：89.00元

邮轮绿皮书
中国邮轮产业发展报告（2016）
著(编)者：汪泓　2016年10月出版　估价：79.00元

智能养老蓝皮书
中国智能养老产业发展报告（2016）
著(编)者：朱勇　2016年10月出版　估价：89.00元

中国SUV蓝皮书
中国SUV产业发展报告（2016）
著(编)者：靳军　2016年12月出版　估价：69.00元

中国金融行业蓝皮书
中国债券市场发展报告（2016）
著(编)者：谢多　2016年7月出版　估价：69.00元

中国上市公司蓝皮书
中国上市公司发展报告（2016）
著(编)者：中国社会科学院上市公司研究中心
2016年9月出版　估价：98.00元

中国游戏蓝皮书
中国游戏产业发展报告（2016）
著(编)者：孙立军 刘跃军 牛兴侦
2016年4月出版　估价：69.00元

中国总部经济蓝皮书
中国总部经济发展报告（2015～2016）
著(编)者：赵弘　2016年9月出版　估价：79.00元

资本市场蓝皮书
中国场外交易市场发展报告（2016）
著(编)者：高峦　2016年8月出版　估价：79.00元

资产管理蓝皮书
中国资产管理行业发展报告（2016）
著(编)者：智信资产管理研究院
2016年6月出版　估价：89.00元

文化传媒类

传媒竞争力蓝皮书
中国传媒国际竞争力研究报告（2016）
著(编)者：李本乾 刘强
2016年11月出版 / 估价：148.00元

传媒蓝皮书
中国传媒产业发展报告（2016）
著(编)者：崔保国　2016年5月出版 / 估价：98.00元

传媒投资蓝皮书
中国传媒投资发展报告（2016）
著(编)者：张向东 谭云明
2016年6月出版 / 估价：128.00元

动漫蓝皮书
中国动漫产业发展报告（2016）
著(编)者：卢斌 郑玉明 牛兴侦
2016年7月出版 / 估价：79.00元

非物质文化遗产蓝皮书
中国非物质文化遗产发展报告（2016）
著(编)者：陈平　2016年5月出版 / 估价：98.00元

广电蓝皮书
中国广播电影电视发展报告（2016）
著(编)者：国家新闻出版广电总局发展研究中心
2016年7月出版 / 估价：98.00元

广告主蓝皮书
中国广告主营销传播趋势报告 NO.9
著(编)者：黄升民 杜国清 邵华冬 等
2016年10月出版 / 估价：148.00元

国际传播蓝皮书
中国国际传播发展报告（2016）
著(编)者：胡正荣 李继东 姬德强
2016年11月出版 / 估价：89.00元

纪录片蓝皮书
中国纪录片发展报告（2016）
著(编)者：何苏六　2016年10月出版 / 估价：79.00元

科学传播蓝皮书
中国科学传播报告（2016）
著(编)者：詹正茂　2016年7月出版 / 估价：69.00元

两岸创意经济蓝皮书
两岸创意经济研究报告（2016）
著(编)者：罗昌智 董泽平　2016年12月出版 / 估价：98.00元

两岸文化蓝皮书
两岸文化产业合作发展报告（2016）
著(编)者：胡惠林 李保宗　2016年7月出版 / 估价：79.00元

媒介与女性蓝皮书
中国媒介与女性发展报告（2015~2016）
著(编)者：刘利群　2016年8月出版 / 估价：118.00元

媒体融合蓝皮书
中国媒体融合发展报告（2016）
著(编)者：梅宁华 宋建武　2016年7月出版 / 估价：79.00元

全球传媒蓝皮书
全球传媒发展报告（2016）
著(编)者：胡正荣 李继东 唐晓芬
2016年12月出版 / 估价：79.00元

少数民族非遗蓝皮书
中国少数民族非物质文化遗产发展报告（2016）
著(编)者：肖远平（彝） 柴立（满）
2016年6月出版 / 估价：128.00元

视听新媒体蓝皮书
中国视听新媒体发展报告（2016）
著(编)者：国家新闻出版广电总局发展研究中心
2016年7月出版 / 估价：98.00元

文化创新蓝皮书
中国文化创新报告（2016）NO.7
著(编)者：于平 傅才武　2016年7月出版 / 估价：98.00元

文化建设蓝皮书
中国文化发展报告（2016）
著(编)者：江畅 孙伟平 戴茂堂
2016年4月出版 / 估价：108.00元

文化科技蓝皮书
文化科技创新发展报告（2016）
著(编)者：于平 李凤亮　2016年10月出版 / 估价：89.00元

文化蓝皮书
中国公共文化服务发展报告（2016）
著(编)者：刘新成 张永新 张旭　2016年10月出版 / 估价：98.00元

文化蓝皮书
中国公共文化投入增长测评报告（2016）
著(编)者：王亚南　2016年12月出版 / 估价：79.00元

文化蓝皮书
中国少数民族文化发展报告（2016）
著(编)者：武翠英 张晓明 任乌晶
2016年9月出版 / 估价：69.00元

文化蓝皮书
中国文化产业发展报告（2016）
著(编)者：张晓明 王家新 章建刚
2016年4月出版 / 估价：79.00元

文化蓝皮书
中国文化产业供需协调检测报告（2016）
著(编)者：王亚南　2016年2月出版 / 估价：79.00元

文化蓝皮书
中国文化消费需求景气评价报告（2016）
著(编)者：王亚南　2016年2月出版 / 估价：79.00元

文化传媒类 · 地方发展类

文化品牌蓝皮书
中国文化品牌发展报告（2016）
著（编）者：欧阳友权　2016年4月出版 / 估价：89.00元

文化遗产蓝皮书
中国文化遗产事业发展报告（2016）
著（编）者：刘世锦　2016年3月出版 / 估价：89.00元

文学蓝皮书
中国文情报告（2015～2016）
著（编）者：白烨　2016年5月出版 / 估价：69.00元

新媒体蓝皮书
中国新媒体发展报告NO.7（2016）
著（编）者：唐绪军　2016年7月出版 / 估价：79.00元

新媒体社会责任蓝皮书
中国新媒体社会责任研究报告（2016）
著（编）者：钟瑛　2016年10月出版 / 估价：79.00元

移动互联网蓝皮书
中国移动互联网发展报告（2016）
著（编）者：官建文　2016年6月出版 / 估价：79.00元

舆情蓝皮书
中国社会舆情与危机管理报告（2016）
著（编）者：谢耘耕　2016年8月出版 / 估价：98.00元

地方发展类

安徽经济蓝皮书
芜湖创新型城市发展报告（2016）
著（编）者：张志宏　2016年4月出版 / 估价：69.00元

安徽蓝皮书
安徽社会发展报告（2016）
著（编）者：程桦　2016年4月出版 / 估价：89.00元

安徽社会建设蓝皮书
安徽社会建设分析报告（2015～2016）
著（编）者：黄家海　王开玉　蔡宪
2016年4月出版 / 估价：89.00元

澳门蓝皮书
澳门经济社会发展报告（2015～2016）
著（编）者：吴志良　郝雨凡　2016年5月出版 / 估价：79.00元

北京蓝皮书
北京公共服务发展报告（2015～2016）
著（编）者：施昌奎　2016年1月出版 / 估价：69.00元

北京蓝皮书
北京经济发展报告（2015～2016）
著（编）者：杨松　2016年6月出版 / 估价：79.00元

北京蓝皮书
北京社会发展报告（2015～2016）
著（编）者：李伟东　2016年7月出版 / 估价：79.00元

北京蓝皮书
北京社会治理发展报告（2015～2016）
著（编）者：殷星辰　2016年6月出版 / 估价：79.00元

北京蓝皮书
北京文化发展报告（2015～2016）
著（编）者：李建盛　2016年5月出版 / 估价：79.00元

北京旅游绿皮书
北京旅游发展报告（2016）
著（编）者：北京旅游学会　2016年7月出版 / 估价：88.00元

北京人才蓝皮书
北京人才发展报告（2016）
著（编）者：于淼　2016年12月出版 / 估价：128.00元

北京社会心态蓝皮书
北京社会心态分析报告（2015～2016）
著（编）者：北京社会心理研究所
2016年8月出版 / 估价：79.00元

北京社会组织管理蓝皮书
北京社会组织发展与管理（2015～2016）
著（编）者：黄江松　2016年4月出版 / 估价：78.00元

北京体育蓝皮书
北京体育产业发展报告（2016）
著（编）者：钟秉枢　陈杰　杨铁黎
2016年10月出版 / 估价：79.00元

北京养老产业蓝皮书
北京养老产业发展报告（2016）
著（编）者：周明明　冯喜良　2016年4月出版 / 估价：69.00元

滨海金融蓝皮书
滨海新区金融发展报告（2016）
著（编）者：王爱俭　张锐钢　2016年9月出版 / 估价：79.00元

城乡一体化蓝皮书
中国城乡一体化发展报告·北京卷（2015～2016)
著（编）者：张宝秀　黄序　2016年5月出版 / 估价：79.00元

创意城市蓝皮书
北京文化创意产业发展报告（2016）
著（编）者：张京成　王国华　2016年12月出版 / 估价：69.00元

创意城市蓝皮书
青岛文化创意产业发展报告（2016）
著（编）者：马达　张丹妮　2016年6月出版 / 估价：79.00元

皮书系列 2016全品种 — 地方发展类

创意城市蓝皮书
台北文化创意产业发展报告（2016）
著(编)者：陈耀竹 邱琪瑄　2016年11月出版 / 估价：89.00元

创意城市蓝皮书
无锡文化创意产业发展报告（2016）
著(编)者：谭军 张鸣年　2016年10月出版 / 估价：79.00元

创意城市蓝皮书
武汉文化创意产业发展报告（2016）
著(编)者：黄永林 陈汉桥　2016年12月出版 / 估价：89.00元

创意城市蓝皮书
重庆创意产业发展报告（2016）
著(编)者：程宇宁　2016年4月出版 / 估价：89.00元

地方法治蓝皮书
南宁法治发展报告（2016）
著(编)者：杨维超　2016年12月出版 / 估价：69.00元

福建妇女发展蓝皮书
福建省妇女发展报告（2016）
著(编)者：刘群英　2016年11月出版 / 估价：88.00元

甘肃蓝皮书
甘肃经济发展分析与预测（2016）
著(编)者：朱智文 罗哲　2016年1月出版 / 估价：79.00元

甘肃蓝皮书
甘肃社会发展分析与预测（2016）
著(编)者：安文华 包晓霞　2016年1月出版 / 估价：79.00元

甘肃蓝皮书
甘肃文化发展分析与预测（2016）
著(编)者：安文华 周小华　2016年1月出版 / 估价：79.00元

甘肃蓝皮书
甘肃县域社会发展评价报告（2016）
著(编)者：刘进军 柳民 王建兵
2016年1月出版 / 估价：79.00元

甘肃蓝皮书
甘肃舆情分析与预测（2016）
著(编)者：陈双梅 郝树声　2016年1月出版 / 估价：79.00元

甘肃蓝皮书
甘肃商务发展报告（2016）
著(编)者：杨志武 王福生 王晓芳
2016年1月出版 / 估价：69.00元

广东蓝皮书
广东全面深化改革发展报告（2016）
著(编)者：周林生 涂成林　2016年11月出版 / 估价：69.00元

广东蓝皮书
广东社会工作发展报告（2016）
著(编)者：罗观翠　2016年6月出版 / 估价：89.00元

广东蓝皮书
广东省电子商务发展报告（2016）
著(编)者：程晓 邓顺国　2016年7月出版 / 估价：79.00元

广东社会建设蓝皮书
广东省社会建设发展报告（2016）
著(编)者：广东省社会工作委员会
2016年12月出版 / 估价：99.00元

广东外经贸蓝皮书
广东对外经济贸易发展研究报告（2015~2016）
著(编)者：陈万灵　2016年5月出版 / 估价：89.00元

广西北部湾经济区蓝皮书
广西北部湾经济区开放开发报告（2016）
著(编)者：广西北部湾经济区规划建设管理委员会办公室
广西社会科学院广西北部湾发展研究院
2016年10月出版 / 估价：79.00元

广州蓝皮书
2016年中国广州经济形势分析与预测
著(编)者：庾建设 沈奎 谢博能　2016年6月出版 / 估价：79.00元

广州蓝皮书
2016年中国广州社会形势分析与预测
著(编)者：张强 陈怡霓 杨秦　2016年6月出版 / 估价：79.00元

广州蓝皮书
广州城市国际化发展报告（2016）
著(编)者：朱名宏　2016年11月出版 / 估价：69.00元

广州蓝皮书
广州创新型城市发展报告（2016）
著(编)者：尹涛　2016年10月出版 / 估价：69.00元

广州蓝皮书
广州经济发展报告（2016）
著(编)者：朱名宏　2016年7月出版 / 估价：69.00元

广州蓝皮书
广州农村发展报告（2016）
著(编)者：朱名宏　2016年8月出版 / 估价：69.00元

广州蓝皮书
广州汽车产业发展报告（2016）
著(编)者：杨再高 冯兴亚　2016年9月出版 / 估价：69.00元

广州蓝皮书
广州青年发展报告（2015~2016）
著(编)者：魏国华 张强　2016年7月出版 / 估价：69.00元

广州蓝皮书
广州商贸业发展报告（2016）
著(编)者：李江涛 肖振宇 荀振英
2016年7月出版 / 估价：69.00元

广州蓝皮书
广州社会保障发展报告（2016）
著(编)者：蔡国萱　2016年10月出版 / 估价：65.00元

广州蓝皮书
广州文化创意产业发展报告（2016）
著(编)者：甘新　2016年8月出版 / 估价：79.00元

广州蓝皮书
中国广州城市建设与管理发展报告（2016）
著(编)者：董皞 陈小钢 李江涛　2016年7月出版 / 估价：69.00元

地方发展类　皮书系列 2016全品种

广州蓝皮书
中国广州科技和信息化发展报告（2016）
著（编）者：邹采荣　马正勇　冯　235　2016年8月出版 / 估价：79.00元

广州蓝皮书
中国广州文化发展报告（2016）
著（编）者：徐俊忠　陆志强　顾涧清　2016年7月出版 / 估价：69.00元

贵阳蓝皮书
贵阳城市创新发展报告·白云篇（2016）
著（编）者：连玉明　2016年10月出版 / 估价：89.00元

贵阳蓝皮书
贵阳城市创新发展报告·观山湖篇（2016）
著（编）者：连玉明　2016年10月出版 / 估价：89.00元

贵阳蓝皮书
贵阳城市创新发展报告·花溪篇（2016）
著（编）者：连玉明　2016年10月出版 / 估价：89.00元

贵阳蓝皮书
贵阳城市创新发展报告·开阳篇（2016）
著（编）者：连玉明　2016年10月出版 / 估价：89.00元

贵阳蓝皮书
贵阳城市创新发展报告·南明篇（2016）
著（编）者：连玉明　2016年10月出版 / 估价：89.00元

贵阳蓝皮书
贵阳城市创新发展报告·清镇篇（2016）
著（编）者：连玉明　2016年10月出版 / 估价：89.00元

贵阳蓝皮书
贵阳城市创新发展报告·乌当篇（2016）
著（编）者：连玉明　2016年10月出版 / 估价：89.00元

贵阳蓝皮书
贵阳城市创新发展报告·息烽篇（2016）
著（编）者：连玉明　2016年10月出版 / 估价：89.00元

贵阳蓝皮书
贵阳城市创新发展报告·修文篇（2016）
著（编）者：连玉明　2016年10月出版 / 估价：89.00元

贵阳蓝皮书
贵阳城市创新发展报告·云岩篇（2016）
著（编）者：连玉明　2016年10月出版 / 估价：89.00元

贵州房地产蓝皮书
贵州房地产发展报告NO.3（2016）
著（编）者：武廷方　2016年6月出版 / 估价：89.00元

贵州蓝皮书
册亨经济社会发展报告(2016)
著（编）者：黄德林　2016年1月出版 / 估价：69.00元

贵州蓝皮书
贵安新区发展报告（2016）
著（编）者：马长青　吴大华　2016年4月出版 / 估价：69.00元

贵州蓝皮书
贵州法治发展报告（2016）
著（编）者：吴大华　2016年5月出版 / 估价：79.00元

贵州蓝皮书
贵州民航业发展报告（2016）
著（编）者：申振东　吴大华　2016年10月出版 / 估价：69.00元

贵州蓝皮书
贵州人才发展报告（2016）
著（编）者：于杰　吴大华　2016年9月出版 / 估价：69.00元

贵州蓝皮书
贵州社会发展报告（2016）
著（编）者：王兴骥　2016年5月出版 / 估价：79.00元

海淀蓝皮书
海淀区文化和科技融合发展报告（2016）
著（编）者：陈名杰　孟景伟　2016年5月出版 / 估价：75.00元

海峡西岸蓝皮书
海峡西岸经济区发展报告（2016）
著（编）者：福建省人民政府发展研究中心
　　　　　　福建省人民政府发展研究中心咨询服务中心
2016年9月出版 / 估价：65.00元

杭州都市圈蓝皮书
杭州都市圈发展报告（2016）
著（编）者：董祖德　沈翔　2016年5月出版 / 估价：89.00元

杭州蓝皮书
杭州妇女发展报告（2016）
著（编）者：魏颖　2016年4月出版 / 估价：79.00元

河北经济蓝皮书
河北省经济发展报告（2016）
著（编）者：马树强　金浩　刘兵　张贵
2016年3月出版 / 估价：89.00元

河北蓝皮书
河北经济社会发展报告（2016）
著（编）者：周文夫　2016年1月出版 / 估价：79.00元

河北食品药品安全蓝皮书
河北食品药品安全研究报告（2016）
著（编）者：丁锦霞　2016年6月出版 / 估价：79.00元

河南经济蓝皮书
2016年河南经济形势分析与预测
著（编）者：胡五岳　2016年2月出版 / 估价：69.00元

河南蓝皮书
2016年河南社会形势分析与预测
著（编）者：刘道兴　牛苏林　2016年4月出版 / 估价：69.00元

河南蓝皮书
河南城市发展报告（2016）
著（编）者：谷建全　王建国　2016年3月出版 / 估价：79.00元

河南蓝皮书
河南法治发展报告（2016）
著（编）者：丁同民　闫德民　2016年6月出版 / 估价：79.00元

河南蓝皮书
河南工业发展报告（2016）
著（编）者：龚绍东　赵西三　2016年1月出版 / 估价：79.00元

皮书系列 2016全品种 — 地方发展类

河南蓝皮书
河南金融发展报告（2016）
著(编)者：河南省社会科学院
2016年6月出版 / 估价：69.00元

河南蓝皮书
河南经济发展报告（2016）
著(编)者：河南省社会科学院
2016年12月出版 / 估价：79.00元

河南蓝皮书
河南农业农村发展报告（2016）
著(编)者：吴海峰　2016年4月出版 / 估价：69.00元

河南蓝皮书
河南文化发展报告（2016）
著(编)者：卫绍生　2016年3月出版 / 估价：79.00元

河南商务蓝皮书
河南商务发展报告（2016）
著(编)者：焦锦淼　穆荣兰　2016年4月出版 / 估价：88.00元

黑龙江产业蓝皮书
黑龙江产业发展报告（2016）
著(编)者：于渤　2016年10月出版 / 估价：79.00元

黑龙江蓝皮书
黑龙江经济发展报告（2016）
著(编)者：曲伟　2016年1月出版 / 估价：79.00元

黑龙江蓝皮书
黑龙江社会发展报告（2016）
著(编)者：张新颖　2016年1月出版 / 估价：79.00元

湖南城市蓝皮书
区域城市群整合（主题待定）
著(编)者：童中贤　韩未名　2016年12月出版 / 估价：79.00元

湖南蓝皮书
2016年湖南产业发展报告
著(编)者：梁志峰　2016年5月出版 / 估价：98.00元

湖南蓝皮书
2016年湖南电子政务发展报告
著(编)者：梁志峰　2016年5月出版 / 估价：98.00元

湖南蓝皮书
2016年湖南经济展望
著(编)者：梁志峰　2016年5月出版 / 估价：128.00元

湖南蓝皮书
2016年湖南两型社会与生态文明发展报告
著(编)者：梁志峰　2016年5月出版 / 估价：98.00元

湖南蓝皮书
2016年湖南社会发展报告
著(编)者：梁志峰　2016年5月出版 / 估价：88.00元

湖南蓝皮书
2016年湖南县域经济社会发展报告
著(编)者：梁志峰　2016年5月出版 / 估价：98.00元

湖南蓝皮书
湖南城乡一体化发展报告（2016）
著(编)者：陈文胜　刘祚祥　邝奕轩　等
2016年7月出版 / 估价：89.00元

湖南县域绿皮书
湖南县域发展报告 NO.3
著(编)者：袁准　周小毛　2016年9月出版 / 估价：69.00元

沪港蓝皮书
沪港发展报告（2015~2016）
著(编)者：尤安山　2016年4月出版 / 估价：89.00元

吉林蓝皮书
2016年吉林经济社会形势分析与预测
著(编)者：马克　2016年2月出版 / 估价：89.00元

济源蓝皮书
济源经济社会发展报告（2016）
著(编)者：喻新安　2016年4月出版 / 估价：69.00元

健康城市蓝皮书
北京健康城市建设研究报告（2016）
著(编)者：王鸿春　2016年4月出版 / 估价：79.00元

江苏法治蓝皮书
江苏法治发展报告 NO.5（2016）
著(编)者：李力　龚廷泰　2016年9月出版 / 估价：98.00元

江西蓝皮书
江西经济社会发展报告（2016）
著(编)者：张勇　姜玮　梁勇　2016年10月出版 / 估价：79.00元

江西文化产业蓝皮书
江西文化产业发展报告（2016）
著(编)者：张圣才　汪春翔　2016年10月出版 / 估价：128.00元

经济特区蓝皮书
中国经济特区发展报告（2016）
著(编)者：陶一桃　2016年12月出版 / 估价：89.00元

辽宁蓝皮书
2016年辽宁经济社会形势分析与预测
著(编)者：曹晓峰　张晶　梁启东
2016年12月出版 / 估价：79.00元

拉萨蓝皮书
拉萨法治发展报告（2016）
著(编)者：车明怀　2016年7月出版 / 估价：79.00元

洛阳蓝皮书
洛阳文化发展报告（2016）
著(编)者：刘福兴　陈启明　2016年7月出版 / 估价：79.00元

南京蓝皮书
南京文化发展报告（2016）
著(编)者：徐宁　2016年12月出版 / 估价：79.00元

内蒙古蓝皮书
内蒙古反腐倡廉建设报告 NO.2
著(编)者：张志华　无极　2016年12月出版 / 估价：69.00元

地方发展类

皮书系列 2016全品种

浦东新区蓝皮书
上海浦东经济发展报告(2016)
著(编)者:沈开艳 陆沪根　2016年1月出版 / 估价:69.00元

青海蓝皮书
2016年青海经济社会形势分析与预测
著(编)者:赵宗福　2015年12月出版 / 估价:69.00元

人口与健康蓝皮书
深圳人口与健康发展报告(2016)
著(编)者:陆杰华 罗乐宣 苏杨
2016年11月出版 / 估价:89.00元

山东蓝皮书
山东经济形势分析与预测(2016)
著(编)者:李广杰　2016年11月出版 / 估价:89.00元

山东蓝皮书
山东社会形势分析与预测(2016)
著(编)者:涂可国　2016年6月出版 / 估价:89.00元

山东蓝皮书
山东文化发展报告(2016)
著(编)者:张华 唐洲雁　2016年6月出版 / 估价:98.00元

山西蓝皮书
山西资源型经济转型发展报告(2016)
著(编)者:李志强　2016年5月出版 / 估价:89.00元

陕西蓝皮书
陕西经济发展报告(2016)
著(编)者:任宗哲 白宽犁 裴成荣
2016年1月出版 / 估价:69.00元

陕西蓝皮书
陕西社会发展报告(2016)
著(编)者:任宗哲 白宽犁 牛昉
2016年1月出版 / 估价:69.00元

陕西蓝皮书
陕西文化发展报告(2016)
著(编)者:任宗哲 白宽犁 王长寿
2016年1月出版 / 估价:65.00元

陕西蓝皮书
丝绸之路经济带发展报告(2016)
著(编)者:任宗哲 石英 白宽犁
2016年8月出版 / 估价:79.00元

上海蓝皮书
上海传媒发展报告(2016)
著(编)者:强荧 焦雨虹　2016年1月出版 / 估价:69.00元

上海蓝皮书
上海法治发展报告(2016)
著(编)者:叶青　2016年5月出版 / 估价:69.00元

上海蓝皮书
上海经济发展报告(2016)
著(编)者:沈开艳　2016年1月出版 / 估价:69.00元

上海蓝皮书
上海社会发展报告(2016)
著(编)者:杨雄 周海旺　2016年1月出版 / 估价:69.00元

上海蓝皮书
上海文化发展报告(2016)
著(编)者:荣跃明　2016年1月出版 / 估价:74.00元

上海蓝皮书
上海文学发展报告(2016)
著(编)者:陈圣来　2016年1月出版 / 估价:69.00元

上海蓝皮书
上海资源环境发展报告(2016)
著(编)者:周冯琦 汤庆合 任文伟
2016年1月出版 / 估价:69.00元

上饶蓝皮书
上饶发展报告(2015~2016)
著(编)者:朱寅健　2016年3月出版 / 估价:128.00元

社会建设蓝皮书
2016年北京社会建设分析报告
著(编)者:宋贵伦 冯虹　2016年7月出版 / 估价:79.00元

深圳蓝皮书
深圳法治发展报告(2016)
著(编)者:张骁儒　2016年5月出版 / 估价:69.00元

深圳蓝皮书
深圳经济发展报告(2016)
著(编)者:张骁儒　2016年6月出版 / 估价:89.00元

深圳蓝皮书
深圳劳动关系发展报告(2016)
著(编)者:汤庭芬　2016年6月出版 / 估价:79.00元

深圳蓝皮书
深圳社会建设与发展报告(2016)
著(编)者:张骁儒 陈东平　2016年6月出版 / 估价:79.00元

深圳蓝皮书
深圳文化发展报告(2016)
著(编)者:张骁儒　2016年1月出版 / 估价:69.00元

四川法治蓝皮书
四川依法治省年度报告 NO.2(2016)
著(编)者:李林 杨天宗 田禾
2016年3月出版 / 估价:108.00元

四川蓝皮书
2016年四川经济形势分析与预测
著(编)者:杨钢　2016年1月出版 / 估价:89.00元

四川蓝皮书
四川城镇化发展报告(2016)
著(编)者:侯水平 范秋美　2016年4月出版 / 估价:79.00元

四川蓝皮书
四川法治发展报告(2016)
著(编)者:郑泰安　2016年1月出版 / 估价:69.00元

皮书系列 2016全品种
地方发展类·国家国别类

四川蓝皮书
四川企业社会责任研究报告（2015～2016）
著(编)者：侯水平 盛毅　2016年4月出版 / 估价:79.00元

四川蓝皮书
四川社会发展报告（2016）
著(编)者：郭晓鸣　2016年4月出版 / 估价:79.00元

四川蓝皮书
四川生态建设报告（2016）
著(编)者：李晟之　2016年4月出版 / 估价:79.00元

四川蓝皮书
四川文化产业发展报告（2016）
著(编)者：侯水平　2016年4月出版 / 估价:79.00元

体育蓝皮书
上海体育产业发展报告（2015～2016）
著(编)者：张林 黄海燕　2016年10月出版 / 估价:79.00元

体育蓝皮书
长三角地区体育产业发展报告（2015～2016）
著(编)者：张林　2016年4月出版 / 估价:79.00元

天津金融蓝皮书
天津金融发展报告（2016）
著(编)者：王爱俭 孔德昌　2016年9月出版 / 估价:89.00元

图们江区域合作蓝皮书
图们江区域合作发展报告（2016）
著(编)者：李铁　2016年4月出版 / 估价:98.00元

温州蓝皮书
2016年温州经济社会形势分析与预测
著(编)者：潘忠强 王春光 金浩　2016年4月出版 / 估价:69.00元

扬州蓝皮书
扬州经济社会发展报告（2016）
著(编)者：丁纯　2016年12月出版 / 估价:89.00元

长株潭城市群蓝皮书
长株潭城市群发展报告（2016）
著(编)者：张萍　2016年10月出版 / 估价:69.00元

郑州蓝皮书
2016年郑州文化发展报告
著(编)者：王哲　2016年9月出版 / 估价:65.00元

中医文化蓝皮书
北京中医药文化传播发展报告（2016）
著(编)者：毛嘉陵　2016年5月出版 / 估价:79.00元

珠三角流通蓝皮书
珠三角商圈发展研究报告（2016）
著(编)者：王先庆 林至颖　2016年7月出版 / 估价:98.00元

遵义蓝皮书
遵义发展报告（2016）
著(编)者：曾征 龚永育　2016年12月出版 / 估价:69.00元

国别与地区类

阿拉伯黄皮书
阿拉伯发展报告（2015～2016）
著(编)者：罗林　2016年11月出版 / 估价:79.00元

北部湾蓝皮书
泛北部湾合作发展报告（2016）
著(编)者：吕余生　2016年10月出版 / 估价:69.00元

大湄公河次区域蓝皮书
大湄公河次区域合作发展报告（2016）
著(编)者：刘稚　2016年9月出版 / 估价:79.00元

大洋洲蓝皮书
大洋洲发展报告（2015～2016）
著(编)者：喻常森　2016年10月出版 / 估价:89.00元

德国蓝皮书
德国发展报告（2016）
著(编)者：郑春荣 伍慧萍
2016年5月出版 / 估价:69.00元

东北亚黄皮书
东北亚地区政治与安全（2016）
著(编)者：黄凤志 刘清才 张慧智 等
2016年5月出版 / 估价:69.00元

东盟黄皮书
东盟发展报告（2016）
著(编)者：杨晓强 庄国土　2016年12月出版 / 估价:75.00元

东南亚蓝皮书
东南亚地区发展报告（2015～2016）
著(编)者：厦门大学东南亚研究中心 王勤
2016年4月出版 / 估价:79.00元

俄罗斯黄皮书
俄罗斯发展报告（2016）
著(编)者：李永全　2016年7月出版 / 估价:79.00元

非洲黄皮书
非洲发展报告 NO.18（2015～2016）
著(编)者：张宏明　2016年9月出版 / 估价:79.00元

皮书系列重点推荐 — 国家国别类

国际形势黄皮书
全球政治与安全报告（2016）
著(编)者：李慎明 张宇燕
2015年12月出版 / 定价：69.00元

韩国蓝皮书
韩国发展报告（2016）
著(编)者：牛林杰 刘宝全
2016年12月出版 / 估价：89.00元

加拿大蓝皮书
加拿大发展报告（2016）
著(编)者：仲伟合 2016年4月出版 / 估价：89.00元

拉美黄皮书
拉丁美洲和加勒比发展报告（2015~2016）
著(编)者：吴白乙 2016年5月出版 / 估价：89.00元

美国蓝皮书
美国研究报告（2016）
著(编)者：郑秉文 黄平
2016年6月出版 / 估价：89.00元

缅甸蓝皮书
缅甸国情报告（2016）
著(编)者：李晨阳 2016年8月出版 / 估价：79.00元

欧洲蓝皮书
欧洲发展报告（2015~2016）
著(编)者：周弘 黄平 江时学
2016年7月出版 / 估价：89.00元

日本经济蓝皮书
日本经济与中日经贸关系研究报告（2016）
著(编)者：王洛林 张季风
2016年5月出版 / 估价：79.00元

日本蓝皮书
日本研究报告（2016）
著(编)者：李薇 2016年4月出版 / 估价：69.00元

上海合作组织黄皮书
上海合作组织发展报告（2016）
著(编)者：李进峰 吴宏伟 李伟
2016年7月出版 / 估价：98.00元

世界创新竞争力黄皮书
世界创新竞争力发展报告（2016）
著(编)者：李闽榕 李建平 赵新力
2016年1月出版 / 估价：148.00元

土耳其蓝皮书
土耳其发展报告（2016）
著(编)者：郭长刚 刘义 2016年7月出版 / 估价：69.00元

亚太蓝皮书
亚太地区发展报告（2016）
著(编)者：李向阳 2016年1月出版 / 估价：69.00元

印度蓝皮书
印度国情报告（2016）
著(编)者：吕昭义 2016年5月出版 / 估价：89.00元

印度洋地区蓝皮书
印度洋地区发展报告（2016）
著(编)者：汪戎 2016年5月出版 / 估价：89.00元

英国蓝皮书
英国发展报告（2015~2016）
著(编)者：王展鹏 2016年10月出版 / 估价：89.00元

越南蓝皮书
越南国情报告（2016）
著(编)者：广西社会科学院 罗梅 李碧华
2016年8月出版 / 估价：69.00元

越南蓝皮书
越南经济发展报告（2016）
著(编)者：黄志勇 2016年10月出版 / 估价：69.00元

以色列蓝皮书
以色列发展报告（2016）
著(编)者：张倩红 2016年9月出版 / 估价：89.00元

中东黄皮书
中东发展报告 No.18（2015~2016）
著(编)者：杨光 2016年10月出版 / 估价：89.00元

中欧关系蓝皮书
中欧关系研究报告（2016）
著(编)者：周弘 2016年12月出版 / 估价：98.00元

中亚黄皮书
中亚国家发展报告（2016）
著(编)者：孙力 吴宏伟 2016年8月出版 / 估价：89.00元

社会科学文献出版社　　皮书系列

❖ 皮书起源 ❖

"皮书"起源于十七、十八世纪的英国,主要指官方或社会组织正式发表的重要文件或报告,多以"白皮书"命名。在中国,"皮书"这一概念被社会广泛接受,并被成功运作、发展成为一种全新的出版形态,则源于中国社会科学院社会科学文献出版社。

❖ 皮书定义 ❖

皮书是对中国与世界发展状况和热点问题进行年度监测,以专业的角度、专家的视野和实证研究方法,针对某一领域或区域现状与发展态势展开分析和预测,具备原创性、实证性、专业性、连续性、前沿性、时效性等特点的公开出版物,由一系列权威研究报告组成。

❖ 皮书作者 ❖

皮书系列的作者以中国社会科学院、著名高校、地方社会科学院的研究人员为主,多为国内一流研究机构的权威专家学者,他们的看法和观点代表了学界对中国与世界的现实和未来最高水平的解读与分析。

❖ 皮书荣誉 ❖

皮书系列已成为社会科学文献出版社的著名图书品牌和中国社会科学院的知名学术品牌。2011年,皮书系列正式列入"十二五"国家重点出版规划项目;2012~2015年,重点皮书列入中国社会科学院承担的国家哲学社会科学创新工程项目;2016年,46种院外皮书使用"中国社会科学院创新工程学术出版项目"标识。

中国皮书网

www.pishu.cn

发布皮书研创资讯，传播皮书精彩内容
引领皮书出版潮流，打造皮书服务平台

栏目设置：

☐ 资讯：皮书动态、皮书观点、皮书数据、
  皮书报道、皮书发布、电子期刊
☐ 标准：皮书评价、皮书研究、皮书规范
☐ 服务：最新皮书、皮书书目、重点推荐、在线购书
☐ 链接：皮书数据库、皮书博客、皮书微博、在线书城
☐ 搜索：资讯、图书、研究动态、皮书专家、研创团队

中国皮书网依托皮书系列"权威、前沿、原创"的优质内容资源，通过文字、图片、音频、视频等多种元素，在皮书研创者、使用者之间搭建了一个成果展示、资源共享的互动平台。

自2005年12月正式上线以来，中国皮书网的IP访问量、PV浏览量与日俱增，受到海内外研究者、公务人员、商务人士以及专业读者的广泛关注。

2008年、2011年，中国皮书网均在全国新闻出版业网站荣誉评选中获得"最具商业价值网站"称号；2012年，获得"出版业网站百强"称号。

2014年，中国皮书网与皮书数据库实现资源共享，端口合一，将提供更丰富的内容，更全面的服务。

权威报告　热点资讯　海量资源

当代中国与世界发展的高端智库平台

皮书数据库 www.pishu.com.cn

　　皮书数据库是专业的人文社会科学综合学术资源总库,以大型连续性图书——皮书系列为基础,整合国内外相关资讯构建而成。包含六大子库,涵盖两百多个主题,囊括了近十几年间中国与世界经济社会发展报告,覆盖经济、社会、政治、文化、教育、国际问题等多个领域。

　　皮书数据库以篇章为基本单位,方便用户对皮书内容的阅读需求。用户可进行全文检索,也可对文献题目、内容提要、作者名称、作者单位、关键字等基本信息进行检索,还可对检索到的篇章再做二次筛选,进行在线阅读或下载阅读。智能多维导航,可使用户根据自己熟知的分类标准进行分类导航筛选,使查找和检索更高效、便捷。

　　权威的研究报告,独特的调研数据,前沿的热点资讯,皮书数据库已发展成为国内最具影响力的关于中国与世界现实问题研究的成果库和资讯库。

皮书俱乐部会员服务指南

1. 谁能成为皮书俱乐部成员?
   ● 皮书作者自动成为俱乐部会员
   ● 购买了皮书产品(纸质书/电子书)的个人用户

2. 会员可以享受的增值服务
   ● 免费获赠皮书数据库100元充值卡
   ● 加入皮书俱乐部,免费获赠该纸质图书的电子书
   ● 免费定期获赠皮书电子期刊
   ● 优先参与各类皮书学术活动
   ● 优先享受皮书产品的最新优惠

3. 如何享受增值服务?

   (1) 免费获赠100元皮书数据库体验卡
   第1步 刮开皮书附赠充值的涂层(右下);
   第2步 登录皮书数据库网站(www.pishu.com.cn),注册账号;

   第3步 登录并进入"会员中心"—"在线充值"—"充值卡充值",充值成功后即可使用。

   (2) 加入皮书俱乐部,凭数据库体验卡获赠该书的电子书
   第1步 登录社会科学文献出版社官网(www.ssap.com.cn),注册账号;
   第2步 登录并进入"会员中心"—"皮书俱乐部",提交加入皮书俱乐部申请;
   第3步 审核通过后,再次进入皮书俱乐部,填写页面所需图书、体验卡信息即可自动兑换相应电子书。

4. 声明
   解释权归社会科学文献出版社所有

皮书俱乐部会员可享受社会科学文献出版社其他相关免费增值服务,有任何疑问,均可与我们联系。
图书销售热线:010-59367070/7028　图书服务QQ:800045692　图书服务邮箱:duzhe@ssap.cn
数据库服务热线:400-008-6395　数据库服务QQ:2475522410　数据库服务邮箱:database@ssap.cn
欢迎登录社会科学文献出版社官网(www.ssap.com.cn)和中国皮书网(www.pishu.cn)了解更多信息

皮书大事记
（2015）

☆ 2015年11月9日，社会科学文献出版社2015年皮书编辑出版工作会议召开，会议就皮书装帧设计、生产营销、皮书评价以及质检工作中的常见问题等进行交流和讨论，为2016年出版社的融合发展指明了方向。

☆ 2015年11月，中国社会科学院2015年度纳入创新工程后期资助名单正式公布，《社会蓝皮书：2015年中国社会形势分析与预测》等41种皮书纳入2015年度"中国社会科学院创新工程学术出版资助项目"。

☆ 2015年8月7~8日，由中国社会科学院主办，社会科学文献出版社和湖北大学共同承办的"第十六次全国皮书年会（2015）：皮书研创与中国话语体系建设"在湖北省恩施市召开。中国社会科学院副院长李培林，国家新闻出版广电总局原副总局长、中国出版协会常务副理事长邬书林，湖北省委宣传部副部长喻立平，中国社会科学院科研局局长马援，国家新闻出版广电总局出版管理司副司长许正明，中共恩施州委书记王海涛，社会科学文献出版社社长谢寿光，湖北大学党委书记刘建凡等相关领导出席开幕式。来自中国社会科学院、地方社会科学院及高校、政府研究机构的领导及近200个皮书课题组的380多人出席了会议，会议规模又创新高。会议宣布了2016年授权使用"中国社会科学院创新工程学术出版项目"标识的院外皮书名单，并颁发了第六届优秀皮书奖。

☆ 2015年4月28日，"第三届皮书学术评审委员会第二次会议暨第六届优秀皮书奖评审会"在京召开。中国社会科学院副院长李培林、蔡昉出席会议并讲话，国家新闻出版广电总局原副局长、中国出版协会常务副理事长邬书林也出席本次会议。会议分别由中国社会科学院科研局局长马援和社会科学文献出版社社长谢寿光主持。经分学科评审和大会汇评，最终匿名投票评选出第六届"优秀皮书奖"和"优秀皮书报告奖"书目。此外，该委员会还根据《中国社会科学院皮书管理办法》，审议并投票评选出2015年纳入中国社会科学院创新工程项目的皮书和2016年使用"中国社会科学院创新工程学术出版项目"标识的院外皮书。

☆ 2015年1月30~31日，由社会科学文献出版社皮书研究院组织的2014年版皮书评价复评会议在京召开。皮书学术评审委员会部分委员、相关学科专家、学术期刊编辑、资深媒体人等近50位评委参加本次会议。中国社会科学院科研局局长马援、社会科学文献出版社社长谢寿光出席开幕式并发表讲话，中国社会科学院科研成果处处长薛增朝出席闭幕式并做发言。

皮书数据库
www.pishu.com.cn

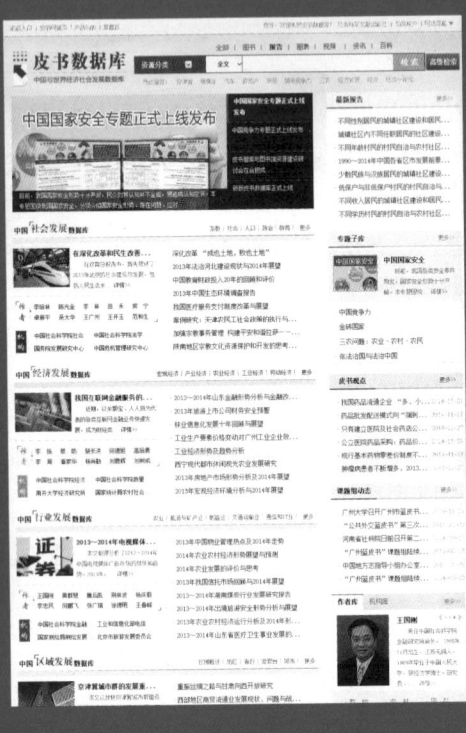

皮书数据库三期

- 皮书数据库（SSDB）是社会科学文献出版社整合现有皮书资源开发的在线数字产品，全面收录"皮书系列"的内容资源，并以此为基础整合大量相关资讯构建而成。

- 皮书数据库现有中国经济发展数据库、中国社会发展数据库、世界经济与国际政治数据库等子库，覆盖经济、社会、文化等多个行业、领域，现有报告30000多篇，总字数超过5亿字，并以每年4000多篇的速度不断更新累积。

- 新版皮书数据库主要围绕存量+增量资源整合、资源编辑标引体系建设、产品架构设置优化、技术平台功能研发等方面开展工作，并将中国皮书网与皮书数据库合二为一联体建设，旨在以"皮书研创出版、信息发布与知识服务平台"为基本功能定位，打造一个全新的皮书品牌综合门户平台，为您提供更优质更到位的服务。

更多信息请登录

中国皮书网
http://www.pishu.cn

皮书微博
http://weibo.com/pishu

皮书博客
http://blog.sina.com.cn/pishu

皮书微信
皮书说

请到各地书店皮书专架／专柜购买，也可办理邮购

咨询／邮购电话：010-59367028　59367070　　　　邮　　箱：duzhe@ssap.cn
邮购地址：北京市西城区北三环中路甲29号院3号楼华龙大厦13层读者服务中心
邮　　编：100029
银行户名：社会科学文献出版社
开户银行：中国工商银行北京北太平庄支行
账　　号：0200010019200365434
网上书店：010-59367070　　qq：1265056568
网　　址：www.ssap.com.cn　　www.pishu.cn